KB266521

인공지능 시대의 사회과학

인공지능 시대의 사회과학

인공지능 시대의 사회과학

한국사회학회 기획

| 김란우·김태균·김해솔·박재혁·손윤규·신은경·이병규·임동균·전준·조원광 지음 |

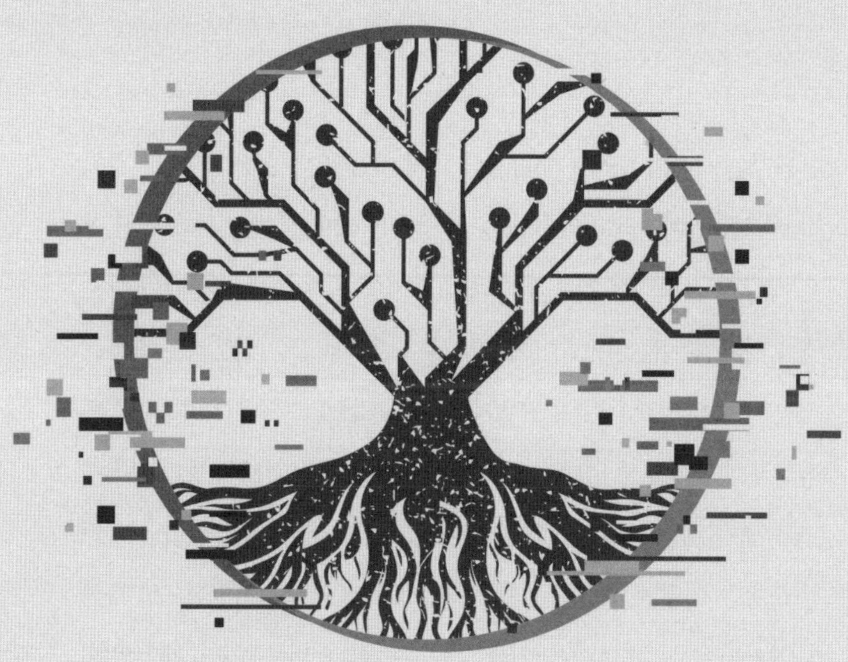

동아시아

인공지능 시대의 도래는 사람들이 미처 가늠하지 못했던 커다란 사회적 변화들을 예고하고 있고, 그중 상당수는 이미 진행 중이다. 가장 많은 사람이 걱정하는 것은 일자리의 소멸이다. 처음에 생각했던 단순 반복 일자리는 물론이고 이제는 의사나 변호사 같은 전문직조차 부분적인 대체가 시작되었다. 현대자동차 노조는 단 한 대의 아틀라스도 작업장에 들어올 수 없다고 비장하게 선언했지만, 진보 성향의 대통령조차 그런 일은 일어나지 않을 것이라고 반박했다. 이제 살아남는 인간 노동은 어떻게 하면 인공지능을 보조하면서 상호보완적으로 자신의 부가가치를 증명할 것인지를 고민해야 한다. 인공지능이 개인의 비서 역할은 물론이고 스마트홈, 건강관리, 교통 시스템 등으로 확장되면서 요양과 생활 보조, 나아가 복지 시스템 설계의 변화도 예정되어 있다. 인간 교사의 전통적인 역할 중 많은 부분을 인공지능이 더 잘할 수 있게 되었는데, 그렇다면 교사의 역할은 무엇이어야 하는가. 더 나아가 학교로 대표되는 교육제도는 지금처럼 유지될 수 있을 것인가. 특정 법률의 입법 필요성과 예상되는 효과에 대해 인공지능은 세계 모든 국가 모든 시대의 법률과 그 효과를 학습하고 있는데, 국회라는 입법기관은 계속 필요할 것인가. 누구나 어떤 형태의 예술도 쉽게 창작할 수 있는 시대에 예술의 가치는 어디에 있으며 현실과 가상의 경계는 어떻게 정의될 것인가. 인공지능이 가져오는 가늠하기 어려운 사회적 변화는 모두 이 시대 사회과학이 새롭게 감당해야 할 과제들이다. 마치 200년 전 산업혁명 시기에 오늘날의 사회과학이 태동했듯이 말이다.

이것들이 인공지능의 사회적 파장에 대한 것이라면, 또 하나의 중요한 질문은 인공지능 시대의 사회 이론이 어떻게 달라져야 하느냐는 것이다. 사고의 논리를 따라가고자 한다면 인공지능의 사회적 파장보다 인공지능 시대의 사회 이론에 대한 탐구가 더 앞서 대답해야 할 질문이다. 예를 들어보자. 사회학의 선구자라고 하면 흔히 카를 마르크스, 막스 베버, 에밀 뒤르켐을 든다. 마르크스는 다른 무엇보다도 생산수단의 소유를 기준으로 갈라지는 자본가와 노동자라는 두 계급의 쟁투를 중심으로 이 세상을 설명했다. 그런데 앞서 현대자동차의 아틀라스 도입 사례에서 보듯이, 인공지능은 계급이라는 구분의 선을 애매하게 만들어 버렸다. 농민이 토지로부터 분리되고 자본주의적 생산의 거점으로 모여서 임금노동자가 됨으로써 대다수의 노동자가 극소수의 자본가와 모순적 관계에 놓이는 것이 마르크스가 본 세상이었다. 그런데 인공지능은 일자리 자체를 없애거나 그 성격을 바꿔놓고 있다. 로봇이 생산하고 스스로 관리하는 거대한 공장에 서너 명 존재하는 인간 노동자는 더 이상, 그 숫자에 있어서도 대다수를 구성하는 계급이 될 수 없을 것이다. 불과 얼마 전까지 우대받는 전문직이었던 컴퓨터 엔지니어가 하루아침에 인공지능에 의해 대체되고 있고, 젊은 세대는 아예 영원한 미숙련 노동예비군으로 남게 되는 것 아니냐는 걱정도 많다. 계급보다 세대가 훨씬 더 중요하게 사회를 갈라놓는 구분선이 될지도 모른다. 우리는 마르크스의 이론에 기대어 인공지능 이후의 자본주의를 설명해도 되는 것일까.

막스 베버는 '사회적 행위social action'란 "타인에게 유의미하게 지향된 행위action meaningfully oriented toward others"라고 정의했고, 그것이 사회학의 연구 대상이라고 했다. 이러한 이론적 독트린에 근거해서 베버는 프로테스탄트 윤리라는 '의미'가 어떻게 타인에게 지향되는 과정을 거쳐서 서구의 합리적 부르주아 자본주의의 '정신'이 되었는지를 밝혀냈고, 그 결과물이 우리가 아는 『프로테스탄트 윤리와 자본주의 정신』이다. 인공지능 시대를 살고 있는 우리는 어떤 방식으로 혹은 얼마나 많이 타인에게 지향된 의미를 추구하는가. 과거에는 사제지간의 가르침과 배움, 동료들과의 공동 학습, 수많은 문헌과 자료들을 뒤지며 얻었던 오래전 세상을 떠난 저자들과의 정신적 교감, 이런 과정들을 거치며 지식을 얻었다. 그런데 지금은 이 모든 과정을 생략해 버리고 인공지능에 물으면 곧바로 답을 얻을 수 있다. 과거에 소중했던 스승과 학우 같은 의미는 거의 사라졌다. 인공지능과 교류한다고 해서 의미가 없는 것은 아니다. 왜냐하면 인공지능은 알려진 의미들을 학습해서 우리에게 이것이 의미라고 알려주기 때문이다. 타인들의 말을 학습해서 인공지능이 우리에게 알려준 의미는 얼마나 "타인에게 유의미하게 지향된 행위"라고 할 수 있을까. 내 이웃이 나에게 따듯한 밥 한 끼를 차려주었다면 중요한 사회적 의미가 있는 사건이다. 그런데 인공지능이 이 집 저 집에서 반찬을 조금씩 집어다가 내게 비빔밥을 해주었다면, 그리고 이웃들은 자기 집 반찬을 조금 집어 갔다는 것을 알지도 못한다면, 그것은 어떤 의미가 있는 일인가. 인공지능이 알려준 의미는 출처를 따지자면 타인들에게서 나온 것이기는 하지만, 마치 이 집 저 집의 반찬을 합쳐놓은 비빔밥처럼 그들도 나도 서로를 지향하고 있지는 않지 않은가.

이와 비슷한 고민을 안겨주는 또 하나의 사회과학 기본 개념은 '사회화socialization'이다. 갓 태어난 인간 아기는 생물학적으로 인간 개체이기는 하지만 아직 타인과의 관계나 그 사회의 규범 등을 아무것도 모르기 때문에 사회적 인간이라고는 할 수 없다. 생물학적 인간을 사회적 인간으로 만들어 가는 과정이 곧 사회화이다. 사회화가 어떤 과정을 거쳐 일어나는지에 대해서는 여러 이론이 있지만, 그중 가장 유명한 것이 조지 허버트 미드G.H.Mead의 '일반화된 타자generalized other' 이론이다. 아이는 타인의 존재를 인식하기 시작하면 '타인의 역할 취해보기taking the role of others'를 통해 사회생활의 기본 규칙을 배워나간다. 아기와 가장 가까운 타인인 엄마 역할과 아빠 역할을 취해보는 소꿉놀이야말로 사회생활을 시작하는 첫걸음이다. 소꿉놀이를 통해 아이들은 엄마와 아빠의 입장에서 자신을 바라보게 된다. 지금까지 자신의 욕구 충족만을 주장하는 주체로서의 '나I(나는, 내가)'에 더해 타인의 입장에서 바라보는 객체로서의 '나me(나를, 내게)'에 대한 인식이 생겨나는 것이다. 일단 이 과정을 시작하면 아이가 그 역할을 취해보는 대상은 이모, 삼촌, 선생님… 등으로 빠르게 확장된다. 그러다가 이 확장이 어느 단계에 이르면 아이는 더 이상 특정인을 대상으로 그 역할을 취해서 나를 바라보는 것이 아니라, 그가 속한 사회의 입장에서 스스로를 바라보게 된다. 이제 그는 그 사회의 문법을 잘 알고 있으며 일반적인 기대와 규범에서 벗어나는 행동을 거의 하지 않는다. 특정한 타자가 아니라 '일반화된 타자'의 입장에서 자신을 바라볼 수 있게 되면 그는 사회화 과정을 성공적으로 마친 것이다.

거대언어모델Large Language Model, LLM이 언어를 말하는 방식은 언어학자를 고민에 빠뜨리는 것 못지않게 사회과학자에게도 도전적 과제이다. 가장 단순한 예를 생각해 보자. 이 세상에 학습할 문서가 책 한 권밖에 없다고 가정해 보자. 그 책의 첫 장부터 넘기면서 새로운 문장을 시작할 때 가장 많이 사용된 단어가 '나는'이라는 걸 알게 되었고 그래서 '나는'이라고 말했다. 그다음에는 다시 책의 첫 장부터 넘기면서

'나는'으로 시작하는 모든 문장을 찾았더니 그다음에 가장 많이 나온 단어는 '학교에'였기 때문에 거대언어모델은 "나는 학교에"라고 말했다. 다시 그 책의 첫 장부터 넘기면서 "나는 학교에"로 시작하는 문장을 모두 찾았더니 그다음에 가장 많이 사용된 단어는 '간다'였고, 그래서 거대언어모델은 "나는 학교에 간다"라고 말했다. 거대언어모델이 이 문장을 말한 과정을 생각해 보면 "나는 학교에 간다"라는 문장은 책 한 권으로 이루어진 세상에서 가장 보편적이고 거부감 없이 받아들여질 수 있는 말일 것이다. 즉 이 문장은 완벽하게 사회화된 사람의 언어이다. 단어를 선택하는 기준을 조금씩 바꿔보면 "나는 학교에 가기 싫다"라든가 "나는 학교를 혐오한다" 같은 문장을 말할 수도 있겠지만, 학습한 문서의 특성을 생각하면 이런 문장을 말하게 될 확률은 "나는 학교에 간다"라고 말할 확률보다 현저하게 낮다. 이런 문장들은 반사회적 일탈자의 언어이고, 따라서 그런 말을 하는 사람은 현저하게 적을 수밖에 없다. 그렇다면 거대언어모델은 미드가 말하는 '일반화된 타자'인 것일까. 거대언어모델은 언어나 규범의 의미를 이해하지는 못하지만, 거기에 완벽하게 부합하는 문장만 골라서 말할 수 있다. 결과만 놓고 보면 그것은 일반화된 타자라고 해도 별 무리가 없는 수준이다. 게다가 미드가 말하는 '일반화된 타자'라는 것도 어차피 특정 개인으로 환원될 수 없는 것이라면 그 자체의 인성이나 의지나 주장 같은 것이 있을 리 만무하니, 그게 바로 거대언어모델이라고 말해도 큰 문제 없는 것 아닌가? 마침내 인간은 사회적 삶의 원천인 일반화된 타자를 손에 잡히는 알고리즘으로 만들어 낸 것인가?

프랑스의 사회학자 에밀 뒤르켐은 산업혁명 시기의 사회가 기계적 연대mechanical solidarity에서 유기적 연대organic solidarity로 변해간다고 진단했다. 그의 4대 저술 중 하나인 『사회분업론』의 핵심 주장이다. 기계적 연대는 동질성에 근거한 사회지만 유기적 연대는 이질성에 근거한 사회이다. 유기적 연대의 사회에서 사람들은 서로 이질적인 사람들에게 의존하기 때문에 오히려 더 잘 살아나갈 수 있다. 산업혁명 이후 새롭게 등장한 '도시'라는 공간 단위는 굳이 스스로 농사를 지을 필요가 없다. '농촌'이라는 공간 단위와 서로 의존하고 협력하는 것이 훨씬 효율적이기 때문이다. 기계적 연대의 사회와 유기적 연대의 사회에서는 사람들이 의존하고 협력하는 대상과 방식이 완전히 달라지게 된다. 기계적 연대의 사회에서 사람들이 공동체 내부의 한정적인 사람들과 중첩적이고 인격적인 관계를 맺고 있었다면, 유기적 연대의 사회에서 사람들은 공동체의 경계를 훌쩍 벗어난 다수의 사람들과 다양하고 비인격적인 관계를 맺는다.

뒤르켐의 용어를 빌린다면 이 시대를 '인공적 연대artificial solidarity'의 시기라고 부를 수 있을지도 모르겠다. 사람들은 동질적이건 이질적이건 관계를 맺어야 할 필요성 자체를 별로 느끼지 않는 것처럼 보인다. 인터넷 게시판 시절에는 사람들은 기존의 오프라인 지인들과 온라인에서도 관계를 돈독히 하거나 알지 못하는 사람의 포스팅에 아이디만 드러낸 채 심한 말을 퍼붓거나 했었다. SNS의 시대가 되자 사람들은 알고리즘이 연결해 주는 사람들과 온라인 인격들끼리의 관계를 맺었다. 인공지능의 시대는 인터넷 게시판이나 SNS조차 완전히 뛰어넘는 새로운 관계 맺음의 방식을 제공해 준다. 이제 사람들은 타인의 게시물에 댓글을 달 필요도 없고, SNS의 팔로워에 신경 쓸 필요도 없다. 케케묵은 오프라인의 인간관계는 말할 것도 없이 오래전에 그 중요성을 상실했다. 그럼 사람들은 서로로부터 완전히 고립되어 버린 것인가. 그렇지는 않다. 지식과 정보를 얻기 위해 이제 사람들은 인공지능에게 묻는다. 인공지능은 무엇을 묻든 답해주는 척척박사이고 무엇을 상담하든 위로해 주는 친구이기도 하다. 그런데 인공지능이 우리에게 말해준 것은 어딘가에서 언젠가 누군가가 말한 것이고, 그 발화자와 나는 인공지능을 매개로 연결되어 있다. 과거와 다른 것은 그 사람의 실명은 물론 아이디도 알지 못하고 인공지능에 뭉뚱그려진 정보의 한 조각으로 그를 만난다는 점이다. 그와 나는 어떤 식으로든 연결되어 있는데, 우리는 서로가 누구인지 전혀 알지 못하고, 사실은 인공지능도 알지 못한다. 이것을 '인공적 연대'라고 한다면 이 새로운 사회의 특징은 무엇인지, 뒤르켐이 산업혁명의 시대에 유기적 연대의 사회를 탐구했듯이 오늘날의 사회과학은 인공지능의 시대에 '인공적 연대'의 시대를 탐구해야 하는 것이 아닐까.

다시 정리하면, 인공지능의 시대가 사회과학에 던지는 도전은 크게 보아 두 가지이다. 하나는 일자리의 소멸처럼 인공지능의 등장으로 우리 사회가 어떻게 달라질 것인지를 연구하는 것이다. 다른 하나는 우리가 가진 사회 이론 자체가 인공지능 시대에 어떻게 달라져야 할지를 탐구하는 것이다. 두 가지가 밀접하게 연결되어 있지만 서로 구분하는 것은 가능하고, 사회과학의 임무를 다하기 위한 논리적 순서를 따진다면 뒤의 것이 먼저라고 할 수 있다. 게다가 첫 번째 주제와 관련해서는 이미 여러 책과 논문들이 나와 있지만 두 번째 주제를 다루는 학술적 연구는 찾아보기 힘들다. 그래서 이 책은 두 번째 주제를 붙잡고 씨름하기로 했다.

2024년, 한국사회학회는 이 주제를 학회가 1년 동안 매진할 주요 주제 중 하나로 선정하고 이 분야를 연구하는 최고 수준의 전문가들을 모았다. 이분들께 학회가 제공할 수 있는 최선의 연구 조건을 제공하고 여러 차례의 회의를 비롯해 수십 차례의 소통을 거쳤다. 2024년 5월에는 한림대학교에서 〈사회과학과 인공지능의 시대〉 심포지엄을 열고 2024년 12월 후기사회학대회에서는 〈사회과학과 인공지능의 시대〉 특별 세션을 통해 1년간의 연구결과를 서로 점검하고 탄탄히 다졌다. 그 후 다시 1년에 걸쳐 서로 원고의 스타일을 비슷하게 통일하고, 전문성과 대중성 사이에서 최선의 접점을 찾고, 필요에 따라 원고를 고치고, 추가하거나 삭제하는 과정을 거쳤다.

우리가 생각하는 이 책의 주요 독자들은 다음과 같은 이들이다. 첫째로, 인문사회과학을 전공했지만 인공지능을 이해하고 싶은 사람들이다. 인공지능은 세상을 구석구석 모두 바꾸고 있는데, 우리는 인공지능을 전공자들에게만 맡겨놓고 있다. 하지만 융합 분야의 특성이 늘 그렇듯이, 인문사회 전공자들은 기술적 장벽을 넘기 어렵고 인공지능 전공자들은 사회를 이해하는 데 관심이 없다. 이 책의 저자들은 매우 드물게도 사회과학자이면서 동시에 일정 수준 인공지능 분야의 전문성을 갖춘 이들이다. 예를 들어 사회과학 박사 학위를 취득한 후에 추가로 컴퓨터 과학 석사 학위를 취득했다든가, 사회과학 박사 학위를 가지고 공대 교수로 재직 중이라든가, 혹은 이공계 배경을 가지고 사회과학 박사 학위를 받은 융합적 연구자들이다. 인문사회과학 전공을 했지만 인공지능을 이해하고 싶은 독자라면 지면을 통해 이들을 만나보는 것은 귀중한 경험이 될 것이다.

둘째는 인공지능을 전공했지만 그것이 세상을 어떻게 바꾸는지 이해하고 싶은 이들이다. 디지털 족적digital footprint과 빅데이터의 등장 이후 인공지능에 이르기까지, 관련 분야 연구자들은 데이터에 기반해 세상을 설명할 수 있다고 생각했다. 어마어마한 규모의 비정형 질적 데이터를 마음대로 분석할 수 있게 된 세상에, 데이터를 '돌려보면' 결론이 나올 텐데 고전 사회과학 이론 같은 걸 읽을 필요는 없지 않겠냐는 생각이다. '이론의 소멸'이다. 하지만 이론의 등불 없이 난맥처럼 얽힌 데이터의 암흑 세상을 빠져나가는 것은 불가능하다는 한계를 느끼는 연구자들이 점점 많아지고 있다. 하지만 인문사회 전공자들과 대화하려고 하면 서로가 가지고 있는 지식의 교집합이 너무 적어서 비효율적인 대화가 될 수밖에 없었다. 이 책의 저자들은 사회과학 분야의 전문가들이면서 동시에 인공지능에 대한 상당 수준의 지식과 기법을 축적한 이들이어서 융합적인 지적 대화는 빠르게 진행될 수 있을 것이다.

셋째는 인공지능에 관심은 있지만 많은 지식을 가지고 있다고는 할 수 없는 인문사회과학 전공자들이다. 인공지능이 세상을 바꾸고 인공지능이 인문학과 사회과학을 바꾸고 있는데, 구체적으로 그 변화의 내용은 무엇인지 우리가 알던 인문사회과학 분야의 고전 이론들은 어떤 영향을 받는지 확인하기를 원한다면 이 책은 친절한 출발점이 되어 줄 것이다.

이 책이 나오기까지 많은 분들의 헌신이 있었다. 한림대학교 도헌학술원과 한국사회과학협의회의 적극적인 지원이 없었다면 이 책의 출발점이 된 『인공지능 시대의 사회과학』 특별세미나가 열릴 수 없었을 것이고 그 이후 진행된 일체의 과정들도 불가능했을 것이다. 송호근 한림대학교 도헌학술원장님과 장원호 한국사회과학협의회장님께 깊은 감사를 드린다. 이 책의 저자들 중에서 서울대학교 보건대학원 조원광 교수는 본인의 원고는 물론이고 전체 프로젝트를 조율하는 어려운 역할을 탁월하게 이끌어 주었다. 서울대학교 사회학과 임동균 교수는 2024년 한국사회학회 총무이사로서, 그리고 김인숙 씨는 사무국장으로서 핵심적인 기여를 하였다. 도서출판 동아시아 한성봉 대표와 최창문 팀장은 책의 기획과 출판에 이르기까지의 전 과정을 촘촘하고 탁월하게 이끌어 주었다. 무엇보다 많은 사람이 접근 가능한 방식으로 인공지능 시대를 이해할 수 있는 소중한 원고를 제출해 준 저자들께 감사드린다. 이 책이 독자들에게 작은 기여라도 될 수 있기를 희망한다.

2026년 3월

제66대 한국사회학회장

서울대학교 사회학과 교수

장 덕 진

차례

일러두기

- 본문에서 참고한 자료명을 표기할 때, 단행본은 『』, 논문은 「」, 저널·신문 등은 《》, 영화·방송 프로그램 등은 〈〉로 구분하여 표기하였습니다.

- 본문에서 사용하는 한국어와 외국어의 한글 표기는 국립국어원의 한국어 어문 규범과 표준국어대사전의 기준을 준수하였습니다.

- 이 책을 집필한 저자들의 연구 분야의 유사성으로 인해 본문 내에서 많은 용어를 공통으로 사용하고 있으나, 각자의 연구 맥락 등에 따라 미묘한 의미 차이가 발생하기도 하여 부득이하게 완전히 용어를 통일하지 않았습니다. 동일한 영단어를 각자 다르게 번역하여 사용하는 경우 등이 있으니, 용어가 사용되는 맥락과 영문 병기를 참고하여 주시기 바랍니다.

- 본문에서 사용된 용어에 대한 추가 설명이 필요하다고 각 저자가 판단한 경우에는 각 용어에 별도로 표시하였습니다. 이에 대한 설명은 각 장의 말미에 부록으로 기재하였습니다.

- 책 말미의 참고문헌은 한국어→외국어, 단행본 또는 자료집→논문 및 기타 자료의 순서로 기재하였습니다.

- 이 책에 실린 논문들은 2024년 5월 한국사회학회가 주최한 〈사회과학과 인공지능의 시대〉 심포지엄에서 발표되어 《한국사회학》 특집 논문으로 게재된 논문들을 바탕으로, 개고·교정의 과정을 거친 것들입니다.

인공지능은 사회조사를 대체할 수 있을까
: 거대언어모델을 활용한 설문조사의 현재와 한계

김란우

서울대학교에서 학사와 석사, 워싱턴주립대학교에서 사회학 박사 학위를 받았다. 이후 스탠퍼드대학교 교육학 대학원과 데이터사이언스 프로그램의 박사후연구원으로 참여하며 다학제적 협업에 적극적인 관심을 가져왔다. 현재 KAIST 디지털인문사회과학부 부교수로 재직 중이며, 데이터사이언스대학원과 전산학부의 겸임교수로도 활동하고 있다. 새로운 기술이 현재의 사회구조와 만나면서 발생하는 연구 질문들을 새로운 관점과 방법론으로 분석하는 데 관심이 많다. 이 글은 오랫동안 해결되지 않았던 설문조사의 대표성 문제를 거대언어모델을 통해 해결하려는 기술적 시도에 주목하고, 이를 면밀히 관찰한 결과를 담고 있다.

*이 논문은 정부(과학기술정보통신부)의 재원으로 한국과학기술원-국제공동연구사업의 지원을 받아 수행된 연구임.

우리는 끝없이 설문조사에 응답하고, 그 결과를 소비하며 살고 있다. 상대적으로 짧고 간단하게 선호하는 정치 정당 및 후보, 현안에 대한 의견을 묻는 여론조사부터, 소속된 조직 혹은 이용한 서비스의 만족도를 묻는 설문조사, 길고 구조화된 설문지를 통해 경제활동 변화를 추적해 나가는 설문조사 등 그 형태와 목적도 다양하다. 사회과학에서 설문조사는 사회조사를 위해 필수적인 방법론이다. 사회 문제를 좀 더 객관적으로 정의하고, 이에 대한 상대적으로 대규모 인원의 의견을 수집할 수 있는 하나의 방식으로 각광받아 왔다. 모든 설문조사는 시간, 노력, 비용을 필요로 하며, 이 세 가지 요소의 투자 정도가 설문조사의 질을 좌우한다. 물론 자원을 투자하여 설문조사의 질을 높인다고 하더라도, 그 결과나 연구의 질이 반드시 그에 비례한다고 장담할 수 없다는 것이 사회조사의 어려움이다.

이론적으로 설문조사의 신뢰성을 가장 높이기 위해서 취할 수 있는 방법은 간단하다. 설문조사 대상이 되는 모든 사람들에게 설문조사를 실시하는 것이다. 그러나 당연하게도 거기에는 천문학적인 비용과 시간, 노력이 든다. 한국의 경우, 모든 사람들을 대상으로 실시하는 설문조사가 단 하나 존재한다. 이는 바로 5년에 한 번씩 시행되는 인구주택총조사이며, 2025년의 경우 약 5,600억 원의 예산이 편성되어 있다. 물론 우리가 흔히 접하는 정치 지형, 사회경제적 조건 등과 관련한 조사들은 이처럼 많은 예산과 인력을 동원할 수 없기 때문에 5,000만 명의 한국 국민들 중 소수의 사람들에게만 의견을 물어 한국 국민들의 의견이 어떠한지를 유추해 낸다.

설문조사를 '잘'하기 어려운 이유

하지만 이 소수의 사람들을 추려 내는 과정에 설문조사의 치명적인 약점이 있다. 의견을 물어본 소수의 사람들이 5,000만 명의 한국 국민들 중에서 '무작위'로 추출된 사람들이 아니라면, 이 설문 표본은 5,000만 명을 대표할 수 없다. 설문 표본의 무작위성이 보장되지 않는다면 수많은 추론의 논리들이 훼손되기 때문이다. 즉, 5,000만 명의 사람들이 설문조사 대상으로 선택될 확률이 똑같아야 설문조사의 가치가 훼손

되지 않는다. 하지만 이는 말처럼 실행하기 쉬운 일이 아니다. 한번 사회조사자의 입장이 되어 상상해 보자. 어떻게 카페에서 일하는 바리스타, 시내버스 운전기사, 원양어선을 타고 있는 어부, 대학에서 수업을 듣는 대학생, 은퇴한 후 노년을 즐기는 고령의 여성 및 남성 등이 설문조사 대상자로 선정될 확률을 같게 만들 수 있을까?

사회조사자들은 이 문제를 해결하기 위해 다양한 노력을 하고 있다. 휴대전화가 보급되기 이전에는 흔히 설문조사에 유선 전화번호를 활용했다. 거의 모든 국민들이 집에 유선 전화를 한 대씩 갖추고 있었기 때문에 가능한 방법이었다. 지역별 인구에 비례하여 필요한 표본의 숫자를 결정한 후, 유선 전화번호를 무작위로 선택하여 전화를 건다면 대한민국 국민들이 모두 표본으로 선택될 확률이 같을 거라 가정하는 것이었다. 하지만 휴대전화가 보편화된 이후 사람들이 점점 집에 유선 전화를 별도로 설치하지 않게 되면서 휴대전화를 제외한 설문조사가 대표성에 심각한 결함이 있다는 증거들이 발견되었다(이경택 외 2012).

이와 같은 기존 유선 전화번호부에 기초한 무작위 표본 선별 과정의 포함오류coverage error에 더하여 다양한 설문조사 및 여론조사가 급격히 증가하면서 응답자들의 피로도가 증가함에 따라 설문조사 응답률이 급격히 감소했다. 2023년 발표된 갤럽의 한국조사협회 정치선거 전화여론조사기준에 따르면 응답률이 10%만 넘으면 신뢰할 만한 설문조사로 정의되고 있다.[1] 2024년 총선기간에는 선거 시기에 특히 과열되는 여론조사 관련 전화를 차단하기 위한 방법이 소셜미디어에서 각

광받기도 했다. 낮은 응답률에서 생겨나는 무응답 편향non-response bias
은 설문조사 질문에 대하여 매우 강한 의견을 가진 이들만이 조사에
응답함에 따라 생겨나는 문제를 뜻한다.

낮은 응답률에서 생겨나는 무응답 편향을 해결하기 위한 한 가지
방법으로, 퀄트릭스 및 엠브레인 등과 같은 설문조사 기관들은 자체
온라인 응답자 패널을 보유하고 있다. 이들은 설문조사에 응답하고자
하는 의지를 가진 가입자들을 모은 후, 설문조사를 의뢰하는 기관의
조건에 맞는 온라인 패널 응답자들에게 해당 설문조사를 전달한다. 온
라인 패널을 활용한 설문조사 방식은 설문에 응답하고자 하는 이들을
모아두었기 때문에 응답률이 상대적으로 높다는 장점이 있으나, 온라
인 패널에 스스로를 등록시킬 만큼 의지가 있는 사람들의 응답에서 생
기는 응답 편향response bias을 배제하기는 쉽지 않다.

응답 편향 외에도, 도덕적 의식을 가지고 있는 응답자들은 설문조
사에서 본인의 도덕적이지 않은 의견을 솔직하게 드러내는 것을 꺼린
다는 점도 고려해야 한다. 특히, 온라인 패널과 같이 설문조사를 진행
하는 연구자가 응답자의 개인 정보를 알 수 있는 가능성이 조금이라도
있다면, 더욱 사회적으로 용인 가능한 응답을 하려는 경향성이 강해질
것이다. 이러한 측면에서 온라인 패널은 또 다른 형태의 응답 편향social

---

1 갤럽 홈페이지에서 이 내용을 확인할 수 있다: https://www.gallup.co.kr/gallupdb/
faqContents.asp?seqNo=123.

desirability bias을 강화시킬 가능성도 있다.

거대언어모델을 대상으로 하는 설문조사는 가능할까

무작위 표본을 확보하고자 하는 연구자의 의지와 설문조사 응답을 회피하려 하는 응답자들 간의 창과 방패와 같은 대립은 설문조사라는 방법론에 대한 의구심을 끊임없이 불러일으켰다. 설문조사 방법론의 과학적 근간이 꾸준히 흔들리는 상황에서 이전과는 전혀 다른 접근의 설문조사가 가능할 수 있다는 사실은 그 자체로 큰 매력이 있다. 그리고 그 전혀 다른 접근은 바로 2022년 첫 서비스가 시작된 이후 사회에 큰 변화를 불러오고 있는 거대언어모델을 활용한 방법이었다. 사람에게 설문조사를 하는 것이 해결될 수 없는 대표성 문제를 계속 불러일으키고, 시간, 노력, 비용의 문제를 가져온다면 사람을 모사한 LLM에게 설문조사를 할 수는 없을까? 기존 설문조사의 다양한 문제점을 피하면서도, 저비용 및 고효율의 LLM을 통한 설문조사가 과연 가능할까?

아길Lisa P. Argyle 등의 논문(2023)은 이와 같은 가능성에 직접 응답하는 첫 시도들 중 하나였다. 논문 제목으로 쓰인 문구인 "Out of one, many"는 통합을 강조하는 미국의 전통적인 국가관을 표현하는 "Out of many, one"이라는 문구("여럿에서 하나로")를 응용한 것으로, 흔히 하나로 요약되는 LLM의 편향을 인구학적 변수에 따라 다양한 형식의 편향들로 세분화할 필요가 있다는 점에 주목한다. LLM은 하나의 편향만을 가지고 있는 것처럼 보이지만, 내부의 구조를 살펴보면 인간이 가지고 있는 젠더, 인종, 세대 등의 인구학적 변수들과 정치적인 태도 간의 높은 유사성이 존재한다는 것이다. 따라서 어떻게 조건을 설정하는지에 따라 하나가 아닌 많은 수의 편향들이 존재하고 있으며, 이 다양한 편향을 연구하는 것이 사회과학적 의미가 있다고 주장한다.

예를 들어, LLM에게 "서울 강북구에 사는 27세 대학을 졸업한 남성은 현재 한국 사회에서 가장 유망한 직업이 무엇이라 말할 것인가?"라고 질문했을 때 나오는 응답을 사회조사의 방식으로 활용할 수 있다는 것이다. 이 응답이 사회조사의 결과로서 가치가 있기 위해서는 거주 지역(서울 강북구), 세대(27세), 교육 수준(대학 졸업), 젠더(남성)의 교차 집단이 갖는 사회 인식 간의 연결성이 LLM 내에 존재해야 한다. 그리고 이 연결성에 기반하여, 같은 질문을 물어도 비슷한 편향을 가지는 응답이 지속적으로 나타나는지를 관측함으로써 공통된 세부 집단의 편향성이 있는지를 알아낼 수 있을 것이다. 저자들은 이를 LLM의 알고리즘 충실도algorithmic fidelity라 표현했다.

실제로 저자들은 이러한 접근 방법을 통해 미국의 세부 집단별 정치 성향을 조사해 보았으며, 이 측정값이 사람을 대상으로 한 데이터의 측정값과 크게 차이가 나지 않는 것으로 조사되었다. LLM과 사람 모두에게 민주당원과 공화당원에 대해 서술해 보라고 했을 때, 이 둘 모두 민주당원을 서술하는 표현을 공화당원에게 사용하지 않았으며,

그 반대도 마찬가지였다. 또한 서술의 긍정적인 정도와 극단적인 정도가 얼마나 이념 성향에 따라 변하는지도 LLM은 사람의 응답을 성공적으로 모사해 냈다.

LLM이 가지고 있는 무한한 가능성의 연장선상에서 설문조사 역시 대체될 수 있다는 가능성은 충분히 매력적이고 흥미로워 보인다. 이와 같은 가능성에 힘입어 LLM을 활용한 설문조사에 대한 연구자들의 필요와 열망은 꾸준히 높아지고 있다. 대표적인 온라인 프리프린트 웹사이트인 아카이브(arxiv.org)에 따르면, 2023년 중순 이후 이와 관련된 연구가 급증하고 있는 것으로 나타났다.[2] 하지만 현재(2025년 초)까지 대다수의 논문은 심사 과정을 통과하지 않은 온라인 프리프린트에 공개되어 있는 연구이기에 아직 그 과학적 기반을 확신하기 어렵다. 따라서 현재의 접근은 LLM을 이용해 설문조사를 직접적으로 '대체' 하기보다는 파일럿 테스트의 형태로 사용하는 것을 권하고 있다(Argyle et al. 2023; Sarstedt et al. 2024). 하지만 LLM으로 실제 설문조사의 결과를 비슷하게 재현 가능하다면, 실제로 대체할 수는 없는 것일까? 본격적으로 LLM을 사회조사에 적용하기에 앞서 생각해 봐야 할 근본적인 문제점들은 무엇이 있을까?

---

2 인공지능 관련한 아카이브 연구 추세를 정리해 주는 웹사이트에 LLM으로부터 도출하는 설문 응답이 주요 주제로 분류될만큼 주목받고 있다(https://researchtrend.ai/communities/SyDa).

문제 1: 구조와 개인의 문제

사회학에서, 조금 더 넓게는 모든 사회과학 분야에서 구조의 영향력과 개인의 주체성 사이의 갈등은 끊임없이 논의되어 왔다. 뒤르켐의 정의에 따르면, 사회학에서 탐구의 대상인 '사회적 사실social facts'은 개인의 외부에 존재하며, 그 사회에 속해 있는 누구에게나 영향력을 행사한다. 예를 들어, 신입사원 면접을 보는 자리에 정장을 입고 가는 것은 명문화되어 있는 규정은 아니지만, 사회적 규범을 통해 존재하는 사실이다. 면접자 개인은 청바지에 면 티셔츠를 입고 갈 자유가 있지만 이를 선택하지 않는다. 즉, 뒤르켐은 사회는 사회구성원들에게 선택할 수 있는 폭을 제한하며, 사회구성원은 이 주어진 제한 안에서 선택할 수 있는 기회가 주어진다고 보았다. 하지만 사회 구조가 개인의 행위를 완벽하게 예측할 수는 없다. 개인은 여전히 주체성을 가지고 있으며, 사회 구조의 압력을 이겨내고 새로운 선택을 할 수도, 혹은 이를 받아들여 새로운 구조를 만들어 낼 수도 있다(예: Mackenzie 2008).

LLM을 활용한 설문조사는 어떻게 구조와 개인의 문제와 연관되는가? 우선 LLM은 과거에 만들어진 텍스트를 학습하여 만들어진 언어 모델이며 확률에 기반한다. 즉, 주어진 프롬프트에 따라 언어 모델 내에서 가장 확률이 높은 응답을 제시하는 것이 LLM의 역할이다. 이러한 특성 때문에 LLM을 통해 제조된 설문조사 데이터는 '합성된synthetic' 데이터로 명명되기도 한다(Argyle et al. 2023; Bisbee et al. 2024).

하지만 LLM을 통해 합성된 데이터의 연구는 현재의 개인이 가지는 주체적 실행력을 뒤로하고, 과거에 만들어진 데이터에 초점을 둠으로써 사회 구조의 영향력을 과대 대표할 가능성이 있다. LLM은 확률 모델이기 때문에, 주어진 조건에서 가장 평균에 가까운 응답을 반복할 가능성이 높다. 이는 앞에서도 언급했듯이, 평균적인 사회의 상이 어떤지를 엿보는 데는 도움이 될 것이지만, 응답의 편차를 과소측정할 것으로 보인다. 비스비James Bisbee 등의 연구(Bisbee et al. 2024)는 이 점에 초점을 맞추어 합성된 데이터의 한계점을 지적한다. 그들은 합성된 데이터의 평균은 실제 응답자들의 평균과 놀랍게도 비슷하지만, 편차는 훨씬 낮은 것으로 나타난다는 점을 발견했다. 예를 들어, "한국의 민주주의 수준은 어느 정도인가?"라고 묻고 5점 리커트 척도(1-매우 퇴보해 있다, 2-퇴보해 있다, 3-보통이다, 4-발전해 있다, 5-매우 발전해 있다)에 따라 대답하게끔 했다고 생각해 보자. 모두가 3점을 선택하여 평균이 3점인 사회와, 1점과 5점을 골고루 선택하여 평균이 3점이 되는 사회는 서로 전혀 다른 모습일 것이다. 즉, 실제 사람들이 응답하는 다양성보다 언어모델이 응답하는 다양성이 더 낮으며, 이는 존재하는 구조의 평균을 복사해 내는 개인을 LLM이 모사하고 있음을 뜻한다.

편차가 지나치게 낮은, 혹은 정밀도precision가 비정상적으로 높은, 합성 데이터를 통해서만 사회과학 연구를 진행한다고 가정한다면, 이는 건강하지 못한 과학 지식을 생산하는 결과를 낳을 수 있다. 과학의 가치는 이론의 가치를 증명함과 동시에 이론이 설명하지 못하는 한계와 이론의 불확실성을 구체적으로 제시하는 데 있다. 하지만 관측값들 사이의 낮은 편차는 곧 사회 이론 및 구조의 영향력을 과대 포장하고, 불확실성을 낮게 평가하는 결과를 낳을 수 있다는 위험성이 존재한다.

평균값의 과대 대표 현상은 과학지식 내부에서뿐만이 아니라 사회 내에서도 구조의 영향력을 강조함으로써 기존에 존재하는 고정관념stereotype과 편견bias을 재생산할 수 있다. 우선 LLM은 디지털화된 형태로 존재하는 텍스트를 학습함으로써 만들어졌기 때문에 기존 인간이 가지고 있던 인종, 젠더 등과 연관된 편견을 학습한다(Bai et al. 2024, Dong et al. 2024). 예를 들어, LLM을 통한 설문조사 응답은 상대적으로 고연령층의 응답을 실제 데이터에 가깝게 예측하지 못하는 것으로 나타났다(Santurkar et al. 2023). 이처럼 평균값 자체가 기존의 사회가 가지고 있는 편견을 재생산하는 것에 더하여, 사회 '평균'에 근사한 응답자를 과대대표하는 언어모델의 경향성은 특정 하위 집단의 사람들이 행동할 것으로 예측되는 반경을 실제보다 좁게 제시할 것으로 예상할 수 있다. 따라서 사회 평균과 다르게 행동하는 행위자들에 대한 제재나 고정관념이 더욱 강해짐으로써, 개인이 주체적으로 행위할 수 있는 반경이 최종적으로 좁아지는 결과를 초래할 수 있으며 이는 민주주의의 위기와 연결될 가능성도 있다(Wihbey 2024).

연구자마다 사회 구조가 개인의 주체성에 미치는 영향력에 대해 서로 다른 이론을 가지고 있다. 따라서 LLM이 사회 구조의 영향력을 '진실truth'에 가깝게 측정할 수 있도록 도와주고 있는지의 여부는 여기서 답할 수 없다. 다만 여기서 예상할 수 있는 점은 현재 개발되어 있는 LLM의 구조에 따라 합성된 설문조사 응답을 생산하여 연구를 진행할 때, 사회 구조의 영향력이 현재까지 측정되어 온 것보다 더 강하게 측정될 것이란 점이다.

문제 2: 사회적 사실의 제한적 보편성

사회학이 연구의 대상으로 삼는 '사회적 사실'을 처음으로 정의한 뒤르켐의 논의(뒤르켐 2021(1895))로 다시 돌아가면, 사회적 사실은 개인의 의식 밖에 존재하는 무엇이며, 주어진 사회에서 보편적으로 받아들여진다. 인간의 외부에 존재하는 사회적 사실을 과학적으로 관찰하기 위해서는 이를 사물과 같이 다루어 과학의 영역으로 가져와야 한다고 뒤르켐은 주장한다. 한발 더 나아가, "사회적 사실들은 우리의 행동을 주조하는 거푸집"과 같으며, "우리가 이러한 필연성에서 빠져나올 수 없는 경우"도 존재(같은 책. p.97-98)한다는 점은 사회적 사실(=거푸집)이 사물처럼 다루어질 수 있는 가능성을 시사한다.

사회적 사실을 거푸집으로 비유한 뒤르켐의 표현은 LLM이 표상하는 것과 많은 면에서 일치한다. 챗GPT를 개발한 오픈AI와 더불어 LLM 개발에 앞장서고 있는 클로드Claude 연구팀Anthropic에 따르면(Anthropic 2024), LLM 안에서 두드러지는 특성들은 인간이 생각하는 차원과 비슷하다. 같은 리포트의 사례에 따르면 클로드 LLM 내부에서 내적 갈등이라는 차원은 죄책감, 이성 대 감정, 결정하기 어려운 딜레마들 등과 같은 세부 토픽으로 나누어져 있다. 이와 같은 차원에 벡터 공간이 배열되어 있고, 이에 따라 도출된 LLM의 응답은 사회적 사실이라는 거푸집을 통해 주조된 개인들의 행동양식과 닮아 있다. 또한 LLM은 이를 실제로 '사물'의 형태로 분리해 내어 표현함으로써 객관적인 관찰을 가능하게 했다는 점에서 의의가 있다.

그럼에도 불구하고 LLM에는 한계점이 존재하는데, 바로 사회적 사실이 보편적으로 작용하는 세계를 명확하게 구분할 수 없다는 점이다. 같은 사회적 사실이 전 세계에 동일하게 존재하기는 어렵다. 즉, 우리의 생각과 행동이 주조되는 거푸집은 각 문화마다 조금씩 다르다. 이는 어느 사회에서는 외적 강제력을 부르는 행위가 다른 사회에서는 그렇지 않은 사례들을 확인함으로써 알 수 있다. 대표적으로 국가에 따라, 미국과 같은 국가의 경우는 주에 따라 법체계가 다르다. 미국 워싱턴주에서는 대마초를 사고파는 행위가 공권력의 제지 대상이 아니지만, 같은 행위를 한국에서 했을 때는 처벌의 대상이 된다. 법체계의 차이는 사회적 인식의 차이와도 연결되어 있다. 예를 들어, 한국에서 연예인, 정치인 등과 같은 공인의 대마초 흡연은 대중에게 알려졌을 때 그들의 커리어를 무너뜨릴 만큼 중요한 악영향을 미치지만, 미국에서 같은 사건이 일어났을 때 이는 사소한 일탈에 불과하다. 뒤르켐의 경우 사회적 사실을 역행했을 때 제재가 생기는 행위의 사례로 프랑스어를 써야 할 의무를 언급했다(뒤르켐 2021(1895) p.63). 하지만 이 의무는 한국의 사례에서 적용되지 않는다. 즉, 사회적 사실이란 **"주어진 사회에서 보편적인 것"**(같은 책, p.76, 강조는 필자)을 뜻한다.

LLM의 구조는 사회적 사실이 통용되는 '주어진 사회'에 따라 구분하여 사용하기 어렵다. LLM 내부는 하나의 인식 체계가 형성되어 있으며, 이는 다국어 및 멀티모달 구조로 이루어져 있다(Anthropic 2024). 이 내부에서 다양한 개념들이 가끔은 언어에 따라, 가끔은 언어에 상관없이, 기존 데이터 학습에 사용된 텍스트에서 함께 쓰인 대로 다차원에 배치되어 있으며, 이는 분리되어 있지 않다. 즉, 프롬프트를 사용하더라도 보편적인 사회적 사실의 영향력하에 있는 행위자들을 선별하여 설문응답자로 제시할 수 없는 한계가 있다. 사회조사방법의 용어를 따르자면, 표본을 선별하는 모집단을 명확하게 지정할 수 없다. 2024년 5월에 챗GPT-4o 버전을 사용하여 한국어로 "당신이 서울에 살고 있는 35세 여성이며 월평균 가구소득으로 세전 500만 원을 번다고 가정해 보자. 당신은 자녀에게 어떤 직업을 가지라고 권하고 싶은가?"라고 물었을 때, 챗GPT는 다음과 같이 답변했다.

1) 의사 또는 치과의사
2) 변호사
3) 투자은행가
4) 프로그래머 또는 소프트웨어 엔지니어
5) 회계사 또는 세무사

하지만 같은 질문을 영어로 했을 때 챗GPT는 다음과 같이 답변했다.

1) 기술 및 엔지니어링

2) 금융 및 투자

3) 보건분야 혹은 바이오기술

4) 창작 산업

5) 국제 비즈니스 및 언어분야

이 실험은 하나의 사례에 불과하며 과학적인 검증이라고 보기는 어렵다. 또한 어떤 버전의 어떤 LLM을 사용하는지에 따라 제시된 사례의 내용이 변화될 수도 있다. 하지만 이런 결과는 우연이 아니다. 또 다른 사례에서 LLM에게 중국의 정치 문제에 대한 같은 내용의 질문을 각각 영어와 중국어 간체로 썼을 때, 중국어로 쓰인 질문에는 중국에 우호적인 답변을 하는 것에 비해, 영어로는 정반대의 비판적인 답변을 하는 것으로 나타났다(Zhou and Zhang, 2024).

이러한 결과는 앞에서 제기한 '주어진 사회' 구분의 어려움을 잘 보여준다. 챗GPT는 앞의 한국어 답변에서 의사 또는 치과의사를 첫 직장으로 추천하는 이유로 "의료 분야는 안정적이며 높은 소득을 기대할 수 있는 분야 중 하나"이고 "사회적으로 존경받는 직업"이기 때문임을 언급했다. 그러나 영어 답변에서는 보건 분야를 추천한 이유로 "한국이 빠르게 고령화되고 있기 때문에 해당 분야에 대한 수요가 늘어날 것"이라는 점을 언급했다. 이처럼 프롬프트를 똑같이 구성하더라도 어떤 언어로 질문을 하는지에 따라 그 언어가 표상하는 나라의 사고 체계가 결과에 반영되며, 이 결과가 실제로 한국에 사는 35세 여성의 의견과 일치하는지는 알아내기 어렵다.

이는 '창작 산업'이 영어 문답에서만 추천되는 점에서 더욱 강하게 드러난다. 영문 텍스트에서 소비되는 한국은 K-pop, 영화 산업, 넷플릭스 콘텐츠 들과 긴밀히 연결되어 있다. 하지만 이 산업의 열악한 업무 환경은 영어로 기록되어 있지 않았을 가능성이 크며, 한국인들 사이에서 주로 공유된 정서이기에 한국어 질문에서는 몇 번의 시도에도 추천된 다섯 가지의 직장 안에 창작 산업 분야가 들어가지 않았다. 본 시도는 차이가 명확하게 드러나는 질문 및 언어를 의도적으로 사용한 실험이기 때문에 타 질문에서는 차이가 이처럼 명확하지 않을 수 있다. 하지만 본 시도는 프롬프팅을 사용하여 페르소나를 부여하는 방법론이 사회과학자들이 모집단과 표본집단을 지정하는 방식과 일치하지 않는다는 점을 보여준다는 의의가 있다.

좀 더 직관적이고 직접적인 문제는 영어를 제외한 타 언어에 대한 정보는 아직 충분하지 않다는 점이다. LLM을 통해 아홉 가지 서로 다른 언어(한국어, 아랍어, 스페인어 등)가 제시하는 지식의 사실성 정도를 비교해 보았을 때, 영어가 사실fact을 제시하는 데 자국어보다도 세계적으로 가장 높은 성능을 보였다(Shafayat et al. 2024). LLM을 통한 설문응답도 어느 정도 믿을 수 있는 언어 데이터가 충분히 구축되어야 신뢰할 수 있는 수준에서 형성될 수 있을 것이다. 하지만 LLM을 통한 설문조사가 실제로 신뢰할 만큼 충분한 데이터에 기반하여 이루어졌는지의 여부를 측정할 수 있는 기준은 아직 명확하지 않다.

문제 3: 사회적 산물로서의 거대언어모델

자연과학과 달리 사회학이 '과학적인 연구 결과'를 위해 추구해야 할 요소 중 하나는 성찰성이다. 사회학은 인간을 관찰 대상으로 한다. 하지만 인간은 어딘가에 놓인 돌이나 의자와 다르게 스스로의 존재를 자각하고 그들이 하는 일에 늘 의미와 목적을 부여하고자 한다. 따라서 인간을 연구 대상으로 인터뷰나 실험을 진행했을 때, 연구를 수행하는 사람과의 상호작용은 필연적으로 결과에 어떠한 형태로든 영향력을 미치게 된다. 가장 쉬운 예로, 대학 강사가 직접 수업을 듣는 학생들에게 대면으로 강의 평가를 받았을 때의 강의만족도는 온라인을 통해 무기명으로 강의 평가를 받았을 때의 강의만족도보다 높을 것이다(학생들이 충분히 사회화되었다고 가정한다!).

LLM을 통한 설문조사 진행은 인간의 인식과 행위를 더 객관적으로 측정할 수 있는 방법으로 기능할 수 있을 것인가? LLM은 질문을 하는 인간과의 어떠한 사회적인 관계 혹은 위계적인 관계를 인지하고 있지 않으며, 주어진 질문에 도덕적으로 답해야 한다는 의무감도 갖고 있지 않다. 그렇다면 LLM은 기존의 객관성에 대한 비판에서 벗어나 사회학을 자연과학과 같이 분석하는 것이 가능할 수 있는 도구를 제시해 주었다고 볼 수 있을까?

직접적인 상호작용에서 나타나는 문제는 상대적으로 줄어들더라도 새로운 문제가 있다. 현재까지의 LLM 관련 분석 연구를 살펴보았을 때, LLM은 이미 사회적 산물이며 따라서 사회학적 성찰의 대상이 되어야 할 것으로 예상된다. 현재 제공되고 있는 LLM은 이미 상품으로서의 가치를 갖기 위하여 사회적으로 적합한 언어를 주로 구사할 수 있도록 편집되었다. 대화형 인공지능 상품으로 출시되었던 한국의 '이루다' 서비스는 2020년 첫 출시되었으나, 이후 성소수자 혐오 발언, 개인정보 침해 문제 등으로 서비스가 중단되었다. 이후 2022년 이루다 2.0 버전이 출시되었으며, 이 버전은 차별 및 혐오 표현, 혹은 선정적인 표현 등을 사용했을 때 서비스가 차단된다.

LLM 역시 마찬가지이다. 폭탄 제조 등과 같은 위험하고 불법적인 정보 전달 및 적대적이고 위협적인 언어 사용을 막기 위하여 LLM을 학습시키고 있는 기업들은 모두 '레드팀'을 구성하여 모델을 관리하고 있다(Yoo et al. 2024; Perez et al. 2022; Samvelyan et al. 2024; Ganguli et al. 2022). '레드팀'의 역할 때문인지는 확실하지 않으나, 다양한 언어모델들의 정치적 선호를 조사해 보았을 때, 대부분의 모델이 정치적으로 진보적인 성격을 띠는 것으로 나타났다(Westwood et al. 2024).

인공지능 및 언어모델을 학습시키고 있는 모든 거대기업은 사회적으로 용인될 수 있는 제품을 위해 지속적인 언어의 선별작업 및 모형 조정을 진행하고 있다는 점에서 언어모델은 사회적 산물이라는 특성이 있다. 이 작업에 대한 이해 없이 LLM을 통해 얻은 설문조사의 결과가 실제 여론을 가감 없이 반영한다고 가정하기에는 무리가 있다.

명시된 혐오 표현과 편견은 모델 조정fine-tuning 과정에서 걸러지더라도, 여전히 특정 집단에 대한 암묵적인 편견과 고정관념은 LLM에 남아 있다(Bail et al. 2024). 그리고 연구자들은 암묵적이고 내재되어 있는 고정관념을 데이터로 찾아내고 분석하기 위하여 다양한 방식의 프롬프팅prompting을 시도하고 있다. 연구자들이 실험을 구체화하는 방식은 기존의 내재적 편견을 측정하는 테스트를 재활용하거나(Bai et al. 2024), 언어적 특성에 기대어 젠더를 나타내는 대명사를 활용하는 방식(Dong et al. 2024)이다. 이상의 응용 방식들은 프롬프트 작성자가 LLM으로부터 내재적 편견을 이끌어 내는 방식으로 유도 질문을 함으로써 이루어진다. 이는 인간의 언어 구조와 유사한 프롬프팅을 통하여 연구자가 의도하는 사회적 맥락을 LLM에게 부여하고, 이 영향력 아래에서 나타나는 응답을 관측한다. 따라서 프롬프팅을 통해 전달되는 사회적 맥락의 영향력이 존재한다는 점에서 LLM 자체뿐만 아니라 프롬프팅 과정 또한 사회적 행위의 일부에 속한다.

이 논의는 LLM을 활용한 설문조사와 관련된 논의에 국한되지 않았다. 하지만 거시적인 측면에서 LLM의 모델 구성 자체가 사회적인 영향력 아래에서 이루어진 사회적 산물이며, 미시적인 측면에서 LLM과의 프롬프팅을 통한 상호작용은 사회적 맥락을 전제로 이루어진다. 따라서 이를 활용한 설문조사 역시 모델 구성 자체와 설문 문항, 그리고 설문 문항을 묻는 프롬프팅의 방식을 검토함에 있어 사회적인 맥락을 고려한 비판적인 고찰이 필요하다는 점을 강조하고자 한다.

온라인 패널을 활용한 설문조사 기법은 무결한가

LLM을 사용한 설문조사 방법론에 대한 비판적 접근이 곧 기존의 설문조사의 무결함을 뜻하는 것은 아니다. 오히려 앞에서 강조했듯이 기존 설문조사가 가지고 있던 해결할 수 없을 만큼의 심각한 문제점들이 다른 방식의 설문조사를 시도하게 만들었다는 해석이 더 설득력 있다. 현재 흔히 통용되는 온라인 패널 기반 설문조사에서도 앞에서 지적한 근본적인 문제점들을 유사하게 짚어낼 수 있다. 응답자들이 온라인 패널의 구성원일 경우, 온라인 패널 조사가 응답자들의 개인 정보를 알고 있을 확률이 높으며, 이는 응답자들의 사회적 바람직성 편향을 강화시킬 수 있다.

또한 사회적 사실의 제한적 보편성으로 인하여 사회적 사실이 통용되는 지역을 통제한 후 응답자를 선정해야 한다. 이 과정에서 응답자들은 좀 더 설문 의뢰가 많이 오는 지역으로 가상 사설망(VPN)을 통해 본인들의 지역을 설정할 수 있다는 점에서 이 문제를 완전히 피할 수 없다. 마지막으로 온라인 패널을 통한 설문조사 역시 설문조사를 비즈니스 모델화하는 과정에서 생겨난 새로운 방식의 설문조사라는 점에서 사회적 산물의 일종이다. 가장 빠르고 효율적으로 기존에 통용되는 성별, 연령, 지역 등의 대표성의 문제를 해결하려는 방식이지만, 온라인 패널에 스스로를 등록한 특정 인구 집단만을 대상으로 한다는 본질적인 문제는 해결되지 않았다.

LLM과 다르게 온라인 패널을 활용한 설문조사는 이 접근이 어느 지점에서 문제가 생기는지 연구자들이 명확하게 이해할 수 있다. 아마 어렵긴 하겠지만, 원인을 알기에 해결책을 모색할 수 있는 가능성이 있다. 반면, LLM을 활용한 설문조사는 내부를 완전히 이해할 수 없는 블랙박스 모델을 통해 이루어지기 때문에 원인을 특정하기 어려우며, 연구자가 모델을 통제할 수 있는 가능성이 제한되어 있다. 또한 LLM의 난해한 특성과 디지털화된 물질로서의 존재는 모델 자체를 객관적이며 중립적인 대상으로 생각하기 쉽다. 이와 같은 LLM의 특성은 이에 대해 깊게 고찰하고, 비판적으로 검토하려는 시도를 어렵게 한다. 따라서 이 글은 LLM을 기존의 사회조사에 적용했을 때 생기는 문제점들을 사회학의 학문적 맥락에서 검토했다는 점에서 의의가 있다.

거대언어모델을 통한 사회조사의 가능성

기존의 설문조사를 완전히 대체하는 형태가 아니더라도 LLM을 활용한 설문조사에는 다른 가능성이 있음을 꾸준히 열어놓아야 할 것이다. 예를 들어, 모집단을 정확하게 특정할 수 없다는 특성과 실시간 업데이트가 현재로서는 이루어지지 않는다는 점을 고려하면 현재 한국 대통령 국정운영에 대한 국민 정서를 LLM을 통해 측정하는 것은 어려울 것이다. 하지만 반대로 기존의 설문조사 방법론은 지금 시점에서 과거의 응답자들에게 물어보고 싶은 질문을 물어볼 수 없지만, 과거 텍스트를 토대로 학습된 LLM은 과거 응답자들의 생각을 추정해 볼 수 있는 통로를 마련해 준다(Kim and Lee, 2023). 이처럼 새로운 모델의 한계를 이해하는 동시에 저변을 확대함으로써, 이를 활용한 어떠한 새로운 연구가 가능할지에 대한 상상력은 꾸준히 열어놓아야 할 것이다.

또한 LLM을 통해 꾸준히 새로운 사회조사를 고민하는 것은 시대의 흐름에 편승하려는 시도 정도로 격하되기 어렵다. 이미 2000년대 이후로 아날로그 데이터의 양은 줄어듦과 동시에 디지털 데이터의 양은 기하급수적으로 증가하기 시작했다(Hilbert and Lopez, 2011). 양적으로 증가한 디지털 데이터는 대부분 기존의 연구방법론을 즉각적으로 적용하기 어려운 비정형 데이터의 형태를 띠고 있으며, 이를 분석하기 위한 방법론들이 계산사회과학computational social science이란 이름으로 묶여 꾸준히 개발되어 왔다(Lazer et al. 2009; Lazer et al. 2020). 누구도 이 정도의 빠른 변화는 예측하기 어려웠지만 LLM은 기하급수적으로 증가한 디지털 데이터를 활용한 모델이라는 점에서 기존 빅데이터와 관련한 논의와 맥을 같이한다.

구체적으로 예를 들어 생각해 보면 트위터Twitter/X를 활용한 연구가 있다. 현재 LLM을 활용한 설문조사와 비슷하게 한 연구자 그룹은 2009년 독일 트위터 사용자들의 트위터 멘션 기능을 사용한 정당 언급 비율이 실제 투표 결과와 일치한다고 주장하며 소셜미디어 데이터가 비싼 여론조사와 차이가 없다고 주장했다(Tumasjan et al. 2010). 하지만 이는 데이터 처리 문제와 관련이 있는 것으로 드러났으며(Jungherr et al. 2012) 트위터 사용자는 실제 독일 국민들을 대표할 수 없는 집단임이 밝혀졌다. 이처럼 디지털 데이터는 기존 설문조사의 대표성 문제를 더욱 심각한 형태로 가지고 있다.

그렇다고 하여 디지털 데이터의 가치가 모두 사라지는 것은 아니다. 트위터 데이터를 사용한 사회학 연구는 사회운동론과 관련된 사회학 내 논의를 크게 진일보시키는 데 기여했다(Murthy 2024). 수많은 연구 중에서 몇 가지만 예로 들면, 트위터라는 플랫폼 자체가 아랍스프링 운동의 근원이었으며(Rane and Salem 2012), 주류가 아닌 의견을 퍼뜨리는 주요 미디어로 역할을 했다(Statham and Ringrow 2022). 이러한 사례가 보여주듯이 트위터 데이터가 갖는 비대표성이라는 한계점만을 지적하기보다 트위터를 중심으로 이루어진 사회 현상에 초점을 맞추어 연구 질문을 수정하는 노력이 현재 사회과학의 분야를 확장시키는 데 기여했다.

LLM을 활용한 사회조사 연구 역시 모델 자체를 대상으로 사회학적 질문을 던지는 방향성을 고민해 볼 필요가 있다. 이미 연구자들은 AI의 심리적 특성(Park et al. 2024, Pellert et al. 2023), 시스템에 내재된 특정 집단에 기울어진 편견(Bai et al. 2024), 정보의 불평등(Shafayat et al. 2024) 등을 직접적인 연구 대상으로 삼고 있으며 앞으로도 활발히 관련된 연구가 이루어질 예정이다.

LLM의 특성을 이해하는 것에서 또 한발 나아가 앞으로의 연구는 이 모델에서 발견된 특성이 현대 사회의 불평등 구조를 증폭 혹은 완화시키는지의 여부에 응답하는 연구가 진행되어야 할 것이다. 이를 위해서는 우선 LLM의 특성을 이해하기 위한 리버스 엔지니어링 접근이 필요할 것(Bail 2024)이다. 그리고 해당 특성을 가지고 있는 LLM을 사용자들이 어떠한 용도 및 강도로 사용하는지 조사함으로써 실제 사회에 생겨나는 변화를 측정할 수 있는 빅데이터, 설문조사, 실험 연구 등을 창의적으로 고민해 보아야 할 것이다.

사회과학의 새로운 질문들

무한히 확장하고 있는 LLM의 가능성에 대한 탐색이 다방면으로 이루어지고 있는 가운데, 이 글은 이 중에서도 LLM을 통한 설문조사 방법론을 비판적으로 재검토해 보고자 했다. 이 분석의 요약은 다음과 같다. 첫째, LLM을 사용한 설문조사는 인간을 대상으로 한 설문조사에 비하여 개인보다 구조의 강제력을 더 높게 측정할 가능성이 있다. 둘째, LLM은 사회적 사실을 '사물'로 분석하기에 유리하지만, 제한적으로 적용되는 보편성의 개념을 분석과 연결시키기 어려운 측면이 있다. 셋째, 사회학 연구자에게 요구되는 성찰성이란 고유의 특성은 LLM 자체가 사회적 산물이며, 따라서 여기서 파생된 결과물 또한 비판적으로 해석해야 한다는 점을 시사한다. 마지막으로 LLM을 활용한 새로운 사회조사 연구 가능성을 간략하게 짚어보았다.

이 글의 내용은 LLM 자체에 대한 비판이 아니다. 언어모델은 언어모델 자체로 존재하는 것이며, 좀 더 현실적이고 실용적인 분석은 이 언어모델이 실제로 어떤 방식으로 인간에 의해 수용되는가 하는 지점에서 이루어져야 할 것이다. 이러한 측면에서 이 글은 이 모델이 사회조사에 적용되는 방식에 의도적으로 초점을 맞추어 진행되었음을 강조하고자 한다.

이 글 및 현재까지의 사회과학 연구는 LLM이라는 기술을 어떻게 사회과학 연구에 응용할 수 있으며, 응용했을 때 생겨나는 문제점은 무엇인지에 관한 논의가 많았다. 이와 동시에 좀 더 본질적으로 인공지능 연구를 추구하게 된 사회적 배경에 관한 연구 또한 흥미로울 것으로 기대된다. 과학자들은 지금까지 인공지능, 나아가 인공일반지능Artificial General Intelligence의 발전을 의심 없이 추구해 왔으며, 이는 현재진행형이다. 이러한 기술을 추구하게 된 사회적 맥락을 이해하는 것 역시 앞으로 사회과학자들의 몫일 것이다.

인공지능으로 사회 실험실 구축하기
: 생성형 행위자 모형의 이론과 실제

이병규

연세대학교 경영학과를 졸업하고 동 대학교 사회학과 석사 과정을 마친 뒤, 미국 컬럼비아대학교에서 사회학 박사 학위를 받았다. 미국 인디애나주립대학교 사회학과 조교수를 거쳐 뉴욕대학교 사회학과 조교수로 재직 중이다. 주로 사회 연결망 분석과 이론을 바탕으로 건강과 의료 불평등, 정치 양극화, 그리고 사회적 갈등과 통합의 문제를 연구해 왔다. 최근에는 생성형 AI를 설문조사 등의 사회과학 방법론에 활용하는 방안과 생성형 AI에 대한 의존이 사회 관계와 삶의 건강에 미치는 영향에 대해 관심을 갖고 연구하고 있다.

사회과학 연구에서 복잡한 사회 현상을 이해하는 일은 언제나 도전적인 과제였다. 개인의 행동이 어떻게 모여서 집단 차원의 패턴을 만들어 내는지, 그리고 이러한 거시적 패턴이 다시 개인의 행동에 어떤 영향을 미치는지를 파악하는 것은 사회과학의 핵심 관심사 중 하나이다. 이러한 미시-거시 연결의 문제를 해결하기 위해 등장한 것이 바로 행위자 기반 모형Agent-Based Model, ABM이다. 행위자 기반 모형은 개별 행위자들의 행동 규칙과 상호작용을 컴퓨터 시뮬레이션으로 구현함으로써, 이들의 미시적 행위가 거시적 사회 현상으로 어떻게 창발*emergence되는지를 탐구하는 방법론이다(Bianchi and Squazzoni 2015; Macy and Willer 2002).

ABM의 핵심 아이디어는 단순하다. '행위자'는 개인, 집단, 조직 등 어떤 의사결정을 내릴 수 있는 개체를 의미하며, 이들 행위자는 연구자가 설정한 환경 내에서 특정한 규칙에 따라 행동하고 상호작용한다. 이를 바탕으로, 복잡한 사회 현상도 상대적으로 간단한 개별 구성원들 행동 규칙의 집합으로 설명할 수 있다는 것이다. 예를 들어, 하늘을 나는 새떼의 복잡하고 아름다운 군집 행동은 각 새가 따르는 세 가지 간단한 규칙으로 설명될 수 있다. 첫째, 근처에 있는 다른 새들과 같은 방향으로 날아간다(정렬). 둘째, 너무 가까이 있는 새들로부터는 멀어진다(분리). 셋째, 근처에 있는 새들 무리의 중심을 향해 이동한다(응집). 이러한 가정을 바탕으로 시뮬레이션을 한 결과, ABM은 수천 마리의 새들이 하나의 거대한 군집을 이루며 움직이는 복잡한 패턴을 재현해 낼 수 있었다(Reynolds 1987).

이러한 개념을 사회 현상에 적용하면 더욱 흥미로운 사례들을 찾을 수 있다. 쇼핑몰에서 사람들이 걷는 패턴을 생각해 보자. 각 개인은 몇 가지 간단한 규칙을 따른다. 목적지로 가는 최단 경로를 선택하고, 다른 사람들과 충돌하지 않도록 피해 가며, 사람이 너무 많은 곳은 피한다. 이러한 개별적 행동들이 상호작용하면서 복잡한 보행자 흐름과 군중 패턴이 만들어진다. 또 다른 예로는 온라인 커뮤니티에서 정보가 확산되는 과정을 들 수 있다. 각 사용자는 자신의 관심사에 부합하는 정보를 공유하고, 남들에게 신뢰와 주목을 받는 사람들의 의견에 더 많은 주의를 기울이며, 이미 많이 공유된 정보에 더 쉽게 반응한다. 이러한 개별적 행동들이 모여서 바이럴 현상, 정치 양극화 등의 복잡한 정보 생태계를 형성한다. 마찬가지로 인간 사회에서도 개인들의 간단한 행동 규칙이 예상치 못한 집단 차원의 결과를 낳는 경우가 많다. 사람들이 출구를 향해 이동하면서 만들어지는 군중의 흐름, 소문이 퍼지는 과정, 새로운 기술이 사회에 확산되는 현상 등은 모두 개별 행위자들의 미시적 상호작용으로부터 창발되는 거시적 패턴의 예시이다. 특히 이러한 창발 현상은 개별 속성의 합 이상으로 집합 행동이 출현하는 패턴을 설명하는 데 있어서 ABM이 유용한 이유를 잘 보여준다 (Epstein 1999).

전통적인 사회과학 방법론과 ABM의 가장 큰 차이점은 접근 방식에 있다. 전통적 방법론은 주로 하향식top-down 접근을 취한다. 즉, 거시적 사회 현상을 관찰하고 이를 설명하는 이론을 구축한 다음, 해당 이론이 개별 사례나 데이터와 얼마나 부합하는지를 검증한다. 반면 ABM은 상향식bottom-up 접근을 취한다. 개별 행위자들의 행동 규칙부터 시작하여, 이들의 상호작용이 어떤 집단 차원의 패턴을 만들어 내는지를 관찰한다. 이러한 차이는 사회 현상을 이해하는 방식의 근본적인 변화를 의미한다. 전통적 접근에서는 사회 현상을 설명하기 위해 거시적 변수들 간의 관계를 파악하는 데 집중한다. 예를 들어, 교육 수준과 소득 간의 상관관계를 분석하거나, 사회 제도가 개인의 행동에 미치는 영향을 연구하는 식이다. 하지만 ABM에서는 개별 행위자들이 어떤 규칙에 따라 행동하고, 이들의 상호작용이 어떤 메커니즘을 통해 집단 차원의 결과를 만들어 내는지에 초점을 맞춘다.

이러한 ABM의 유용성에도 불구하고, ABM 모형이 만들어 내는 결과가 복잡한 현실을 제대로 반영하지 못한다는 문제가 제기되고 있다. 이는 행위자의 행동 규칙과 환경에 따른 가정이 복잡한 현실을 설명하기에 지나치게 단순하기 때문이며, 이러한 문제를 보완할 수 있는 새로운 방법론으로 거대언어모델(LLM)이 대두되고 있다. LLM은 인간이 사용하는 자연어를 이해하고 생성하는 능력에서 놀라운 성과를 보이고 있으며, 단순한 도구를 넘어서 인간의 사고와 행동을 모방할 수 있는 수준에 도달했다고 여겨진다(Mialon et al. 2023; Morris et al. 2023; Ouyang et al. 2022; Wei et al. 2022).

언어 모델의 발전 과정을 이해하기 위해서는, 먼저 이들이 어떤 문제를 해결하고자 만들어졌는지를 살펴볼 필요가 있다. 초기 언어 모델들은 주어진 문맥에서 다음에 올 단어를 예측하는 것이 목표였다. 예를 들어, "오늘 날씨가 매우"라는 문장이 주어질 때, 다음에 올 가능성이 높은 단어가 '좋다', '나쁘다', '춥다'인지 등을 확률적으로 계산하는 것이다. 이는 언뜻 단순해 보이지만, 실제로는 언어의 문법, 의미, 맥락을 모두 이해해야 가능한 복잡한 작업이다. 초기의 통계 기반 언어 모델은 주어진 텍스트에서 단어들의 빈도를 계산하여 다음 단어를 예측했다. 하지만 이러한 방법은 문맥을 충분히 고려하지 못했고, 복잡한 언어 구조를 파악하는 데에도 한계가 있었다. 2010년대에 들어서면서 신경망 기반 언어 모델들이 등장했다. 이들은 단어들을 고차원 벡터로 표현하고, 신경망을 통해 이들 간의 복잡한 관계를 학습할 수 있었다.

진정한 혁신은 2017년 트랜스포머Transformer[*] 구조의 등장과 함께 시작되었다(Vaswani et al. 2017). 트랜스포머는 어텐션attention 메커니즘을 활용하여 문장의 모든 단어들 간의 관계를 동시에 고려할 수 있게 했다. 이를 통해 긴 문맥을 효과적으로 처리하고, 복잡한 언어 구조를 잘 파악할 수 있게 되었다. 현재의 LLM들은 이러한 트랜스포머 구조를 기반으로 하되, 모델의 크기와 학습 데이터의 규모를 대폭 확대한 것이다. GPT-3의 경우 1,750억 개의 매개변수를 가지고 있으며, 인터넷상의 방대한 텍스트 데이터를 학습했다. 이러한 규모의 확대는 단순한 양적 변화를 넘어서 질적 변화를 가져왔다. 모델이 단순히 다음 단어를 예측하는 것을 넘어서, 복잡한 추론, 창작, 번역 등의 작업을 수행할 수 있게 된 것이다. 더 중요한 것은 이러한 모델들이 인간의 피드백을 통한 강화학습Reinforcement Learning with Human Feedback(RLHF)[*] 과정을 거치면서 인간의 의도와 가치를 학습하게 되었다는 점이다(Ouyang et al. 2022).

사회과학 연구에서 LLM의 활용 가능성이 대두되는 이유는 이 모델들이 보여주는 놀라운 인간 모방 능력 때문이다. 최근 연구들에 따르면, 적절히 설계된 LLM은 인간의 설문 응답 패턴과 실험에서의 반응 패턴 등을 높은 정확도로 예측할 수 있으며, LLM을 이용한 연구 결과와 사람을 대상으로 한 연구 결과가 매우 유사함을 보여주고 있다(Argyle et al. 2023; Dillion et al. 2023; Kim and Lee 2023; Mei et al. 2024). 이에 학계에서는 그동안 사람들이 해왔던 연구 작업들, 예를 들어 텍스트를 분류하거나 요약하는 일 등에 LLM을 활용하는 방안들뿐만 아니라, 사회과학 자료 연구 자료의 생성에 있어서 LLM을 적극 활용하는 방안에 대한 논의가 활발히 진행되고 있다(Bail 2024; Ziems et al. 2023).

여기서 중요한 것은, ABM과 LLM은 각각 고유한 장점과 한계를 지닌다는 점이다. 전통적인 ABM의 가장 큰 강점은 명확성과 투명성이다. 연구자는 행위자들의 행동 규칙을 명시적으로 정의하고, 이들의 상호작용 과정을 단계별로 추적할 수 있다. 이를 통해 특정한 거시적 패턴이 어떤 미시적 메커니즘에 의해 발생하는지를 명확히 설명할 수 있다. 또한 모델의 가정을 체계적으로 변경하면서 그 영향을 관찰할 수 있어, 이론적 가설을 검증하는 데 유용하다. 하지만 전통적 ABM은 현실 적합성의 문제에 직면한다. 실제 인간의 행동은 연구자가 미리 정의한 간단한 규칙으로 완전히 포착하기 어려울 정도로 복잡하기 때문이다. 이러한 복잡성을 모두 규칙으로 정의하려면 모델이 지나치게 복잡해지고, 이는 ABM의 단순성과 투명성이라는 장점을 훼손한다.

반대로 LLM은 인간 행동의 복잡성을 포착하는 데 뛰어나다. 방대한 텍스트 데이터로 학습된 LLM은 인간의 다양한 생각과 행동 패턴을 내재화하고 있으며, 주어진 맥락에서 인간이 어떻게 반응할지를 상당히 정확하게 예측할 수 있다. 또한 LLM은 행위자들이 자연어로 소통할 수 있으며, 이를 통해서 연구자가 행위자 간의 복잡한 의사소통과 사회적 상호작용을 관찰할 수 있다. 그럼에도 불구하고, LLM의 작동 메커니즘은 블랙박스*에 가깝다. 수십억 개의 매개변수로 구성된 신경망이 어떤 과정을 거쳐 특정한 응답을 생성하는지를 완전히 이해하기 어렵다. 이로 인해 LLM 기반 시뮬레이션의 결과를 해석하고 일반화하는 데 제약이 따른다.

하지만 두 방법론을 잘 결합할 경우, 각각의 한계를 보완하고 사회과학 연구에 있어서 새로운 가능성을 열 수 있다. LLM을 행위자로 활용하면 기존 ABM보다 인간 행동을 훨씬 현실적이면서도 복합적으로 모사할 수 있다. 동시에 ABM의 체계적인 실험 설계와 분석 틀을 유지함으로써, LLM의 블랙박스 특성으로 인한 해석의 어려움을 일정 부분 해결할 수 있다. 이러한 융합 연구의 필요성은 급변하는 사회과학 연구 환경의 변화와도 직접적으로 맞물려 있다. 디지털 기술의 발전으로 인해 사회 현상이 더욱 복잡해지고 있으며, 전통적인 연구 방법론만으로는 복잡해진 사회를 충분히 설명해 내기 어렵다. 예를 들어, 소셜 미디어에서의 정보 확산, 온라인 커뮤니티의 형성과 변화, 인공지능과 인간의 상호작용 등은 모두 새로운 연구 방법론을 요구한다. LLM과 ABM의 결합은 이러한 새로운 사회 현상을 연구하는 데 필요한 도구를 제공할 수 있다. 또한 이러한 융합 연구는 방법론적 혁신을 넘어서 인식론적 변화를 가져올 수 있다. 전통적으로 사회과학에서는 연구자가 이론을 먼저 설정하고 이를 검증하는 연역적 접근이 주를 이뤘다. 하지만 LLM을 활용한 생성형 ABM에서는 행위자들의 행동으로부터 패턴을 발견하는 귀납적 접근이 더 중요해질 수 있다. 궁극적으로 두 방법론의 상호보완적 활용은 사회과학 연구의 새로운 패러다임을 열어줄 가능성이 있다.

ABM의 이론적 배경

사회 이론은 사회 현상을 분석하고 해석하는 데 사용되는 체계적인 틀로서, 사회가 어떻게 기능하고 사회적 관계가 어떻게 구조화되는지에 대한 설명의 기반을 제공한다(Giddens 1976). 다양한 사회 이론은 학자들이 행동 패턴, 사회 구조, 문화적 규범을 이해하는 데 도움을 준다(Turner and Turner 1998). 사회 이론은 미시적 차원에서의 인간 행동과 거시적 차원에서의 사회 구조 간의 상호작용을 바탕으로, 사회적 규범, 가치, 제도, 계층 구조의 형성 메커니즘의 이해에 있어서 필수적이다(Coleman 1986). 그동안 사회 이론은 귀납과 연역의 과정을 통해서 발전되어 왔으며, 사회 이론의 검증과 발전에 있어서 질적 방법론과 양적 방법론이 주로 활용되어 왔다.

질적 연구 방법을 활용하는 연구들의 주된 목적은 사회 현상과 인간에 대한 심도 깊은 이해이다. 인간, 조직, 그리고 사회에 대한 깊이 있는 관찰, 심도 깊은 인터뷰, 또는 특정 역사적 맥락을 고려하는 사례 연구를 활용하여 새로운 이론을 귀납적으로 도출하거나 기존 이론이 갖는 다양한 가정의 현실 부정확성 문제를 제시함으로써 이론의 발전을 도모한다. 반면에 양적 연구 방법을 활용하는 연구들은 주로 연역적 방식으로 이루어진다. 기존에 존재하는 사회 이론의 반증 가능성을 실험, 설문조사, 행정 자료, 디지털 흔적 자료 등 다양한 조사도구를 통해서 계량화된 자료를 이용하여 검증하는 것이다. 이러한 질적 방법론과 양적 방법론은 실제 자료를 바탕으로 한다는 면에서 사회 이론의 현실 적합성을 검증하는 데 유용하다. 그러나 이러한 전통적 방법론들은 각각 고유한 한계를 가지고 있다. 질적 연구는 일반화 가능성이 낮고 특정 맥락에 국한된 결과를 도출할 가능성이 있다. 한편 양적 연구는 복잡한 사회적 맥락과 행위자 간의 상호작용을 충분히 반영하지 못하고 사회 현상을 지나치게 단순화할 위험이 있다. 또한 두 접근법 모두 시간의 흐름에 따라 변화하는 동적 과정이나 행위자 간의 미시적 상호작용이 거시적 사회적 결과로 이어지는 메커니즘을 명확히 설명하는 데 한계가 있다.

이러한 한계를 극복하기 위해 등장한 것이 바로 ABM이다. ABM은 방법론적 개인주의*를 구현하는 데 유용한 도구로 활용되어 왔다 (Coleman 1986). 방법론적 개인주의는 사회 현상을 개별 행위자들의 행동과 상호작용을 통해 설명하려는 접근법이다. 이는 사회 또는 집단을 독립된 실체로 보는 방법론적 전체주의와 대비된다. ABM의 가장 큰 장점은 개별 속성의 합 이상으로 집합 행동이 출현하는 패턴을 설명하는 데 있어서, 하향식 모형이 지니는 한계를 상향식 모형을 통해서 극복할 수 있다는 점이다. 하향식 모형은 거시적 패턴을 먼저 관찰하고 이를 설명하는 메커니즘을 추론하는 방식이다. 반면 상향식 모형은 개별 구성 요소들의 행동 규칙부터 시작하여 이들의 상호작용이 어떤 전체적 패턴으로 창발하는 지에 대해서 검증하는 방식이다.

창발은 ABM의 핵심 개념 중 하나로서, 개별 구성 요소들의 상호작용에서 예상치 못한 전체적 성질이나 패턴이 나타나는 현상을 말한다 (Epstein 1999). 예를 들어, 개별 물 분자들의 움직임으로부터 파도라는 거시적 패턴이 나타나는 것이나, 개별 뉴런들의 활동으로부터 의식이라는 현상이 나타나는 것이 창발의 예시다. 사회 현상에서도 창발은 흔히 관찰된다. 개별 투자자들의 합리적 행동이 집합적으로는 시장 거품을 만들어 내거나, 개인들의 작은 편견이 사회 전체의 심각한 차별 구조를 형성하는 것 등이 그 예시다. ABM은 이러한 창발 현상이 어떤 메커니즘을 통해 발생하는지를 체계적으로 탐구할 수 있게 해 준다.

ABM의 구성 요소와 설계 원리

ABM은 네 가지 주요 가정을 바탕으로 구성된다(Macy and Willer 2002). 첫째, 행위자는 중앙 집중식 권위로부터 독립된 자율적인 의사결정자로서, 이들 간의 지역적 상호작용을 통해 시스템 패턴을 형성한다. 이는 실제 사회에서 개인들이 중앙의 통제를 받지 않고 자율적으로 행동하며, 그 결과 전체적인 사회 패턴을 만들어 내는 현상을 반영한다. 둘째,

행위자는 상호의존적이며 서로의 행동에 영향을 주고받는다. 이는 사회적 상호작용의 핵심이다. 개인의 행동은 다른 사람들의 행동에 영향을 받으며, 동시에 다른 사람들의 행동에 영향을 미친다. 이러한 상호의존성은 네트워크 효과, 사회적 학습, 동조 현상 등을 통해 나타난다. 셋째, 행위자는 단순한 규칙을 따르며, 이러한 단순한 규칙이 복잡다단한 거시적 패턴을 생성할 수 있다. 복잡한 사회 현상도 개별 행위자들의 상대적으로 간단한 행동 규칙에 의해 설명될 수 있다는 것이, ABM의 가장 매력적인 특징 중 하나다. 넷째, 행위자는 환경과 상호작용에 적응하여, 과거의 경험을 기반으로 행동을 변화시킨다. 적응은 강화, 모방, 학습 등의 과정을 통해 이루어지며, 이러한 적응성은 시스템의 복잡성을 심화시킨다. 이는 인간의 학습 능력과 환경 적응력을 반영한다.

이러한 가정을 바탕으로, 연구자가 ABM을 설계하고 실행하는 과정은 다음 다섯 가지 단계로 구성된다. 첫째, 행위자에게 이론적으로 중요한 속성을 부여한다. 이 속성은 연구 목적과 이론적 관심에 따라 달라진다. 예를 들어, 정치적 양극화를 연구한다면 행위자에게 정치적 성향, 미디어 선호도, 사회 연결망 등의 속성을 부여할 수 있다. 경제적 불평등을 연구한다면 소득, 교육 수준, 직업 등의 속성이 중요할 것이다. 둘째, 다양한 종류의 행위자를 만들어 이론적으로 중요한 거시적 분포를 구성한다. 이때, 현실 사회의 인구 구조와 사회적 분포를 반영하여 행위자들을 배치할 수 있다. 예를 들어, 실제 인구조사 데이터를 바탕으로 연령, 성별, 교육 수준, 소득 수준 등의 분포를 모사할 수 있다. 셋째, 행위자들의 행동과 상호작용 규칙을 만든다. 어떤 행위자가 언제, 어떤 행동을 하며 누구와 상호작용할 것인지 등을 구체적으로 정의해야 한다. 이 단계가 ABM 설계에서 가장 중요하고 어려운 부분이다. 넷째, 행위자들의 행동과 상호작용에 따른 결과를 업데이트한다. 개별 행위자의 행동이 환경과 다른 행위자들에게 미치는 영향을 계산하고, 이를 시뮬레이션에 반영한다. 이러한 업데이트는 모든 행위자들에게 공유되어야 한다. 다섯째, 행위자들의 상호작용을 특정 균형점에 도달할 때까지 계속 반복한다. 시뮬레이션의 종료 기준을 설정하고, 이에 따라 시뮬레이션을 실행한다. 종료 기준은 시간(예: 100회 반복), 안정성(예: 변화가 임곗값 이하), 또는 특정 목표 달성 등이 될 수 있다.

이러한 각 단계에서 연구자는 단순화된 모형을 가정할지 아니면 실제적인 모형을 가정할지를 결정해야 한다. 이 결정은 ABM의 목적에 따라 달라지기도 하지만, 각 단계에서 이용 가능한 실증 자료의 존재 여부에 따라서도 달라진다. 예를 들어, 실제 행위자들의 속성과 분포를 결정하는 데 있어서는 인구조사 자료를 활용할 수 있지만, 매우 작은 동네를 대상으로 할 경우에는 개인 수준에서의 자료 확보가 불가능할 수 있다. 더욱 중요한 과제는 행위자들의 행동 패턴을 어떻게 모델링할 것인가를 결정하는 것이다. 행위자들은 기본적으로 환경 정보를 수집하고, 이에 대한 평가를 내리며, 평가 결과를 바탕으로 의사 결정을 내리는 단계를 거쳐 행동한다. 이때 각 단계마다 행위자들이 어떻게 정보를 받아들이고 해석하며 이에 맞추어 행동할 것인지를 결정해야 한다.

전통적 ABM의 성공 사례와 한계

사회학에서 ABM의 대표적인 예시로는 셸링의 격리 모형과 그라노베터의 임곗값 모형이 있다. 이 두 모형은 ABM의 핵심 아이디어를 잘 보여주는 동시에, 전통적 ABM이 갖는 장점과 한계를 명확히 드러낸다. 셸링의 격리 모형은 개별 행위자의 간단한 행동 규칙이 어떻게 복잡한 사회적 패턴을 생성할 수 있는지를 보여주는 대표적인 모형이다 (Schelling 1971).

이 모형에서 각 행위자는 자신이 속한 지역에서 일정 비율 이상의 이웃이 자신과 같은 인종이기를 원한다는 아주 간단한 규칙에 따라 거주지 이동을 결정한다. 먼저, 도시를 격자 형태로 나누고 각 격자에 두 가지 인종의 행위자들을 배치한다. 각 행위자는 자신의 주변 이웃 중에서 자신과 같은 유형이 일정 비율 이상 있기를 원한다. 만약 이 조건이 충족되지 않으면, 행위자는 다른 곳으로 이주한다. 이러한 조건을 바탕으로 시뮬레이션을 돌릴 경우에, 놀랍게도 같은 인종을 선호하는 비율의 임곗값이 낮은 수준(예: 30%)에서도, 시뮬레이션 초기에 인종 간 혼합이 활발한 지역들이 시간이 지남에 따라 인종 간 거주지가 완전히 격리되는 형태로 변화한다는 것이다. 즉, 개인 수준에서는 약간의 동종 선호만 있었을 뿐인데, 집합적으로는 심각한 인종 격리 현상이 나타난다.

한편, 그라노베터의 임곗값 모형은 거시적 차원에서의 집단 행동의 창발 메커니즘을 미시적 차원에서 설명하는 모형이다(Granovetter 1978). 이 모형에서 각 개인은 자신이 집합 행동에 참여하기 위해 필요한 최소한의 참여자 수인 임곗값을 가지고 있다. 예를 들어, 어떤 사람은 임곗값이 0이어서 다른 사람이 참여하지 않아도 먼저 행동을 시작한다. 반면 어떤 사람은 임곗값이 50이어서 최소 50명이 참여해야 행동에 나선다. 그라노베터는 이러한 개인들의 임곗값 분포가 집단 행동의 창발 여부를 결정한다는 것을 보여준다. 만약 임곗값이 '0, 1, 2, 3…'과 같이 연속적으로 분포되어 있다면, 한 사람의 행동이 다음 사람의 행동을 촉발해 결국 전체가 참여하는 연쇄 반응이 일어난다. 하지만 임곗값 분포에 '0, 1, 2, 5, 6…'과 같이 간격이 있다면, 연쇄 반응은 중단되어 집단 행동이 일어나지 않는다. 이처럼 ABM은 사회적 행동의 복잡성과 상호작용을 이해하는 데 중요한 역할을 수행했다. 특히 미시적 행동이 거시적 결과로 어떻게 이어지는지에 대한 설명에 초점을 두어 연역적 방식으로 사회 이론과 정책을 발전시킬 수 있는 강력한 방법론적 도구로 인정받았다.

전통적 ABM의 성공적인 적용 사례들은 실제로 어렵지 않게 찾아볼 수 있다. 가령 경제학에서는 시장 메커니즘과 가격 형성 과정을 모델링하는 데 활용되어 왔다. 예를 들어, 각 행위자가 자신의 효용을 최대화하려는 간단한 규칙을 따를 때, 이들의 상호작용이 어떻게 시장 균형을 형성하는지를 보여주는 연구들이 있다(Tesfatsion 2002). 테스파치온의 연구는 행위자 기반 계산경제학Agent-Based Computational Economics(ACE)이라는 새로운 분야를 개척했으며, 전통적인 경제학의 균형 이론과는 다른 접근법을 제시했다. 이 연구들은 개별 행위자들의 학습과 적응이 시장 동태에 미치는 영향을 분석하고, 실제 경제 현상을 보다 현실적으로 모델링하는 방법을 제안했다. 또한 정보의 비대칭성이나 네트워크 효과가 시장 결과에 미치는 영향을 분석하는 데도 ABM이 효과적으로 활용되었다. 예를 들어, 금융 시장에서 투자자들이 제한된 정보를 바탕으로 의사결정을 내리는 과정을 모델링한 연구들은 시장에서의 거품 형성과 붕괴 현상을 설명하는 데 중요한 통찰을 제공했다.

정치학 분야에서는 선거 과정, 정당 형성, 정책 확산 등의 현상을 ABM으로 모델링하는 연구들이 진행되었다(Qiu and Phang 2020). 예를 들어, 유권자들이 후보자에 대한 정보를 수집하고 평가하는 과정을 모델링하여, 선거 결과가 어떻게 결정되는지를 분석하는 연구들이 있다. 또한 정책 혁신이 지역 간에 어떻게 확산되는지를 분석하는 정책 확산 연구에서도 ABM이 중요한 역할을 해왔다(Castro et al. 2020). 사회학에서는 사회 운동, 집단 갈등, 사회적 규범의 형성과 변화 등을 ABM으로 연구하는 사례들이 많다(Macy and Willer 2002). 특히 사회적 영향과 동조 현상을 모델링하는 연구들에서 ABM의 유용성이 입증되었다. 예를 들어, 개인들이 주변 사람들의 행동을 관찰하고 이를 모방하는 과정에서 어떻게 사회적 규범이 형성되고 변화하는지를 분석하는 연구들이 있다(Goldberg and Stein 2018).

ABM은 크게 세 가지 측면에서 유용하다. 첫째, 미시적 행동이 이미 알려져 있거나 강하게 가정된 경우, 시뮬레이션을 통해서 그 집합적 결과를 탐구할 수 있다. 둘째, 집합적 현상이 경험적으로 관찰되었을 때, 그 미시적 메커니즘을 규명하는 데 사용될 수 있다. 셋째, 주어진 조건하에서 미시적 행동으로 인한 집합적 결과를 예측하여 정책적 효과를 평가하는 데 활용될 수 있다. 그럼에도 불구하고, ABM에는 두 가지 근본적인 난제가 존재한다.

첫 번째 난제는 단순성과 현실성 사이의 딜레마이다. 초기 ABM의 파급효과가 컸던 이유는 매우 단순화되고 정형화된 행위자에 대한 규칙을 바탕으로 미시적 수준에서의 작은 차이가 거시적 수준에서의 창발적 현상을 만들어 낼 수 있다는 것을 직관적으로 보여줄 수 있었기 때문이다. 하지만 ABM의 외적 타당성, 즉 ABM을 통해서 구현된 가상 세계가 얼마나 현실과 적합한가에 대한 문제가 지속적으로 제기되어 왔다(Benard and Willer 2007; Bruch 2014; Bruch and Mare 2012). 실제 인간의 행동은 모형에서 가정하는 것보다 훨씬 복잡하고 다양하다. 인간은 감정, 편견, 사회적 압력, 개인적 경험 등 다양한 요인의 영향을 받으며, 동일한 상황에 처하더라도 어떤 행동을 취할지는 개인차가 크다.

두 번째 난제는 설명의 문제이다. ABM에서는 미시 수준에서 종종 예상치 못한 창발적 결과가 거시 수준에서 나타나는 경우가 많다. 이러한 창발 현상이 왜 발생했는지를 설명하기 위해서는 결국 경험적 연구가 요구된다. 대부분의 사회 이론이 질적 방법이든 양적 방법이든 실증적 자료를 통한 검증이 가능하다는 것과 달리, 경험적 자료를 바탕으로 하지 않는 ABM의 경우에는 그 결과를 어디까지 신뢰할 수 있을 것인가에 대한 문제가 생긴다.

이러한 문제들을 해결하기 위해 다양한 접근법이 제시되어 왔다. 그중 하나는 ABM을 실행하는 데 있어서 가능한 한 많은 경험적 데이터와 지식을 통합하여 최대한의 현실주의를 구성하는 것이다(Bankes 2002; Janssen and Ostrom 2006). 하지만 현실적으로 행위자들 간의 상호작용을 결정하는 모든 메커니즘을 반영할 수 있는 정보들을 모두 파악하는 것이 가능한지에 대한 논란이 있다. 더군다나 그러한 정보들을 모두 포함할 경우에 모형의 복잡도가 커진다는 문제 또한 존재한다.

단, 고전적인 ABM은 관찰된 패턴의 근저에 있을 수 있는 그럴듯한 메커니즘을 탐구하는 매우 추상적인 사고 실험을 수행하는 데 주로 사용되어 왔다는 면에서 이러한 문제로부터 자유로웠다. 연구의 목표가 어떤 기본적인 과정을 깊이 이해하는 것이라면 중요한 것은 가정의 단순함이지, 특정 환경의 모든 세부 사항을 현실적으로 표현하는 것이 아니기 때문이다(Axelrod 1997). 하지만 사회 이론이 역할은 실제적 현상에 대한 정확한 예측에 있다고 주장하는 최근의 흐름에 비추어 볼 때에(Watts 2014), 고전적인 ABM의 한계는 명확하다. 결국 ABM의 성공 여부는 그것이 연구자가 해결하고자 하는 문제를 해결하는 데 얼마나 유용한지에 달려 있다고 할 수 있다.

LLM 행위자의 개념과 가능성

최근 사회과학 연구자들은 기존 ABM 접근법이 갖는 몇 가지 중요한 한계를 극복하기 위해 LLM을 행위자로 활용하는 새로운 접근법을 모색하고 있다. 먼저, 단순 행위자에 대한 가정은 인간 상호작용의 복잡한 과정을 모형화하기에 유용하지 않다. 현실 세계의 복잡한 상황에서 인간이 하는 상호작용을 효과적으로 모사하기 위해서는 기본적으로 행위자의 자율성이 최대한 보존되어야 한다. 이를 위해서는 행위자가 본인의 다양한 행동 경로의 결과를 예측하고 최선의 선택을 할 수 있어야 한다. 즉, 개인의 의사 결정 모형을 사용하여 복잡한 계획 및 추론 과정을 수행할 수 있어야 하며, 나아가 장기적인 목표를 달성하기 위한 복잡한 전략을 개발하고 실행할 수 있어야 한다. 규칙 기반 ABM은 기술적으로 모형의 작동 메커니즘을 설명하는 데는 유용하지만, 인간 행동의 전체 스펙트럼을 포착하지 못하며, 행위자 간 상호작용을 하는 데 있어서 언어를 사용하거나 사회적 맥락을 해석하거나 서로 대화하지 않는다는 한계가 존재한다.

LLM은 이러한 한계들을 극복할 수 있는 새로운 가능성을 제시한다. LLM은 초기 통계 언어 모델에서 신경망 언어 모델, 사전 훈련된 언어 모델을 거쳐 오늘날의 초LLM로 진화해 왔다. 최근 연구들에 따르면, LLM의 발전은 사전 학습을 강화하는 것뿐만 아니라 점차 모형의 프롬프트를 수정하여 모형을 최적화시키는 방식 등 추론 과정에서의 혁신을 통해 이루어지고 있다. GPT-4와 같은 LLM은 인간과 유사한 방식으로 추론을 하며, 주어진 환경과 맥락에 맞추어서 자율적으로 의사결정을 내리는 인간의 행동을 모방할 수 있다는 것을 보여주는 연구들이 늘어나고 있다.

대표적인 예로 박준성과 그의 동료들의 연구를 들 수 있다(Park et al. 2023). 이 연구에서는 LLM을 행위자로 활용하여 가상의 소도시 환경에서 수십 명의 행위자가 상호작용하는 공간을 만들고, 이 안에서 행위자들이 특정한 규칙 없이 어떻게 서로 상호작용하는지에 대해서 연구할 수 있는 방법론을 제공했다(〈Figure 2-1〉 참조). 이 연구의 특이 사항은 각 행위자들에게 '사교적인 약사'와 같은 성격과 특성을 부여하고, 행위자들 간의 과거 상호작용을 요약한 기억을 가지도록 했다는 점이다. 그러자 시뮬레이션이 진행됨에 따라 LLM 행위자들은 서로 간의 상호작용을 통해서 일상적인 루틴을 개발했을 뿐만 아니라 창발적인 집단 속성을 보이기도 했다. 예를 들어, 한 행위자가 파티를 연다고 발표하자 다른 행위자들이 참석 여부를 논의하기 시작하고, 한 행위자는 다른 행위자에게 데이트를 신청하기도 했고, 다른 행위자들은 이 새로운 로맨틱 관계에 대해 소문을 퍼뜨리기도 했다. 이 연구는 비교적 단순한 사회 환경과 소수의 행위자라는 한계가 있지만, LLM이 사회 시뮬레이션 연구를 확장할 수 있음을 보여주고 있다.

이처럼 LLM을 활용한 생성형 ABM은 다양한 이점을 가진다. LLM은 자연어 처리 작업과 텍스트 생성 능력이 탁월해, 시뮬레이션 내에서 행위자의 의사결정 과정, 커뮤니케이션, 환경 적응 과정을 더욱 세밀하고 현실적으로 표현할 수 있다. LLM으로 모사된 행위자는 연구자들의 명시적인 지침 없이 환경에 따라 적응적으로 반응하고, 인간과 유사한 방식으로 행동할 수 있다. 이로써 행위자가 다양한 작업을 수행하고, 자율적인 계획을 수립할 수 있다. 또한 LLM 행위자는 다른

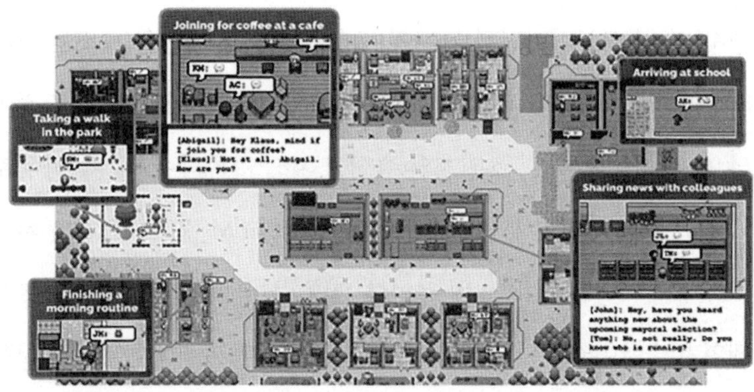

Figure 1: Generative agents are believable simulacra of human behavior for interactive applications. In this work, we demonstrate generative agents by populating a sandbox environment, reminiscent of The Sims, with twenty-five agents. Users can observe and intervene as agents plan their days, share news, form relationships, and coordinate group activities.

Figure 2-1.　LLM을 이용한 사회 시뮬레이션의 예시.[1]

1　Note. Park et al, 2023, Figure 1을 재인용.

LLM 행위자들 또는 다른 인간과 상호작용할 수 있는 능력을 갖추고 있다. 이러한 다양한 이점을 어떻게 어느 수준까지 활용할 것인지는 연구자의 주요 과제이다.

세 가지 LLM 행위자 유형

규칙기반 '행위자'를 LLM으로 대체한 생성형 ABM은 간단한 추상적 모형으로도, 복잡한 실제적 모형으로도 기능할 수 있다. 연구 목적과 구현 방식에 따라 LLM 행위자는 세 가지 유형으로 분류할 수 있다.

첫 번째는 단순 LLM 행위자 모형이다. 기존 행위자 모형에서 '행위자'가 실제 복잡다단한 인간의 모습을 그대로 재현하는 것이 아니라, 연구자가 특정한 속성을 부여하여 단순화된 형태로 구현한 것이다. 이처럼 LLM도 한두 가지의 속성을 지닌 기존의 규칙기반 행위자와 같은 형태로 활용할 수 있다. 이러한 단순 LLM 행위자 모형은 가장 수동적인 역할의 LLM이 될 것이다. 예를 들어, 셸링의 분리 모형에서 행위자가 주변 이웃 비율에 따른 만족도에 따라서 이동한다는 규칙을 LLM에 그대로 적용하여 활용할 수 있는 것이 그 예가 될 것이다.

단순 LLM 행위자 모형의 목표는 연구자가 정한 규칙에 따라서 LLM들이 행동하게 되었을 때 나오는 집합적 결과의 창발을 연구하는 것이다. 이때 사회 이론의 논증 방식은 연역적으로 이루어진다. 연구자는 LLM의 속성, 행동 규칙과 분포, 그리고 LLM이 속하는 환경을 설정한 뒤에 특정 규칙이나 속성의 변화에 따라서 집합적 결과가 어떻게 달라지는지에 대해서 연구한다. 이때 LLM은 제한적 합리성을 지닌 행위자로서 가정하고, 주어진 규칙과 상황 정보 안에서 행동을 결정한다. 중요한 것은 각 행위자의 행동 규칙과 전체적인 설정이 이론적으로 강한 지지를 받으며, 직관적으로 사람들의 행동을 설명할 수 있어야 한다는 것이다.

두 번째는 집단 LLM 행위자 모형이다. 단순 LLM 행위자 모형과 개인 LLM 행위자 모형의 중간 단계에 해당한다. LLM에게 특정한 인구집단의 행동 특성을 바탕으로 한 규칙을 부여한 뒤, 행위자로서 활용하는 방안이다. 집단 LLM 행위자 모형을 활용할 경우, 단순 행위자 모형과 마찬가지로 특정한 행동 규칙을 연구자가 사전에 설정해 주기 때문에 기본적으로는 연역적 방식으로 ABM을 사회 이론 논증에 활용하게 된다. 하지만 LLM을 활용하여 기존의 ABM 연구와 비교했을 때 보다 ABM의 현실 적합성을 높일 수 있다. 단순히 특정한 행동 규칙만 바꿀 수 있는 것이 아니라, LLM을 어떤 정보를 통해서 어떠한 형태로 목표 인구집단과 일체화alignment●시킬 수 있는지를 조정할 수 있다는 면에서 연구자는 ABM을 설정하는 데 있어서 보다 높은 자유도를 갖게 된다.

집단 LLM 행위자 모형은 ABM 안에서 사회 제도의 변화 등의 개입 효과를 보는 데 유리할 수 있다. 예를 들어, 집단 LLM 행위자 모형을 지역별 실제 거주지 분리 패턴과 유사성이 극대화된 형태로 구성한 뒤에 다양한 규칙들이 변화했을 때 나타나는 거주지 분리 패턴을 연구함으로써, 거주지 분리의 변화를 지역별로 촉진시키거나 둔화시킬 수 있는 방안을 체계적으로 연구할 수 있다. 가령 선거 행동 연구를 위한 집단 LLM 행위자 모형을 생각해 보자. 연구자는 "당신은 60대 남성입니다. 고졸 학력이고 농업에 종사하며, 보수 성향이며 전통적인 가치관을 중시합니다"와 같은 프롬프트를 통해 특정 인구집단을 대표하는 행위자를 만들 수 있다. 이러한 행위자들을 다양한 정치적 이슈에 노출시켜서 이들의 의견 형성 과정과 투표 행동을 관찰할 수 있다.

세 번째는 개인 LLM 행위자 모형이다. 이는 LLM이 좀 더 실제적인 인간 행위자의 모습을 모사할 수 있다는 것을 바탕으로 하는 모형이다. LLM이 실제 인간의 다양한 속성을 그대로 재현함으로써 개개인과 일체화된 행위자로서 기능하게끔 하는 것이다. 개인 LLM 행위자 모형의 연구 목표는 실제 현상의 재현에 있다. 다시 말해, 복잡한 세상의 다양한 요소를 최대한 있는 그대로 ABM 안에서 구현해 내는 것이 목표이다. 따라서 연구자는 특정한 규칙이나 행위자들의 속성들에 대한 고민보다는 어떻게 LLM을 실제 인간의 모습에 일체화시킬 것인가를 고민해야 한다. 이때 핵심은 LLM에게 최대한 다양한 정보를 주고, LLM 스스로의 행동 규칙에 따라 행동하게 해야 한다는 것이다. 개인 LLM 행위자 모형에서는 주어진 환경과 맥락에 대한 정보를 가능한 한 많이 주는 것이 중요하며, 이를 통해 LLM이 실제 상황을 인지하게 하고, 다양한 정보에 대한 인지를 바탕으로 어떤 정보를 중요하게 생각할지를 자율적으로 결정하게끔 LLM을 활용할 수 있다.

일체화 정도는 LLM이 개별 인간의 고유성을 그대로 모사하는가로 측정할 수 있다. 한 연구에서는 1,052명의 실제 인물을 각각 약 2시간 동안 인터뷰한 녹취록을 LLM에게 입력하여 일체화시킨 뒤에 모사의 정확도를 살펴보았다. 각 LLM 행위자는 각자가 모사한 실제 인물의 미국 종합 사회 조사 설문응답, Big 5 성격 유형 조사, 행동경제학 게임에 대한 응답을 높은 수준의 정확도로 모사할 수 있었다(Park et al. 2024). 이러한 결과는 LLM이 단순히 평균적인 응답을 생성하는 것이 아니라, 개별 인간의 고유한 특성을 실제로 학습하고 재현할 수 있다는 가능성을 보여준다. 또한 호튼의 연구에서는 경제학 실험에서 LLM이 인간과 유사한 경제적 행동 패턴을 보인다는 것을 발견했다(Horton 2023). 예를 들어, 독재자 게임에서 LLM은 인간과 비슷한 수준의 이타적 행동을 보였으며, 최후통첩 게임에서도 공정성을 고려한 의사결정을 내렸다. 메이와 그의 동료들의 연구에서는 AI 챗봇이 인간 행동과 얼마나 유사한지를 체계적으로 분석했다(Mei et al. 2024). 이들은 다양한 인지적, 사회적 과제에서 LLM과 인간의 성능을 비교했고, 많은 경우에서 LLM이 인간과 구별하기 어려운 수준의 성능을 보인다는 것을 발견했다. 향후 LLM이 더욱 발전될 경우에, LLM의 개인화된 적용 가능성이 더 높아질 것으로 기대된다.

각 유형별 설계 방법과 프롬프트 엔지니어링

LLM을 행위자로 간주하는 접근은 전통적 ABM에서 연구자가 규정한 규칙에 의해서 행동하는 행위자의 개념을 확장해 페르소나를 부여하는 것으로 해석할 수 있다. LLM의 작동 메커니즘은 블랙박스로 남아 있지만, LLM의 행동은 프롬프트에 따라서 달라진다. 이는 실제 인간의 페르소나 내부를 들여다볼 수는 없어도 각 페르소나가 환경과 맥락에 따라 다르게 행동한다는 것과 마찬가지이다. 어느 정도까지의 페르소나를 부여하는지 여부에 따라서 LLM 행위자는 세 가지 유형으로 나눌 수 있다. 페르소나가 개별화되지 않은 단순 행위자 LLM, 페르소나의 개별화가 극대화되어 인간의 고유성이 강조되는 개인 행위자 LLM, 특정한 집단의 페르소나를 가정하는 집단 행위자 LLM이다.

프롬프트 엔지니어링은 LLM 행위자 설계에서 가장 중요한 기술적 요소이다. 프롬프트는 LLM에게 특정한 역할과 행동 방식을 지시하는 명령어로서, 행위자의 특성과 행동 규칙을 정의하는 역할을 한다. 효과적인 프롬프트 작성을 위해서는 다음과 같은 원리를 고려해야 한다. 첫째, 명확성과 구체성이다. LLM이 이해할 수 있도록 행위자의 특성과 행동 규칙을 명확하고 구체적으로 기술해야 한다. 모호한 표현은 예상치 못한 행동을 유발할 수 있다. 둘째, 맥락 정보의 제공이다. 행위자가 처한 상황과 환경에 대한 충분한 정보를 제공해야 한다. 이는 LLM이 적절한 판단을 내릴 수 있도록 돕는다. 셋째, 일관성의 유지이다. 동일한 행위자에 대해서는 일관된 특성과 행동 방식을 유지해야 한다. 이는 시뮬레이션의 신뢰성을 확보하는 데 중요하다.

단순 LLM 행위자의 경우, 프롬프트는 비교적 간단하다. 기본적인 신상 정보와 행동 규칙을 제시하고, 주어진 상황에서 어떻게 행동할지를 묻는다. 예를 들어, "당신은 X 유형의 행위자이고, Y 위치에 있습니다. 현재 상황에서 Z 기준에 따라 만족 여부를 판단하세요"와 같은 형태이다. 집단 LLM 행위자의 경우, 프롬프트는 더 복잡하다. 특정 집단의 특성을 반영하는 다양한 속성 정보를 포함해야 하며, 이들이 어떻게 행동에 영향을 미치는지를 설명해야 한다. 예를 들어, 성별, 인종, 나이, 교육 수준, 이념 성향, 사회적 계층 등의 정보를 포함하고, 이들이 의사 결정에 어떻게 반영되는지를 명시해야 한다. 개인 LLM 행위자의 경우, 프롬프트는 가장 복잡하다. 개별 인간의 고유한 특성을 최대한 반영해야 하므로, 성격, 가치관, 생활 경험, 사회적 의견 등의 상세한 정보를 포함해야 한다. 또한 이러한 정보들이 어떻게 상호작용하여 행동에 어떤 영향을 미치는지를 설명해야 한다.

프롬프트를 작성한 후에는 마지막으로 성능 평가와 검증이 필요하다. 이는 LLM 행위자 모형의 신뢰성을 확보하기 위해 필수적이다. 성능 평가에는 여러 가지 방법을 활용할 수 있다. 첫째, 실제 인간의 행동과 비교하여 LLM 행위자의 행동이 얼마나 유사한지를 측정한다. 둘째, 동일한 상황에서 반복 실험을 통해 LLM 행위자의 행동이 일관성을 보이는지를 확인한다. 셋째, 서로 다른 LLM을 사용하여 같은 프롬프트에 대한 반응을 비교한다.

실제로, 이러한 LLM 기반 ABM이 어떻게 구현될 수 있으며, 전통적인 ABM과 어떻게 다를지에 대해서 관심이 있는 독자들은 다음의 깃허브 웹사이트를 방문할 것을 권장한다(https://github.com/letitbk/llm-abm-examples). 이 안에 나타나 있는 실습 가이드는 셸링의 격리 모형을 예시로 단순 행위자 모형에 있어서 프로그래밍 코드를 바탕으로 한 전통적인 ABM과 LLM 기반 ABM을 실행할 수 있도록 했다. 셸링의 격리 모형은 ABM의 핵심 아이디어인 '단순한 규칙으로부터 복잡한 패턴의 창발'을 명확히 보여주기에 이를 실제로 구현해 보는 것은 ABM의 기본 원리를 이해하는 데 매우 유용하다.

실제 연구 설계 시의 유의사항

LLM 기반 생성형 ABM을 연구에 활용할 때 가장 먼저 고려해야 할 것은 연구 목적과 질문의 성격이다. 연구 질문의 유형에 따라 적절한 접근법을 선택해야 하며, 이는 모형의 설계와 구현 방식에 결정적인 영향을 미친다. 탐색적 연구와 검증적 연구는 서로 다른 접근 방식을 요구한다. 탐색적 연구는 아직 충분히 이해되지 않은 사회 현상을 탐구하거나 새로운 가설을 도출하는 것을 목적으로 한다. 이러한 경우에는 개인 LLM 행위자 모형이나 집단 LLM 행위자 모형이 적합하다. 행위자들에게 최대한의 자율성을 부여하고, 다양한 시나리오를 실험해 보면서 예상치 못한 패턴이나 창발 현상을 관찰할 수 있다. 예를 들어, 소셜 미디어에서 정보 확산 패턴을 연구한다고 가정해 보자. 기존에는 알려지지 않은 새로운 형태의 정보 확산 메커니즘이 있을 수 있으며, 이를 탐색하기 위해서는 LLM 행위자들이 실제 소셜 미디어 사용자들과 유사하게 행동하도록 설계해야 한다. 이 경우 각 행위자에게 개별적인 성격, 관심사, 네트워크 특성을 부여하고, 이들이 정보에 어떻게 반응하고 공유하는지를 관찰한다.

한편 검증적 연구는 기존의 이론이나 가설을 검증하는 것을 목적으로 한다. 이러한 경우에는 단순 LLM 행위자 모형이나 집단 LLM 행위자 모형이 더 적합할 수 있다. 연구자는 특정한 이론적 가정에 기반하여 행위자들의 행동 규칙을 설정하고, 이론이 예측하는 결과가 실제로 나타나는지 확인한다. 예를 들어, 사회 정체성 이론이 집단 간 갈등 상황에서 어떻게 작동하는지를 검증하려 한다고 하자. 이 경우 연구자는 행위자들에게 특정한 집단 정체성을 부여하고, 이론이 예측하는 바와 같이 내집단 편향이나 외집단 적대감이 나타나는지를 관찰할 수 있다.

이론 개발과 현실 예측도 서로 다른 방법론적 접근을 요구한다. 이론 개발을 목적으로 하는 연구에서는 모형의 단순성과 해석 가능성이 중요하다. 복잡한 현실을 단순화하더라도 핵심적인 메커니즘을 명확히 드러낼 수 있어야 한다. 이러한 경우에는 단순 LLM 행위자 모형이 적합하다. 반면 현실 예측을 목적으로 하는 연구에서는 현실 적합성이 가장 중요하다. 실제 상황을 최대한 정확히 재현해야 하므로, 개인 LLM 행위자 모형이나 복잡한 집단 LLM 행위자 모형이 필요하다. 이 경우에는 모형의 복잡성이 증가하더라도 예측 정확도를 높이는 것이 우선이다. 마지막으로, 연구 질문의 시간적 범위도 중요한 고려 사항이다. 단기적 현상을 연구할 때와 장기적 변화를 연구할 때는 서로 다른 접근이 필요하다. 단기적 연구에서는 행위자들의 즉각적인 반응과 상호작용에 초점을 맞출 수 있지만, 장기적 연구에서는 학습, 적응, 진화 과정을 모델링해야 한다.

LLM 기반 생성형 ABM의 타당성 검토

LLM 기반 생성형 ABM의 신뢰성을 확보하기 위해서는 내적 타당성과 외적 타당성을 모두 고려해야 한다. 각각의 타당성은 서로 다른 검증 방법을 요구하며, 연구의 목적에 따라 우선순위가 달라질 수 있다.

내적 타당성은 모형의 논리적 일관성과 관련된다. LLM 행위자들이 연구자가 의도한 대로 행동하는지, 그리고 모형의 구조가 이론적으로 타당한지를 확인해야 한다. 내적 타당성을 검증하기 위한 방법으로는 다음과 같은 것들이 있다. 첫째, 프롬프트 검증이다. LLM 행위자에게 제공되는 프롬프트가 의도된 행동을 유도하는지 확인해야 한다. 동일한 상황에서 여러 번 테스트를 실행하여 일관된 결과가 나오는지 검증한다. 또한 서로 다른 LLM을 사용하여 같은 프롬프트에 대한 반응을 비교함으로써 프롬프트의 견고성을 평가할 수 있다. 둘째, 행동 일관성 검증이다. 같은 유형의 행위자들이 유사한 상황에서 일관된 행동을 보이는지 확인한다. 만약 행위자들의 행동의 변동성이 너무 크다면, 모형의 신뢰성이 떨어질 수 있다. 셋째, 메커니즘 추적이다. 특정한 거시적 패턴이 나타났을 때, 이것이 어떤 미시적 상호작용으로부터 발생했는지 추적할 수 있어야 한다. 이를 위해 LLM 행위자들의 의사결정 과정을 분석하여 창발 현상의 원인을 파악한다.

외적 타당성은 모형이 현실 세계를 얼마나 잘 반영하는지와 관련된 항목이다. 특히 개인 LLM 행위자 모형이나 집단 LLM 행위자 모형에서 중요하다. 외적 타당성을 검증하기 위한 방법으로는 다음과 같은 것들이 있다. 첫째, 인간 행동과의 비교 검증이다. 실제 인간들이 유사한 상황에서 보이는 행동과 LLM 행위자들의 행동을 비교한다. 이를 위해 기존의 실험 연구나 설문조사 결과를 활용할 수 있다. 예를 들어, 경제학 실험에서 관찰된 인간의 의사결정 패턴과 LLM 행위자들의 의사결정을 비교할 수 있다. 둘째, 현실 데이터와의 비교이다. 시뮬레이션 결과와 실제 사회 현상을 비교하여 모형의 예측력을 평가한다. 예를 들어, 거주지 분리 모형의 경우 실제 도시의 인종 분리 패턴과 시뮬레이션 결과를 비교할 수 있다. 셋째, 교차 검증이다. 하나의 데이터셋으로 모형을 보정하고, 다른 데이터셋으로 모형의 예측력을 평가한다.

이는 모형이 특정 상황에 과적합over-fitting되지 않았는지를 확인하는
데 중요하다.

　　재현 가능성 확보는 과학적 연구의 기본 요건이다. 특히 LLM을 사용하는 연구에서는 모형의 확률적 특성과 API의 불안정성으로 인해 재현성 확보가 어려울 수 있다. 이를 해결하기 위해서 가능한 방법으로는 다음과 같은 것들이 있다. 첫째, 시드 값 고정이다. 가능한 한 모든 무작위 과정에서 시드 값을 고정하여 결과의 재현 가능성을 높인다. 하지만 LLM API의 경우 완전한 재현이 어려울 수 있으므로, 여러 번의 실행을 통해 평균적인 경향을 파악해야 한다. 둘째, 상세한 문서화이다. 사용된 LLM의 버전, 프롬프트의 정확한 내용, 매개변수 설정 등을 모두 기록한다. 이는 다른 연구자들이 연구를 재현할 수 있도록 도와준다. 셋째, 민감도 분석이다. 주요 매개변수들을 변화시켜 가며 결과가 얼마나 민감하게 반응하는지를 테스트한다. 이를 통해 모형의 견고성을 평가할 수 있다.

윤리적 고려사항

LLM 기반 생성형 ABM 연구에서는 여러 가지 윤리적 문제가 제기될 수 있다. 이러한 문제들을 미리 인식하고 적절한 대응 방안을 마련하는 것이 중요하다. 편향과 공정성 문제는 가장 중요한 윤리적 고려사

항 중 하나이다. LLM은 훈련 데이터에 내재된 사회적 편견을 학습할 수 있으며, 이는 시뮬레이션 결과에 편향을 가져올 수 있다. 예를 들어, 특정 인종이나 성별에 대한 고정관념이 LLM의 응답에 반영될 수 있다. 이러한 문제를 해결하기 위해서는 여러 가지 방법을 활용할 수 있다. 첫째, 다양한 LLM을 사용하여 결과를 비교한다. 서로 다른 모형들이 일관된 결과를 보인다면 편향의 가능성이 낮다고 판단할 수 있다. 둘째, 편향 테스트를 실시한다. 의도적으로 편향을 유발할 수 있는 시나리오를 설계하여 LLM의 반응을 관찰한다. 셋째, 다양한 배경을 가진 연구진이 참여하여 잠재적 편향을 식별하고 해결한다.

데이터를 사용하는 데 있어서도 윤리적 측면을 고려해야 한다. LLM을 개인 행위자로 활용할 때는 실제 개인의 데이터를 사용할 수 있는데, 이 경우 개인정보 보호와 동의의 문제가 발생한다. 실제 인간의 데이터로 LLM을 훈련시켜 그 사람을 모사하는 경우, 해당 개인의 명시적 동의를 받아야 한다. 또한 민감한 개인 정보가 포함된 데이터를 사용할 때는 익명화와 보안에 각별히 주의를 기울여야 한다. 또한 연구의 한계를 명확히 밝히고, 결과를 해석할 때 주의해야 할 점들을 제시해야 한다. LLM 기반 시뮬레이션은 현실의 완전한 재현이 아니라 특정한 가정하에서의 근사치라는 점을 강조해야 한다. 마지막으로, 연구의 투명성을 확보해야 한다. 사용된 방법론, 데이터, 한계점 등을 명확히 공개하여 다른 연구자들이 비판적으로 검토할 수 있도록 해야 한다. 이는 과학적 지식의 발전과 사회적 신뢰 확보에 필수적이다.

한계와 미래 과제

LLM 기반 생성형 ABM은 혁신적인 가능성을 제시하지만, 동시에 여러 가지 중요한 한계가 있다. 크게 기술적 한계, 이론적 한계, 실무적 한계로 구분할 수 있다. 이러한 한계들을 명확히 인식하는 것은 방법론의 올바른 활용과 향후 발전 방향을 설정하는 데 필수적이다.

기술적 한계는 현재 LLM 기반 ABM이 직면하고 있는 가장 시급한 문제들이다. 첫째, 메커니즘의 투명성 약화 문제가 있다. 전통적인 ABM이 명시적 규칙 기반으로 창발적 프로세스를 보여주는 데 강점을 가진다면, LLM 기반 ABM은 수많은 매개변수로 학습된 복잡한 구조를 통해 현실성을 높이는 대신 해석 가능성과 단순성을 일정 부분 상실한다(Kozlowski and Evans 2024). 이로 인해 LLM 기반 ABM이 생성하는 결과와 그 기저의 원리를 이해하는 데 한계가 있다. 이는 행위자들이 특정한 의사결정을 내리는 이유를 완전히 파악하기 어렵고, 모형 자체의 작동 원리에 대한 실증적 검증과 추가적인 연구가 필요함을 의미한다.

둘째, LLM과 행위자 간의 일체화 문제가 존재한다(Christian 2020). LLM과 일체화 대상인, 개별 인간 행위자의 행동과 의견을 모사하지 못한다면, ABM 결과를 신뢰할 수 없다. 특히 LLM은 학습 데이터에 내재된 언어적, 문화적, 정치적 편향을 반영할 가능성이 높으며(Simmons and Savinov 2024), 그에 따라 LLM이 특정 인구통계 속성을 가진 집단의 의견에 편향적일 수 있다(Kim and Lee 2023; Santurkar et al. 2023). 이는 시뮬레이션에서 특정 집단이나 문화적 맥락을 왜곡되게 표현할 위험을 동반한다. 셋째, LLM이 집단의 평균에 해당하는 '전형적'인 의견을 만들어 내다 보니, 텍스트나 응답의 다양성과 분포가 좁아지는 문제를 초래한다(Gordon et al. 2022; Kirk et al. 2023). LLM은 개별 개인의 독특한 의견이나 행동을 정확하게 반영하지 못할 수 있으며(Kim and Lee 2023), 이는 ABM의 현실 세계의 복잡하고 다양한 개인의 행동을 모사하려는 목적에 부합하지 않는 결과를 초래할 수 있다.

이론적 한계는 방법론의 근본적인 가정과 관련된 문제들이다. 첫째, LLM에게는 감각적 경험이 부족하고 시간적 정보가 부재한다(Kozlowski and Evans 2024). LLM은 텍스트 데이터에 의존하기 때문에 시각적, 청각적, 혹은 맥락적 자극과 같은 인간의 복합적인 감각 경험을 반영하지 못한다. 이는 사회적 상호작용을 정교하게 모델링하는 데 한계를 초래한다. 둘째, 사회 이론과의 정합성 문제가 있다. LLM 기반 ABM이 생성하는 결과가 기존의 사회 이론과 어떻게 연결되는지가 명확하지 않을 수 있다. 전통적인 ABM은 명확한 이론적 가정으로부터 출발하여 논리적 추론을 통해 결론에 도달하지만, LLM 기반 ABM은 복잡한 패턴 매칭 과정을 통해 결과를 생성한다.

실무적 한계는 연구 실행 과정에서 발생하는 실질적인 문제들이다. 첫째, LLM의 응답에 있어서 재현 가능성의 문제가 존재한다. 프롬프트의 순서와 레이블링labeling에 민감하게 반응하여 편향이 발생하고,

동일한 질문이라도 프롬프트의 구성 방식에 따라 LLM의 응답이 달라질 수 있다(Dominguez-Olmedo, Hardt, and Mendler-Dünner 2023). 둘째, 비용과 시간의 문제가 있다. LLM API를 사용하는 연구는 상당한 비용이 발생할 수 있으며, 대규모 시뮬레이션을 실행하는 데 많은 시간이 소요된다. 이는 연구의 규모와 반복 실험의 횟수를 제한하는 요인이 된다. 셋째, 많은 LLM이 오픈 소스가 아니라는 점에서, 그리고 기초가 되는 모형들을 언제든 바꿀 수 있다는 점에서 같은 프롬프트와 같은 API를 쓰더라도 모형의 결과가 재현되지 않을 가능성이 높다는 문제도 존재한다(Bail 2024).

해결 방안과 향후 연구 방향

현재의 한계들을 극복하기 위한 단기적 개선 방안들이 다양하게 제안되고 있다. 먼저 기술적 한계를 해결하기 위해서는 여러 접근법을 병행할 수 있다. 하이브리드 모형은 전통적인 규칙 기반 ABM과 LLM 기반 ABM의 장점을 결합하는 접근법이다. 예를 들어, 핵심적인 의사결정 부분은 LLM이 담당하고, 기본적인 물리적 제약이나 경제적 계산은 전통적인 규칙을 사용하는 방식이다. 이를 통해 모형의 해석 가능성을 유지하면서도 행위자의 현실성을 높일 수 있다. 다음으로, 설명 가능한 AI 기법의 활용이다. LLM의 의사결정 과정을 보다 투명하게 만들기 위해 어텐션 메커니즘 분석, 변수 중요도feature importance 계산, 속성 그래프attribution graphs 등의 기법을 활용할 수 있다(Lindsey et al. 2025; Wallace et al. 2019). 이를 통해 LLM 행위자가 왜 특정한 결정을 내렸는지에 대한 통찰을 얻을 수 있다.

또한, 다중 검증 체계의 구축이 중요하다. 이는 여러 개의 서로 다른 LLM을 사용하여 동일한 시뮬레이션을 실행하고 결과를 비교하는 것이다(Li et al. 2025). 일관된 결과가 나온다면 특정 모형의 편향이나 오류에 의한 것일 가능성이 낮아진다. 일체화 문제를 해결하기 위해서는 개인화된 모형 훈련 기법이 필요하다(Binz et al. 2025; Kim and Lee 2023). 특정 개인이나 집단의 특성을 더 정확히 반영하기 위해 파인 튜닝fine-tuning, 퓨샷 러닝few-shot learning, 또는 프롬프트 엔지니어링prompt engineering 기법을 고도화해야 한다. 특히 개인의 실제 텍스트 데이터를 활용하여 해당 개인의 언어 패턴과 사고 방식을 학습시키는 방법이 유망하다. 또한, 편향 문제 해결을 위해서는 편향 탐지 및 완화 도구의 개발이 필요하다. 자동화된 편향 탐지 시스템을 구축하여 LLM의 응답에서 성별, 인종, 종교 등에 대한 편견을 식별하고, 이를 완화하는 기법을 적용해야 한다.

장기적 연구 과제로 제시되는 것은 보다 근본적인 차원의 방법론적 혁신이다. 첫째, 다음 세대 언어 모형의 개발이다. 현재의 텍스트 기반 LLM을 넘어서 멀티모달 AI, 즉 텍스트, 이미지, 음성, 행동 데이터를 종합적으로 처리할 수 있는 모형이 필요하다. 둘째, 시간적 동태성을 반영하는 모형의 개발이다. 현재의 LLM은 주로 정적인 지식을 기반으로 하지만, 실제 인간은 경험을 통해 학습하고 변화한다. 따라서 시간의 흐름에 따라 행위자의 특성이 변화하고, 과거의 경험이 현재의 의사결정에 영향을 미치는 동적 모형이 필요하다. 셋째, 집단 지능과 창발 현상에 대한 더 깊은 이해가 필요하다. 개별 LLM 행위자들의 상호작용으로부터 어떤 종류의 집단 지능이 나타날 수 있는지, 그리고 이것이 인간 사회의 집단 지능과 어떻게 다른지를 연구해야 한다. 이러한 장기적 과제들을 해결하는 데는 다학제 간 협력이 필수적이다. 컴퓨터 과학자들은 더 정교한 AI 모형을 개발하고, 사회과학자들은 이론적 프레임워크를 제공하며, 통계학자들은 검증 방법론을 개발하고, 철학자들은 윤리적 가이드라인을 제시해야 한다. 특히 인지과학의 역할이 중요하다. 인간의 의사결정 과정에 대한 더 깊은 이해를 바탕으로 LLM 행위자를 설계해야 하며, 이를 위해 신경과학, 심리학, 행동경제학 등의 연구 성과를 적극 활용해야 한다.

사회과학 연구의 미래

LLM과 ABM의 융합은 단순한 방법론적 혁신을 넘어서 사회과학 연구 패러다임의 근본적 변화를 가져올 가능성이 있다. AI 시대의 사회과학 방법론은 기존의 질적 연구와 양적 연구라는 이분법을 넘어선 새로운 접근법을 요구한다. 전통적으로 사회과학에서는 연구자가 이론을 먼저 설정하고 이를 검증하는 연역적 접근이 주를 이뤘다. 하지만 LLM을 활용한 생성형 ABM에서는 행위자들의 행동으로부터 패턴을 발견하는 귀납적 접근이 더 중요해질 수 있다. 이는 데이터 주도적 가설 생성과 이론 구축이라는 새로운 연구 방식을 가능하게 한다. 예를 들어, 연구자가 사전에 구체적인 가설을 설정하지 않고 LLM 행위자들을 다양한 사회적 상황에 노출시킨 후, 나타나는 패턴을 관찰하여 새로운 사회 이론을 도출할 수 있다. 이러한 접근은 기존의 이론적 틀에 얽매이지 않고 예상치 못한 사회 현상을 발견할 가능성을 높인다.

연구자의 역할도 근본적으로 변화할 것이다. 전통적인 연구에서 연구자는 가설을 설정하고, 데이터를 수집하며, 분석을 수행하는 주체였다. 하지만 LLM 기반 연구에서는 연구자가 AI와 협력하는 파트너의 역할을 하게 된다. 연구자는 적절한 연구 질문을 설정하고, LLM을 올바르게 설계하며, 결과를 해석하는 역할에 더 집중하게 될 것이다. 이는 연구자에게 새로운 역량을 요구한다. 전통적인 사회과학적 지식과 더불어 AI와 프로그래밍에 대한 이해, 그리고 인간-AI 협력에 대한 통찰이 필요하다. 또한 AI가 생성한 결과를 비판적으로 평가하고 해석하는 능력이 중요해진다. 새로운 연구 패러다임의 가능성 중 하나는 '인공 사회학'의 등장이다. 이는 완전히 인공적인 사회를 구축하고, 그 안에서 일어나는 현상을 연구하는 접근법이다. 실제 인간 사회에서는 윤리적, 실질적 제약으로 인해 불가능한 실험들을 인공 사회에서 수행할 수 있다. 예를 들어, 극단적인 불평등 상황이나 사회적 격변 상황을 인공적으로 만들어 내고, 이러한 상황에서 사회가 어떻게 반응하는지를 관찰할 수 있다. 이를 통해 사회 안정성, 변화의 동력, 집단 갈등의 메커니즘 등에 대한 새로운 통찰을 얻을 수 있을 것이다. 또 다른 가능성은 '예측 사회학'의 발전이다. 고도로 정교한 LLM 기반 ABM을 통해 사회 변화를 보다 정확하게 예측할 수 있게 될 수 있다. 이는 정책 수립, 사회 계획, 위기 대응 등에 중요한 도구가 될 수 있다.

하지만 이러한 발전은 동시에 새로운 윤리적, 철학적 문제들을 제기한다. 인공 사회가 실제 사회와 얼마나 유사해야 하는가? AI가 인간 행동을 모사하는 것의 한계는 무엇인가? 예측의 정확성과 인간의 자유의지 사이의 관계는 어떻게 설정해야 하는가? 이러한 질문들에 대한 답을 찾아가는 과정에서 사회과학은 더욱 성숙한 학문으로 발전할 수 있을 것이다. LLM과 ABM의 융합은 단순히 새로운 도구를 제공하는 것이 아니라, 사회와 인간에 대한 우리의 이해를 근본적으로 확장할 수 있는 기회를 제공한다. 결론적으로, LLM을 활용한 생성형 행위자 기반 모형은 사회과학 연구에 혁신적인 가능성을 제시한다. 현재의 한계들을 인식하고 이를 극복하기 위한 노력을 지속한다면, 이 방법론은 인간 사회에 대한 우리의 이해를 크게 발전시킬 수 있을 것이다. 중요한 것은 기술적 혁신과 더불어 윤리적 책임감을 잃지 않고, 인간 중심적 관점을 유지하는 것이다. 이를 통해 AI 시대에 걸맞은 새로운 사회과학 연구 패러다임을 구축할 수 있을 것이다.

강화학습(RLHF)

행동의 결과에 따라 보상이나 벌점을 받으면서 최적의 행동을 학습하는 방법이다. 마치 게임에서 점수를 얻기 위해 전략을 바꿔가며 학습하는 것과 같다. LLM에서 RLHF는 강화학습의 일종의 방법으로서 인간이 모델의 응답을 평가하고 피드백을 제공하면, 모델이 더 나은 응답을 생성하도록 학습하는 과정이다. 이를 통해 단순히 통계적으로 가능성이 높은 응답이 아니라, 인간이 선호하는 유용하고 안전한 응답을 생성할 수 있게 된다.

방법론적 개인주의

사회 현상을 개별 행위자들의 행동과 상호작용으로부터 설명하려는 접근법이다. 이는 사회를 개인과 별개의 독립적인 실체로 보는 '방법론적 전체주의'와 대비된다. 예를 들어, 경제 위기를 설명할 때 개별 투자자들의 행동에서 출발하여 전체 시장의 변화를 이해하려는 것이 방법론적 개인주의의 접근법이다.

블랙박스

내부 작동 원리를 알 수 없지만 입력과 출력은 관찰할 수 있는 시스템을 의미한다. LLM의 경우, 어떤 프롬프트를 입력하면 특정 응답이 나오는 것은 알 수 있지만, 수십억 개의 매개변수로 구성된 신경망이 정확히 어떤 과정을 거쳐 그 응답을 생성했는지는 완전히 이해하기 어렵다. 이는 마치 비행기의 블랙박스처럼 결과는 기록되지만 내부 과정은 불투명한 상태이다.

일체화

AI 모델이 인간의 의도와 가치에 맞게 행동하도록 하는 것을 의미한다. LLM 기반 ABM에서는 LLM 행위자가 실제 인간의 행동과 의견을 얼마나 정확하게 모사할 수 있는지가 중요한 문제이다. 만약 LLM이 특정 집단의 특성을 제대로 반영하지 못하거나 편향된 응답을 한다면, 시뮬레이션 결과의 신뢰성이 떨어질 수 있다.

창발

개별 구성 요소들의 상호작용으로부터 예상치 못한 전체적 성질이나 패턴이 나타나는 현상을 말한다. 예를 들어 물 분자 하나하나는 젖지 않지만, 많은 물 분자가 모이면 '젖음'이라는 성질이 나타나는 것과 같다. 사회 현상에서도 개인들의 단순한 행동이 모여서 복잡한 사회적 패턴을 만들어 내는 것이 창발의 예시이다.

트랜스포머

현재 대부분 LLM의 기반이 되는 신경망 구조이다. 기존의 순차적 처리 방식과 달리, 문장의 모든 단어들이 서로 어떤 관계를 갖는지를 동시에 고려할 수 있는 어텐션 메커니즘을 활용한다. 이를 통해 긴 문맥을 더 효과적으로 처리하고, 복잡한 언어 구조를 파악할 수 있게 되었다.

III

거대언어모델을 활용한 사회과학 텍스트 측정

김태균

KAIST 디지털인문사회과학부 조교수. 펜실베이니아주립대학교에서 정치학과 계산사회과학 박사 학위를 받은 후, 노스웨스턴대학교 켈로그 경영대학원에서 박사후연구원으로 근무했다. 계산사회과학적·통계적 방법론과 실험적 접근을 결합하여 디지털 정치, 정치 커뮤니케이션, 과학·정책·정치 사이의 상호작용을 통합적으로 연구하고 있다.

*이 논문은 정부(과학기술정보통신부)의 재원으로 한국과학기술원-국제공동연구사업의 지원을 받아 수행된 연구임.

사회과학에서의 LLM 활용

사회과학에서 다루는 많은 현상들은 언어를 통해 연구될 수 있으며, 그러한 이유로 텍스트 분석은 사회학, 정치학, 경제학, 심리학, 커뮤니케이션 등 다양한 분과의 경험적 사회과학 연구에서 핵심적인 방법론으로 자리 잡았다. 특히 인간의 행동과 상호작용이 빠른 속도로 디지털화되고 그것이 효율적으로 데이터화됨에 따라서, 이전에는 데이터의 부재로 검토하기 어려웠던 이론들이 다양한 각도에서 경험적으로 검토되고 있다. 역으로 이를 통해 새로운 가설과 이론적 관점을 형성할 기회 또한 생겨났다. 이와 더불어 데이터 양의 폭발적 증가는 대규모의 텍스트를 자동적으로 분석할 수 있는 다양한 방법론들의 개발을 불러일으켰다. 특히 자연어 처리와 기계학습에 기반한 다양한 양적 방법론들은 사회과학 연구에 '데이터로서의 텍스트text-as-data'로 통칭되는 혁명적인 변화를 가져왔다고 할 수 있을 정도이다(Grimmer, Roberts, and Stewart, 2022).

특히 GPTGenerative Pre-trained Transformer와 같은 최신 LLM의 등장은 오늘날의 자동화된 텍스트 분석에 새로운 가능성을 제시하고 있다. 수많은 매개변수parameter*를 학습한 거대한 인공 신경망인 LLM은, 인터넷과 디지털 문서에 담긴 방대한 언어 정보를 기반으로 훈련되어 왔다. 생성형 인공지능의 한 형태로서, LLM은 번역이나 텍스트 요약과 같은 다양한 자연어처리 작업에서 뛰어난 성능을 보여준다. 특히 최근의 다학제적 연구들은 이러한 모델을 활용하여 텍스트로부터 특정 개념을 범주형 또는 연속형 변수로 추정하는, 이른바 텍스트 측정text measurement에 주목하고 있다.[1]

측정은 기술적 분석은 물론, 가설 검증을 통한 설명이라는 사회과학의 핵심 목표에 있어서 지대한 중요성을 가진다. 이를 고려하면, LLM이 텍스트 측정에 얼마나 유용하게 사용될 수 있는지를 이해하고, 측정의 질을 체계적으로 평가할 수 있는 프레임워크를 마련하는 것은 매우 중요한 작업이다. 따라서 이 글에서는 텍스트 측정을 위해

---

1 이 글에서는 명목 변수를 위한 텍스트 분류와 연속형 변수를 위한 텍스트 스케일링을 통칭하기 위해 텍스트 측정이라는 표현을 사용한다.

LLM이 기존의 다양한 접근들을 얼마나 보완 또는 대체할 수 있는지에 대한 최근의 다학제적 논의를 검토하고, LLM의 가능성을 체계적으로 평가하기 위한 제언을 하고자 한다.

사회과학에서의 텍스트 측정의 진화

사회과학에서는 텍스트를 통해 감정(Bail et al., 2017), 혐오 및 편향(Davidson, 2023), 포퓰리즘(Bonikowski and Gidron, 2016), 불확실성의 표현(Rona-Tas et al., 2019) 등 다양한 추상적 개념들을 측정하고 연구해 왔다. 이러한 작업은 전통적인 내용 분석Content analysis에 그 기원이 있는데, 최근의 텍스트 측정에 대한 접근은 일반적으로 사전 기반 방법과 지도 기계학습으로 나누어 살펴볼 수 있다.

사전 기반 방법은 사전에 포함된 단어가 분석하고자 하는 텍스트 내에 얼마나 자주 사용되는지 등을 고려하여, 텍스트로부터 해당 개념을 측정하는 접근이다. 주로 감성과 같은 특정 개념을 나타내는 단어들의 집합에 기반한다. 예를 들어, 감성 분석sentiment analysis을 위한 한국어 사전에는 긍정적인 감정을 나타내는 범주에 '행복하다', '사랑하다'와 같은 단어들이 포함될 수 있으며, 부정적인 감성을 나타내는 범주에는 '슬프다', '우울하다'와 같은 단어들이 포함될 수 있다. 이러한 방법은 소셜 미디어 게시물에 드러난 정치적 현안에 대한 태도를 분석하거나 온라인 메신저에서 표현되는 감정을 분석하는 등 다양한 사회과학적 현상을 연구하는 데 유용하게 사용되었다(De Choudhury et al., 2013; Tumasjan et al., 2010). 대표적인 사례 중 하나로 크래머 외(Kramer et al., 2014)는 페이스북상에서의 감정 전이를 연구하기 위해 약 70만여 명의 페이스북 이용자들을 대상으로 실험을 실시했다. 감정 전이란 타인의 감정 표현을 접함으로써 자신의 감정이 영향을 받는 현상을 말한다. 저자들은 LIWCLinguistic Inquiry and Word Count라는 사전을 활용하여, 긍정적인(부정적인) 감정을 표현하는 콘텐츠에 노출된 이용자는 추후 더 긍정적인(부정적인) 게시물을 게시함을 확인했고, 이를 감정 전이의 증거로 해석했다.

사전 기반 방법은 사용이 편리하고, 측정의 결과를 직관적으로 해석할 수 있으며, 대규모 데이터를 단시간 내에 분석할 수 있다는 장점이 있다. 그러나 아무리 광범위한 사전을 만들어 활용한다고 해도, 다양한 맥락에서 끊임없이 변화하는 언어의 다양성을 포착하기 어렵고 동음이의어나 언어의 형태적 변이를 고려하기 힘들다는 한계가 있다. 지도 기계학습은 이러한 사전 기반 방법의 한계를 상당 부분 극복하며 최근 사회과학 텍스트 분석에 빠르게 보급되었다. 지도 기계학습은 다양한 기계학습의 알고리즘을 학습 데이터에 훈련시킬 필요가 있다(예: 랜덤 포레스트 모델*). 텍스트 측정의 맥락에서, 학습 데이터란 말뭉치* 내 각각의 텍스트에 상응하는 기준값gold standard이 존재하는 데이터를 말한다. 예를 들어 이민에 관련된 정치인들의 발언에서 드러난 입장을 측정하는 작업의 경우, 각각의 발언이 찬성인지, 반대인지, 중립인지에 대한 정보를 포함한 데이터를 학습 데이터라 볼 수 있다.

지도 기계학습이 사전 기반 방법에 비해 갖는 가장 큰 차별성은 알고리즘이 학습 데이터로부터 텍스트와 기준값 사이의 관계를 자동으로 습득한다는 점이다. 따라서 일일이 광범위한 단어들을 포괄하는 사전을 만들지 않더라도, 학습 데이터로부터 알고리즘이 기준값을 예측하는 단어들은 물론, 다양한 언어적 특성까지 포착할 수 있게 된다. 나아가 지도 기계학습은 초매개변수hyperparameter 조정●이나 교차 검증● 등을 포함하는 체계적인 프레임워크를 통해, 스스로가 활용한 학습 데이터가 아닌 새로운 데이터unseen data에도 높은 성능을 발휘할 수 있도록 검증 과정을 거치게 된다. 특히 2010년대 이후에는 단어의 의미를 포착할 수 있는 워드 임베딩 등을 알고리즘의 입력값input value으로 활용하면서, 더 높은 수준으로 다양한 사회과학적 개념을 측정할 수 있게 되었다(Mikolov et al., 2013a; Mikolov et al., 2013b).

최근의 사회과학적 텍스트 측정에서 주로 쓰이는 접근은 언어모델을 미세조정fine tuning하는 방법이다(Devlin et al. 2018; Jurafsky and Martin, 2024). 쉽게 말해, 언어 모델이란 주어진 단어의 배열로부터 다음 단어를 예측하기 위해 단어 집합에 대한 조건부 확률을 계산하는 것이다. BERTBidirectional Encoder Representations from Transformers를 비롯한 최근 수년 간의 언어 모델은, 단어의 의미를 해당 단어가 사용된 맥락에 따라 다양하게 포착할 수 있는 어텐션 메커니즘과 이러한 정교한 메커니즘을 실현시키는 수많은 매개변수들을 학습할 수 있는 대규모 데이터를 바탕으로 진화해 왔다(Vaswani et al., 2017). 이를 통해 언어 모델들은 문법과 의미에 대한 깊은 지식을 체화할 수 있게 되었다(Rogers et al., 2020). 특히 언어모델은 그 본 목적인 언어 생성뿐만 아니라, 미세조정을 통해 텍스트 측정을 포함한 다양한 작업을 위해 사용될 수 있다는 점에 주목해야 한다(Jurafsky and Martin, 2024). 여기서 미세조정이란, 이미 대규모 데이터로 학습된 언어 모델의 일부 매개변수를 특정 작업(예: 감성 분석 등)에 맞게 추가 학습시키는 과정을 말한다. 미세 조정을 통해 연구자들은 앞에서 언급한 전통적인 기계학습 알고리즘을 학습시키는 데 통상적으로 사용되는 규모의 학습 데이터만으로도, 다양한 텍스트 측정 작업에서 더 높은 정확도accuracy*를 달성할 수 있게 되었다.

LLM 프롬프트를 통한 사회과학적 텍스트 측정의 가능성

그러나 대규모 데이터에 사전 학습된 정교한 트랜스포머(어텐션 메커니즘을 사용하는 인공 신경망 아키텍처) 모델을 활용하더라도, 개개의 텍스트 측정 작업을 위한 미세조정을 위해서는 결국에는 작지 않은 규모의 학습 데이터가 필요하다. 즉, 연구자의 이론적·경험적 관심사에 부합하는 개념을 측정하기 위해 개개의 학습 데이터를 구축하는 데는 대개 많은 시간과 자원이 소모되기 마련이다. 이러한 측면에서, 최근의 프롬프트에 기반한 LLM의 활용은 BERT와 같이 상대적으로 작은 규모의 언어 모델이 텍스트 측정에서 가진 한계를 극복할 수 있는 가능성을 제시하고 있다. 즉, 미세조정을 거치지 않고 LLM에게 텍스트 측정에 관한 프롬프트를 입력하면, 연구자가 원하는 측정값을 모델의 출력값으로서 생성하는 것이다. 이러한 프롬프트 기반의 접근은 개개의 텍스트 측정 작업을 위해서 매번 학습 데이터를 새롭게 구축하는 데 시간과 비용을 들이지 않아도 된다는 점에서 효율성과 범용성이 있다. 즉, 다양한 분야를 포괄하는 막대한 규모의 학습 데이터에 기반한 오늘날의 LLM들은 단순히 질문-답변의 형태로 양질의 텍스트 측정을 가능하게 할 수 있는 잠재력을 가지고 있다.

실제로 2023년 이후 많은 다학제적 연구들은 이러한 LLM의 텍스트 측정에의 활용에 폭발적인 관심을 보이고 있다. 이 연구들은 LLM 프롬프트가 텍스트 측정의 도구로서, 다양한 도메인, 언어, 작업을 가로질러 활용될 수 있는 가능성을 평가하고 있다(Chae and Davidson, 2023; Gilardi et al., 2023; Ornstein et al., 2022; Rathje et al., 2024; Rytting et al., 2023; Törnberg, 2023; Yang and Menczer, 2023; Ziems et al., 2024). 일례로 지임스 외(Ziems et al., 2024)는 이러한 연구들 중에서 가장 포괄적인 연구 중 하나라 할 수 있다. 저자들은 입장, 이념 성향, 감정, 혐오 표현, 설득적 말하기 등 몇몇의 사회과학의 핵심적인 개념들에 대한 다양한 LLM(FLAN-T5, GPT-3, GPT-4)의 텍스트 측정 성능을 평가한다. 그리고 이들은 해당 LLM들을 기존에 널리 활용되던 미세조정 모델과 비교한다. 저자들은 대체로 LLM이 기존의 미세조정 모델의 성능에는 미치지 못하지만, 상당한 수준으로 기준값을 예측하고 있음을 확인한다. 헤설타인과 클렘 본 호언버그(Heseltine and Clemm von Hohenberg, 2024)의 경우, 트윗과 뉴스 기사 텍스트가 1)정치적인지 아닌지, 2)긍정적인 톤인지 부정적인 톤인지, 3)이념적으로 좌편향인지, 우편향인지 또는 중립적인지를 GPT-4에게 판단하게 하고, 이 3개의 항목에 대해서 GPT-4의 성능을 전문가 코딩을 통해 생성한 기준값에 기반하여 평가한다. 한편, 랏제 외(Rathje et al., 2024)는 영어, 아랍어, 인도네시아어, 튀르키예어 등 총 12개의 언어에 대해서 GPT-3.5와 GPT-4의 감성, 감정, 공격성 등의 개념들에 대한 측정 성능을 평가하며, 영어가 아닌 다른 언어에도 LLM이 텍스트 측정에 유용하게 사용될 가능성이 있음을 보여준다.

프롬프트 기반 접근의 과학적 활용을 위하여

앞의 연구들이 보여주듯이, LLM은 다양한 도메인 및 다국어 데이터에서 텍스트 측정을 위한 유용한 도구로 사용될 수 있는 가능성을 보여주고 있다. 물론 앞에서 언급했듯, 도메인 그리고 작업의 종류에 따라서 미세조정을 포함한 기존의 모델들의 성능을 능가하지 못하는 경우가 다수 있었다(Ziems et al., 2024). 그러나 이는 향후 LLM의 발전에 따라 개선될 수 있다. 따라서 이 글에서는 LLM이 텍스트 측정에서 기존 모델의 성능을 능가하는지 못하는지 여부가 아니라, LLM을 통한 텍스트 측정의 타당성 및 신뢰성을 어떻게 체계적으로 평가해야 하는지 주목한다. 다음에서는 텍스트 측정 작업에서 LLM에 기반한 접근이 기존의 전통적인 기계학습의 접근에 비해 아직 체계적인 평가의 프레임워크가 부족함을 지적하고, 보다 체계적인 평가를 가능하게 하기 위하여 필요한 논의를 진행한다.

명확한 기준값 설정과 검증의 중요성

사회과학에서의 텍스트 측정에서 가장 핵심적인 과제 중 하나는, 측정 결과가 실제로 연구자가 의도한 개념을 얼마나 정확하게 반영하고 있는지를 체계적으로 평가하는 일이다. 기계학습 모델이 출력한 예측값이 신뢰할 수 있으려면, 그것이 기준값과 어느 정도 일치하는지를 검토할 수 있어야 하며, 이를 위한 평가 체계의 정립이 필수적이다. 이러한 측면에서 기존의 지도 기계학습 접근은 비교적 잘 정립된 평가 프레임워크를 제공해 왔다. 모델은 학습 데이터에서 학습한 후, 검증 데이터에서의 예측 성능을 바탕으로 평가된다. 특히 데이터를 학습용과 검증용으로 명확히 분리하거나, K-겹 교차검증 K-Fold cross-validation●을 통해 다양한 부분집합에서 반복적으로 검증함으로써 과적합 overfitting 을 방지하고, 모델의 일반화 능력을 객관적으로 평가할 수 있도록 한다. 즉, 지도 기계학습에서는 모델을 학습시키는 과정뿐 아니라, 학습된 모델이 얼마나 잘 작동하는지를 평가하는 과정 또한 과학적 엄밀성을 갖춘 일련의 절차로 자리 잡고 있는 것이다.

그러나 최근 각광받고 있는 프롬프트 기반 접근은 이와 같은 정형화된 검증 절차가 아직 상대적으로 부족하다. 프롬프트 기반 접근은 별도의 미세조정 없이도 다양한 자연어처리 작업에 활용할 수 있다는 점에서 접근성이 좋지만, 사회과학에서 요구하는 검증 가능성의 측면에서는 아직 해결해야 할 과제가 많다. 특히 지도 학습에서는 학습에 사용된 데이터를 제외한 새로운 데이터에 대한 모델의 예측 성능이 주요한 평가 기준이지만, 프롬프트 방식에서는 이와 유사한 외부 기준이 없이도 결과가 생성된다. 그 점에서 결과의 질을 어떻게 신뢰할 수 있는가에 대한 의문이 제기된다.

이러한 한계를 극복하기 위해서는, 프롬프트 기반 접근이라고 하더라도 일정 수준의 기준값 데이터를 구축하고, 그에 대해 모델의 출력이 얼마나 일치하는지를 정량적으로 검증하는 절차가 필요하다. 전체 말뭉치를 모두 수작업으로 코딩하는 것은 현실적으로 불가능하거나 불필요하다. 그렇다고 하더라도 전체를 대표할 수 있는 샘플을 임의 추출하여 일부 기준값 데이터를 구축하고, 그에 기반한 평가를 수행하는 방식은 현실적인 대안이 될 수 있다. 예컨대, 전체 뉴스 기사 데이터 중 일부를 무작위로 추출해 전문가 코딩을 수행한 뒤, 해당 샘플에 대한 LLM의 프롬프트 출력과 비교해 정확도, F1 점수[*] 등을 산출하는 방식이다. 이를 통해 프롬프트 기반 접근의 측정 결과가 어느 정도 신뢰할 수 있는지를 판단할 수 있으며, 나아가 다양한 모델 또는 프롬프트 설계 간의 비교도 가능하다.

여기서 중요한 것은 기준값을 어떻게, 누가 만들 것인가이다. 사회과학적 텍스트 측정에서 기준값은 본질적으로 '정답'으로 간주되기 때문에, 그 생성 과정은 매우 신중하고 체계적으로 이루어져야 한다. 이를 위해 다음의 두 가지 방법이 가장 널리 사용된다. 첫 번째는 전문가 코딩 방식이다. 이 방식은 연구자가 특정 개념을 어떻게 측정할지를 이론적으로 정의하고, 이를 바탕으로 정교한 코딩 가이드라인을 설계한 후, 훈련된 복수의 전문가 코더에게 이를 숙지시켜 문서 하나하나에 대해 일관된 방식으로 값을 부여하는 절차를 따른다. 이는 사회과학의 엄격한 개념화-조작화 과정을 충실히 반영한 방식으로, 코딩의 타당성과 코더 간 신뢰도inter-coder reliability*를 모두 확보할 수 있다는 점에서 이상적인 기준값 생성 방식으로 평가된다. 시간이 많이 소요되고 인적 자원이 필요하다는 단점이 있지만, 고품질의 기준값을 생성할 수 있다는 점에서 널리 활용되고 있다.

두 번째는 크라우드소싱 방식이다. 미국의 아마존 MTrukAmazon Mechanical Turk, 한국의 크라우드웍스Crowdworks 등 온라인 플랫폼을 통해 불특정 다수의 코더가 코딩에 참여하게 하는 방식으로, 상대적으로 적은 비용으로 대규모의 텍스트를 빠르게 코딩할 수 있다는 장점이 있다. 다만, 크라우드소싱은 전문가 코딩에 비해 개념에 대한 이해도와 코딩의 일관성을 확보하기 어렵고, 코더 간 질적 차이를 통제하기 어렵다는 점에서 품질 관리가 중요한 과제이다.

프롬프트 기반의 LLM을 사회과학 텍스트 측정에 효과적으로 활용하기 위해서는, 신뢰할 수 있는 기준값 데이터를 일부라도 구축하고, 이에 대한 출력 결과를 정량적으로 검증하는 절차가 반드시 필요하다. 정성적인 예시만으로는 모델의 성능을 객관적으로 평가할 수 없으며, 기준값과의 비교를 통해 명시적인 성능 지표를 산출해야 모델의 질을 판단할 수 있다. 이러한 검증 체계는 프롬프트 기반 접근이 기존의 기계학습 기반 방법과 동등한 분석 도구로 인정받기 위한 전제 조건이자, 측정 결과가 사회과학 연구를 위해 활용되기 위한 필수 요건이다.

프롬프트의 영향력에 대한 고려

프롬프트에 기반하여 LLM을 텍스트 측정에 활용하는 접근에 있어서 프롬프트 자체에 중요한 문제가 하나 있다. LLM로부터 예측값을 도출하기 위해 사용되는 문구에 따라서 예측값의 질이 달라질 수 있다는 것이다. 예를 들어, 슈 외(Shu et al., 2023)는 GPT-2, Falcon-7B, LLaMA 2 등 총 17개의 LLM에 내재된 심리적 특성들을 프롬프트를 통해 측정하려는 시도가 프롬프트의 아주 작은 변화에 민감하게 반응함을 지적한다. 따라서 LLM 연구에서는 프롬프트 엔지니어링, 즉 LLM로부터 원하는 결과를 얻기 위해 프롬프트를 작성하고 수정하는 과정에 대한 연구가 활발하게 진행되고 있다(Brown et al., 2020; Wei et al., 2022). 예를 들어, 프롬프트의 문구 자체에 더불어, 예시를 포함할지 여부는 프롬프트 엔지니어링의 주요한 요소라 할 수 있다. 또한 사고의 연쇄Chain-of-Thought 방식처럼, 모델이 복잡한 문제를 해결하기 위해 정답에 이르기까지의 추론 과정을 단계적으로 서술하도록 유도하는 기법 역시 프롬프트 설계의 중요한 요소로 부상하고 있다(Wei et al., 2022).

모델이나 도메인의 다양성에서 모델 외적인 변동성에 이르기까지 LLM의 성능을 판단할 수 있는 조합은 실로 다양하다. 그러나 대부분의 연구에서는 특정한 조합에 한정하여 LLM의 성능을 평가하고 있다. 따라서 어떠한 조합의 접근법이 우수한 성능을 낼 수 있는지 알기 어렵다. 이 글에서는 다양한 모델과 도메인을 초월하는 프롬프트 전략의 유무가 아니라, LLM의 성능 평가 시에 이러한 다양한 조합에 대한 고려가 평가 프레임워크에 통합되어야 한다는 점을 지적하고자 한다.

재현 가능성을 제고하기 위한 실천적 고려사항

재현 가능성reproducibility은 동일한 데이터와 동일한 분석 절차를 사용할 경우, 다른 연구자도 동일한 결과를 도출할 수 있어야 한다는 과학의 원칙을 의미한다. 특히 양적 분석의 맥락에서, 과학적 분석에 사용된 절차가 명확하게 문서화되고, 동일한 조건하에서 연구를 재수행했을 때 본질적으로 동일한 결과가 재현될 수 있어야 한다는 것이다. 특히 텍스트 측정에서의 재현 가능성은 두 가지 차원에서 이해될 수 있다. 첫째, 동일한 텍스트 입력과 프롬프트를 사용할 때 LLM이 산출하는 출력값 자체가 일관되어야 하며, 둘째, 이 출력값을 기반으로 수행되는 통계 분석이나 회귀 추정 등 후속 분석 결과 역시 재현 가능해야 한다는 것이다.

그러나 최근 연구(Barrie et al. 2024)는 프롬프트 기반의 LLM 활용이 이러한 재현 가능성에 구조적인 한계를 가질 수 있음을 실증적으로 보여준다. 동일한 입력과 프롬프트를 사용하더라도 모델 자체가 가진 임의적 행동, 템퍼러처와 같은 초매개변수 설정 등에 따라 출력 결과가 달라질 수 있고, 일부 폐쇄형 모델(예: GPT)은 시간이 지나면 더 이상 접근이 불가능해지기도 한다. 이러한 불안정성은 단지 성능이 좋은 측정 모델을 구축할 수 있는지 여부에 그치지 않고, 출력값을 재현하고, 이를 변수로 활용하는 분석 결과를 재현하는 데에도 부정적인 영향을 미칠 수 있다는 점에서 심각한 문제이다. 다시 말해, 동일한 분석 절차를 사용하더라도, 모델의 출력값이 일관되지 않으면 같은 연구 질문에 대해 서로 다른 결론에 도달할 수 있으며, 이는 과학적 재현성의 기본 요건을 충족하지 못하는 결과로 이어질 수 있다.

이러한 한계를 보완하고 프롬프트 기반 텍스트 측정의 재현 가능성을 제고하기 위해, 최근 문헌에서는 몇 가지 실천적 조치를 제안하고 있다(Törnberg 2024). 첫째, 모델의 버전, 프롬프트, 초매개변수 값을 명확히 문서화하는 등 측정 작업 당시의 환경을 구체적으로 기록해야 한다는 것이다. 둘째, 가능하다면 로컬에서 실행 가능한 오픈소스 모델을 사용하여(예: Llama), 모델 업데이트나 폐쇄형 서비스의 종료 등 외부 변화로 인한 접근 제한이나 모델 변경 가능성에 대비하는 것이 바람직하다. 셋째, 프롬프트 설계와 실행 과정을 체계적으로 기록하고 이를 외부에 공유함으로써, 후속 연구자들이 동일한 분석을 반복하거나 평가할 수 있도록 해야 한다.

결국 프롬프트 기반 접근을 사회과학 텍스트 측정의 신뢰할 수 있는 도구로 활용하기 위해서는, 단순히 모델이 높은 정확도를 보이는 것만으로는 충분하지 않다. 사회과학적 분석에서 LLM의 출력값이 실제 분석에 사용될 수 있으려면, 동일한 입력과 설정 조건하에 동일한 결과를 반복해서 얻을 수 있어야 하며, 그 결과가 후속 분석에도 일관되게 반영되어야 한다. 이를 위해서는 프롬프트 문구, 초매개변수, 모델 버전, 실행 환경 등 측정 과정 전반을 투명하게 기록하고, 다른 연구자들이 동일한 조건으로 실험을 재현할 수 있도록 체계적인 절차와 문서화를 갖추는 것이 필수적이다.

LLM의 가능성과 과제

이 글에서는 LLM이 경험적 사회과학 연구에서 갖는 잠재력을 텍스트 측정을 위주로 탐구했다. 기존의 텍스트 분석 방법론, 특히 사전 기반 방법과 지도 기계학습은 사회과학적 연구에서 중요한 도구로 사용되어 왔으나, 다양한 맥락에서의 언어적 다양성을 완벽히 포착하는 데에는 한계가 있었다. 또한 미세조정에 기반한 접근들은 개별 작업마다 학습 데이터를 구축해야 하는 비용의 문제가 있었다. 프롬프트 기반 접근은 이러한 한계를 극복할 수 있는 혁신적인 범용적 방법론으로 부상하고 있으며, 특히 프롬프트를 통해 별도의 미세조정 없이도 다양한 도메인 및 작업에서 높은 성능을 보일 수 있다는 점에서 주목받고 있다. 최근의 연구들은 LLM이 텍스트 측정에서 일정한 가능성을 보이며, 다양한 도메인과 언어에서 유용하게 사용될 수 있음을 보여주고 있다.

그러나 LLM의 효과적인 활용을 위해서는 몇 가지 과제가 남아 있다. 첫째, 모델의 출력이 실제로 연구자가 의도한 개념을 얼마나 정확히 반영하는지를 평가할 수 있는 명확한 기준값 설정과 검증 절차가 필요하다. 둘째, 프롬프트의 문구, 예시 제공 여부, 추론 방식 등 프롬프트 설계에 따른 출력 결과의 민감성을 고려해야 한다. 셋째, 프롬프트 기반 접근의 재현 가능성을 확보하기 위한 실행 환경의 투명한 기록과 공유, 그리고 안정적인 모델 선택 역시 필수적이다. 이러한 과제들이 해결될 때 LLM이 사회과학적 텍스트 분석에 더욱 효과적으로 활용될 수 있고, 나아가 사회과학 연구에 혁신적인 변화를 가져올 것으로 기대된다.

교차 검증

모델의 일반화 성능을 검증하기 위해 데이터를 여러 번 나누어 평가하는 절차. 대표적으로 K-겹 교차검증이 있다.

랜덤 포레스트 모델

지도 기계학습에서 사용되는 알고리즘 중 하나로, 다수의 결정 트리를 결합해 예측 성능을 향상시킨다.

말뭉치

텍스트 데이터의 집합. 기계학습에서는 학습과 평가에 사용되는 자료로 자주 활용된다.

매개변수

언어모델 학습에서 모델이 자동으로 학습하는 변수들. 파라미터와 동일 의미로 쓰인다.

정확도

예측이 정답과 얼마나 일치했는지를 나타내는 평가 지표.

코더 간 신뢰도

동일한 텍스트를 여러 코더가 코딩할 때, 결과의 일치도를 나타내는 신뢰성 지표.

초매개변수 조정

모델의 학습 과정에서 사람이 사전에 설정해야 하는 초매개변수를 조정하는 절차.

F1 점수

정밀도precision와 재현율recall의 조화 평균harmonic mean으로, 불균형imbalanced 데이터에서도 모델 성능을 평가할 수 있는 지표.

K-겹 교차검증

데이터를 K개로 나눈 뒤, 그중 하나를 검증용으로 사용하고 나머지를 학습에 활용하여 K번 반복하는 평가 방식이다.

임베딩 벡터를 통해 '인공지능 모델이 이해한' 우리 사회의 거시적 구조를 이해하기

박재혁

KDI 국제정책대학원 부교수이자 데이터사이언스 프로그램 주임교수. 연세대학교에서 경제학을 전공한 뒤, KAIST 문화기술 석사, 인디애나대학교 정보학 박사 과정을 거치며 경제·기술·문화를 넘나드는 연구 경로를 밟아왔다. 이후 노스웨스턴대학교 켈로그 경영대학원에서 박사후연구원으로 근무했으며, 박사 과정 중에는 페이스북(현 메타) Core Data Science 팀에서 연구과학자로 일하며 실제 산업 현장에서 데이터 기반 의사결정과 모델링을 경험했다. 현재는 노동시장 구조와 정부 주도 혁신 전략, AI 정책과 같은 사회적 이슈를 분석하는 한편, 음악 가사와 사회 변화의 관계나 근현대 미술품 가격 예측처럼 문화 시장에 관한 연구도 병행하고 있다. 다양한 인공지능과 머신러닝 알고리즘을 활용해 복잡한 사회 현상을 이해하고, 그 결과를 누구나 이해할 수 있는 이야기로 풀어내는 데 관심이 많다.

인공지능의 마음을 들여다보는 창: 임베딩

2022년 11월, 오픈AI가 개발한 대화형 인공지능 모델 챗GPT의 등장은 전 세계에 신선한 충격과 함께 인공지능 기술의 놀라운 발전에 대한 경탄을 자아냈다. 챗GPT는 인간과 흡사한 수준으로 언어를 이해하고 구사하며, 질문에 답하는 것을 넘어 시, 소설 등 인간의 전유물로 여겨졌던 다양한 창작물을 생성할 수 있는 것으로 보였다. 더군다나 번역, 요약, 코딩, 논문 작성과 같은 복잡한 지적 작업을 수행하는 능력은 기존 인공지능 모델의 한계를 뛰어넘은 것으로 여겨졌다. 이와 같은 언어 모델의 다양한 응용은, 특정 작업에 국한되지 않고 다양한 문제를 해결할 수 있는 범용 인공지능Artificial General Intelligence(AGI)의 실현 가능성에 대한 기대를 한층 높이는 계기가 되었다(Fei et al. 2022).

하지만 이러한 LLM의 등장은 컴퓨터 공학 분야의 관점에서 볼 때, 어느 날 갑자기 나타난 혁명이 아니다. 그보다는 기계학습Machine Learning(ML)과 자연어처리Natural Language Processing(NLP) 분야에서 수십 년간 축적된 연구와 기술 개발의 필연적인 결과물에 가깝다. 초기 자연어처리 연구는 주로 전문가가 직접 언어 규칙을 정의하고 컴퓨터가 이를 따르도록 하는 규칙 기반rule-based 방식에 의존했다. 그러나 언어의 무한한 복잡성과 변화무쌍함을 규칙만으로 포착하는 데에는 명백한 한계가 존재했다. 이를 극복하기 위해 등장한 것이 바로 기계학습 기반 접근법이다. 기계학습은 방대한 데이터를 컴퓨터가 스스로 학습하여 패턴과 규칙을 발견하도록 하는 방식이다. 이러한 접근은 감정 분석, 토픽 모델링, 기계 번역 등 다양한 영역에서 괄목할 만한 성과를 거두며 발전해 왔다. 특히 2013년 구글이 발표한 워드투벡Word2Vec은 단어의 의미를 벡터 공간에 표현하는 '임베딩Embedding' 기법을 통해 자연어처리 연구에 새로운 지평을 열었다. 이후 시퀀스투시퀀스Seq2Seq, 트랜스포머와 같은 딥러닝 모델들이 연이어 등장하며 문맥을 이해하고 처리하는 능력을 비약적으로 향상시켰고, 챗GPT는 이러한 기술적 진보의 최전선에 서 있는 모델 중 하나이다(Brown et al. 2020).

여기서 우리는 근본적인 질문에 도달하게 된다. 인터넷상의 방대한 텍스트 데이터를 학습한 이 거대한 언어 모델은 우리가 살아가는 사회의 구조와 현상을 어떻게 '이해'하고 있을까? 우리가 중요한 업무

를 맡기기 전에 그 사람의 가치관이나 세계관을 파악하려 하듯이, 인
공지능 모델이 내놓는 결과물의 신뢰성과 함의를 제대로 평가하기 위
해서는 모델이 학습을 통해 구축한 내부의 '세계관', 즉 개념들의 구조
를 이해하는 것이 필수적이다. 이는 모델의 잠재적 편향이나 오류를
예측하고 제어하는 데 중요한 단서를 제공한다. 그뿐만 아니라 우리
인간이 집단적으로 생산한 지식과 정보가 어떻게 응축되고 구조화되
는지에 대한 통찰을 얻을 기회이기도 하다. 언어 모델은 단순히 언어
를 모방하는 것을 넘어, 우리 사회의 문화·가치·사고방식까지도 일정
부분 내재화하고 있기 때문이다.

하지만 역설적이게도, 우리는 일상생활에서 챗GPT, 제미나이, 클
로드 같은 고도화된 언어 모델을 자연스럽게 업무에 활용하고 그 성
능에 감탄하면서도, 사실 그 내부에서 정보가 정확히 어떤 과정을 거
쳐 처리되고 의미가 생성되는지에 대해서는 아직 완전하게 파악하지
못하고 있다. 마치 블랙박스처럼, 입력(질문)이 어떤 복잡한 상호작용
을 거쳐 출력(답변)으로 변환되는지에 대한 명확한 설명은 여전히 부족
하다. 연구자들은 미지의 대상을 탐구하는 과학자처럼, 다양한 실험과
관찰을 통해 모델의 작동 방식을 역으로 추론하고 이해하려는 노력을
지속하고 있다. 모델의 복잡성이 인간의 직관적 이해를 넘어서는 수준
에 도달해 버린 것이다.

이러한 상황은 우리가 뇌를 연구하는 과정과 매우 유사하다. 현대
뇌과학은 뇌가 수많은 뉴런과 시냅스의 연결망으로 구성되어 있으며,

전기·화학적 신호를 통해 정보를 처리한다는 사실을 밝혀냈다. 기능적 자기공명영상(fMRI)과 같은 기술을 통해 특정 인지 활동 시 뇌의 어떤 영역이 활성화되는지도 관찰할 수 있게 되었다. 즉, 뇌의 기본적인 구성 요소, 구조, 정보 전달 메커니즘에 대한 지식은 상당 수준 축적되었다. 하지만 이러한 해부학적, 생리학적 지식이 어떻게 '의식', '생각', '자아'와 같은 고차원적인 정신 현상으로 이어지는지에 대한 질문은 여전히 수수께끼이다. 여전히, 뇌의 작동 원리에 대한 이해와 주관적 경험 사이의 간극은 현대 과학의 가장 큰 도전 과제 중 하나로 남아 있다.

현재 생성형 언어 모델을 연구하고 활용하는 방식 역시 이러한 뇌 연구의 초기 단계와 비슷한 양상을 보인다. 많은 연구가 모델에게 특정 과제를 부여하고 그 결과물의 품질을 평가하거나, 특정 입력에 대한 모델의 반응을 관찰하는 방식으로 이루어진다. 이는 심리학자들이 인간의 행동 또는 언어적 반응을 통해 그 심리 상태나 인지 과정을 추론하려는 접근법과 유사하다.

이렇게 볼 때, 이 글에서 중점적으로 다루고자 하는 임베딩 방법론은 조금 더 직접적으로 모델의 내부 작동 방식에 접근하려는, 비유하자면 '뇌과학적' 접근이다. 임베딩은 언어 모델이 단어, 문장, 더 나아가 다양한 개념들을 어떻게 수치화된 벡터 형태로 표현하고 그 관계를 내부 공간에 구조화하는지를 탐구하는 방법이다. 이는 뇌 활동 패턴을 분석하여 특정 개념이나 생각이 뇌 속에서 어떻게 표상되는지를 연구하는 신경과학적 접근과 유사하다. 즉, 모델의 입력과 출력 사이의 관계뿐만 아니라, 그 중간 과정에서 정보가 어떻게 조직되고 처리되는지, 다시 말해 모델 내부에 형성된 '개념의 지도'를 직접 분석하는 것이다.

이러한 임베딩 기반 접근법이 중요한 의미를 지니는 이유는 다음과 같다. 첫째, 모델이 세상을 이해하는 방식을 직접 들여다봄으로써 이 강력한 도구의 작동 원리를 더 깊이 이해할 수 있다. 이러한 이해는 모델이 내놓는 결과물의 신뢰성을 판단하고 잠재적 편향을 식별하는 데 도움을 준다. 둘째, 언어 모델이 학습한 데이터는 결국 인간 사회의 산물이다. 따라서 모델 내부의 개념 지도는 우리 사회의 집단적 인식, 문화적 연상, 사회 구조, 심지어는 무의식적인 편견까지도 반영하는 일종의 '디지털 화석' 또는 '사회적 거울'로 간주될 수 있다. 인공지능이 구축한 개념 공간을 분석함으로써, 기존의 사회과학적 방법론으로는 포착하기 어려웠던 사회 현상의 이면과 구조를 새롭게 발견할 수 있는 가능성을 얻을 수 있다.

이러한 문제의식을 기반으로, 이 글에서는 인공지능 모델, 특히 임베딩 기법이 사회과학 연구, 구체적으로는 우리 사회를 이해하는 데 어떤 중요한 의미를 가지며 새로운 가능성을 제공하는지를 종합적으로 검토하고자 한다. 가장 기본적인 임베딩 모델인 워드투벡부터 시작하여, 언어 모델이 텍스트 정보를 어떻게 벡터 공간에 구조화하는지를 살펴보고자 한다. 그 후, 텍스트를 넘어 다양한 종류의 순차 데이터를 분석하는 임베딩 기법의 확장 가능성을 논의하고, 이렇게 구축된 벡터 공간을 분석하는 다채로운 방법들을 구체적인 연구 사례와 함께 소개할 것이다. 임베딩이라는 새로운 렌즈를 통해 인공지능과 우리 사회를 함께 이해하는 지적 탐험의 즐거움을 경험해 보자.

텍스트, 숫자의 옷을 입고 공간에 새겨지다
: 언어 임베딩의 세계

컴퓨터가 인간의 언어를 이해하고 분석하기 위해서는 우리가 사용하는 자연스러운 말과 글을 컴퓨터가 처리할 수 있는 형태로 바꾸는 과정이 반드시 필요하다. 마치 외국어를 번역하듯 인간의 언어를 기계의 언어, 즉 숫자로 변환해야 하는 것이다. 이 핵심적인 변환 과정을 벡터변환Vector Transformation 또는 임베딩이라고 부른다. 본질적으로 이는 단어나 문서가 가진 추상적인 '의미'를, 컴퓨터가 이해할 수 있는 다차원 공간상의 좌표, 즉 벡터Vector로 옮겨 심는 작업이다. 이 과정을 통해 텍스트 데이터는 비로소 인공지능 모델이 계산하고 학습할 수 있는 재료가 된다. 이는 단순히 숫자로 바뀌는 것을 넘어 단어와 단어, 문서와 문서 사이의 의미적 관계가 공간상의 거리나 방향으로 표현되는 '의미의 공간Semantic Space'을 구축하는 것이다.

워드투벡: 단어에 의미의 좌표를 부여하다

워드투벡의 핵심 아이디어는 "단어의 의미는 그 단어가 함께 사용되는 주변 단어들을 통해 파악할 수 있다"라는 언어학의 분포 가설Distributional Hypothesis에 기반한다. 즉, 비슷한 맥락에서 자주 등장하는 단어들은 의미적으로도 유사할 가능성이 높다고 판단하여, 이들을 벡터 공간상에서 서로 가까운 위치에 배치하는 것이다.

워드투벡은 이 아이디어를 구현하기 위해 주로 CBOWContinuous Bag-of-Words와 스킵그램Skip-gram이라는 두 가지 학습 방식을 사용한다(Mikolov, Chen, et al. 2013; Mikolov, Sutskever, et al. 2013). CBOW는 주변 단어들을 보고 중심 단어를 예측하는 방식이다. 이와 반대로 스킵그램은 중심 단어를 보고 주변 단어들을 예측한다. 예를 들어 "빠르고 갈색인 여우가 게으른 개를 뛰어넘는다"라는 문장이 있다고 가정하자. CBOW는 '빠르고', '갈색인', '여우가', '개를', '뛰어넘는다' 등을 보고 '여우'를 맞히도록 학습하고, 스킵그램은 '여우'를 보고 '빠르고', '갈색인', '뛰어넘는다' 등을 맞히도록 학습하는 식이다.

어떤 방식을 사용하든 결국 이 학습 과정에서 중요한 것은 동일하다. 각 단어가 고유한 벡터(좌표)를 부여받고, 모델은 함께 등장하는 단어들의 벡터가 서로 가까워지도록(즉, 벡터 간 유사도가 높아지도록) 파라미터를 조정해 나간다는 것이다. 수많은 텍스트 데이터를 학습하고 나면, 결과적으로 의미가 비슷한 단어들은 벡터 공간상에서 가까운 거리에 위치하게 된다. 예를 들어, '왕'과 '여왕', '남자'와 '여자'는 각각 성별이라는 축에서 비슷한 관계를 가지며 유사한 문맥에서 등장할 가능성이 높으므로, 학습된 벡터 공간에서는 이들 단어 벡터들이 서로 의미 있는 관계로 배치될 가능성이 크다. 이는 단순히 단어의 빈도를 세는 것을 넘어, 단어의 '의미' 자체를 벡터 공간에 기하학적으로 표현하는 새로운 길을 열었다.

독투벡: 문서 전체의 의미를 하나의 벡터로

단어 수준의 의미를 벡터로 표현하는 데 집중한 워드투벡을 확장하여 문서 전체의 의미를 하나의 벡터로 표현하려는 시도도 이루어졌다. 바로 독투벡Doc2Vec이다(Le and Mikolov 2014). 독투벡은 기본적으로 워드투벡과 유사한 방식으로 작동하지만, 한 가지 요소를 더 추가한다. 바로 각 문서마다 고유한 '문서 벡터'를 부여하고, 이 문서 벡터 역시 해당 문서를 구성하는 단어 벡터들과 함께 학습 과정에 참여시키는 것이다.

이 문서 벡터는 해당 문서의 전반적인 주제나 맥락을 함축하는 역할을 한다. 예를 들어, '한국 경제 성장'에 대한 여러 기사와 '한국 문화 발전'에 대한 여러 보고서를 독투벡으로 학습시킨다면, 각 문서는 고유한 문서 벡터를 갖게 된다. 이 문서 벡터들은 개별 단어 벡터들과의 상호작용 속에서 학습되면서, '경제 성장' 관련 문서들은 벡터 공간의 한 영역에, '문화 발전' 관련 문서들은 다른 영역에 모이는 경향을 보일 것이다. 이로써 개별 단어를 넘어 문서 단위의 주제적 유사성이나 차이를 벡터 연산을 통해 파악할 수 있게 된다.

시퀀스투시퀀스, 트랜스포머, BERT

: 문맥 속에서 살아 숨 쉬는 의미를 포착하다

워드투벡과 독투벡은 단어나 문서의 의미를 벡터로 표현하는 강력한 방법을 제시했지만, 한계점 또한 명확했다. 바로 '문맥'에 따라 달라지는 단어의 다의성Polysemy을 제대로 반영하기 어렵다는 점이다. 예를 들어 우리말의 '사과'는 과일을 의미할 수도 있고, 잘못에 대한 용서를 구하는 행위를 의미할 수도 있으며, 애플Apple이라는 특정 기업을 지칭할 수도 있다. 워드투벡이나 독투벡은 이러한 문맥 차이를 구분하지 못하고 '사과'라는 단어에 하나의 고정된 벡터 값을 할당하는 경향이 있다.

이러한 한계를 극복하기 위해 문맥 정보를 더욱 적극적으로 활용하는 딥러닝 모델들이 등장했다. 대표적인 예가 시퀀스투시퀀스(Sutskever, Vinyals, and Le 2014), 트랜스포머(Vaswani et al. 2017), 그리고 이를 기반으로 개발된 BERT(Devlin et al. 2019)와 같은 모델들이다. 시퀀스투시퀀스 모델은 주로 번역 과제에서 두각을 나타낸 모델이다. 이는 입력 문장 전체의 정보를 압축하는 인코더Encoder와 이 압축된 정보로부터 출력 문장을 생성하는 디코더Decoder 구조를 통해 문맥을 파악하려 했다. 트랜스포머 모델은 여기서 더 나아가 어텐션 메커니즘을 도입하여, 문장 내에서 어떤 단어들이 서로에게 더 중요한 영향을 미치는지를 파악하고 이를 벡터 표현에 가중치로 반영함으로써 문맥 이해 능력을 획기적으로 개선했다.

BERT는 트랜스포머의 인코더 구조를 활용하여 문맥 이해 능력을 극대화한 모델이다. BERT의 핵심적인 학습 방식 중 하나는 MLM_{Masked Language Model}인데, 이는 우리가 빈칸 채우기 문제를 푸는 것과 유사하다. 문장 중간의 단어 일부를 가려놓고([MASK]), 주변 단어들의 문맥을 통해 가려진 단어가 무엇일지 예측하도록 모델을 학습시키는 것이다. 예를 들어, "나는 과일 중에서는 [MASK]를 좋아한다"라는 문장을 학습한다고 가정하자. 이때 BERT는 앞뒤 문맥('과일', '좋아한다')을 고려하여 [MASK] 자리에 '사과'가 들어갈 확률은 높게, '삼성'이 들어갈 확률은 낮게 예측하도록 학습된다. 이러한 과정을 통해 BERT는 특정 단어의 의미를 고정된 벡터 하나로 표현하는 것이 아니라, 해당 단어가 사용된 구체적인 문맥 속에서의 의미를 반영한 동적인 벡터 표현_{Contextualized Embedding}을 생성해 낸다. BERT 모델에서 단어의 문맥적 벡터를 추출하는 방법은 여러 가지가 있지만, 기본적으로 모델의 여러 층_{layer}을 통과하며 정교화된 최종 단계의 벡터 값들이 해당 단어의 풍부한 문맥 정보를 담고 있다고 여겨진다.

결론적으로, 텍스트를 벡터 공간에 새기는 여정은 워드투벡과 독투벡처럼 단어와 문서의 기본적인 의미 좌표를 설정하는 단계에서 시작하여 시퀀스투시퀀스, 트랜스포머, BERT와 같이 문맥 속에서 단어의 의미가 어떻게 변화하고 상호작용하는지를 포착하는 더욱 정교한 단계로 발전해 왔다. 초기의 모델들은 비교적 직관적인 이해를 제공하지만 문맥 정보 반영에는 한계가 있었던 반면, 후기의 모델들은 심층적인 문맥 이해 능력을 보여주지만 그 내부 작동 방식이나 결과 벡터의 해석은 상대적으로 더 복잡하다. 사회과학 연구자는 이러한 각 모델의 특징과 장단점을 이해하고, 연구 질문과 데이터의 성격에 맞는 적절한 임베딩 방법을 선택해야 한다. 이를 통해 텍스트 데이터 속에 숨겨진 사회적 의미와 구조를 효과적으로 분석할 수 있다.

텍스트의 경계를 넘어
: 순차 데이터, 임베딩의 무한한 가능성

앞서 살펴보았듯이, 임베딩 기법은 단어나 문장을 벡터 공간에 배치하여 그 의미 관계를 포착하는 강력한 도구이다. 하지만 이 기법의 진정한 잠재력은 단순히 텍스트 데이터 분석에만 머무르지 않는다. 임베딩 알고리즘의 핵심 원리를 생각해 보면, 이는 본질적으로 특정 항목의 의미나 특성을 그 주변에 함께 등장하는 다른 항목들과의 '맥락적 관계'를 통해 학습하는 방식이다. 따라서 시간의 흐름이나 특정 순서에 따라 나열될 수 있는 데이터, 즉 순차적sequential 형태를 가지는 데이터라면 원칙적으로 어떤 종류든 임베딩 기법을 적용하여 그 안에 숨겨진 구조와 의미를 탐색할 수 있다.

이번 장에서는 임베딩 기법의 이러한 유연성과 확장성을 보여주는 흥미로운 연구 사례들을 살펴본다. 텍스트가 아닌 음악, 학술지 인용 패턴, 연구자들의 경력 이동 경로, 심지어 한 개인의 인생사까지, 다양한 형태의 순차 데이터를 벡터 공간에 투영함으로써 사회 현상을 새롭게 조망하고 분석할 가능성을 탐색한다.

음악, 그 구조와 흐름을 벡터에 담다

음악 역시 시간의 흐름에 따라 배열된 소리의 연속체, 즉 순차 데이터로 볼 수 있다. 주Gengping Zhu 연구팀은 'MusicBERT'라는 모델을 통해 음악 데이터를 임베딩하여 음악의 내부 구조와 곡들 간의 관계를 학습하고자 했다(Zhu et al. 2021). 이들은 음악을 아주 짧은 시간 단위인 박자beat로 나누고, 각 박자 구간에서 음색이나 화음 정보를 나타내는 오디오 특징(MFCC, Chroma 등)을 추출했다. 이렇게 얻어진 박자 단위의 특징 시퀀스를 마치 문장을 구성하는 단어들처럼 취급하여, BERT와 유사한 트랜스포머 구조의 모델을 학습시켰다.

흥미로운 점은 학습 방식이다. 텍스트 모델이 문장의 일부 단어를 가리고 맞히도록 학습하는 것처럼(Masked Language Model), MusicBERT는 음악 시퀀스의 일부 구간을 마스킹하고 주변 음악 정보를 이용해 이를 예측하도록 훈련되었다. 이 과정을 통해 모델은 각 박자 구간의 오디오 특징을 벡터로 변환할 뿐만 아니라, 음악 전체의 흐름과 구조, 즉 음악적 맥락을 이해하는 능력을 학습하게 된다. 이렇게 생성된 음악 임베딩은 단순한 장르 분류나 유사한 곡을 찾기를 넘어, 사용자의 청취 이력 데이터 없이 곡 자체의 내재적 특성에 기반한 유사성 비교나 하이라이트 추출 등 다양한 방식의 응용 가능성을 보여주었다. 이는 새로운 음악을 발견하거나 분류하는 데 효과적인 접근법이 될 수 있다.

연구 분야의 지형도 그리기: 학술지 임베딩

학문 생태계 역시 지식 생산과 전파의 복잡한 네트워크 구조를 지닌다. 펑Hao Peng 연구팀은 학술지 간의 '인용 관계'를 순차 데이터로 보고, 이를 임베딩하여 학문 분야의 구조를 파악하고자 했다(Peng et al. 2021). 이들은 특정 학술지에 실린 논문들이 어떤 다른 학술지의 논문들을 인용하는지를 따라가는 인용 트레일citation trail을 구성했다. 예를 들어, A 학술지 논문이 B 학술지 논문을 인용하고, 그 B 학술지 논문이 다시 C 학술지 논문을 인용했다면 'A→B→C'와 같은 순차적 경로가 만들어진다.

연구팀은 이러한 수많은 인용 트레일을 마치 문장처럼 간주하고, 워드투벡과 유사한 그래프 임베딩 기법(딥워크, 노드투벡)을 적용하여 각 학술지를 고유한 벡터로 표현했다. 그 결과, 단순히 직접적인 인용 횟수만으로는 파악하기 어려운 학술지 간의 복잡한 관계망과 학문 분야의 숨겨진 구조가 벡터 공간상에 드러났다. 예를 들어, 서로 직접 인용하지 않더라도 비슷한 학술지들을 인용하는 경향이 있는 학술지들은 벡터 공간에서 가까운 위치에 배치되었다. 이렇게 생성된 학술지 임베딩 모델은 학문 분야 간의 관계를 시각화하고 특정 학술지와 주제적으로 유사하거나 영향 관계에 있는 다른 학술지를 탐색하는 등, 학문 생태계의 동학과 구조를 이해하는 새로운 분석 도구를 제공했다.

연구자 이동 경로에 숨겨진 의미: 연구기관 임베딩

연구자들의 경력 이동 역시 중요한 사회적 이동의 한 형태이며, 그 안에는 연구기관 간의 위상, 연구 분야의 유사성, 지리적 요인 등 다양한 사회적 의미가 함축되어 있다. 머리Dakota Murray 연구팀은 연구자들이 소속을 옮겨 가는 경력 궤적career trajectory을 순차 데이터로 보고, 이를 임베딩하여 연구기관 간의 관계를 분석하는 독창적인 모델을 제시했다(Murray et al. 2023). 연구자 한 명 한 명의 소속 기관 변화 이력(예: 기관 X→기관 Y→기관 Z)을 하나의 시퀀스로 정의하고, 워드투벡 모델을 활용하여 각 연구기관을 벡터 공간에 배치한 것이다.

이렇게 학습된 연구기관 임베딩 벡터들은 흥미로운 결과들을 보여주었다. 연구자들이 유사한 패턴으로 이동하는 경향이 있는 기관들, 예를 들어 특정 학문 분야의 선도적인 기관들이나 지리적으로 인접한 기관들은 벡터 공간상에서 서로 가깝게 군집을 이루었다. 이는 논문 수나 피인용 수와 같은 전통적인 지표만으로는 파악하기 어려운, 연구자들의 실제 이동 패턴에 기반한 연구기관 간의 암묵적인 위계질서나 기능적 유사성을 드러낸다. 이는 연구기관 평가나 연구 협력 네트워크 분석 등에 새로운 시사점을 제공할 수 있다.

삶의 궤적을 벡터로: 인생 임베딩

가장 포괄적인 순차 데이터는 아마도 한 개인의 '인생사'일 것이다. 사프치센Germans Savcisens 연구팀은 덴마크의 방대한 국가 등록 데이터를 활용하여 개인의 삶에서 발생하는 다양한 사건들(출생, 교육 이수, 직업 변화, 소득 변화, 거주지 이전, 질병 진단 등)을 시간 순서대로 배열한 '삶의 사건 시퀀스sequences of life-events'를 구축했다(Savcisens et al. 2023). 그리고 이 방대한 개인별 삶의 시퀀스 데이터를 워드투벡과 유사한 방식으로 학습시켜 라이프투벡Life2Vec이라는 임베딩 모델을 개발했다.

라이프투벡은 개인의 삶을 구성하는 이질적인 사건들을 하나의 통합된 벡터 공간에 투영함으로써, 각 사건들이 서로 어떻게 연관되어 있고 어떤 순서로 발생하는 경향이 있는지를 분석할 수 있게 한다. 예를 들어, 특정 질병 진단 코드가 어떤 직업군이나 소득 수준과 자주 함께 등장하는지, 혹은 특정 교육 수준이 이후의 건강 상태나 거주지 선택과 어떤 관련성을 보이는지 등을 벡터 간의 거리나 위치 관계를 통해 탐색할 수 있다. 연구팀은 이 모델을 활용하여 개인의 조기 사망률이나 특정 성격 특성을 예측하는 데 있어 기존 방식보다 높은 정확도를 달성했으며, 이는 삶의 경로에 대한 거시적인 패턴 분석과 예측 가능성을 보여주는 놀라운 결과이다.

여기에서 살펴본 음악, 학술지, 연구기관, 인생사의 네 가지 사례는 임베딩 기법이 텍스트라는 울타리를 넘어 얼마나 다양한 영역의 순차 데이터 분석에 강력하게 적용될 수 있는지를 명확히 보여준다. 이는 사회과학 연구에 시사하는 바가 크다. 사회과학이 다루는 개인의 사회적 이동, 집단 간의 관계 변화, 사회 네트워크의 형성 및 진화, 문화적 트렌드의 확산과 변동 등 핵심적인 현상들은 본질적으로 시간의 흐름 속에서 발생하는 순차적 특성을 지니고 있다.

따라서 이러한 사회 현상들을 적절한 '순차 데이터'로 정의하고 임베딩 기법을 적용한다면, 기존의 통계적 분석이나 질적 연구 방법론만으로는 포착하기 어려웠던 복잡한 패턴, 숨겨진 구조, 동태적인 변화 양상을 발견할 수 있는 새로운 길이 열릴 것이다. 예를 들어, 여러 세대에 걸친 직업 이동 경로를 임베딩하여 사회 계층 구조의 변화를 추적하거나, 특정 사회 집단 간의 상호작용이나 갈등 양상의 시계열 데이터를 임베딩하여 관계 동학을 분석하는 연구를 상상해 볼 수 있다. 이는 한국 사회의 구조적 특징, 사회 변동의 메커니즘, 집단 간 상호작용 등을 더 깊이 있고 다각적으로 이해하기 위한 혁신적인 연구 방법론 개발의 가능성을 제시한다. 임베딩은 사회를 읽는 새로운 '지도'이자 '나침반'이 될 잠재력을 지니고 있는 것이다.

인공지능이 그린 사회 지도 읽기
: 벡터 공간 분석의 기법들

임베딩 기법은 단어, 문서, 심지어 음악이나 개인의 삶과 같은 다양한

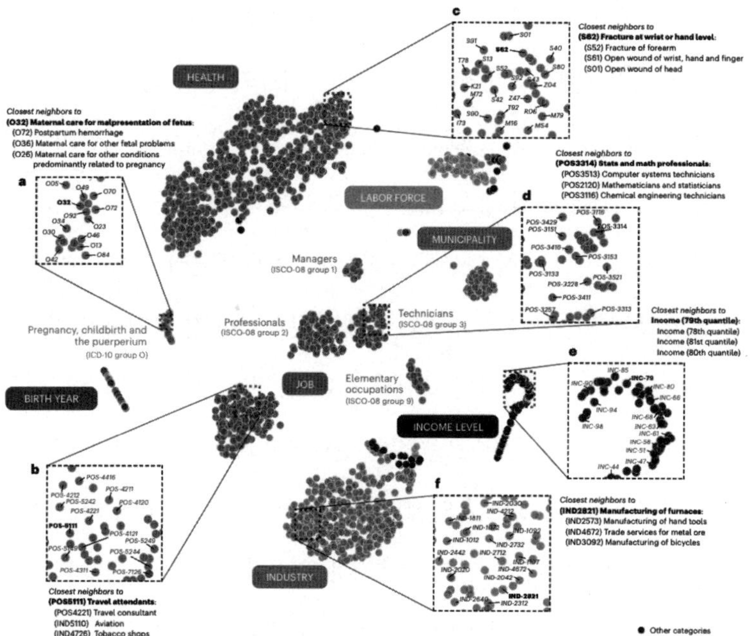

Figure 4-1. 사프치센의 연구에서 PaCMAP을 사용하여 각종 삶 속의 이벤트들로 구성된 임베딩 공간을 2차원으로 투영한 그림. 각 점은 어휘에 있는 개념 토큰 하나를 나타내며 (총 2,043개), 점의 색상은 개념 유형에 따라 다르다(드물게 나타나는 유형은 검은색 점으로 표시됨). 각 영역은 개념 공간의 일부를 확대하여 보여준다. 선택된 토큰의 가장 가까운 세 개의 이웃(코사인 거리 기준)도 표시되어 있다. a. ICD-1027에서 임신, 출산 및 산욕과 관련된 진단. b. ISCO-0825의 직업 분류 5번에 해당하는 서비스 및 판매직과 관련된 직업 개념. c. ICD-1027에서 상해 관련 진단. d. ISCO-0825의 직업 분류 3번에 해당하는 기술자 및 준전문가와 관련된 직업 개념. e. 소득 관련 개념. 라이프투벡은 이 개념들을 순차적으로 정렬한다. f. DB07의 제조업과 관련된 개념.[1]

데이터를 고차원의 벡터 공간 속에 배치한다. 이 벡터 공간은 단순한 점들의 무작위 집합이 아니라, 데이터 속에 숨겨진 의미 관계와 구조를 반영하는 일종의 '개념 지도' 또는 '의미 지형도'라 할 수 있다. 그렇다면 사회과학 연구자는 이 복잡하고 추상적인 지도를 어떻게 읽고 해석하여 사회 현상에 대한 통찰을 얻을 수 있을까? 이 글에서는 임베딩 모델이 구축한 벡터 공간을 분석하는 주요 방법론들을 구체적인 연구 사례와 함께 살펴본다.

지도 펼쳐보기: 개념들의 관계를 시각화하다

가장 직관적인 분석 방법은 고차원의 벡터 공간을, 시각적으로 인지할 수 있는 2차원 또는 3차원 공간으로 '펼쳐보는' 것이다. 이는 마치 복잡한 지형 데이터를 등고선 지도로 표현하듯, 수많은 차원으로 이루어진 복잡한 개념 지도를 알아보기 쉽게 저차원 평면 위에 투영하는 작업이다. 이러한 시각화는 개념들이 서로 어떻게 군집을 이루고, 어떤 개념들이 중심에 있으며 어떤 개념들이 주변부에 위치하는지, 그리고 전체적으로 어떤 구조를 형성하는지를 한눈에 파악하게 해 준다.

UMAP Uniform Manifold Approximation and Projection과 같은 차원 축소 알고리즘이 이러한 시각화에 널리 활용된다(Kim et al. 2024; Murray et al. 2023; Peng et al. 2021). UMAP은 고차원 공간에서 개념들이 맺고 있는 지역적, 전역적 관계를 최대한 보존하면서 저차원으로 압축하는 데 효과적이다. 예를 들어, 김성운 등(2024)의 연구는 산업, 직업, 기술, 기업 등 노동 시장의 다양한 요소들을 하나의 벡터 공간 Labor Space에 임베딩하고 UMAP으로 시각화했다. 그 결과, 제조업 관련 개념들이 한 곳에 모여 있고, 의료 서비스 관련 개념들은 또 다른 군집을 형성하는 등 실제 노

---

1 출처: Savcisens et al. 2023

동 시장의 산업 구조가 벡터 공간상에 시각적으로 드러나는 것을 확인했다. 유사하게 펑 등(2021)은 학술지 인용 관계를 임베딩하여 시각화함으로써 비슷한 주제를 다루는 학술지들이 군집을 이루는 학문 분야의 구조를 보여주었고, 머리 등(2023)은 연구자들의 기관 이동 패턴을 임베딩하여 시각화함으로써 연구 분야나 지리적 근접성에 따른 연구 기관들의 네트워크 구조를 확인했다.

한편, 사프치센 등(2023)의 연구에서는 PaCMAP_{Pairwise Controlled Manifold Approximation and Projection}이라는 알고리즘을 사용했는데, 이는 특히 멀리 떨어진 개념들 간의 거리 관계를 비교적 잘 유지하며 시각화할 수 있다는 장점이 있다. 이 연구는 개인의 삶에서 발생하는 사건들(질병 진단, 직업 변화, 소득 변화 등)을 임베딩한 후 PaCMAP으로 시각화하여, 유사한 유형의 사건들(예: 특정 직업군, 특정 질병 코드 그룹)이 의미론적으로 가까운 군집을 형성하는 것을 명확하게 보여주었다(〈Figure 4-1〉 참고).

이처럼 임베딩 공간의 시각화는 복잡한 사회 현상을 구성하는 요소들 간의 관계를 직관적으로 이해하도록 돕는다. 이를 통해 기존의 분석 방법으로는 발견하기 어려웠던 숨겨진 패턴이나 구조를 발견하고, 예상치 못한 개념들의 근접성이나 군집을 통해 새로운 연구 가설을 설정하거나 심층 분석의 방향을 잡는 데 유용하다. 또한, 정량적 분석 결과를 시각적으로 제시함으로써 연구 결과의 설득력을 높이고 효과적인 소통을 가능하게 한다.

지도 위의 이웃 찾기: 유사 개념 추출과 의미 추적

벡터 공간에서 두 개념(벡터)이 얼마나 가까운지, 즉 의미적으로 얼마나 유사한지를 측정하는 가장 기본적인 방법은 코사인 유사도Cosine Similarity를 계산하는 것이다. 이는 두 벡터 사이의 각도를 이용하여 유사성을 측정하며, 벡터의 방향이 완전히 같으면 1, 완전히 반대면 −1, 직교하면 0의 값을 가진다. 코사인 유사도 값이 1에 가까울수록 두 개념은 벡터 공간상에서 가까이 위치하며 의미적으로 연관성이 높다고 해석할 수 있다.

이 코사인 유사도를 활용하면 특정 개념과 가장 가까운 '이웃' 개념들을 찾아낼 수 있다. 이는 해당 개념에 대한 사회의 집단적 인식이나 연상 작용을 보여주는 중요한 단서가 된다. 예를 들어, 볼룩바시Tolga Bolukbasi 등(2016)의 연구는 뉴스 기사 데이터로 학습된 워드투벡 모델에서 특정 직업과 '남성' 또는 '여성' 개념 벡터 간의 코사인 유사도를 측정했다. 그 결과, '간호사', '비서' 등은 '여성' 벡터에 더 가깝고, '프로그래머', '의사' 등은 '남성' 벡터에 더 가깝게 나타났다. 이는 해당 직업들에 대한 성별 고정관념이 데이터 학습 과정에서 모델 내부에 각인되었음을 의미한다.

더 나아가, 시간에 따라 변화하는 텍스트 데이터를 시점별로 임베딩하고 특정 개념의 이웃들이 어떻게 변하는지를 추적하면, 그 개념의 사회적 의미 변화를 포착할 수 있다. 해밀턴William L. Hamilton 등(2016)은 이러한 방법으로 'gay'라는 단어의 의미 변화를 분석했다. 19

세기 문헌에서는 'gay'가 'happy(행복한)', 'cheerful(쾌활한)' 등 긍정적 감정과 가까웠지만, 20세기를 거치면서 점차 'homosexual(동성애의)', 'lesbian(레즈비언의)' 등 성적 지향과 관련된 단어들과의 유사도가 높아지는 것을 발견했다. 이는 'gay'의 주된 사회적 의미가 시대에 따라 변화했음을 보여준다.

찰스워스Tessa Charlesworth 등(2022)의 연구는 지난 200년간의 구글북스Google Books 데이터를 활용하여 사회 집단(흑인, 백인, 남성, 여성, 노인, 젊은이 등)에 대한 고정관념의 변화를 분석했다. 각 집단을 대표하는 단어들과 연관된 특성 단어들의 유사도 변화를 추적한 결과, 시대에 따라 특정 집단과 강하게 연관되는 단어의 내용은 크게 변화했지만(예: 19세기 흑인 연관어 'lonely', 1990년대 'suave'), 긍정/부정의 전반적인 경향성은 비교적 안정적으로 유지되는 경향(예: 흑인에 대한 부정적 뉘앙스의 지속)을 발견했다. 이는 사회적 고정관념의 내용적 가변성과 정서적 지속성을 동시에 보여주며, 역사적 맥락 속에서 고정관념의 형성과 변화, 그리고 내재된 권력 관계를 이해하는 데 중요한 시사점을 제공한다.

최근 박민수 등(2024)의 연구는 미국 랩 가사를 분석하여 '총gun', '돈money', '마약drug'과 같은 주제어들과 유사한 속어 및 관련 단어들을 워드 임베딩으로 추출하고, 이 단어들의 시대별 출현 빈도 변화를 추적했다(〈Figure 4-2〉 참고). 흥미롭게도, 특정 주제어 군집의 출현 빈도 변화는 실제 사회 지표(예: 폭력 범죄율, 성폭력 범죄율)와 유의미한 상관관계를 보였다. 이는 대중문화 텍스트인 랩 가사가 당대의 사회적 조건

Drug		
	Dealers	Drug Dealers, Dealers, Dope Dealers, Murderers, Thieves, Gangbangers, Criminals, Crooks, Killers, Killas, Mobsters, Villians, Gang Bangers, Gangsters, Hustlers, Killaz, Guerillas, Cap Peelers, Thugs, Villains
	Drug	Narcotics, Caine, Cocaine, Coke, Heroin, Heron, Crack Cocaine, Cocain, Powder, Lleyo, Herion, Amphetamines, Cavi, Yola, Baking Soda, Cola, China White, Crystal Meth, Dub Sacks, Coca
	Street	Streets, Street, Backstreets, Gutters, Alleys, Pjs, Projects, Slums, Trenches, Jects, Burbs, Suburbs, Boondocks, Swamps, Ville, Sewers, Alleyways, Tenements, Meadows, Jungles
	Stoned	Buzzed, Tipsy, Woozy, Drunk, Perved, Zooted, Pissy, Lifted, Blitzed, Blowed, Faded, Juiced, Amped, Pissy Drunk, Crunked, Weeded, Blazed, Drugged, Keyed, Krunk
	DEA	ATF, DEA, FBI, Police, Cops, Feds, Coppers, Popo, Popos, Jakes, Pigs, Narcs, Undercovers, Crooked Cops, Narcs, Detectives, Onetime, Jackers, Authorities, Agents, CIA, Juras

Figure 4-2.　박민수 등(2024)의 연구에서 약물 관련 주제에 관해 대해 선택된 주요 기본 단어들(Dealers, Drug, Street, Stoned, DEA)과 각 기본 단어에 대해 워드투벡 모델로 확장된 가장 유사한 20개의 단어들. 랩 가사에서 활용되는 다양한 속어들이 워드 임베딩 모델을 통해 추출될 수 있음을 보여준다.[2]

과 인식을 반영하는 중요한 문화적 지표가 될 수 있음을 시사한다.

이처럼 코사인 유사도에 기반한 이웃 개념 분석은 특정 개념에 대한 사회적 인식, 고정관념, 담론의 형성과 변화 과정을 심층적으로 이해하는 강력한 도구를 제공한다. 무엇보다 이 방법의 큰 장점은, 그동안 질적 분석이나 사례 중심으로 이루어지던 언어 연구를 대규모 데이터에 기반한 정량적 분석으로 확장시켰다는 점이다. 예전에는 텍스트나 이미지처럼 형태가 일정하지 않은 데이터는 수치로 바꾸기 어려워, 단순히 함께 자주 등장하는 단어들을 세는 정도로만 분석이 이루어졌다. 하지만 임베딩 벡터 기반의 코사인 유사도를 이용하면 단어와 이미지를 벡터라는 수치 형태로 변환해, 서로 간의 '의미적 거리'를 직접 계산하고 비교할 수 있게 된다. 또한, 코사인 유사도 분석은 연구자가 익숙하지 않은 문화나 집단 내부의 언어를 탐색할 때도 큰 도움을 준

2　출처: Park et al. 2024

다. 예를 들어, 앞에서 설명한 박민수 등(2024)의 연구에서 다룬 랩 가사 속 속어들은 일반 연구자들에게는 낯선 표현이 많지만, 코사인 유사도를 활용하면 특정 주제와 의미적으로 가까운 단어들을 자동으로 찾아 낼 수 있게 된다. 즉, 이제는 특정 문화권에 대한 깊은 사전 지식이 없어 도, 그 사회의 언어적 맥락과 의미 관계를 보다 객관적이고 빠르게 살 펴볼 수 있게 된 것이다. 코사인 유사도를 활용한 이런 분석은 기존에 소수의 사례를 통해 알려진 사회적 연관성을 막연한 추정이 아니라 구 체적인 수치로 보여주고, 연구의 폭과 속도를 획기적으로 넓혔다는 점 에서 학문적 의의를 지닌다.

특별한 렌즈로 지도 읽기: 의미 축을 활용한 맥락 분석

벡터 공간을 분석하는 또 다른 흥미로운 접근법은 연구자가 관심 있 는 특정 '의미 축semantic axis'을 설정하고, 다른 개념들을 이 축에 투영하 여 그 상대적 위치를 분석하는 것이다. 이는 마치 특정 기준이나 관점 이라는 '렌즈'를 통해 개념들의 관계를 살펴보는 것과 같다. 의미 축은 주로 서로 반대되는 의미를 가진 한 쌍의 단어 벡터(예: '좋음'과 '싫음', '남 성적'과 '여성적', '부유함'과 '가난함')의 차이 벡터로 정의된다. 분석하려는 개념 벡터를 이 축 벡터에 투영projection하여 그 값을 계산하면, 해당 개 념이 이 의미 축상에서 어떤 성향을 띠는지 정량적으로 파악할 수 있다.

안지선 등(2018)은 이 방법을 SemAxis라는 프레임워크로 제시하고, 실제로 이를 바탕으로 한 연구를 진행했다. 온라인 커뮤니티 레딧Reddit

에서 특정 주제(예: 총기)에 대한 서로 다른 정치 성향 그룹(트럼프 지지자 vs. 샌더스 지지자)의 인식 차이를 분석한 것이다. '총기' 관련 단어들을 '긍정-부정', '존중-무례', '안전-위험'과 같은 다양한 의미 축에 투영한 결과, 트럼프 지지자들은 샌더스 지지자들에 비해 총기를 긍정적이고 안전한 것으로 인식하는 경향을 보인 반면, 샌더스 지지자들은 총기를 위험과 연관 짓는 경향을 확인했다. 이는 단순한 감성 분석을 넘어 특정 주제에 대한 다층적인 인식의 결을 보여준다.

김성운 등(2024)의 일터 연구에서는 '제조업-헬스케어 및 사회복지 서비스'라는 산업 축을 정의하고, 다양한 기업, 직업, 기술 벡터들을 이 축에 투영했다. 그 결과 철강이나 자동차 관련 기업들은 제조업 쪽에 가깝게, 제약이나 병원 관련 기업들은 헬스케어 쪽에 가깝게 위치하는 등, 해당 축이 노동 시장의 산업 스펙트럼을 효과적으로 반영함을 보여주었다.

코즐로브스키Austin C. Kozlowski 등(2019)은 구글엔그램Google Ngram 데이터를 활용하여 20세기 미국 사회에서 '계급' 개념의 문화적 의미 변화를 추적했다. '부유함-가난함rich-poor', '여성적-남성적feminine-masculine' 등의 축을 설정하고 다양한 개념(예: 스포츠 종목, 직업)을 투영하여 분석했다(〈Figure 4-3〉 참고). 예를 들어, 테니스나 골프는 '부유함' 쪽에, 캠핑이나 복싱은 '가난함' 쪽에 가깝게 나타났다. 또한, '부유함'과 가장 밀접하게 연관된 개념이 20세기 초에는 '교양culture'이나 '지위status'였지만, 후반으로 갈수록 '교육education'으로 변화하는 양상을

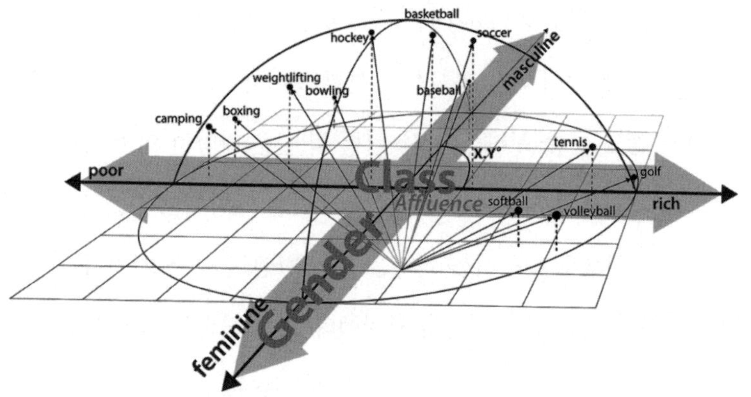

Figure 4-3.　코즐로브스키 등(2019)의 연구에서 다양한 스포츠들의 벡터를 두 축들(poor-rich, feminine–masculine)로 구성된 2차원 공간에 투영한 결과를 시각화. 테니스, 골프와 같은 스포츠의 벡터는 상대적으로 부유함을 대표하는 벡터에, 캠핑과 복싱과 같은 스포츠의 벡터는 가난함의 벡터에 더 가까운 것을 볼 수 있다.[3]

발견했다. 이는 미국 사회에서 교육 자본의 중요성이 점차 커지면서 계급에 대한 문화적 인식 또한 변화했음을 시사한다.

이처럼 특정 의미 축을 설정하고 개념들을 투영하는 분석 방식은 단순한 유사성 측정을 넘어, 특정 맥락 속에서 개념들이 갖는 상대적 위치와 다층적 의미, 그리고 그 변화를 심층적으로 탐구할 수 있게 한다. 이러한 접근은 연구자가 분석 목적에 맞게 의미 축을 직접 정의할 수 있다는 점에서 다양한 사회과학적 질문에 유연하게 적용될 수 있는 잠재력을 지닌다.

3　출처: Kozlowski, Taddy, and Evans 2019

지도 위에서 길 찾기: 벡터 연산을 통한 개념적 유추

워드투벡 모델이 처음 주목받았던 이유 중 하나는 벡터 간의 간단한 덧셈, 뺄셈 연산을 통해 단어 간의 유비 관계를 포착할 수 있다는 놀라운 발견 때문이었다. 가장 유명한 예시가 벡터$_{king}$ - 벡터$_{man}$ + 벡터$_{woman}$ ≈ 벡터$_{queen}$이다. '왕' 벡터에서 '남성성'을 빼고 '여성성'을 더하면 '여왕' 벡터와 매우 유사한 벡터를 얻는다는 것이다(Mikolov, Chen, et al. 2013).

이러한 벡터 연산을 통한 개념적 유추$_{analogy}$는 단어뿐만 아니라 사회과학에서 다루는 더 복잡한 개념들 사이의 관계를 탐색하는 데에도 활용될 수 있다. 이는 마치 사회 현상을 이해하기 위해 사용하는 '비유'나 '유추'를 수학적으로 구현하는 것과 같으며, 벡터 공간의 기하학적 속성을 이용하여 개념 간의 잠재적 연결 고리를 발견하고 새로운 통찰을 얻는 방법론이다.

김성운 등(2024)의 일터 연구는 이러한 벡터 연산이 사회경제적 분석에 어떻게 적용될 수 있는지를 잘 보여준다. 연구진은 V(기업 A) - V(산업 B) + V(산업 C) ≈ V(기업 D) 와 같은 공식을 사용하여 기업과 산업 간의 관계를 유추했다(⟨Figure 4-4⟩ 참고). 예를 들어, V() - V(웹 검색 포털) + V(백화점) ≈ V(월마트) 라는 계산은 아마존에서 웹 검색 서비스의 특성을 제거하고 백화점의 특성을 더하면 월마트와 유사해진다는 의미로 해석될 수 있다. 또 다른 예로, V(테슬라) - V(전기) + V(휘발유) ≈ V(포드)는 테슬라에서 전기차 관련 특성을 빼고 내연기관차 특성을 더하면 포

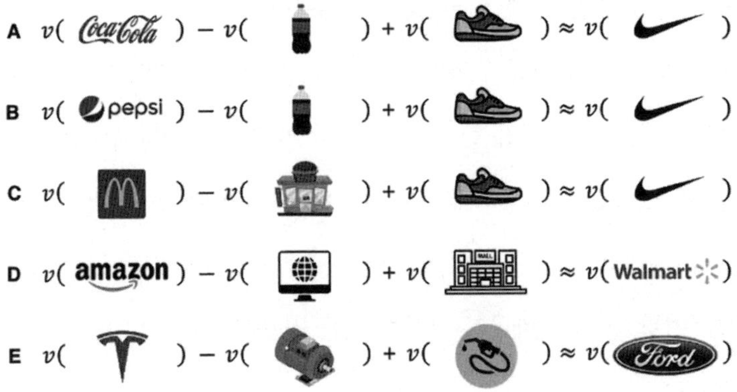

Figure 4-4. 김성운 등(2024)의 연구에서 보여준 임베딩 벡터 계산을 통한 기업과 산업 간의 관계 유추. 벡터 유사성을 통해 이종 기업과 산업 간의 잠재적 연결을 보여준다. 예를 들어, 음료 및 레스토랑 부문의 주요 기업들이 신발 부문의 나이키와 유사하게 표현된다(A, B, C). 또 다른 예로, 아마존이 웹 검색 및 IT 부문 없이 물리적 매장을 갖춘다면 월마트와 유사하게 된다(D). 테슬라는 전기 기반을 제거하고 휘발유 요소를 더하면 포드와 유사해진다(E).[4]

드와 유사해진다는 추론을 가능하게 한다.

더 나아가 이 연구는 직업, 산업, 기술 벡터를 조합하여 특정 기업과의 유사성을 살펴보기도 했다. 예를 들어, V(수학자) + V(투자 펀드) + V(재무 자문) 벡터는 금융 서비스 기업인 JP모건 체이스나 골드만삭스등의 벡터와 유사하게 나타났다. 이는 수학자의 전문성에 투자 펀드라는 산업 맥락과 재무 자문이라는 기술 요소가 결합될 때 해당 기업들의 역할과 유사한 프로필을 형성할 수 있음을 시사한다.

벡터 연산을 통한 개념적 유추는 아직 탐색 초기 단계에 있지만, 기존의 분석 방법으로는 포착하기 어려웠던 사회 현상 내 개념들 간의

---

[4] 출처: Kim et al. 2024

복잡한 상호작용 구조나 잠재적 관계를 밝혀내고, 새로운 가설이나 예측을 생성하는 데 기여할 수 있는 강력한 잠재력을 지닌 방법론이다.

벡터 공간을 시각화하고, 이웃 개념을 탐색하며, 의미 축에 투영하고, 벡터 연산을 통해 유추하는 이러한 분석 기법들은 임베딩 모델이 포착한 우리 사회의 개념 지도를 읽어내는 다채로운 도구들이다. 사회과학 연구자들은 이러한 도구들을 창의적으로 활용함으로써 데이터 속에 숨겨진 사회의 구조와 변화, 그리고 집단적 인식의 단면들을 보다 깊이 있게 탐구할 수 있을 것이다.

인공지능의 지도를 읽는 사회과학자를 위한 제언

이 글에서는 딥러닝 기반의 임베딩 기법이 사회과학, 특히 우리 사회의 복잡한 현상을 이해하는 데 어떤 새로운 가능성을 열어주는지 탐구했다. 가장 기본적인 워드투벡에서부터 최신 BERT 모델에 이르기까지, 그리고 텍스트 데이터를 넘어 인간의 다양한 행동, 문화, 관계, 사회 변화의 궤적까지, 임베딩은 이 모든 것을 숫자로 이루어진 벡터 공간에 새겨 넣고 분석하는 강력한 도구로 활용될 수 있음을 확인했다.

특히 임베딩 벡터 공간을 활용할 때 가능한 다양한 분석방법들을 살펴보았다. 개념들의 전체 '지형도'를 시각화하여 복잡한 관계를 한눈에 파악하고, 특정 개념의 '이웃'을 찾아 사회적 인식이나 고정관념의 변화를 추적할 수 있다. 또한 특정 '의미 축'이라는 렌즈를 통해 개념들을 투영하여 다층적인 의미를 분석하거나, 벡터 간의 연산을 통해 개념적 '유추'를 수행하며 기존 방식으로는 놓치기 쉬웠던 사회 현상의 숨겨진 구조와 연결고리를 발견할 수도 있다. 이러한 분석들은 사회과학 연구에 새로운 가설을 던지고, 현상 이면의 패턴을 밝혀내는 데 큰 힘이 된다.

하지만 이 흥미로운 가능성만큼이나, 임베딩 기법을 사회과학 연구에 활용하는 데에는 신중하게 고려해야 할 지점들도 분명히 존재한다. 강력한 도구가 으레 그렇듯, 임베딩 기법 또한 그 이면의 한계와 잠재적 위험을 이해하는 것이 중요하다.

첫째, 임베딩 모델은 학습 데이터에 존재하는 편향bias을 그대로 학습하고 증폭시킬 수 있다. 모델이 보여주는 개념 간의 관계는 현실 세계의 객관적 반영이라기보다는, 모델이 학습한 데이터, 즉 특정 시점, 특정 사회가 생산한 텍스트에 담긴 시각과 편견을 반영한 결과일 수 있다. 예를 들어, '의사'는 '남성'과 가깝고 '간호사'는 '여성'과 가깝게 나타나는 결과는, 실제 직업 분포나 능력과는 무관하게 텍스트 데이터에 만연한 성별 고정관념을 모델이 학습했기 때문일 수 있다. 따라서 임베딩 분석 결과를 해석할 때는 항상 비판적인 시각을 견지하며, 데이터의 출처와 맥락을 면밀히 검토해야 한다. 편향되지 않은, 그리고 다양한 시각을 반영하는 데이터를 구축하려는 노력과 함께, 편향을 탐지하고 완화하려는 기술적 연구도 병행되어야 한다.

둘째, 딥러닝 기반 모델의 복잡성으로 인한 해석의 어려움이다. 워드투벡과 같은 초기 모델은 비교적 구조가 단순하지만, BERT와 같은 최신 모델들은 수많은 매개변수와 복잡한 내부 구조를 가지고 있어, 특정 결과가 왜 도출되었는지 명확히 설명하기 어렵다. 벡터 공간에서 나타나는 특정 패턴이나 관계가 어떤 과정을 통해 형성되었는지 완전히 이해하기는 쉽지 않다는 의미이다. 따라서 임베딩 분석은 사회과학적 이론과 연구자의 깊이 있는 통찰력과 결합될 때 비로소 의미 있는 해석으로 이어질 수 있다. 단순히 계산된 유사도나 군집 구조에 의존하기보다, 사회과학적 맥락 속에서 그 의미를 끊임없이 질문하고 검증하는 과정이 필수적이다.

셋째, 윤리적 문제를 간과할 수 없다. 특히 개인의 삶의 궤적이나 온라인 활동 기록과 같은 민감한 데이터를 임베딩 모델 학습에 사용할 경우, 개인 정보 보호 및 프라이버시 침해의 위험이 따른다. 또한, 임베딩 분석 결과가 특정 집단에 대한 낙인이나 차별을 정당화하거나 강화하는 방식으로 오용될 가능성도 경계해야 한다. 예를 들어, 특정 인종이나 소득 계층과 부정적인 개념이 가깝게 임베딩된다는 결과가 있다면, 이는 사회적 편견을 반영하는 것일 수 있지만, 동시에 그 편견을 재생산하는 근거로 악용될 수도 있다. 따라서 데이터 수집 단계에서부터 분석 결과의 활용에 이르기까지, 데이터 윤리와 사회적 책임에 대한 깊은 고민과 엄격한 기준이 요구된다.

이러한 한계들을 넘어서 임베딩 기법을 더욱 성숙하고 책임감 있는 사회과학 연구 도구로 발전시키기 위해서는 몇 가지 방향의 노력이 필요하다. 첫째, 모델의 투명성과 설명 가능성을 높여야 한다. 모델 내부의 작동 방식을 이해하고, 벡터 공간의 구조와 의미를 명확하게 해석할 수 있는 방법론 개발이 필요하다. 모델이 어떤 데이터를 학습했고, 어떤 과정을 거쳐 결과를 도출하는지 추적하고 설명할 수 있는 시스템 구축 노력도 중요하다.

둘째, 모델 학습 데이터에 내재된 '편향' 문제를 해결하기 위한 지속적인 노력이 필요하다. 다양한 배경과 관점을 반영하는 균형 잡힌 데이터셋을 구축하고, 모델 학습 과정이나 결과 해석 단계에서 편향을 탐지하고 완화하는 기술적, 방법론적 접근을 적극적으로 모색해야 한다.

마지막으로, 그리고 무엇보다 중요하게, 임베딩 기법 활용의 윤리적 측면에 대한 깊은 성찰과 사회적 합의가 동반되어야 한다. 연구자들은 데이터 보호 원칙을 준수하고 개인 정보를 안전하게 처리해야 하며, 분석 결과가 사회에 미칠 잠재적 영향력을 신중하게 고려해야 한다. 연구 결과를 투명하게 공개하고, 그 의미와 한계, 그리고 긍정적·부정적 영향에 대해 사회 구성원들과 함께 논의하고 숙고하는 자세가 필요하다.

임베딩 기법은 사회과학 연구자들에게 세상을 이해하는 새로운 창을 열어주는 강력한 잠재력을 지닌 도구임에 틀림없다. 하지만 그 가능성을 온전히 실현하고 예기치 않은 부작용을 최소화하기 위해서는 기술적 발전과 더불어 사회과학적 통찰, 그리고 윤리적 고민이 끊임없이 병행되어야 한다. 이 글이 임베딩이라는 새로운 방법론의 가능성을 탐색하고, 앞으로의 연구 방향을 고민하는 데 작은 디딤돌이 되기를 바란다.

셀프-어텐션을 활용한 집단 감정 서사 연구의 가능성

조원광

서울대학교 사회학과에서 석사 및 박사 학위를, 조지아공과대학교에서 컴퓨터과학 석사 학위를 받았다. 현재 서울대학교 보건대학원 부교수로 재직 중이며, 자연어 처리를 활용해 마음의 구조를 탐구하는 연구를 수행하고 있다.

인공지능 감정 분석과 감정 분류

인간 사회에서 집합적 감정이 중요하다는 점은 이미 잘 알려져 있다. 집합적으로 형성되는 감정의 물결이 사람들의 판단과 행동을 특정한 방향으로 유도하고, 이런 변화를 개인의 독립적인 결정이나 판단으로 환원하기 어려운 사례를 쉽게 찾아볼 수 있다. 근대 국가가 형성되던 시기에 나타난 마녀사냥, 사회 전체가 전쟁을 향해 달려가게 만들었던 파시즘 등이 그 사례들이다. 집합적 감정의 이해는 인간의 행동과 사회의 변화를 설명하는 데 필수적이다. 그렇기에 사회과학자들은 집합적 감정을 측정하고 연구하려고 끊임없이 시도해 왔다.

대량 온라인 언어 데이터를 활용한 인공지능 기반 감정 분석은 이런 전통에 새로운 바람을 일으키고 있다. 감정은 휘발성이 크다. 매우 짧은 시간에 일어날 수 있고, 마찬가지로 짧은 시간 안에 사라질 수 있다. 그런데 설문조사처럼 회고recall에 의존하는 방법은, 이렇게 빨리 일어났다가 사라지는 감정을 측정하는 데 때로는 한계가 있다. 회고 편향recall bias을 만들어 낼 가능성이 있기 때문이다(Kahneman et al., 2004; Robinson & Clore, 2002). 그런데 온라인의 자발적인 게시글은 어떤 감정이 일어난 직후 바로 작성될 가능성이 크기에, 상대적으로 회고 편향의 영향을 덜 받는다. 또한 익명성에 기댄 솔직한 표현을 포함하기에, 보다 풍부한 정보를 가진다. 다만 이런 종류의 데이터는 규모가 크고 정형화되어 있지 않아 분석이 어려웠는데, 인공지능을 활용한 분석 기법의 발달은 이런 장벽을 극복할 수 있게 했다.

흥미로운 점은 인공지능 기반 감정 분석 연구들이 모델 설계 면에서는 매우 혁신적이고 다양한 시도를 포함하는 반면, 그 최종 목표는 다소 소박하고 유사하다는 점이다. 보통 감정을 분류하는 것이 인공지능 기반 분석의 목표가 된다. 즉, 그간의 분석들은 자료로 주어진 글이나 문장이 한정된 숫자의 중요한 감정(예를 들어 분노, 기쁨, 슬픔, 놀람 등) 중 어디에 해당하는지 분류하는 데 많은 노력을 기울여 왔다. 물론 분류 방법은 다양하다. 일부 연구자들은 감정 사전을 만들어 문장이나 문서의 감정 범주를 분류했다(Taboada et al., 2011). 또한 기계학습을 활용해 분류기를 학습시켜 감정 범주 분류를 시도한 이들도 있다(Gonçalves et al., 2013; Liu, 2015). 이들은 동일한 목표, 즉 어떤 글이나 문장이 미리 정해진 몇 개의 기본적인 감정에 할당할 수 있으며 이런 분류를 잘해내겠다는 목표를 공유한다. 분류 범주가 간단할 때는 긍정적/부정적이라는 두 개의 범주이지만, 복잡할 때는 범주의 숫자가 많이 늘어날 수도 있다. 즉, 감정 분석 분야의 인공지능이란 데이터가 주어지면 이런 분류를 인간 수준에 가깝게, 때로는 그 이상으로 잘해내는 컴퓨터 인공물computational artifact인 경우가 많았다.

그렇다면 자료에 나타난 감정을 정확하게 분류하는 작업은 감정을 이해함으로써 인간의 행동과 사회의 변화를 좀 더 잘 설명한다는 목표를 달성하는 데 충분한가? 여기에는 몇 가지 고려해 볼 만한 지점이 있다. 어떤 자료가 담고 있는 감정의 정체를 밝히는 활동이 그 감정이 만들어 내는 효과까지 모두 설명할 수는 없기 때문이다. 오히려 어떤 감정이 일어났을 때, 사람들이 그 감정의 원인이 무엇이라고 생각하는지, 그런 감정이 정당하다고 보는지 부당하다고 보는지 등이 감정이 만들어 내는 영향을 파악하는 데 중요할 수도 있다. 사람들 사이에 '분노'라는 감정이 집합적으로 나타났다고 가정하자. 그 자체만으로는 어떤 결과가 발생할지 알 수 없다. 사람들이 그 분노의 원인을 무엇이라고 생각하고 그 분노의 정당성을 어떻게 평가하는지가 중요하다.

나는 인공지능을 활용하여 감정을 탐구하는 연구자들이 자료를 몇 가지 중요한 감정 범주로 분류하는 데 초점을 맞추게 된 이면에는 기본 감정 이론Basic Emotion Theory의 영향이 있다고 추측한다. 기본 감정 이론은 여러 사회와 시간에 걸쳐 보편적으로 나타나는 기본 감정이 존재한다는 주장이다. 폴 에크먼Paul Ekman이 이런 입장을 잘 보여준다. 그는 분노anger, 혐오disgust, 즐거움enjoyment, 공포fear, 슬픔sadness, 놀람surprise이라는 기본 감정이 존재한다고 본다. 그에 따르면 이 감정들은 여러 사회에 걸쳐 등장하는 보편성을 가지며, 서로 구분되는 생리적 기전을 동반한다. 만약 이 이론의 주장처럼 기본 감정이 존재한다면, 자료에 어떤 기본 감정이 표현되었는지 알아내는 것은 분명 중요하다. 하지만 동시에 폴 에크먼은 사람들이 이런 감정들을 어떻게 해석하고 평가하는지는 여러 사회적이고 문화적인 영향에 노출되어 있다고 지적한다(Ekman, 1992). 앞서 말했듯 집합적 감정의 영향을 이해하는 데 있어서 감정에 대한 이해와 평가는 감정의 정체를 파악하는 것만큼이나 중요하다. 그렇다면 이런 사회적이고 문화적인 과정 또한 이해할 필요가 있다.

나아가 감정을 몇 가지 범주로 한정하지 않고, 다양한 감정의 구성을 봐야 한다는 이론적 주장도 존재한다. 가령 리사 펠드먼 배럿Lisa Feldman Barrett 같은 구성된 감정 이론가에 따르면, 감정은 인간이 신체 내·외부 변화를 설명하고 의미를 부여하며 그래서 무슨 일이 일어나고 있으며 일어날 것인지 예측하는 적극적 활동의 결과이다(배럿, 2017). 그에 따르면 이런 의미화는 어떤 사람의 경험이나 어떤 문화에 존재하는 특이한 조건에 따라 다양하게 일어날 수 있다. 문화권마다 독특한 감정 경험을 가리키는 단어가 존재하는 것도 이 때문이다(한국의 '한'과 같은 단어가 좋은 예이다). 이런 관점에 따르면, 더욱이 어떤 자료의 내용을 한정된 몇 가지 주요한 감정 범주로 분류하는 것에 그쳐서는 안 된다. 그 자료에서는 잘 알려진 감정 이외의 다른 감정이 더 중요한 의미를 가질 수도 있으며, 무엇보다 그런 감정을 만들어 내는 의미화와 개념화는 포착하지 못할 것이기 때문이다.

요컨대 인공지능 기반 감정 분석이 자료에 존재하는 감정을 몇 가지 대표적인 범주로 세밀하게 분류하는 일에 그친다면, 여기에는 분명 한계가 있다. 감정이 만들어 내는 영향과 변화를 탐구하기 위해서는 감정의 정체를 판단하는 것에서 더 나아가야 한다.

나는 인공지능 기반 감정 분석이 감정을 둘러싼 이야기, 즉 감정 서사를 드러내는 것에까지 확장되어야 한다고 생각한다. 여러 기존 이론과 연구들은 감정 경험이 일어나는 맥락의 중요성을 지적한다. 그것을 기본 감정에 대한 해석이나 평가라고 보건, 아니면 아예 새로운 감정의 구성 과정이라고 보건 많은 연구에서는 감정 경험이 놓이는 상황과 맥락이 감정의 정체만큼이나 중요하다는 점을 강조했다. 그리고 데이터 분석의 관점에서 보면, 어떤 감정을 둘러싼 이야기에 집중하는 것은 이런 상황과 맥락을 탐구하는 대표적 방법 중 하나이다. 우리는 감정의 서사를 드러냄으로써 감정 경험이 일어나는 상황과 맥락을 더 깊이 이해할 수 있다. 즉, 사람들이 어떤 감정의 발생 원인을 무엇이라고 생각하는지, 그 감정의 정체가 무엇이라고 믿는지, 그리고 그 감정으로 인해 무슨 일을 하겠다고 생각 또는 결심하는지를 드러내는 것이다.

그동안 인공지능 연구에서 제안된 여러 기술과 방법들은 이를 위한 도구가 될 수 있다. 이 기술들은 감정 분류기를 고도화하는 것을 넘어 자료에 존재하는 감정 서사를 포착하는 지점까지 확장될 수 있다. 여기에서 특히 주목하는 기술은 최근 트랜스포머Transformer 아키텍처를 통해 제안된 셀프-어텐션self-attention이다. 셀프-어텐션은 주어진 시퀀스 데이터 구성 요소 간 상호 의존을 자세하고 다양하게 포착 및 학습하는 기술이다. 이 글에서는 셀프-어텐션에 기반한 여러 기법을 활용하여 인공지능 기반 감정 분석이 감정 분류를 넘어 시도할 수 있는 다양한 연구 및 탐구 방법을 제안하고자 한다.

감정 서사 포착과 셀프-어텐션

셀프-어텐션과 시퀀스 구성 요소의 상호 연결 패턴 포착

셀프-어텐션은 감정 서사를 포착하는 인공지능 기반 분석의 중요 기술이 될 수 있다. 감정 서사는 단어 또는 분석자가 정의한 유의미한 토큰[*] 간의 연결로 표현된다. 이야기의 본질 자체가 개별 사실들의 연결과 계열화임을 고려하면(이진경, 2006) 이는 자연스럽게 이해할 수 있다. 예를 들어 기쁨이라는 단어와 그 직전 경험을 가리키는 단어들이 연결되어, 왜 어떤 방식으로 기쁘고 그것을 통해 어떤 효과가 나타날지에 대한 서사가 만들어지는 식이다. 그렇기에 분석의 기본적인 목표는 토큰들 사이의 특징적이고 강한 연결을 포착하는 것이다. 이 연결 패턴을 통해 감정 서사를 추적할 수 있다. 그리고 셀프-어텐션은 이런 연결을 다른 기법에 비해 자세하고 다양하게 포착할 수 있다. 그 이유를 자세히 알아보기 위해서는 우선 셀프-어텐션에 대해 살펴봐야 한다.

셀프-어텐션은 2017년 딥러닝 아키텍처인 트랜스포머를 제안한 기념비적 논문인 「Attention is all you need」에서 제시된, 트랜스포머 아키텍처의 핵심적 기술이다(Vaswani et al., 2017). 트랜스포머 아키텍처가 도입된 이후 언어 인공지능은 크게 발전했으며, 현재 큰 주목을 받고 있는 GPTGenerative Pre-trained Transformer와 사회과학계에서도 폭넓게 활용되고 있는 BERTBidirectional Encoder Representations from Transformers 역시 트랜스포머와 셀프-어텐션에 기반한 기법이다.

그렇다면 셀프-어텐션의 핵심적 장점은 무엇인가? 기존에 시퀀스 데이터 학습에 사용되었던 RNNRecurrent Neural Network에는 두 가지 한계가 있었다. 첫 번째는 시퀀스 데이터 구성 요소들 사이의 장거리 의존 관계를 학습하기가 어렵다는 점이고, 두 번째는 연산 병렬화가 어렵다는 점이었다. 셀프-어텐션은 이 두 가지 한계를 극복할 수 있다.

RNN은 문장이나 문서처럼 유의미한 순서가 있는 요소들의 연쇄를 통해 특정 결과를 생산하는(문장의 의미는 단어의 연결은 물론 순서를 가진 연쇄에 의해 만들어진다) 데이터를 학습하고, 그것에 기반한 결과를 도출할 때 사용되어 온 시퀀스 처리 아키텍처였다. RNN은 순서를 가지는 구성 요소들을 그 순서를 그대로 살려 연산을 수행하며, 한 연산의 결과가 다음 연산에 영향을 미치도록 디자인된다(Elman, 1990). 어떤 문장의 특징을 계산하기 위해 맨 앞 단어부터 어떤 연산을 하고, 그 결과가 다음 단어를 연산할 때 영향을 미치도록 한다는 말이다(사이토, 2019).

그런데 이런 구조에는 두 가지 한계가 있다. 하나는 구성 요소들 사이의 거리가 멀어질 경우, 그들 사이의 의존이나 연결을 포착하기 어렵다는 것이다. 언어 시퀀스를 구성하는 요소들의 먼 거리 연결은 자주 발생한다. 예를 들어 "Tom was watching TV in his room. Mary came into the room. Mary said hi to"까지의 문장이 주어지고 그다음 단어를 예측해야 한다고 하자.[1] 이때 정답은 Tom이다. 이를 제대로 수행하기 위해서는 to 위치에서의 연산이 일어날 때, 즉 to 다음 단어에 오는 단어를 계산할 때, 앞서 나왔던 Tom이 고려되어야 한다. 이를 성공적으로 해내기 위해서는 긴 거리를 두고 떨어진 요소 사이의 의존과 연결이 포착되어야 한다. 그런데 RNN은 단어가 순서대로 연산에 기입되므로, 한 단어의 정보가 긴 거리를 이동하면서 소실되는 문제가 발생할 수 있다. 두 번째는 이처럼 시퀀스 데이터를 순서대로 연산해야 하다 보니, 연산을 병렬화하기 어렵다는 것이다. 연산의 병렬화가 어려우면 학습 속도가 느려질 수밖에 없고, 이는 성능을 제한하는 요소가 된다.

첫 번째 한계는 LSTMLong Short-Term Memory 등의 개량된 RNN을 통해 어느 정도 해결할 수 있었다(Hochreiter & Schmidhuber, 1997). 하지만 두

---

[1] 이 예시는 사이토 고키의 책에서 가져온 것이다. 사이토 고키. 개앞맵시 옮김. 『밑바닥부터 시작하는 딥러닝 2』. 한빛미디어. 2019.

번째 한계는 데이터를 순차적으로 연산에 투입하는 아키텍처가 피하기 힘든 한계이자, 대량 데이터 학습을 방해하는 난감한 문제였다. 트랜스포머는 이 지점을 바로 셀프-어텐션으로 극복한다. 이를 통해 연산의 병렬화가 가능해졌을 뿐만 아니라 시퀀스 구성 요소의 상호 연결을 거리와 무관하게 다각도로 학습하게 되었다. 이것은 인공지능이 언어 데이터의 패턴을 학습하는 데 결정적인 추진력을 제공했고, 그 결과 우리는 지금 챗GPT로 대표되는 언어 인공지능의 부흥기를 맞이하게 되었다.

셀프-어텐션은 어떻게 먼 거리를 사이에 둔 구성 요소들의 연결과 연산의 병렬화를 달성하는가? 핵심은 어텐션attention 메커니즘의 일반화에 있다. 어텐션은 시퀀스 전환 작업sequence transduction, 즉 하나의 시퀀스를 다른 종류의 시퀀스로 전환하는 모델seq2seq에서 폭넓게 쓰이던 기술이다. 예를 들어 '그는 테니스를 친다'라는 시퀀스를 'He plays tennis'라는 시퀀스로 바꾸는 기계 번역 인공지능이 있다고 가정하자. 그 인공지능이 'He plays tennis'라는 시퀀스를 순차적으로 산출해 나갈 때, 매 계산마다 '그는 테니스를 친다'라는 전체 정보에 주목하기보다, 현재 산출해야 하는 단어와 연결된 특정한 파트에만 주목하는 것이 효과적이다. 예를 들어 'tennis'를 산출할 때에는 앞서 처리된 한국어 문장 전체가 아니라 '테니스'에만 주목하는 것이 더 정확한 결과를 도출할 수 있다. 어텐션은 이를 가능하게 하는, 두 시퀀스 구성 요소 사이의 유사성 계산을 통해 양쪽 구성 요소 사이의 의존과 연결을 포착하는 기술이다.

셀프-어텐션은 하나의 시퀀스만 가지고도 어텐션이 수행하던 시퀀스 구성 요소의 상호 연결 및 의존 포착이 가능하도록 설계되었다. 이를 통해 시퀀스 데이터에 존재하는 구성 요소 간 상호 연결 정보를 풍부하게 포착한다. 사실 하나의 시퀀스에 어텐션을 적용하는 일은 다소 무의미해 보이는 면이 있다. 일반적인 어텐션처럼 두 개의 시퀀스 사이에서 유사성 계산을 하는 것, 예를 들어 'He plays tennis'에서 play와 '그는 테니스를 친다'의 구성 요소('그는', '테니스를', '친다') 간의 유사성 검토는 우리에게 유용한 지식을 제공한다. 그런데 시퀀스가 하나만 주어진다면, 예를 들어 'plays'와 'He plays tennis'를 구성하는 요소들 사이의 유사성을 계산한다면, 답은 뻔하다. plays는 자기 자신, 즉 plays와 가장 유사하다. 이는 유의미한 정보라고 할 수 없다.

셀프-어텐션은 주어진 시퀀스 데이터를 세 개의 서로 다른 시퀀스로 선형 변환linear transformation함으로써, 이 무의미해 보이는 작업에서 유의미한 결과를 도출해 낸다. 예를 들어 하나의 시퀀스 데이터가 주어진다고 하자. 시퀀스 데이터는 숫자, 정확히 말해 행렬로 주어질 것이므로, 지금부터 이를 입력 행렬input matrix이라고 부르겠다. 이 입력 행렬에 세 개의 서로 다른 행렬을 각각 곱해 선형 변환을 일으켜 역시 세 개의 서로 다른 행렬을 만든다. 각각을 쿼리 행렬query matrix, 키 행렬key matrix, 밸류 행렬value matrix이라고 부른다. 그리고 이들 사이의 연산을 통해 구성 요소 사이의 연결을 추정한다. 이 연산을 간단히 설명하자면, 우선 쿼리 행렬과 키 행렬 사이의 행렬곱을 통해 구성 요소들 사이의 유사성 정보를 산출하고, 이 유사성 정보를 가중치로 삼아서 각 구성 요소마다 다른 구성 요소에서 기인한 밸류 벡터의 가중합을 도출한다. 이것이 어텐션 출력값이다(밸류 행렬은 각 구성 요소에 해당하는 밸류 벡터가 뭉쳐 있는 것으로 보면 된다. 인풋 행렬, 쿼리 행렬, 키 행렬도 마찬가지이다). 바스와니 등이 제시한 이 연산의 수식은 다음과 같다(Vaswani et al., 2017).

$$Attention\ (Q, K, V) = softmax(\frac{QK^T}{\sqrt{d_k}})V$$

이런 과정을 통해 각 구성 요소의 위치에서 일어나는 연산이(연산의 목표는 모델에 주어진 과제에 따라 다르다) 다른 구성 요소들과의 연결 속에서 일어나도록 유도할 수 있다. 이로써 결과적으로 번역이나 다음 단어를 예측하는 등, 어떠한 언어적 과제를 수행할 때 구성 요소들의 관계가 만드는 맥락을 고려할 수 있게 된다.

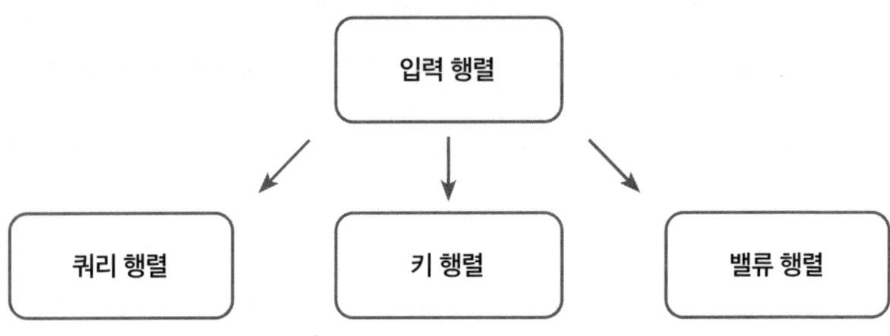

Figure 5-1.   입력 행렬의 변환.[2]

하나의 행렬에서 세 개의 행렬을 도출하는 선형 변환을 '데이터의 특정한 측면을 강조하는 연산'이라고 생각하면 이런 과정의 정당성을 이해할 수 있다. 예를 들어 선형 투영linear projection은 선형 변환의 일종으로, 어떤 벡터가 특정 부분 공간에 대해 가지는 정보를 강조해서 표현한다. 예를 들어 〈Figure 5-2〉의 대각선 화살표로 표현된 벡터는 2차원 공간에서 특정 정보를 표현한다. 그런데 이 벡터를 X축이라는 부분 공간과 Y축이라는 부분 공간으로 투영할 수 있다. 그 경우 X축 관점과 Y축 관점에서 대각선 벡터가 가진 정보가 강조되어 표현된 두 개의 벡터를 얻을 수 있다. 단순하게 표현하여 입력 행렬에서 세 개의 행렬을 도출하는 과정을 이처럼 데이터가 가진 정보의 특정 측면을 강조한다고 이해한다면, 셀프-어텐션은 주어진 시퀀스의 서로 다른 측면을 강

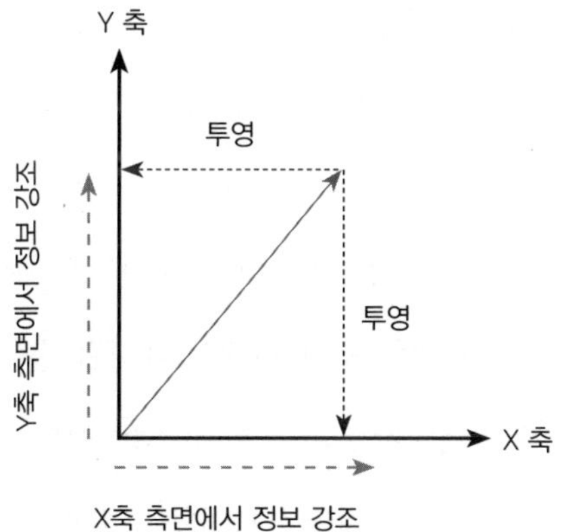

Figure 5-2.   선형 투영 사례.

---

2 이 이미지 작성에 라비찬디란(2021)의 책을 참조했다.

조한 세 개의 시퀀스 사이의 계산을 통해 구성 요소들 사이의 의존과 연결을 포착하는 셈이다. 셀프-어텐션은 입력 행렬에서 '물어보는 측면'(쿼리 행렬), '질문을 받았을 때 유사성을 검토하는 측면'(키 행렬), '유사성에 근거하여 종합되는 내용 측면'(밸류 행렬)을 각각 강조하여 세 개의 구분되는 행렬을 만든다. 그리고 이들 사이의 연산을 통해 시퀀스 구성 요소 간의 상호 연결과 의존을 포착한다. 여기서 구체적으로 뭘 물어보고 어떤 유사성 기준을 적용할지는 그 딥러닝 모델이 수행하는 과제에 따라 다를 것이다.

예를 들어 다음 단어를 예측하는 언어 모델을 만들고자 할 때, 앞서 언급한 "Tom was watching TV in his room. Mary came into the room. Mary said hi to"라는 시퀀스가 주어졌다고 가정하자. 우선 모든 구성 요소에 해당하는 벡터들이 쿼리, 키, 밸류 벡터로 각각 전환된다. 마지막 to 위치에서의 셀프-어텐션 연산은 to에 해당하는 쿼리 벡터에서 시작된다. 다음 단어 예측 모델이 성공적으로 학습되었다면 이 쿼리 벡터는 Mary에게 인사를 받을 만한 주체가 누구인지 물어보는 측면이 강조된 벡터로 만들어졌을 것이다. 이 쿼리 벡터와 여러 키 벡터들의 유사성 연산을 통해 최종적으로 Tom에서 파생된 밸류 벡터의 정보를 많이 담은 어텐션 출력값이(즉, Tom에 해당하는 밸류 벡터의 가중치를 높이 잡은 밸류 벡터들의 가중합) 산출된다. 이를 통해 셀프-어텐션에 기반한 딥러닝 모델은 주어진 문장의 다음 단어가 Tom임을 성공적으로 산출한다.

이런 방식의 연산은 우선 시퀀스 구성 요소들 사이의 거리와 상관

없이 상호 연결과 의존을 포착한다. 연결 및 의존 정보의 핵심은 쿼리 행렬과 키 행렬 사이의 행렬곱에서 나오는데, 이 연산은 거리와 상관 없이 모든 요소들 사이에서 동시에 일어난다. 예를 들어 10개의 요소로 이루어진 시퀀스가 있고, 출현 순서대로 1번부터 10번까지 번호를 붙였다고 가정하자. 1번 요소는 나머지 10개 모든 요소와 유사성 계산을(예를 들어 dot product*) 동일한 방식으로 그리고 독립적으로 수행한다. 즉, 1번 요소와 2번 요소의 유사성이 계산되는 것과 동일한 방식으로 1번 요소와 10번 요소의 유사성이 계산된다. 또한 1번 요소와 10번 요소 사이의 연산은, 1번 요소와 2번 혹은 3번 요소 사이의 연산 결과에 영향을 받지 않는다. 그렇기에 거리의 제약이 사라진다. 1번과 10번의 사이의 결과를 위해 1번과 3번 혹은 1번과 4번 사이의 결과가 불필요하기 때문이다. 더불어 이 때문에 병렬 연산이 가능하며, 병렬 연산을 잘 수행할 수 있는 하드웨어 환경을 동원하면(큰 메모리를 가진 다수의 GPU) 규모가 큰 데이터에 기반해 파라미터 숫자가 많은 모델을 학습에 소요 되는 시간도 상대적으로 적다. 이것이 셀프-어텐션이 RNN을 넘어설 수 있었던 비결이다.

다만 셀프-어텐션은 시퀀스 구성 요소들의 순서 정보를 자동으로 활용하지는 않는다. 이는 중요한 정보를 놓치게 만들 수도 있다. 그래 서 실제 트랜스포머 계열의 아키텍처는 입력 행렬에 위치 행렬을 더해 서 모델에 입력한다. 즉, 각 구성 요소들이 몇 번째에 출현했는지를 알 리는 벡터값을 각 구성요소의 벡터값에 더해서 모델에 입력한다. 첫 번째 요소에는 첫 번째 요소임을 알리는 벡터값을, 두 번째 요소에는 두 번째 요소임을 알리는 벡터값을 더하는 셈이다. 이를 입력 벡터에 위치 인코딩positional encoding을 통해 만들어진 위치 벡터를 더한다고 설명한다. 이를 통해 순서 정보까지 고려한 상태에서 모델을 학습시킬 수 있다(라비찬디란, 2021; Vaswani et al., 2017).

요컨대 셀프-어텐션은 하나의 시퀀스 데이터에서 특정 측면을 강조하여 세 개의 추가적인 시퀀스 데이터를 만든다. 그리고 이들 사이의 연산을 통해 시퀀스 구성 요소 사이의 상호 연결과 의존을 포착한다. 세 개의 추가적인 시퀀스를 만들기 위해 입력 행렬에 어떤 행렬을 곱할 것이냐는 분석자가 정하는 것이 아니라 학습된다. 즉, 주어진 과제를 잘 수행하는 방향으로 입력 행렬에 곱해지는 세 개의 행렬이 학습 과정에서 도출된다. 트랜스포머는 이런 셀프-어텐션을 완전 연결 신경망과 결합한 후 각종 정규화 장치를 추가하고, 이렇게 구성된 레이어를 여러 겹으로 쌓은 매우 방대한 아키텍처이다. 주로 이것은 시퀀스 변형 과제를 수행하는 것, 예를 들어 기계 번역에 활용되었다. GPT는 이런 트랜스포머 아키텍처 중 디코더 파트를 가져와서, 대량의 문서에서 단어 상호 의존 패턴을 학습한 사전 학습 모델을 만들고, 그것을 세부 조정하여 다양한 언어 인공지능 과제의 성공률을 높인 모델이다(Radford et al., 2018). BERT는 인코더 파트를 가져와서, 맥락을 고려한 단어의 벡터화, 즉 언어를 숫자로 전환하는 작업을 수행하는 모델이다(라비찬디란, 2021). 그리고 이런 성과들 근저에는 셀프-어텐션을 활용하여 시퀀스 구성 요소들의 상호 연결 및 의존 패턴을 학습시키는 공통된 과정이 존재한다.

셀프-어텐션의 과제 기반 연결 포착

다시 감정 연구로 돌아오자. 셀프-어텐션에 기반한 방법들은 왜 감정 서사 포착에 유리한가? 앞에서 언급했듯 감정 서사는 토큰들 사이의 연결, 예를 들어 단어들 사이의 연결로 나타난다. 그리고 셀프-어텐션은 앞서 서술한 메커니즘 덕분에 토큰들 사이의 연결을 더 다양하고 섬세하게 포착할 수 있다. 왜냐하면 셀프-어텐션은 기존의 많은 기법들이 '구조 동일성 기반 연결'을 포착하는 것과 달리, '과제 기반 연결'을 포착하기 때문이다.

사실 연결이라는 말은 매우 다양한 현상을 가리킨다. 기존에 토큰 간 연결에 주목해 언어 데이터에서 의미를 발견하려 했던 여러 방법, 예를 들어 네트워크 분석이나 토픽 모델링 같은 방법은 구조 동일성에 근거하여 연결을 정의하는 경우가 많았다. 예를 들어 많이 활용되는 동시 출현 네트워크co-occurrence network 분석은 단어와 같은 토큰이 동일한 문장이나 단락에 동시에 출현하면 서로 연결되어 있다고 가정했다 (Rule et al., 2015). 즉, '문장'이나 '단락' 같은 동일한 구조적 단위를 공유하면 연결되어 있다고 본 것이다. 그리고 데이터 전반에서 이런 동시 출현 빈도가 높은 연결을 식별하려고 했다. 다른 기법도 마찬가지이다. 토픽 모델링 역시 문서 단위에서의 단어 동시 출현 정보를 활용한다고 할 수 있으며(Blei, 2012), 워드투벡Word2vec 같은 기법은 '근접 출현' 정보를 활용한다(Kozlowski et al., 2019; 사이토 고키, 2019).

문제는 이런 방법에서는 분석자가 특정한 구조 동일성에 근거한 연결을 가정하면 다른 연결은 고려하기 어렵다는 것이다. 예를 들어 단락 동시 출현을 기준으로 단어 네트워크를 구성하고 분석을 시작하면, 다른 종류의 연결을 동시에 고려하기 쉽지 않다. 마찬가지로 LDALatent Dirichlet Allocation을 활용하여 분석하게 되면, 분석자가 설정한 문서 단위의 동시 출현 이외에 다른 연결을 고려하여 결과를 얻기 어렵다. 워드투벡 역시 분석자가 설정한 거리 안에서의 근접 출현 이외의 연결을 고려하기 어렵다. 사람들이 실제로 의미나 서사를 구성할 때 다양한 수준에서 여러 구조를 가로지르는 토큰 간 연결을 활용한다는 점을 염두에 두면, 이는 아쉬운 지점이다.

셀프-어텐션은 구조 동일성 기반 연결이 아니라 과제 기반 연결을 포착함으로써, 이런 한계를 극복하는 효과를 가진다. 앞서 언급했던 것처럼 셀프-어텐션 기반 모델들은 주어진 시퀀스 안에 존재하는 구성 요소들의 연결을 고려하여 과제를 수행한다. 예를 들어 다음 단어 예측을 수행하는 GPT 모델을 학습시켰다고 하자. 시퀀스 데이터가 주어지면, 이 모델은 구성 요소 사이의 연결을 고려하여 다음 단어 예측을 수행한다. 여기서 셀프-어텐션이 포착하는 구성 요소 사이의 연결은, 구조 동일성이 아니라, '다음 단어를 예측하는 데 도움이 되는가?'를 기준으로 형성된다. 예를 들어 'Tom was watching TV in his room.

Mary came into the room. Mary said hi to'라는 예시 문장에서, 다음 단어를 예측하기 위해 마지막의 to라는 단어는 맨 앞의 Tom이라는 단어와 연결되었다. 이런 연결은 전통적인 구조 동일성 개념으로는 설명하기 어렵다. 문장을 공유하지도 않으며, 근접해서 출현했다고 할 수 없다. 동일한 문서에서 출현했다고 할 수는 있지만, 그렇다고 셀프-어텐션이 문서에 동시 출현한 모든 것의 연결을 가정하지 않는다. 다른 연결은 to 다음의 단어를 예측하는 데 별로 도움이 되지 않을 수 있기 때문이다. 즉, 셀프-어텐션은 주어진 데이터에서 '분석자가 설정한 과제를 수행하는 데 도움이 되는 구성 요소 간 연결은 무엇인가?'라는 질문을 던지고, 데이터로부터 유의미한 연결 및 의존을 학습하는 셈이다.

이런 종류의 토큰 간 연결은 때마다 문장, 단락 등의 다양한 구조를 가로지른다. 셀프-어텐션 레이어가 입력받을 수 있는 시퀀스 최대 길이는 분석자가 모델의 형태를 설정할 때 결정된다. 만약 토큰 간 거리가 분석자가 설정한 모델의 최대 시퀀스 길이 안에 들어가고 그 연결이 분석자가 설정한 과제 해결에 도움이 된다면(예를 들어 특정한 위치에서 앞서 출현한 토큰들만 고려하여 다음 토큰 예측하는 과제), 그들 사이의 연결이 여러 구조를 가로질러 학습될 수 있다. 따라서 다양한 수준의 연결을 유연하게 포착할 수 있다는 장점을 가진다.

또한 셀프-어텐션은 단일 데이터에서도 과제에 따라 다른 종류의 연결을 포착할 수 있다. 예를 들어 세 명의 분석자가 있다고 가정하자. 첫 번째 분석자의 목적은 어떤 위치 앞에서 출현한 단어들만을 고려하여 다음 단어를 예측하는 것이다. 두 번째 분석자의 목적은 전체 시퀀스에 출현한 단어들을 고려하여 중간에 가려진 단어가 무엇인지 예측하는 것이다. 세 번째 분석자는 주어진 두 개의 문장이 서로 연결된 문장인지 아니면 상관없는 문장인지 분류하는 것을 목표로 한다. 이 세 명이 학습시키는 셀프-어텐션 기반 모델은 아키텍처가 유사하고 동일한 데이터를 사용하더라도, 토큰들 사이에서 다른 종류의 연결을 포착한다. 첫 번째 분석자의 모델에서는 특정 위치보다 앞에 있는 구성 요소 사이의 연결만을 포착할 것이지만, 두 번째 분석자의 모델에서는 가려진 위치 앞뒤 단어들의 모든 연결이 고려될 것이다. 세 번째 분석의 모델에서는 '문장 관련성'에 단서를 제공하는 연결을 포착할 것이므로 다른 종류의 연결이 포착될 공산이 크다.

셀프-어텐션이 구조 정보를 전혀 고려하지 않는 것도 아니다. 앞서 입력 행렬에 출현 순서라는 구조 정보를 기입하는 방법을 설명했다. 여기에 문장 구분 같은 정보도 추가로 삽입할 수 있다. 셀프-어텐션에 기반한 기법들은 언어를 처리할 때 특수한 토큰을 추가로 활용하는 경우가 많다(라비찬디란, 2021). 문장이 시작하거나 끝나는 지점을 표현하는 토큰이 대표적이다. 예를 들어 "He plays tennis. It is fun"이라는 문장이 있다고 하자. 여기서 각 단어에 해당하는 벡터값만 가지고 입력 행렬을 구성할 수도 있지만, 문서 시작이나 문장 구분점을 알리는 토큰을(예를 들어 문서의 시작을 알리는 'DOC Start', 문장의 구분을 알리는 'SEP') 넣을 수도 있다. 즉, 〈DOC Start〉, 〈He〉, 〈plays〉, 〈tennis〉, 〈SEP〉, 〈It〉, 〈is〉, 〈fun〉, 〈SEP〉로 토큰을 구성하고, 각각을 벡터로 전환하여 행렬을 구성하는 것이다. 나아가 위치 벡터를 각 토큰의 벡터값에 더한 것처럼, 문장 벡터까지 더해서 입력 벡터를 구성할 수도 있다. 예를 들어 〈Table 5-1〉처럼 입력 벡터를(그리고 이를 연결하여 입력 행렬을) 만드는 것이다. 이렇게 하면 구조 정보를 제공하는 토큰까지 포함하여 토큰 간 연결이 고려되고, 이를 통해 구조 요소까지 고려한 연결이 만들어진다.

요컨대 셀프-어텐션은 유의미한 토큰 간 연결을 기존의 방법보다 다양하게 포착한다. 다른 방법들이 미리 설정한 구조 동일성으로 연결을 제한하는 경우가 많았던 것과 달리, 셀프-어텐션은 과제 기반 연결

입력 토큰	입력 벡터 구성
〈DOC start〉	〈DOC start〉 벡터 + 첫 번째 위치 벡터 + 첫 번째 문장 벡터
He	〈He〉 벡터 + 두 번째 위치 벡터 + 첫 번째 문장 벡터
Plays	〈plays〉 벡터 + 세 번째 위치 벡터 + 첫 번째 문장 벡터
Tennis	〈tennis〉 벡터 + 네 번째 위치 벡터 + 첫 번째 문장 벡터
〈SEP〉	〈SEP〉 벡터 + 다섯 번째 위치 벡터 + 첫 번째 문장 벡터
It	〈it〉 벡터 + 여섯 번째 위치 벡터 + 두 번째 문장 벡터
is	〈is〉 벡터 + 일곱 번째 위치 벡터 + 두 번째 문장 벡터
fun	〈fun〉 벡터 + 여덟 번째 위치 벡터 + 두 번째 문장 벡터
〈SEP〉	〈SEP〉 벡터 + 아홉 번째 위치 벡터 + 두 번째 문장 벡터

Table 5-1.　입력 벡터 구성 예시.

을 통해 과제 해결에 도움이 되는 한에서 다양한 구조를 가로지르는 다양한 연결을 포착한다. 앞서 언급했듯, 감정 서사 포착의 핵심은 데이터에 존재하는 토큰들 사이의 연결을 섬세하게 포착하는 것이다. 이를 통해 감정의 상황과 맥락을 볼 수 있고, 감정이 인간과 사회에 미치는 영향까지 탐구할 수 있다. 그런 의미에서 셀프-어텐션은 기존 방법을 넘어서 감정 서사를 포착할 잠재성을 가진 디자인이다. 물론 앞서 말한 여러 방법, 예를 들어 동시 출현 네트워크 분석과 각종 언어 분석 모델 역시 맞춤형 개량을 통해 좀 더 다양한 연결을 고려하게 만들 수도 있을 것이다. 하지만 셀프-어텐션은 분석자가 따로 특별한 조치를 취하지 않더라도, 기본적으로 이런 다채로운 연결 포착을 수행한다.

셀프-어텐션 기반 모델을 활용한 감정 서사 분석 전략 제안

셀프-어텐션이 포착한 이런 단어 간 상호의존 정보를 활용하여 감정 서사를 연구하는 다양한 방법이 존재할 것이다. 여기서는 감정 서사 연구에 실제로 활용할 수 있는 방법을 두 가지 설명하고자 한다. 첫 번째는 관심 데이터를 활용하여 자동 문장 생성 인공지능을 학습시켜, 특정한 조건하에서 특정한 대상에 대해 말하도록 하는 것이다. 두 번째는 관심 데이터를 활용하여 가려진 단어 예측 인공지능을 학습시켜, 감정 서사의 핵심 단어를 가리고 맥락을 제공한 채 단어 및 단어의 확률 분포를 도출하는 것이다.

첫 번째 방법으로, 셀프-어텐션 기반 모델과 특정 시공간의 데이터를 활용하여 자동 문서 생성 기계를 학습시킬 수 있다. 일종의 말하는 기계를 만드는 셈인데, 그러면 해당 기계에게 특정한 대상에 대해 말하도록 할 수 있다. 즉, 자동으로 문장을 생성하게끔 만드는 것이다. 이때 이 기계가 만들어 내는 문장과 문서는, 학습 재료가 된 데이터에 가장 두드러지게 존재했던 단어 연쇄 패턴, 단어 간 연결 패턴을 종합적으로 반영한 것이 된다. 연구자는 그것을 학습 데이터에 흔적을 남긴, 즉 그 데이터가 만들어진 특정 시간과 공간에서 어떤 대상에 대해 가장 강하게 존재한 감정 서사라고 해석할 수 있다. 즉, 분석 목표가 어떤 감정의 상황과 맥락을 포착하는 것이라 하자. 만약 그 맥락이 반영된 데이터로 자동 문서 생성 기계를 학습시키면 그것이 분석자가 관심을 두는 감정의 상황을 표현하는 서사를 재현할 것이다. 그리고 연구자는 그로부터 당시의 감정 서사를 추적할 수 있을 것이다.

이런 방식의 접근은 GPT를 활용하면 실현 가능하다. 여기서 GPT를 활용한다는 말은, 오픈AI가 제공하는 상용 서비스 모델을 활용한다는 말이 아니라, 그들이 모델을 학습시킨 아키텍처를 활용한다는 말이다. 오픈AI의 연구자들이 처음에 발표한 GPT는 기본적으로 레이블되지 않은 문서 집합을 가지고 해당 문서에 존재하는 언어 패턴을 학습시키고(step 1. unsupervised pretraining), 그 결과를 가지고 구체적인 작업을 처리하기 위해 세부 조정(step 2. supervised fine-tuning)하여 해당 작업을 처리하는 성능을 극대화하는 모델이다(Radford et al., 2018). 특히 첫 번째 단계가 창의적이다. 사실 레이블된 언어 데이터[3]는 상대적으로 그리 많지 않다. 예를 들어 번역 학습을 위해서는 각 문장에 대응되는 번역 문장을 갖춘 데이터가 필요하다. 물론 이런 데이터는 희소하다. 하지만 레이블되지 않은 데이터, 즉 문서 자체는 상대적으로 풍부하고, 쉽게 확보할 수 있다. GPT는 우선 이런 풍부한 문서 집합을 활용하여 '다음 단어 예측하기'라는 과제를 잘 풀도록 기본 모델을 학습시킨다. 평범한 문장이 주어져도 거기서 무수한 '다음 단어 맞히기' 문제를 낼 수 있다. 예를 들어 "원숭이 엉덩이는 빨개, 빨간 것은 사과"라는 문장이 있다고 하자. 그러면, '원숭이'라는 단어만 주고 그 다음 단어인 '엉덩이'를 예측시키고, '원숭이'와 '엉덩이'를 주고 그 다음 단어인 '빨개'를 예측시키고, 다음으로는 '원숭이', '엉덩이', '빨개'를 주고 '사과'를 예측시키는 식으로 무수한 문제와 답을 만들 수 있다. 이 과제를 효과적으로 수행하도록 모델을 학습시키면, 그 모델에는 문서에 존재하는 단어 간 의존 및 연결 정보가 다음 단어 예측이라는 과제 맥락에서 반영된다. 그리고 GPT는 이렇게 데이터 자체에 존재하는 특성을 충분히 학습한, 이른바 사전 학습 모델을 다른 언어 과제를 수행하는 기초 모델로 삼는다.

그런데 앞에서 제시한 전략, 즉 데이터에 존재하는 가장 강한 감정

3　여기서 말하는 레이블된 언어 데이터란, 언어 단위에 일종의 '값'이 있는 데이터를 의미한다. 예를 들어 어떤 문장이 있고, 거기에 인간이 분류한 감정 값이 붙어 있는 경우를 떠올려 볼 수 있다. 통상 이런 데이터가 있어야 지도 학습이 가능하다.

서사를 재현하는 기계를 학습시키는 일에는 GPT가 첫 번째 단계로 제시한 사전 학습 모델만으로도 충분한 출발점이 된다. 학습 데이터에 존재하는 패턴을 반영하여 자동 문서 생성만 하면 되기 때문이다. 그리고 자동 문서 생성은, 다음 단어 예측으로부터 자연스럽게 가능해진다. 예를 들어 첫 번째 단어를 제시하면 그것에 기반하여 두 번째 단어를 예측하고, 그렇게 생산한 첫 번째, 두 번째 단어에 기반하여 세 번째 단어를 예측하는 방식으로 진행하면, 자동으로 문서를 생성할 수 있다. 그리고 이렇게 모델이 만들어 내는 문장 혹은 문서는 해당 데이터에 가장 두드러지게 존재하는 단어 연쇄 패턴과 단어 의존 패턴을 반영한 것이다. 그렇기에 GPT 아키텍처를 활용하여 특정 시점과 공간의 데이터로 자동 문서 생성 인공지능을 학습시킨다면, 해당하는 시점과 공간의 지배적인 서사를 재현할 수 있게 된다.

셀프-어텐션에 기반한 GPT 아키텍처의 성능은 매우 뛰어나다. 그렇기에 인간이 충분히 서사라고 여길 법하거나 적어도 거기서 서사를 추정할 수 있는 결과를, 즉 어떤 대상에 대한 제법 자연스러운 문장이나 설명을 생산할 수 있다(Brown et al., 2020). 예를 들어 2021년 3월, 최초로 한국에 코로나19 백신이 접종되기 시작한 때에 백신 부작용에 대한 집합적 정서를 탐구한다고 하자. 이는 단순히 '불안'이나 '공포'라는 단일 감정으로 요약되지 않는 복합적인 정서이다. 예를 들어 당시 일부 사람들은 신종 감염병에 대한 기본적인 공포에 더해 한국 정부의 백신 수급 능력에 대한 불신을 표현했다. 해당 시기의 인터넷 언어 데이터와 GPT를 활용한 자동 문서 생성 인공지능은, 이 시기에 주요 대상들을 향해 가장 강하게 존재한 집단적 감정 서사를 문장으로 표현할 수 있다. 예를 들어 백신 부작용에 대해 이야기해 보라고 요청하는 것이다. 이는 인간이 이해할 수 있는 문장으로 당시에 가장 지배적인 감정 서사를 표현하는 결과로 이어진다. 이것은 오랜 기간 데이터 분석 영역에 존재해 온 '데이터가 말하도록 하라'라는 격언을 문자 그대로 구현하는 방식이기도 하다.

나아가 데이터를 다변화하여 복수의 모델을 만들고 모델 간의 결과를 비교함으로써 함의를 극대화할 수 있다. 예를 들어 2021년 3월의 SNS 데이터로 학습된 자동 문서 생성 기계와 2021년 9월의 SNS 데이터로 학습된 자동 문서 생성 기계가 만드는 문장은 다를 수밖에 없다. 두 시기 사이에 백신에 대한 집합적 감정이 달라졌을 공산이 크기 때문이다. 2021년 9월은 1차 접종을 기준으로 하면 백신 접종률이 60%를 넘어서기 시작한 시기였다. 당연히 다른 이슈에 근거한 다른 종류의 감정이 발생할 것이다. 이 두 가지 모델을 비교함으로써 각 시기 감정 서사의 특징을 좀 더 자세히 파악할 수 있다. 데이터의 종류를 달리하여 비교하는 것도 좋은 전략이다. 예를 들어 인터넷의 다양한 서비스나 플랫폼마다 주 사용자 특징이 다르다. 게시판 A는 40대 여성들이, 게시판 B는 40대 남성들이 주로 활동하는 공간이라고 가정하자. 이 두 출처로부터 얻은 데이터로 각각 자동 문서 생성 기계를 학습시키면, 동일한 시기 다른 주체들이 동일한 대상에 대해 어떤 감정 서사를 주로 가졌는지 추적할 수 있을 것이다.

두 번째는 가려진 단어 예측 인공지능을 활용하는 방법이다. 첫 번째로 제시한 자동 문서 생성 인공지능은 기본적으로 다음 단어 예측이라는 과제를 수행했다. 예를 들어 'He plays tennis. It was'까지 문장이 주어지면 'fun'이라는 단어를 예측하는 식이다. 가려진 단어 예측은 'He plays [가려진 부분]. It was fun'이라는 문장이 주어지면 가려진 부분에 해당하는 단어가 무엇일지 예측하는 작업을 의미한다. 이런 종류의 인공지능을 역시 특정한 시공간의 데이터로 학습시키면, 특정한 시공간에 강하게 존재했던 서사를 바탕으로 가려진 부분의 단어를 예측한다. 이를 활용하면, 분석자가 문장의 구조와 내용을 먼저 선정한 이후 감정 서사의 핵심을 볼 수 있는 소수의 단어를 가린 후 인공지능에게 이 단어가 무엇일지 예측시킬 수 있다. 그리고 그 결과는 해당 시기 특정 주제에 대한 집합적 감정을 읽어내는 중요한 단서가 될 수 있다.

예를 들어 2021년 3월 SNS 데이터로 가려진 단어를 예측하는 셀프-어텐션 기반 인공지능을 학습시켰다고 하자. 그 경우, '코로나19 백신 접종이 시작되었다. 정부의 [가려진 부분 1] 백신 정책에 대해, [가려진 부분 2] 생각이 들었다."라는 문장에서 두 개의 가려진 부분에 가장 들어갈 법한 부분을 예측시킬 수 있다. 이 경우 인공지능은 두 부분에 들어갈 확률이 가장 높은 단어를 줄 수 있을 뿐 아니라, 두 부분에 들어갈 단어들의 확률 분포 또한 제공할 수 있다. 이때 만약 인공지능이 1번에 대해서는 '때늦은', 2번에 대해서는 '실망스러운'을 예측했다고 하자. 이는 해당 데이터에 주된 토큰들의 상호 참조 및 연결 경향을 반영한 결과일 것이며, 이 결과에 기반하여 당시에 팽배한 감정 서사에 대한 단서를 얻을 수 있다. 단어 확률 분포를 활용하면, 좀 더 섬세한 접근도 가능하다. 동일한 결과를 산출했다고 해도, 1번 자리에서 [때늦은 - 0.99, 적절한 - 0.005, 신속한 - 0.004, …]라는 단어 확률 분포에 근거하여 인공지능이 단어를 예측을 했을 때와, [때늦은 - 0.6, 적절한 - 0.3, 신속한 - 0.05, …]라는 단어 확률 분포에 근거하여 예측을 했을 때는 다른 함의를 도출할 수 있다. 전자의 경우 해당 시기 해당 데이터에서 그 데이터를 만든 사람들 사이에 한 가지 종류의 감정 서사가 매우 팽배했다는 추측을 할 수 있는 반면, 후자의 경우 사람들 사이의 서사가 다양했음을 추측할 수 있다.

이런 접근 또한 데이터를 다변화함으로써 함의를 극대화할 수 있다. 앞서 제시했던 것처럼 동일한 종류의 데이터를 시기를 달리해 복수의 모델을 학습시킬 수 있고, 동일한 시기라 해도 데이터 소스를 달리할 수도 있다. 그리고 가려진 부분의 예측 결과와 단어 확률 분포를 서로 비교할 수 있다.

첫 번째 전략에 따른 모델을 학습시키는 데 GPT 아키텍처를 활용할 수 있었다면, 두 번째 전략을 따르는 모델 학습에는 BERT를 활용할 수 있다. BERT*는 맥락을 고려한 단어의 벡터화를 위해 주로 쓰이지만, BERT를 학습시킨 과제는 가려진 단어 예측과 다음 문장 예측이다. 즉, 가려진 단어 예측과 다음 문장 예측을 잘 수행하는 모델을 만들면, 그 과정에서 맥락을 고려한 단어 표현 능력을 갖추게 된다. 그렇기에 GPT를 모방한 것처럼 BERT의 학습 메커니즘을 모방하여 특정한 데이터로 학습시킨다면, 맥락을 고려하여 가려진 단어를 예측하는 인공지능을 만들 수 있다. BERT에서 파생한 다른 모델들도 중요한 참조가 될 수 있다. 예를 들어 Roberta는 학습 과정에서 단어를 가리는 방식을 동적으로 수행함으로써 기본 BERT의 방식보다 더 어려운 과제를 모델에 제시하는데(라비찬드란, 2021), 이는 좀 더 섬세한 가려진 단어 예측 기능으로 이어질 수 있다.

요컨대 시퀀스를 구성하는 요소들의 상호 의존을 섬세하게 포착하는 셀프-어텐션과 그것에 기반한 각종 모델을 활용하면, 감정 서사 추적을 위한 다양한 전략을 세울 수 있다. 이 글에서 논의한 방법 이외에도 수많은 전략이 존재한다.

코로나19 자료와 자동 문서 생성을 활용한 예시

여기에서는 앞서 제시한 두 가지 전략 중 첫 번째 전략, 즉 분석자가 원하는 데이터로 학습시킨 자동 문서 생성 기계를 활용한 감정 서사 추적 예시를 제시하고자 한다. 본 연구에서는 닐슨코리아를 통해 2020년부터 2022년까지 코로나19와 관련된 온라인 언어 데이터를 수집했다. 그중 닐슨코리아가 SNS로 분류한 코로나19 관련 포스트들을 데이터로 삼아 자동 문서 생성 기계를 만들었다. 이들은 대부분 트위터(현 X)와 인스타그램 포스트로 이루어져 있으며, 트위터 데이터가 좀 더 많은 비중을 차지하고 있다.

앞서 제시한 전략의 예시를 위해, 라드포드Alec Radford 등이 「Improving Language Understanding by Generative Pre-Training」이라는 논문에서 제시한 GPT-1의 사전 학습 모델을 모방하여 자동문서생성 기계, 즉 인공지능을 학습시켰다. 앞으로 활용될 모델들은 상용 서비스 모델이 아니라 모두 직접 학습시킨 모델이다(Brown et al., 2020; Radford et al., 2018). 일종의 작은 언어 모델, SLMSmall Language Model을 만든 셈이다. 최근의 언어 인공지능 서비스처럼 아주 긴 시퀀스를 소화하고 파라미터 숫자가 매우 많은 거대언어모델Large Language Model, LLM은 개인 연구자가 만드는 것이 사실상 불가능하지만, GPT-1 수준의 모델은 상대적으로 수월하게 만들 수 있다. 이 연구에서 동원한 학습 데이터는 세 가지였다. 각각 2021년 3월, 2021년 9월, 2022년 3월에 한국 SNS에서 만들어진 코로나19 관련 포스트들이다. 앞서 말한 닐슨 코리아 데이터에서 SNS에 해당하는 데이터를 추출한 후 기초적인 전처리를 거쳐 각 학습 데이터를 구성했다. 본 예시에서 사용된 모델 세팅은 GPT-1을 데이터 규모를 고려해 약간 축소하고 분석 목적을 반영해 일부 변형한 형태이다. 주요 세팅은 다음과 같다. 모델은 8개의 트랜스포머 레이어로 구성되어 있으며, 토큰 임베딩 차원은 512이다. 각 트랜스포머 레이어 내부의 완전연결신경망feedforward network은 512×

4, 즉 2048차원으로 설정했다. 활성화 함수●는 GPT-1과 동일하게 GELU~Gaussian Error Linear Unit~를 사용했다. 파라미터 갱신은 Adam● 알고리즘을 적용했다. Dropout은 GPT-1에는 0.1로 설정되어 있지만 이 예시의 경우 모델을 데이터에 최대한 밀착되게 학습시키는 것이 기본 목적이기에 사용하지 않았다.[4] 모델이 처리할 수 있는 최대 시퀀스 길이는 256이다. 이 모델은 파이토치를 기반으로 구현했으며, 각 데이터를 동일한 형태의 모델로 학습시켜 세 개의 개별적인 소형언어모델을 만들었다. 세 개의 모델 모두 10에폭~epoch~, 즉 전체 데이터를 10회 순회시키면서 파라미터를 갱신했다.

학습된 세 개의 소형언어모델의 다음 단어 예측 기능을 바탕으로 자동 문서 생성을 시도했다. 자동 문서 생성은 분석자가 시작 문장이나 토큰을 주면, 이를 고려하여 순차적으로 다음 토큰, 즉 단어를 샘플링하는 식으로 이루어졌다. 언어 모델은 지금까지 주어진 토큰 연쇄를 고려하여 다음에 올 토큰의 확률 분포를 구한다. 즉, P(token | 이제까지 주어진 token들)을 구할 수 있다. 이 확률 분포를 활용하여 다음 토큰을 추출할 수 있다. 일종의 샘플링이다. 이를 반복해 나가면, 즉 주어진 토큰 시퀀스에 근거하여 다음 토큰을 확률 추출하고, 그렇게 구해진

---

[4] 정확히 말하자면 구현 과정에서 파라미터 갱신 알고리즘은 Adamw를 적용했으나 weight_decay를 0으로 잡아 adam과 동일하게 동작하도록 했다. 이는 필요에 따라 Adamw로 전환할 가능성을 열기 위함이다. dropout layer도 설정된 상태이나, 확률을 0으로 잡아서 실질적으로 작동하지 않도록 했다. 이 역시 향후 dropout을 적용할 가능성을 열어놓기 위함이다.

것까지 더해서 그다음 토큰을 확률 추출하는 일을 반복해 나가면 자동으로 문서가 만들어진다. 이 반복은 EOS라는 문장의 종료를 알리는 토큰이 출현하거나 분석자가 설정한 최대 길이에 이르면 중단된다. 나는 시작 문장 혹은 토큰을 네 세트 주고 자동 문서 생성 결과의 차이를 살펴봤다. 〈코로나19 검사〉, 〈코로나 백신〉, 〈k 방역〉, 〈마스크〉가 각 언어 모델에 주어진 시작어이다. 다음에 제시되는 문장들은 언어 모델이 자동 생성한 결과물이다. 자동 생성된 결과이기에 기억할 점이 몇 가지 있다. 이 문장들은 실존 인물의 발언이나 실제 사실을 표현한 것이 아니다. 특정 주장이나 의견을 강조하기 위한 것도 아니다. 학습 데이터에 포함된 일부 문구가 모델에 과적합된 경우, 일부 표현이 유사하거나 그대로 재현되었을 가능성이 있다. 특히 RT 등을 통해 여러 번 반복하여 출현한 문구의 경우 그럴 가능성이 더 크다. 마지막으로 식별정보일 가능성이 있는 부분은 삭제했다.

최근의 거대언어모델에 비해 어색한 부분이 많은 문장 생성이지만, 흥미로운 지점을 찾을 수 있다. 다른 시점에서 동일한 시작어로 문장을 시작했는데 서로 다른 측면과 사건 혹은 정서에 초점을 맞춘 문장이 생성되고 있기 때문이다. 예를 들어 〈k 방역〉으로 시작한 문장들은 점차 2021년 3월에는 k 방역에 대한 자부심이 느껴지는 문장이 생성되지만, 시간이 지날수록 부정적 태도나 냉소적 태도가 상대적으로 늘어났음을 추측하게 한다.

다만 몇 가지 주의할 사항이 있다. 앞서 언급했듯 생성된 문장 중

시작어: 코로나19 검사
• 2021년 3월 데이터 기반 모델: 코로나19 검사 비상이 걸림 한국은 SK바이오사이언스에서 생산함 이게 이문덕이 아니면 뭐가 이문덕…
• 2021년 9월 데이터 기반 모델: 코로나19 검사가 처음 나왔을때 사람 얼만아나게 무장해 "가의 시선?"…혼자 출처 : 조선일보	네이버 〈URL〉
• 2022년 3월 데이터 기반 모델: 코로나19 검사만 5천원인가..?

시작어: 백신 아스트라제네카
• 2021년 3월 데이터 기반 모델: 백신 아스트라제네카 백신 효능 부작용에 끊임없이 공포조장 선동하고, 효과 좋은 화이자는 언제 맞냐 대통령이 맞네…
• 2021년 9월 데이터 기반 모델: 백신 아스트라제네카 백신 개발 능력과 한국 생산 역량이 결합한다면 전 세계에 더 많은 백신을 공급해 개도국까지 접종률을 높이는 데 기여할 수 있을 것"이라며 "한국은 네 가지 코로나 백신을 위탁생산하고 있는데…
• 2022년 3월 데이터 기반 모델: 백신 아스트라제네카 일만 세번 정도 있었는데 화이자만 확인 안되나… 〈URL〉

시작어: k 방역
• 2021년 3월 데이터 기반 모델: k 방역 모범국가 1위, 열린정부 OECD 1위…
• 2021년 9월 데이터 기반 모델: k 방역' 기대했는데, 발생현황 첫 3000명 돌파…
• 2022년 3월 데이터 기반 모델: k 방역 이제 방역이 실패한 k방역인데 이제는 언론에서 K방역은 실패 실패라고 방역 실패했다

시작어: 코로나19 마스크
• 2021년 3월 데이터 기반 모델: 코로나19 마스크 최저가 여기 아직 수량남아있어요 〈URL〉
• 2021년 9월 데이터 기반 모델: 코로나19 마스크 착용 우려까지 요구한 경찰은 의료 전문가들의 코로나 단체가… 청년의원전 투성!! 〈URL〉
• 2022년 3월 데이터 기반 모델: 코로나19 마스크 2박스 배송 프로젝트 했습니다 오늘 주문건 도착

Table 5-2.　　자동 문서 생성 예시.

학습 데이터의 표현을 그대로 재현한 부분이 관찰되었다. 예를 들어
〈백신 아스트라제네카〉로 시작하여 2021년 9월 데이터 기반 모델이
만들어 낸 문장 중 〈백신 개발 능력과 한국 생산 역량이 결합한다면 전

세계에 더 많은 백신을 공급해 개도국까지 접종률을 높이는 데 기여할 수 있을 것"이라며 "한국은 네 가지 코로나 백신을 위탁생산하고 있는데…〉라는 부분은 트위터에 자주 인용된 실제 기사의 일부를 그대로 재현한 것이다. 흥미로운 점은 실제 기사와 달리 이 문구에 아스트라제네카를 잘못 결합시켜 출력했다는 것이다. 이는 언어 모델이 데이터의 패턴을 재조합하면서 일부 표현을 그대로 재현할 위험이 있음을 보여준다.[5] 다만 이런 재현은 해당 문구가 데이터에 굉장히 많이 반복되었기 때문에 일어난 현상이라고 추측할 수 있으며, 연구자가 이 재현 자체도 분석의 단서로 삼을 수 있을 것이다.

물론 이런 결과만으로 감정 서사를 완벽하게 연구할 수 있다고 주장할 수는 없다. 모델 완성도는 물론 모델을 활용하는 면에서 더 많은 고민이 필요하다. 하지만 이런 접근은 데이터에 존재하는 감정 서사를 포착할 수 있는 새로운 방법이 될 수 있다.

---

[5] 특히 2021년 3월 모델에서 이런 현상이 많이 나타났는데, 〈코로나19 검사〉, 〈백신 아스트라제네카〉를 시작어로 한 결과 중 〈한국은 SK바이오사이언스에서 생산함 이게 이문덕이 아니면 뭐가 이문덕〉이나 〈아스트라제네카 백신 효능 부작용에 끊임없이 공포조장 선동하고, 효과 좋은 화이자는 언제 맞냐〉 파트는 원 데이터인 SNS에 자주 등장했던 문구인데, 앞이나 뒤에 원 데이터와 다른 문구가 붙어서 생성되었다. 〈코로나19 마스크〉를 시작어로 삼은 2021년 3월 모델의 결과도 데이터에 반복적으로 출현한 문구를 그대로 재현한 것이다.

인공지능 감정 분석의 다양한 가능성

인공지능을 활용한 집합적 감정 연구가 감정의 분류에만 한정되는 것은 아쉬운 일이다. 기존에 시도된 집합적 감정 연구는 이미 단순한 감정 발견 혹은 분류를 넘어서고 있다. 그렇기에 인공지능을 활용하여 집합적 감정 연구를 좀 더 발전시키기 위해서는, 인공지능 기반 분석 역시 작업 범위를 단순 분류를 넘어서는 차원으로 좀 더 확장해 나갈 필요가 있다.

확장의 핵심은 감정 서사를 포착하는 것에 있다. 그리고 딥러닝이나 트랜스포머 같은 기술의 가능성은 분류기 성능을 향상시키는 것에만 있는 것이 아니라, 이런 서사를 포착하는 것에도 있다. 특히 셀프-어텐션은 시퀀스 구성 요소들 사이의 섬세한 상호 의존과 연결을 포착하게 함으로써, 감정 서사를 데이터에 근거하여 재현할 수 있도록 돕는다.

이런 시도는 감정 분석을 넘어서도 몇 가지 방법론적 함의를 가진다. 첫 번째, 생성형 언어 인공지능의 연구적 활용 가능성을 좀 더 다채롭게 제시한다. 챗GPT와 같은 고성능의 생성형 언어 인공지능이 출현한 이후 이를 연구에 활용하려는 여러 시도가 존재했다. 하지만 주로 이들은 오픈AI를 비롯한 주요 기업이 만들어 제공하는 서비스에 기댄 경우가 많았다. 예를 들어 아길 등의 연구자는 챗GPT에게 응답 주체에 대한 설명을 조건으로 제시한 상태에서 특정 주제에 대해 질문하고 그 결과를 활용함으로써 설문조사와 유사한 결과를 얻을 수 있는 가능성을 탐색한다(Argyle et al., 2023). 이처럼 기존의 상용 서비스를 활용한 시도는 분명 창의적이지만, 연구자가 데이터나 모델을 변형시키기 힘들다는 면에서 한계가 있다.

반면 이 연구에서 시도한 것은 연구자가 직접 데이터를 선정한 후 논문을 통해 공개된 모델 세팅으로 인공지능을 학습시켜 활용하는 방식이다. 이것은 연구자가 데이터 선택 및 모델 세팅에서 좀 더 자율성을 가지는 전략이고, 그래서 새로운 가능성을 제시한다. 연구자가 관심을 가진 특정 데이터에 있는 패턴을 극대화하여 표현할 수 있기 때문이다.

두 번째, '편견을 가진 인공지능'을 활용하는 하나의 방법을 제시한다. 통상적으로 편견이나 치우침 없는 인공지능을 만드는 것이 개발자들의 목표인 경우가 많다. 그것이 많은 이들이 사용할 수 있는 서비스의 근간이 되기 때문이다. 하지만 연구자 입장에서는 오히려 '편견이 강한 인공지능'이 도움이 될 때가 있다. 만약 편견을 '특정한 데이터 혹은 샘플의 패턴이 과잉 학습된 것'이라고 이해하고, 연구자의 목표가 그 편견의 내용을 파헤치는 것이라면 말이다. 예를 들어 2020년 3월에 한국을 휘감은 비통상적인 여론, 예를 들어 코로나19 환자의 동선이나 개인정보를 기꺼이 공개할 수 있다는 여론을 가감 없이 표현하는 인공지능이 있다고 가정하자. 서비스의 관점에서 보면 이는 위험한 편견을 가진 기계이지만, 연구의 관점에서 보면 해당 기계가 학습된 데이터와 그 데이터가 만들어진 시대에 대해 많은 것을 알려줄 수 있다.

물론 이런 접근은 아직 초기적인 시도에 불과하며 많은 한계를 지닌다. 예시로 제시된 자동 문서 생성 결과는(Table 2 참조), 일부 흥미로운 면이 있지만, 감정 서사에 대한 정보를 풍부하게 제공하지는 못하고 있다. 분석 방법의 타당성 역시 검토가 필요하다. 즉, 이런 결과가 정말로 해당 시기 집합적 감정 서사를 재현하는지를 검토해야 한다. 사실 결과의 체계성과 타당성이라는 면에서, 오히려 해당 시기에 일반 인구 무작위 표본을 대상으로 시도된 설문조사 결과가 더 나을 수 있다. 그럼에도 불구하고 이런 접근은 여전히 탐구해 볼 만한 영역이다. 이런 접근이 가지는 잠재성과 강점이 여전히 존재하기 때문이다. 예를 들어 회고 편향에서 상대적으로 자유롭고 조사자가 미리 고려하지 못한 정보를 결과에 포함할 수 있다는 점 등이다. 모델을 다양한 방식으로 개선하고 현명한 전략을 고안한다면, 이런 잠재성을 극대화하여 기존의 여러 분석 방법을 보충하고 보완할 가능성이 있다.

이 글에서는 자세히 다루지 못했지만, 좀 더 발전시켜 볼 만한 분석 전략과 방법이 다수 존재한다. 앞서 셀프-어텐션이 과제 기반 연결을 포착한다고 지적한 바 있다. 다만 이 글에서는 그런 연결을 포착하기에 모델의 성능이 좋다는 점을 지적하는 데 그쳤는데, 직접적으로 이런 연결 정보를 활용하여 네트워크 분석을 시도할 수도 있을 것이다. 즉, 잘 학습된 모델이 산출한 특정 시퀀스 데이터의 토큰 간 유사성 점수 행렬은 네트워크 분석의 새로운 재료가 될 수 있다. 예를 들어 셀프-어텐션 기반 모델이 문서 데이터를 입력받아 산출한 유사성 점수

행렬을 데이터로 활용하여 색다른 단어 네트워크 분석을 시도하는 것이다. 이 글에서 제시한 전략이 셀프-어텐션 기반 모델의 최종 산물을 (다음 단어 예측, 가려진 단어 예측) 활용한 것이라면, 이런 접근은 학습된 모델의 중간 산출 정보를 활용하는 방식이라고 할 수 있다.

또한 이 글에서는 감정 서사라는 관점에서만 인공지능 모델의 활용 가능성을 검토했지만, 더 폭넓은 적용이 가능할 것이다. 언어 시퀀스 데이터에 있는 구성 요소 간 의존 및 연결이 감정 서사에 대한 정보만을 제공하는 것은 아니기 때문이다. 그것은 해당 데이터에 반영된 사회적 규범이나 가치에 대한 정보도 담고 있다. 이런 대상을 탐구하는 목적에서도 같은 인공지능 분석 전략을 활용할 수 있다.

나아가 분류를 중심에 둔 인공지능 분석 전략과 이 글에서 제시한 전략을 결합할 수도 있다. 큰 고민 없이 몇 가지 한정된 범주로 분류하는 것에만 분석을 한정하는 것이 때로 아쉬운 점을 낳을 뿐, 분류 작업 자체는 유효한 작업이다. 이제까지의 인공지능 분석 연구는 높은 성능의 분류기를 활용하여 유의미한 성과를 쌓아왔다. 이에 대한 노하우를 활용할 수 있다면 더 나은 결과를 얻을 수 있다. 예를 들어 자동 문서 생성기가 만든 문서나 문장을 참조하여 특정 시기의 독특한 집합적 감정을 추적하기 위한 분류 범주를 설계할 수 있다. 그리고 이를 활용하여 데이터를 분류하는 감정 분석 인공지능을 개발 및 활용하는 전략을 사용할 수 있을 것이다.

이런 시도들은 추후 과제로 남기고자 한다. 확실한 것은, 인공지능

을 활용한 집합적 감정 분석 및 연구의 가능성은 무궁무진하며, 그것

이 기존의 연구 전통을 보완할 잠재성을 가진다는 점이다.

● 용어설명

토큰

분석자가 선택한 기준에 따라 텍스트를 분할하여 얻은 최소 단위라고 할 수 있다. 이 기준은 분석의 목적에 따라 제각각이라 토큰이 의미하는 바 역시 상황에 따라 다양하다. 예를 들어 토큰은 단어일 수도 있고, 형태소일 수도 있고, 때로는 바이트 단위 정보가 될 수도 있다.

활성화 함수

보통 신경망이나 딥러닝 모델은 모델 내부에 비선형 활성화 함수를 배치한다. 비선형 활성화 함수는 어떤 값이 입력되었을 때 이를 비선형적으로 변환하여 출력값을 만들어 내는 함수이다. 연산 중간에 이런 비선형 변환이 존재하기 때문에, 신경망 모델은 입력과 출력 사이의 관계가 매우 복잡하고 비선형적인 경우에도 이를 근사할 수 있는 높은 표현력을 갖게 된다.

활성화 함수에는 매우 다양한 종류가 존재하지만, 여기서는 기초적이고 대표적인 몇 가지만 간단히 설명한다.

- 시그모이드sigmoid: 입력값을 받아 그 값을 0과 1 사이의 범위로 변환한다. 이 때문에 출력값을 확률처럼 해석할 수 있다. 다만 입력값의 절댓값이 커질수록 출력값이 0이나 1에 매우 가까워지는데, 이 구

간에서는 기울기가 거의 0이 된다. 그 결과 기울기에 기반한 학습이 잘 이루어지지 않는 문제가 발생할 수 있다.

- 하이퍼볼릭 탄젠트hyperbolic tangent: 시그모이드와 유사하지만, 출력값의 범위가 0과 1이 아니라 −1과 1 사이이다. 값의 중심이 0에 가깝다는 장점이 있지만, 여전히 입력값의 절댓값이 커질수록 기울기가 0으로 수렴하여 학습을 저해하는 문제가 존재한다.

- ReLURectified Linear Unit: 입력값이 0보다 크면 그대로 출력하고, 0 이하인 경우에는 0으로 만든다. 계산이 단순하고 시그모이드 계열 함수에서 나타나는 기울기 소실 문제가 완화된다는 장점이 있다. 다만 입력값이 0 이하인 구간에서는 기울기가 사라지기 때문에, 학습에 문제가 발생할 수 있다.

Adam

딥러닝에서 많이 쓰이는 파라미터 최적화 알고리즘 중 하나이다. 딥러닝 혹은 신경망 학습의 핵심 목표는 모델 파라미터를 주어진 과제를 수행하는 데 최적이 되도록 조정하는 것이다. 이런 모델 파라미터 최적화에는 모델 파라미터가 모델의 성능 지표인 손실 함숫값에 대해 가지는 미분계수들을 활용하는 경우가 많다. 이 미분계수들은 모델 파라미터들이 미세하게 증가할 경우 손실 함숫값, 즉 모델이 실패하는 정도가 어떻게 변동하는지에 대한 정보를 표현한다. 그래서 보통 기존 파라미터 값들을 미분계수가 가리키는 방향의 반대 방향으로 움직이도록 조정한다. 예를 들어 어떤 파라미터가 손실 함숫값에 대해 가지는 미분계수가 0.2이면, 해당 파라미터 값을 감소시킨다. 0.2라는 미분계수는 양의 값이고, 이는 그 파라미터 값이 늘어나면 손실 함숫값이 늘어난다는 뜻이기 때문이다. 그래서 보통 기존 파라미터 값에서 해당 파라미터의 미분계수에 적절한 상수를 곱해서 빼준다. 여기에 곱해지는 상수를 학습률이라고 하며, 이것이 경사 하강법Gradient Descent의 기본 구조이다.

그런데 미분계수의 반대 방향으로 파라미터를 조정한다는 큰 틀 안에서 여러 가지 구체적 방식이 존재할 수 있고 그래서 다양한 최적화 알고리즘이 존재한다. 대표적인 최적화 알고리즘들을 간단히 설명하면 다음과 같다.

• Momentum: 이 기법은 기본적인 경사 하강법에 일종의 '관성' 개념을 도입하는 것이다. 즉, 지금 시점의 미분계수에만 근거하여 파라미터를 조정하는 것이 아니라, 과거 시점에 그 파라미터가 가졌던 미분계수를 고려하여 현재 파라미터 조정 방향과 규모를 결정한다. 쉽게 말해 과거에 움직이던 방향을 어느 정도 보존해 주는 것이다. 이를 통해 파라미터 갱신 방향이 급격히 변동되는 것을 막아준다.

• Adagrad: 이 방법은 여러 파라미터들 중 이제까지 학습 과정에서

많이 변동되지 않았던 값은 상대적으로 더 큰 학습률을 적용받고(충분히 학습되지 않았을 수 있으므로) 이제껏 많이 변동한 값은 학습률을 줄이는 메커니즘이다.

- RMSProp: Adagrad의 개량판인데, Adagrad 알고리즘이 학습이 지속될수록 학습률을 0으로 수렴시키는 문제를 지수이동평균이라는 기법으로 극복한 방법이다.
- Adam: Momentum과 RMSProp의 아이디어를 결합한 방법이다. 즉, 파라미터 변경 방향의 관성도 고려하고 과거 파라미터의 변동량도 고려한다. 다양한 문제에서 빠른 수렴과 안정성을 제공하여 많이 활용된다.
- Adamw: Adam에 가중치 감소weight decay를 학습률 업데이트와 분리하여 적용한 것이다. BERT, GPT-2 등에서 활용되었다.

BERT와 맥락을 고려한 단어의 벡터화

단어 혹은 토큰을 숫자, 즉 벡터로 바꾸는 작업은 언어를 계량적으로 처리할 때 필수적인 요소이다. 결국 컴퓨터가 수행하는 것은 숫자의 계산이며, 그렇기에 언어가 숫자가 되어야 한다. 게다가 이런 전환은 '잘' 이루어져야 한다. 즉, 단어를 벡터로 바꿀 때, 임의로 바꾸는 것이 아니라 단어 사이의 의미적 관계를 잘 반영하여 벡터로 바꿔야 한다. 그래야 그 결과에 기반한 여러 모델의 성능이 올라갈 수 있다. 이런 작업을 임베딩Embedding이라고 부른다.

이를 해내기 위한 다양한 방법이 존재한다. BERT는 그중 최근 많이 활용되는 방법 중 하나이다. 이 방법이 '맥락을 고려한다'고 지적하는 이유는 BERT 이전의 대표적인 기법인 워드투벡과 비교하면 쉽게 이해할 수 있다. 워드투벡 역시 단어나 토큰을 벡터로 전환하는데, 하나의 토큰이나 단어는 하나의 벡터로 전환한다. 예를 들어 '개'라는 단어는 정해진 하나의 벡터로, 예를 들어 100차원 벡터로 전환된다. 그래서 워드투벡을 정적인 임베딩Static Embedding 방법이라고 부른다. 반면 BERT는 맥락적 임베딩Contextual Embedding 방법이다. 동일한 단어 혹은 토큰이라도 맥락에 따라 의미나 뉘앙스가 달라질 수 있다. 예를 들어 '귀여운 개를 보았다'에서의 '개'와 '저런 개만도 못한 놈'에서 '개'는 그 가치가 사뭇 다르다. BERT는 이런 맥락 차이를 반영하여 그때그때 다른 방식으로 단어나 토큰의 벡터화를 수행한다. 그리고 앞서 말했듯, 이를 해내기 위해 트랜스포머 아키텍처의 아이디어를 활용한다. 이 글에서 BERT가 '맥락을 고려한 단어의 벡터화'를 해낸다고 서술한 것은 이 때문이다.

Dot product

두 벡터 사이의 연산 방식의 일종이다. 동일한 길이의 벡터 두 개가 있을 때, 각 위치의 원소들을 서로 곱하여 더하는 연산을 말한다. 예를 들어 [1, 2, 3]과 [6, 5, 4]라는 두 개의 벡터가 있을 때, 이 둘 사이의 dot product는 1×6+2×5+3×4를 의미한다. 이런 연산은 두 벡터 사이의

'방향 유사성'을 측정하는 방법으로 쓸 수 있다. 왜냐하면, dot product 값이 커지려면, 같은 자리에서 서로 대응되는 두 벡터의 원소들이 같은 방향을 가지고(즉, 같은 부호를 가지고) 둘 다 값이 커야 하기 때문이다. 그렇기에 dot product 값이 크다면, 두 벡터가 대략적으로 같은 방향을 가리킨다고 추측할 수 있다. 다만 이 연산의 결과는 각 벡터의 길이에 영향을 받는다. 그래서 두 벡터의 길이로 나눠서 길이 효과를 없애려고 시도할 수 있다. 이렇게 두 벡터의 길이의 곱으로 dot product의 결과를 나눈 값이 유사성 판단에 많이 활용되는 코사인 유사도cosine similarity이다.

질적 연구는 인공지능으로 인해 진보할 것인가
: 계산사회과학과 질적 연구의 관계에 대한 소고

전준

KAIST 디지털인문사회과학부 사회학 전공 교수. KAIST 화학과에서 학사 학위, 과학기술정책대학원에서 석사 학위를 받은 뒤, 위스콘신매디슨대학교에서 사회학 박사 학위를 받았다. 과학기술사회학과 사회이론을 연구하며, 특히 계산사회과학과 인공지능을 활용한 새로운 형태의 질적 연구를 수행하는 데 깊은 관심을 갖고 있다. 현재 인공지능과 사회의 공진화 관계를 융복합적 관점으로 연구하는 한국연구재단의 '글로벌 인문사회 융복합 연구그룹'을 이끌고 있다.

＜책 펼침 기호＞

질적 연구와 계산사회과학의 대화를 위하여

다양한 의미의 인공지능이 일상생활에 깊이 침투하고 있는 가운데, 사회과학 또한 대중적으로 널리 상용화된 인공지능 모델을 활용하여 급격하게 변화하고 있다. 이미 계산사회과학 분야의 선구자적인 학자들은 생성형 인공지능이 사회과학 분야 전반에 가져올 변화에 대한 시론을 앞다투어 발표했다(Bail, 2023; Edelmann et al. 2020). 인공지능의 사회적 구성 및 파급력에 대해 주목하는 과학기술사회학자들 또한 기술에 대한 사회학적인 분석을 넘어, 기술이 사회학적 분석행위 자체에 개입할 가능성에 대한 분석 또한 제시했다(Joyce et al. 2021).

2024년, 미국 사회학회의 플래그십 저널 중 하나인《소시우스Socius》는 「인공지능의 사회학Sociology of Artificial Intelligence」이라는 제목의 특집호를 내놓으며 인공지능의 활용과 그 사회학적 함의에 대한 고민을 다면적으로 제시하기도 했다. 해당 특집호에는 이미지 분석을 통해 기존보다 정교하면서도 새로운 사회학적 데이터를 생성할 수 있게 되었다는 토머스 데이비슨Thomas Davidson의 논문(Davidson, 2024), 인공지능 기술에 대한 사회학적인 비평에 머무를 것이 아니라, 기술 자체의 구성 과정에 적극적으로 개입할 필요성을 제기하는 티나 로Tina Law의 논문(Law and McCall, 2024) 등이 소개되었다. 열 편의 특집호 논문을 종합하는 켈리 조이스Kelly Joyce의 논문은 왜 다른 어떤 분야도 아닌 사회학이 인공지능을 분석하는 데에 앞장서야 하는지 잘 요약하고 있다.

그녀에 따르면 사회학은 비판적 시각, 방법론적 엄밀성, 그리고 불평등에 대한 감수성과 이와 수반된 사회적 변화에 대한 열정을 통해 인공지능에 대한 분석에 크게 기여할 수 있다. 즉, 인공지능을 사회학적으로 분석하는 것은 "인류의 진보와 전환을 위한 '어떤' 시스템들을 우리가 만들고자 하는가"라는 질문에 대답하기 위함이다(Joyce and Cruz, 2024).

그러나 해당 특집호의 원고 구성에서도 드러나듯이, 인공지능에 대한 사회학자들의 시론적 비평에 비해, 방법론으로 활용할 수 있는 도구로서의 인공지능에 대해 관심을 가지는 사회학자들은 소수의 계산사회과학자들Computational social scientists에 국한되어 있다. 이러한 특징은 《한국사회학》 2024년 8월 특집호에 실린 논문들에서도 공통적으로 드러나고 있다. 해당 특집호 저자들은 대부분 광의의 계산사회과학 분야의 연구자로 분류할 수 있으며, 이들의 논문들은 설문조사와 텍스트 측정 등 새로운 방법론적 지평의 확장을 통해 인공지능이 어떻게 사회과학에 기여할 수 있는지 신중하게 분석한 바 있다(Jo, 2024; L. Kim, 2024; T. Kim, 2024; Park, 2024; Sohn, 2024).

상대적으로 드문 연구는 방법론적 도구로서의 인공지능에 대한 질적 연구자들의 고찰이다. 질적 연구자들은 인공지능에 대한 기술비평적인 분석을 내놓거나, 질적 연구자들이 계산사회과학 연구에 영감을 줄 수 있는 부분들을 제시하는 역할을 수행하고 있지만(Grigoropoulou and Small, 2022), 정작 스스로 인공지능을 활용한 계산사회과학을 어떻게 받아들이고 활용할 것인지에 대해서는 많은 논의가 진행되어 왔다고 보기 어렵다.

이 글은 질적 연구자의 관점에서 인공지능을 활용한 계산사회과학을 방법론적 도구이자 이론적 생산Theory generation의 보조 수단으로 활용하기 위한 고찰을 담고 있다. 이를 위해서는 나의 위치성을 명시하는 것이 논지를 명확하게 하는 것에 도움이 될 것이다. 나는 이공계 교육을 받은 경험이 있으나, 질적인 접근을 활용한 과학기술사회학자이자 이론사회학자로서의 훈련을 받았다. 그러나 우연한 기회에 계산사회과학 논문을 몇 차례 저술하면서 실제 경험을 토대로 계산사회과학의 방법론적 강점을 배우게 되었고, 현재 계산사회과학을 적극적으로 활용하는 제도적 환경에서 근무하고 있다. 과학기술사회학자로서 나의 관심은 언제나 기술과학적technoscientific 구성물을 둘러싼 사회적 권력관계에 있지만, 이러한 인공물이 매 순간 우리의 일상에 개입하고 동원되는 것이 불가피하다는 점을 또한 인지하고 있다. 이러한 의미에서 인공지능은 연구의 대상인 동시에, 나의 연구 생활에 '개입되어야 하거나 혹은 개입될 수밖에 없는' 존재이기도 하다. 이러한 의미에서 이 글은 질적 연구와 계산사회과학에 대한 학술적 고찰임과 동시에, 연구자로서의 나의 시각과 경험을 통해 이를 맥락화했다는 점에서 일부 자기기술지적인 성격을 갖고 있다.

나는 이 글에서 질적 연구자들이 계산사회과학적 방법론을 적극적으로 포섭하여 질적 연구의 '질적' 진전을 위해 활용할 수 있는 가능성과 특정한 맥락이 있다고 주장할 것이다. 물론 계산사회과학의 분석적 객관성과 엄밀성이 질적 연구의 빈틈을 채워줄 것이라는 식의 단순한 실증주의적 입장을 취하려는 것은 아니다. 오히려 반대로, 질적 연구와 계산사회과학이 상호보완적인 방법론으로 혼합되기 위해서는 매우 엄격한 조건과 정밀한 연구 설계가 필요하다는 점을 주장하고자 한다. 즉, 중요한 것은 이와 같은 가능성이 질적 연구의 실증적 확장을 통해 자발적으로spontaneous 획득되는 것은 아니며, 어디까지나 질적 연구자들이 성취하고자 하는 연구 질문과 이론적 의의가 계산사회과학적 데이터 분석과 정렬align되는 특수한 상황에서만이 유효한 것이라고 주장하고자 한다.

이를 위해 이 글에서는 질적 연구의 표준적인 방법론들과 그 특징을 정리하고, 연구자들 사이에서 여전히 논쟁 중인 방법론적, 이론적 난제들을 드러낸다. 그리고 계산사회과학의 기법들이 이러한 난제들을 어떤 의미에서 부분적으로 해결하거나 해결하지 못하는지에 대해 다룰 것이다. 결론적으로 이 글은 질적 연구가 여전히 대체 불가능한 인식론적 위치를 독점하고 있다는 주장이나 계산사회과학이 이러한 질적 연구에 진보를 가져다줄 외생적 도구라는 주장 모두 적절하지 않음을 논한다. 대신, 미래의 사회과학에서의 질적 연구와 계산사회과학은 '평화로운 지적 분업' 관계를 넘어, 공생적이고 협동적인 데이터 거버넌스를 바탕으로 한 협력, 더 나아가 방법론적인 혼합을 추구하고 개척해야 함을 주장하고자 한다.

두 인식론의 두 문화: 질적 연구와 계산사회과학의 거리

계산사회과학과 질적 연구는 일찍이 스노C.P. Snow가 과학계와 인문학계를 비교하면서 사용한 '두 문화Two Cultures'라는 비유가 어울릴 정도로, 서로 이질적인 인식론을 보유하고 있는 것으로 보인다. 스노는 과학계와 인문계 지식인을 서로 극명하게 다른 영역을 보유한 두 집단으로 구분했다. 특히 주목할 만한 것은 이들이 서로의 영역에 대한 무지함을 부끄럽게 여기지 않는다는 점이었다. 물리학자들은 열역학 제2법칙을 논하면서 셰익스피어를 읽지 않지만, 인문학자들은 열역학 제

2법칙은 고사하고, 물리학자들의 언어를 읽을 수조차 없으며, 읽을 필요성을 느끼지도 않는 것이다. 이처럼 두 문화는 단순히 '상이함'으로 요약되기 어려운 인식론과 자기정체성의 구획을 통해 비로소 실존하게 된다(Snow, 2013).

2024년 8월에 몬트리올에서 개최된 미국사회학회American Sociological Association 제119회 연례회의에서도 이를 뒷받침하는 경험을 할 수 있었다. 첫 번째로 주목할 만한 것은 계산사회과학에 대한 청중들의 높은 관심도였다. 앞에서 언급한《소시우스》특집호에 논문을 게재한 저자들 다수가 참여한〈질적 데이터와 양적 데이터에 대한 계산적, 수학적 접근Computational and Mathematical approaches to Qualitative and Quantitative Data〉세션은 일요일 오후 2시 피크타임에 진행되었음에도 불구하고 인산인해를 이루었다. 비슷한 소재를 다루지만 좀 더 전통적인 사회학에 가까운 주제의〈인공지능의 정치학Politics of Artificial Intelligence〉세션에는 상대적으로 청중이 적었다. 이는 사회학의 연구 대상으로서 인공지능을 다루던 관점이, 인공지능을 활용한 사회학에 대한 관심으로 옮겨가고 있음을 잘 보여준다.

두 번째로, 각 세션 청중들의 질문에서 발견되는 차이 또한 주목할 만한 점이었다. 비록 ASA 컨퍼런스가 청중의 질문을 위한 시간을 매우 적게 분배한다는 한계가 있었지만, 각각의 세션에서 나온 질문들에서 드러나는 청중들의 접근 방식은 두 서로 다른 청중들의 인식론을 드러내 보였다. 예를 들어 방법론 세션에서는 사진을 활용해 도시 간의 불평등을 측정하는 연구가 소개되었다. 이 세션에서 몇몇 청중들은 데이터 측정의 엄밀성과 더불어, 사진의 어떤 색깔과 형태를 어떤 방식으로 조작화operationalize하여 사용하는 것이 올바를지에 대해 질문했다.

반면 다른 세션에서는 미국과 중국에 대해 영어 혹은 중국어로 GPT에게 문의했을 때 유의미한 답변의 차이가 발생한다는 연구가 발표되었는데, 청중들은 이러한 차이가 의미하는 바는 무엇인지, 그리고 이러한 차이가 왜 발생하는지에 더욱 의문을 갖고 있는 듯했다. 즉, 계산사회과학 방법론 청중들은 '무엇을' '어떻게' '측정'하느냐의 문제에 지적인 호기심을 집중하고 있었으며, 인공지능의 정치경제학 청중들은 '왜' '어떤 과정으로' '어떤 현상을' '해석'할 것인가의 문제에 천착하고 있었다. 이는 두 그룹의 청중들이 서로 다른 관점으로 연구에 접근하고 있다는 점을 보여준다.

세 번째로 흥미로웠던 점은 두 그룹의 학자들이 모두 (그 결이 다를지언정) 인공지능을 사회학에 활용하는 것에 대한 낙관론을 공유하고 있었다는 점이다. 내가 참석한 〈Sociology of AI〉 저녁 모임에서 나는 여러 계산사회과학자들에게 질적 연구의 미래에 대한 질문을 던졌다. 특히, 질적 연구와 양적 연구로 이미 양분되어 있는 사회학 내부의 이분법이 계산사회과학 분야에 의미하는 바는 무엇일지 거듭 질문했다. 많은 경우 되돌아온 대답은 '질적 연구자들이 무엇을 하든지, 우리는 우리가 할 수 있는 일을 계속 할 것이고, 그러다 보면 계산사회과학이 필수불가결한 접근이 되는 날이 곧 올수밖에 없다'는 식의 낙관적 전망이었다. 여러 번의 대화를 통해 느꼈던 점은 계산사회과학자들은 어차피 질적 연구자들과 상이한 연구 질문을 던지기 때문에 질적 연구와 자신들 사이의 관계를 고민할 필요성을 느끼지 못한다는 점이었다.

ASA 전날 열린 〈Junior Theorist Symposium〉에서는 사뭇 다른 답변을 들을 수 있었다. 저녁식사 자리에서 소수의 참가자들과 이야기를 나누며 질적 연구와 계산사회과학에 대한 토의를 이어갔는데, 박사과정을 마쳐가는 젊은 질적 연구자들은 사실상 양적 연구방법과 계산사회과학의 명확한 차이를 잘 구분하지 않는다는 인상을 받았다. 이들은 양적 연구와 질적 연구가 서로 다른 질문을 던지며 공존하듯이, 계산사회과학 또한 그렇게 공존할 수 있는 영역이라고 보았다. 질적 연구 특유의 대체 불가능한 비판적 관점이 존재하는 한, 계산사회과학을 질적 연구에 대한 학문적인 위협이라고 볼 수는 없다고 여긴 것이다. 그런 점에서 계산사회과학자들과 질적 연구자들 모두 각자의 영역을 방법론적 분업의 결과물이라고 인식하고 있었다. 다만 질적 연구자들이 향후 직업을 찾는 과정에서의 자신들의 입지에 대해 상대적으로 많은 고민을 하는 모습을 보였다는 점에서 차이가 있었다.

그렇다면 질적 연구와 계산사회과학이 점유하고 있는 인식론의 종류와 이를 통해 발생하는 연구 질문의 종류는 각각 무엇이라고 볼 수 있는가?[1] 나는 두 가지 축으로 이 '두 문화'를 구분하고자 한다. 하나는 '실재reality'에 대한 견해의 차이, 다른 하나는 연구 대상으로서의 사회와 연구자 사이의 거리의 차이이다. 중요한 점은 이 두 가지 축에 두 문화를 배치하는 데 있어서 계산사회과학을 '양적 연구'와 유사한 것으로 상상해서는 안 된다는 점이다. 물론 상당수의 계산사회과학 연구가 양적 연구에서 활용되는 방법론적 도구들을 활용하고 있고, 양적 연구와 계산사회과학 사이의 인식론적 유사성이 질적 연구와 계산사회과학 사이의 유사성보다 높다는 점은 분명하다. 그러나 '실재'에 대한 입장, 그리고 사회와 연구자 사이의 거리의 측면에서 볼 때, 전통적인 양적 연구 대 질적 연구의 구도로 사회과학의 다양성을 모두 포괄할 수 없다. 오히려 계산사회과학은 많은 경우 텍스트 데이터에 대한 분석을 다루고 있고 그 데이터의 포괄성과 대표성조차도 완벽하다고 주장하지 않는다는 점에서, 계산사회과학과 양적 연구 사이의 차이 또한 고려해야 한다.

---

1 물론 '질적 연구'와 '계산사회과학' 또한 균질한 범주로 묶는 것은 불가능하다. 또한 이들 범주 안에도 데이터와 이론 사이의 관계, 더 나아가 이론의 의미 자체에 대해서도 매우 이질적인 주장이 존재할 수 있는 점 또한 분명하다. 가령, 질적 연구자들 중에서도 참여관찰연구자들과 인터뷰 연구자들은 각각 서로 다른 데이터 인식론과 분석 방법론을 동원한다. 참여관찰연구자들 또한 후술할 내용과 마찬가지로 근거이론적 접근과 사례확장방법론으로 분화된다. 행위와 발화에 부여하는 의미 또한 크게 이질적이다. 에스노메소돌로지는 발화와 행위에 선행하는 구조적 조건에 대한 가정을 거부하며, 제도적 에스노그래피는 억압받는 위치성을 가진 행위자들의 인식론에 실재적 지위를 부여한다. 즉, 이 글에서 '질적 연구'라는 이름으로 다루고 있는 거대한 전통은 명백하게도 이질적인 요소들을 포함하고 있음을 미리 밝힌다.

'실재'에 대한 질적 연구자의 접근이 계산사회과학자들과 다르다는 것은 무슨 뜻인가? 수많은 질적 연구의 계보들이 존재하는 가운데 완벽한 답변을 제시할 수는 없겠지만, 질적 연구자들은 사회적 실재를 다층적이고 가변적인 것으로 이해한다. 이들은 자신들이 인식하고 감각하는 '지금 이 순간의 사회'는 근본적으로 국소적이며 재현 가능성을 담보하지 않는다고 인식한다. 여기서 실재의 다층성이란, 특정한 사회적 장면을 무엇이라고 정의할 것인지에 대해 수많은 존재론적 참값들이 존재할 수 있음은 물론, 이로 인해 수많은 인식론적 해석값들 또한 존재할 수 있음을 뜻한다.

가령 피에르 부르디외는 "상호작용의 참은 절대로 상호작용 자체에서 찾을 수 없다"라고 단언했다. 이것은 상호작용의 장면에서 보여지는 (비)언어적인 상호작용에서 수집되는 오디오 및 비디오 데이터 그 자체도 물론 존재론적 '참'의 지위를 주장할 수 있겠지만, 그 상호작용의 방향이 결정되고, 특정한 결론과 사회적 결과로 이어지기까지의 과정을 추동하는 또 다른 '참'의 위치는 상호작용 바깥의 중범위적인 사회적 맥락에서 또한 찾을 수 있다는 것을 뜻한다(Bourdieu, 2005: 148). 그렇기 때문에 질적 연구자는 자신이 연구하고자 하는 사회적 현상 자체를 구성하는 다양한 참값들을 발굴해 내고 교차시키며 국소적이고 가변적일 수 있음을 인정하는 범위 내에서 자신이 '사회 현상'이라고 부를 수 있는 객체를 만들어 낸다.

이때, 이렇게 취약한 사회 현상을 바탕으로 질적 연구는 도대체 무슨 과학을 수행할 수 있다고 선언하는 것일까? 질적 연구는 참의 국소성과 더불어 해석의 다중성을 전제한다. 즉, 연구자가 구축해 낸 참값의 사회현상이 인위적이고 국소적인 점은 차치하고서라도, 그러한 단순화된 객체로서의 사회 또한 다양한 방식으로 해석 가능하다는 것이다. 환경사회학자 마이클 벨Michael Bell의 표현을 빌리자면 "사회적 삶은 영화 〈매트릭스〉가 아니다. 단 한 명의 건축가란 존재하지 않으며, 극히 예외적인 경우를 제외하면 모두가 따라야 하는 단 하나의 통일된 논리 또한 존재하지 않는다(Orne and Bell, 2015: 9)". 이는 사회가 근본적으로 단일한 우주법칙을 따르는 객체가 아니기 때문이며, 사회학의 목표가 그것을 찾아내는 것이라고 인식하지 않기 때문이기도 하다.

질적 연구의 과학성은 오히려 각 질적 연구의 해석 대상의 특수한 국소적 맥락을 강조함으로써 확보된다. 질적 연구자의 감각으로 구축된 특정 '사회 현상'이 갖는 젠더, 인종, 계급, 장소, 국가, 경제, 정치, 권력, 조직적 맥락 등이 자세히 드러날수록, 연구자가 제안하는 해당 사회 현상에 대한 해석은 사례 바깥의 사회와 더욱 단단히 체결anchoring된다. 즉, 질적 연구자는 사례를 '통해' 구축하는 '설명(즉, 이론)'을 사례 바깥으로 '일반화'시키고자 하는 목표를 갖지 않는다. 그러나 해당 사례의 구체적인 속성들을 매개체로 하여, 연구자는 다른 개별적인 특수 사례들에서 반복적으로 나타난 '사회'로부터 말미암은 기시감을 포착한다. 따라서 질적 연구는 이 기시감을 개념화하고 더 나아가 이론화하는 것을 목표로 한다. 그리고 이는 본질적으로 다층적이고 가변적인

사회에 대한 다양한, 그러나 상호 연결되어 있는 설명의 일부로 편입되는 것이다.[2]

계산사회과학자들은 대개 실재에 대한 적절한 표상으로서의 데이터 공간을 전제한다. 가령 학문장에 대한 계산사회과학적 연구와 과학기술학Science and Technology Studies(STS)의 질적 연구를 비교해 본다면, 그 차이점이 잘 드러난다. 먼저, 계산사회과학적 학문장 연구의 예시로는 과학의 과학Science of science(SoS) 분야를 꼽을 수 있다. SoS는 과학 사업scientific enterprise을 정량적으로 분석함으로써 그것의 제도적인 작동 방식과 변화를 연구하는 분야이다. 여기서 핵심적인 키워드는 과학 사업scientific enterprise과 정량적 분석이다(Wang and Barabási 2021; Fortunato et al. 2018). SoS 학자들은 전 세계 과학기술 연구의 주제별 분포, 인용 지수의 분포, 각국의 경제 구조와 과학기술 사이의 영향을 살펴보거나, 젠더와 인종에 따라 학문장에서의 보상 구조가 어떻게 서로 다르게 작동하는지를 분석하기도 하며, 혁신적인 결과를 내놓는 연구팀들이 공통적으로 보유한 속성들을 찾아내기도 한다.

이러한 연구들의 공통점은 학문장 결과물의 상당량을 연구논문의 형태로 축적해 두고, 각 데이터 포인트인 연구논문들에 대해 저자, 저널, 제목, 초록, 인용횟수 등의 메타데이터를 이미 구축해 놓은 제3의

---

[2] 물론 질적 연구 중에서도 실증주의적인 접근을 더욱 강조하는 시류가 존재하며, 근거이론적인 접근 또한 그 예가 될 것이다. 근거이론에 대한 논의는 이 글 후반부에서 다룰 것이다.

데이터 제공자의 기여를 바탕으로 하고 있다는 점이다. 이러한 데이터 제공자의 존재로 인해 학문장에 대한 계산사회과학은 데이터와 실재 사이의 차이가 거의 없는 것으로 가정하는 경향이 있고, 각자가 응답하고자 하는 연구 질문이 올바르게 조작화되었는지(즉, 측정 불가능한 개념들을 어떻게 데이터를 기반으로 하여 측정 가능한 것으로 환산해 내었는지)에 훨씬 더 천착한다. 즉, 데이터의 실증적 대표성은 이미 전제된 것이며, 계산사회과학자들은 이렇게 주어진 '실재'를 어떤 방법론적 도구를 활용해 교차시키고 그 값을 그려내어 시각화하는지에 몰두하는 것이다.

물론 계산사회과학자들 또한 '무엇'을 드러낼 것인가에 대한 고민은 할 수밖에 없다. 각 데이터에 이미 드러나 있는 메타데이터의 범위 내에서만 분석을 수행할 수 있다는 물리적 제약이 엄연히 존재하고(그리고 실재와 데이터 사이의 간극이 있음을 분명히 인식하지만), 이렇게 사전에 선택된 측정값들에 대한 분석을 수행할 수밖에 없다는 한계점은 분명 존재한다. 그럼에도 불구하고, 계산사회과학자들은 다양한 조작화 전략을 동원하여 데이터 자체에서 명백하게 드러나지 않는 것들도 데이터화한다. 가령, '여성 과학자가 작성한 논문'이 무엇인지는 데이터들을 조합해 알아낼 수 있지만, '여성적인 접근을 차용한 연구'는 연구자 고유의 개념으로, 데이터들을 창의적으로 조합해 개념화하고 조작화하는 것이기도 하며, 인공지능의 힘을 빌려 측정해 낼 수 있는 것으로 환산되기도 한다(Kim et al. 2022).

STS의 질적 연구는 과학기술장의 작동 방식, 즉 거시적인 권력구조부터 미시적인 지식의 구성 과정에 이르기까지의 과정에 고루 관심을 갖고 있다는 점에서 SoS와 일견 그 소재가 유사하다. 그런데 SoS와 STS의 주요 논문들은 놀라울 정도로 참고문헌을 공유하고 있지 않으며, 토머스 쿤Thomas Kuhn 등 극소수의 석학들을 제외하면 공통적으로 읽히지도 않는 경향이 있다. 즉, 계산사회과학과 질적 연구 사이의 '두 문화'를 논하는 데 있어서 SoS와 STS는 매우 전형적인 예시로 볼 수 있다. STS의 질적 연구는 실증적 분석의 대상으로서의 현장을 인식하고, 그곳에서의 관찰, 경험, 감각을 연구자의 데이터로 구성해 낸다. 그리고 이들은 자신들이 감각하고 있는 현장이 과학기술장 전체의 총체적 진실에 대한 대표성을 보이는 공간이 아니라는 것을 매우 잘 알고 있으며, 대표성을 목표로 해야 한다고 인식하지 않는 경향이 있다. 왜냐하면 질적 연구의 사회과학적인 유효성은 데이터의 대표성 혹은 총체성으로부터 자동적으로 획득되는 것이 아니라, '본질적으로 실재의 축소일 수밖에 없는' 연구자의 데이터를 어떤 방식으로 해석하여 의미를 부여하느냐에 따라 얻어지는 것이기 때문이다.

가령 STS 분야에서 고전의 반열에 오른 브뤼노 라투르Bruno Latour의 '실험실 생활Laboratory Life'은 솔크 인스티튜트Salk Institute의 당뇨병 관련 호르몬 기작을 연구하는 특정 실험실에서의 참여관찰을 바탕으로 한다. 그러나 라투르는 본인이 관찰한 현장이 과학기술이 수행되는 다른 모든 장소를 포괄하는 대표성이 있는지에 대해서는 책에서 전혀 언급하지 않는다. 라투르는 비인간이 연결되어 특정한 형태의 '지식'이 공유되고 안정화되는 현상이 일반화 가능할 정도의 물리학적 이론은 아닐지언정, 시공간을 초월하는 어느 정도의 확장성을 갖는다는 점을 전제한 것이다.

실험실에 대한 또 다른 방식의 질적 연구인 대니얼 클라인먼Daniel Kleinman의 『불순한 문화Impure Cultures』를 보면, 질적 연구가 데이터와 실재 사이의 관계를 전제하는 법, 그리고 그러한 기반에서 어떤 방식으로 연구의 유효성을 획득하기 위한 장치를 활용하는지 파악할 수 있다. 이 책은 미국의 한 대규모 주립대학의 생화학 실험실을 관찰함으로써 대학의 상업화가 과학기술 연구에 미치는 영향을 관찰했다. 클라인먼은 이 국소적 사례의 유효성을 자본주의와 미국 고등교육의 상업화의 역사성으로부터 찾는다. 즉, 연구의 데이터가 다루는 사례는 본질적으로 총체적 실재(e.g. 전 세계의 모든 과학 실험실)에 비해 국소적(e.g. 이 책에서 관찰한 특정 과학 실험실)일지언정, 이 국소적인 데이터에서 표상되는 다양한 관찰사항들과 그 함의는 역사적, 사회적으로 그 맥락을 공유하고 있는 타 장소들(e.g. 자본주의적 제도에서 경쟁적으로 성과를 출판해야 하는 과학 실험실들)에서도 비슷하게 구현될 수 있는 여지가 있다는 것이다. 따라서, 이 연구의 유효성은 (다시 한 번) 데이터의 포괄성으로부터 자동적으로 획득되는 것이 아니며, 연구자가 설계한 맥락과 해석에 의해 획득되는 것이다.

이상을 종합하여 볼 때, 질적 연구와 계산사회과학은 상이한 인식론을 바탕으로 데이터와 실재 사이의 관계, 연구자와 연구 대상 사이의 관계에 대한 서로 다른 입장을 갖고 있다. 거칠게 표현하면, 질적 연구에서 연구의 유효성을 확보하기 위해 동원하는 기술들은 계산사회과학자들의 그것과 다르다. 따라서 두 방법론을 섞어서 수행하거나, 동시에 수행하는 것만으로 각 진영이 추구하는 목표를 달성하는 데 도움이 될 것이라고 기대하기 어렵다. 다시 말하면, 동일한 주제에 대해 질적 연구와 계산사회과학 연구를 수행한다고 가정했을 때, 이 둘을 병치시킴으로써 자연스럽게 각 연구가 서로 소통할 것이라고 볼 수 없다는 것이다. 엄밀하게 적용하기 어렵겠으나, 이 관계는 '두 문화'로 볼 수 있음과 동시에, 공약 불가능incommensurable하고 우열을 따질 수 없는 두 개의 패러다임에 대한 쿤의 서술과도 닮아 있다(Kuhn, 1962). 마치 붉은색과 네모의 길이를 비교하는 것이 불가능한 것처럼, 이 둘은 비교 불가능한 관계에 있는 것이다.

그렇다면 이 동떨어진 두 문화가 서로를 보강할 가능성은 없는 것일까? 나는 이 둘의 병치가 '당연한' 보강을 가져오지는 못하더라도, 섬세하게 사용하기에 따라 보강적 결과를 빚어내는 것이 가능하다고 생각한다. 이를 위해서는 질적 연구에서 스스로의 방법론적 접근에 대해 어떤 지식을 생산해 왔는지 검토할 필요가 있다. 물론 질적 연구의 실제 수행과 방법론적인 가이드라인 사이에는 큰 차이가 있지만, 이러한 차이까지도 포함하여 질적 연구자들이 자신들의 방법론을 어떤 형태로 이론화해 왔는지, 그리고 어떠한 점들을 자신들의 방법론적 난제들로 꼽아오고 해결하려 해 왔는지 살펴보도록 하겠다.

3. 질적 연구방법의 방법론적 개념들

질적 연구, 특히 질적 현장연구qualitative fieldwork는 인류학에서 시작되었지만, 20세기 초 시카고학파 사회학자들을 기점으로 하여 사회학에서도 널리 수행되기 시작했다. 20세기 초 시카고학파는 로버트 파크Robert Park와 에버렛 휴즈Everett Hughes 등의 선구자들이 말했듯이 "신발과 바지를 더럽히는 사회학"을 수행할 것을 강조하며 시카고의 다양한 도시문제들을 1인칭 관찰자의 시점으로 분석하는 선구자적 연구들을 수행했다. 주목할 만한 특징으로는 시카고학파 특유의 인터뷰 방법론을 통한 '화자들의 상황 정의definition of situation'의 수집 기법이 있다. 이들은 사실관계 수집을 위한 저널리즘적 인터뷰를 넘어, 다양한 사회적 위치를 가지는 화자들이 저마다 세상을 제각각의 고유한 방식으로 인식하고 그 안에서의 자신의 사고와 행동을 서술하는 문법들에 주목했다. 이를 통해, 있는 그대로의 사실관계를 단순하게 드러내는 질적 데이터가 아닌, 여러 차례의 메타분석을 수행해야 하는 비판적 분석 대상으로서의 질적 데이터를 구축하고자 했던 것이다.

또 다른 특징은 연구를 수행하는 화자(즉, 연구자)가 중요하게 다루어지지 않는 경향이 있었다는 점이다. 도심의 댄스홀에 드나드는 필리핀계 남성 노동자들과 백인 여성 무용수들을 다룬 〈택시 댄스홀The Taxi-Dance hall〉, 시카고의 흑인들에 대한 가장 방대한 참여관찰 연구 중 하나인 〈블랙 메트로폴리스The Black Metropolis〉는 모두 개인이 수행한 연구가 아닌, 팀 단위 연구 프로젝트의 산물이다. 바꾸어 말하면, 이들 연구들은 관찰자가 점유하는 특수한 위치성positionality과, 이를 통해 빚어지는 현장에서의 반향성reactivity, 그리고 이를 분석의 과정에서 고려하는 성찰성reflexivity에 대한 고려를 크게 하지 않은 세대였다고도 볼 수 있겠다.

시카고학파 이후 질적 연구에서의 가장 주요한 방법론적 스펙트럼은 근거이론적 방법Grounded Theory Method과 사례확장적 방법Extended Case Method을 통해 살펴볼 수 있을 것이다. 근거이론적 방법은 구조기능주의를 비롯한 거대이론 중심의 사회학 담론에 대한 비판적인 시각으로부터 출발했으며, 연구자의 선입견과 이론적 목표를 배제한 채, 귀납적 이론 도출의 근간으로 질적 현장연구 데이터들을 다루는 것을 골자로 한다(Glaser and Strauss, 1967). 근거이론적 질적 연구를 수행할 때 가장 중요한 것은 데이터를 체계적이고 실증적인 방식으로 분석하여 '아래로부터의 해석'을 이끌어 내는 일이다. 이를 위해 연구자를 인터뷰 및 연구노트를 여러 차례 검토하며 주요 주제들을 도출해 범주화하고, 해당 범주의 다양한 카테고리의 담론들을 체계화하여 데이터를 해당 담론들에 배당하는 코딩coding의 과정을 거친다. 그 결과 연구자들은 시공간을 초월하여 작동하는 거대이론에 데이터를 종속시키지 않고, 다양한 현장의 데이터로부터 비롯된 다양한 미시적 이론들을 도출해 낼 수 있게 된다.

사례확장적 방법은 사회학자 마이클 뷰러보이Michael Burawoy가 명명한 것으로, 근거이론적 방법에서 전제하고 있는 '이론적 선입견이 없는 분석'이 불가능한 목표임을 지적한다. 뷰러보이의 주장에 의하면 "사례확장적 방법은 이미 존재하는 이론을 진전시킴으로써 특수한 것으로부터 일반적인 것을 추출하고, '미시적'인 것에서 '거시적'인 것으로 관심을 돌리고, 미래를 예측함에 있어서 현재를 과거와 연결시킨다. 이를 위해 사례확장적 방법은 에스노그라피에 성찰적 과학을 적용한다(Burawoy, 1998: 5)." 여기서 그가 말하는 성찰적 과학이란 실증적positive 과학의 반대 개념으로, 이론을 수정하거나 진전시키는 과정에서 연구자와 연구 대상 사이의 상호작용을 포용하는 행위를 뜻한다. 즉, 사전에 구획된 연구 대상으로부터 획득된 실증적 자료들을 화면 바깥의 사회과학자가 원거리에서 분석하여 이론 도출의 수단으로 삼는 것은 성찰적 과학이 아니다. 이는 뷰러보이의 널리 알려진 공공사회학public sociology의 입장과 일치하는 것이다(Burawoy, 2005).

연구 수행자의 입장에서 사례확장적 방법을 채용할 때 가장 중요한 것은 현장으로부터 획득하는 데이터에 인위적으로 우선성을 부여하지 않는 것이다. 오히려 연구자가 수정하거나 보완할 것으로 염두에 두고 있는 특정 이론을 중심으로 연구를 구성해야 한다. 현장에서 연구 대상과 상호작용하는 과정을 통해, 연구자는 사회이론에 동태성dynamics을 부여하며, 이를 새로운 사회적 맥락에 비추어 재편하거나 정교화하는 작업을 거치게 된다. 이 때문에 종종 사례확장적 방법은 근거이론적 방법에 비해 연역적인 질적 연구라고 간주되기도 한다.

그러나 근거이론적 방법과 사례확장적 방법의 이분법이 현장에서 정확하게 작동하지 않는다는 점 또한 많은 사회학자들에 의해 반복적으로 지적되어 왔다. 즉, 이 두 계보는 그 자체로 일종의 이념형Ideal type의 분리에 가까우며, 실제 연구를 수행하는 입장에서는 양자택일의 문제로 이에 접근해서는 안 된다는 것이다. 실제로 최근의 많은 연구자들은 이 둘의 구분을 가상의 구분으로 칭하는 경우가 많으며, 연구 진행과정에서 데이터에 대한 실증적 검토와 이론에 대한 고찰이 매 순간 상호 보완적으로 행해질 수밖에 없음을 강조한다. 스테펀 팀머만스Stefan Timmermans와 이도 테이버리Iddo Tavory는 이를 가리켜 가추적 분석Abductive analysis이라고 칭했다. 이들에 의하면 근거이론적 방법은 자기모순적인 선언에 지나지 않는다. 데이터로부터 중범위 혹은 미시적 이론을 도출하기 위해서는 이론적 감수성theoretical sensitivity이 필수적이라고 주장하면서도, 이론적 종속은 사회학자들의 창의성을 저해한다는 모순된 입장을 고수하기 때문이다. 따라서 이들은 퍼스Peirce의 가추적 논리로부터 영감을 받아, 발견discovery과 합리화justification가 구분되지 않고 매 순간 함께 발생하는 방식의 질적 연구를 제안한다(Timmermans and Tavory, 2012).

질적 연구의 교과서들에서도 비슷한 제안을 찾을 수 있다. 하워드 베커Howard Becker의 『학계의 술책Tricks of the trade』은 1998년에 출간된 이래 수많은 질적 연구자들에게 읽히고 있는 교본과도 같은 책이다. 이 책에서 베커는 "사회를 연구한다는 것은 우리가 연구하고자 하는 대상에 대한 이미지를 생성하고 수정하는 것”이라고 주장한다(Becker, 2008: 12). 현장에서 자료를 수집하기 전부터 존재하는 사회에 대한 이미지(즉, 연구자의 이론적 기반)가 현장연구를 거치며 다듬어진다는 것이다. 동시에 그는 이 ‘이미지’와 ‘자료’ 사이의 변증법적 관계에 대해서도 지적한다. 그는 “내가 가장 좋아하는 방식의 개념적 발전은 경험적 데이터와의 끝없는 대화 속에서 수행된다”라고 선언했다(Becker, 2008: 109). 왜냐하면 개념은 데이터에 대한 요약이기도 하므로, 이러한 개념적 요약을 통해 매 순간 새로 수집해야 하는 데이터를 더 잘 수집할 수 있게 되기 때문이다. 바꾸어 말하면, 현장에서 벌어지는 사건의 수와 양은 무한에 가깝기 때문에 사전에 정립된, 그리고 데이터 수집 과정에서 실시간으로 보정된, ‘개념’적 방향성에 따라 실질적으로 현장 연구가 ‘수행 가능한 것’으로 전환된다.

쉽게 표현하자면, 질적 연구 현장의 무한한 복잡성 안에서 ‘개념’은 연구자의 등대와 같은 역할을 한다. 마리오 스몰과 제시카 칼라코가 2022년에 펴낸 방법론 개론서인 『더 단단한 질적 연구를 위한 안내서』(원제는 『질적 문해력Qualitative Literacy』)는 주로 샘플링의 기법과 현장에서 질문하는 방법에 대해 설명한다. 이들 또한 질적 연구에 단일한 정의나 방법이 있다고 보기 어렵다는 입장을 고수한다. 질적 연구란 질적인 형태의 데이터, 질적인 데이터 수집 전략, 그리고 질적인 데이터 분석 전략의 세 가지 요소로 나눌 수 있는데, 이 모든 것에서 단일한 왕도가 있을 수 없다는 것이다. 따라서 이들은 책 전체에 걸쳐서 데이터 수

집 전략에만 천착하면서도, '사회과학적으로 우수한' 데이터 수집 전략이란 구체적인 수행 방법의 영역을 넘어선, 질적 자료에 대한 민감도와 '문해력'의 영역임을 반복적으로 강조한다(Small and Calarco, 2022).

근거이론적 방법과 사례확장적 방법이라는 이분법, 그리고 데이터와 이론의 이분법이 현장에서 작동할 수 없다는 수행적인 관점에서 제고되는 것과 마찬가지로, 질적 연구자들이 종종 당연하게 여겨왔던 방법론적 요소들 또한 최근 다양한 방식으로 호명되며 비판적이고 성찰적인 논의 대상이 되고 있다. 첫째로, 질적 연구의 '연구 대상'이란 무엇인가에 대한 논의가 진행되고 있다. 가령, 밀워키 강제 퇴거민들의 빈곤의 굴레를 연구하여 『쫓겨난 사람들Evicted』이라는 책을 저술한 매슈 데즈먼드Matthew Desmond는 관계론적 에스노그래피Relational ethnography라는 표현을 제안한다. 관계론적 에스노그래피란 연구 대상을 그저 주어진 대로 받아들이고 이에 의문을 제기하지 않는 '자발적 에스노그래피spontaneous ethnography'의 반대되는 용어로서, 질적 연구자가 상호 연관된 연구 대상들 사이의 관계들을 전략적으로 구성하고, 이 관계들을 연구하는 것을 그 목표로 잡는 기법을 뜻한다(Desmond, 2014).

이는 부르디외의 자발적 사회학spontaneous sociology에 대한 비판을 에스노그래피에 적용한 것이라고 볼 수 있다. 부르디외는 이미 구축된 사회학적 연구의 대상, 즉 특정 집단, 장소, 사회 문제에 대한 사회학을 넘어서, 연구자가 자주적으로 연구의 대상object를 구축해 내야 하며, 이것이 성찰적 사회학reflexive sociology의 필요조건이라고 주장했다(Bourdieu et al. 1991; Bourdieu and Wacquant, 1992). 데즈먼드는 이러한 관점을 에스노그래피에 적극적으로 도입해야 한다는 입장이다. 다시 말하면 질적 연구자들은 도시 빈곤을 연구하기 위해서는 도시 빈민 혹은 빈민가를 연구한다든지, 과학기술에 대해 연구하기 위해서는 과학 실험실을 연구하는 등 본인이 연구하고자 하는 대상이 이미 선험적으로 정해져 있다고 여기는 경우가 많은데, 데즈먼드는 이러한 접근은 이미 주어진 범주와 관점을 문제 삼지 않는다는 점에서 좋은 연구가 되기 어렵다고 본다.

왜냐하면, 사회학자가 포착해야 하는 사회적 사실은 대상 혹은 장소에 귀속되어 있는 것이 아니라, 대상들 사이의 관계에서 찾을 수 있기 때문이다. 데즈먼드 스스로의 연구를 예로 들면, 그는 자신의 도시 빈곤 연구가 '빈곤한 강제 퇴거민 집단' 혹은 '강제 퇴거민들의 빈곤한 상태'에 대한 연구가 아니었다고 주장한다. 대신, 그는 "자본은 관계"라고 주장한 마르크스의 표현을 인용하며, "빈곤 또한 관계"이며, 장field 위에서의 다양한 행위자들 사이의 관계를 관찰해야 했었다는 점을 주장한다. 가령, 연구자가 연구 대상들끼리의 관계망으로 구축한 미시적인 규모의 '장'이 있다고 가정했을 때, 이 안에서는 퇴거민 본인 외에도 그의 자녀, 부모, 전 연인, 전 배우자, 친구, 사회복지사, 집주인 등이 함께 행위하며 관계를 맺게 된다.

강제 퇴거민이 친구들에게 사치품을 선물하는 데 정부로부터 받은 생활 보조금을 모두 사용하고, 다시 굶주린 빈곤의 '상태'로 되돌아가는 현장을 보았을 때, 데즈먼드는 그러한 판단이 강제 퇴거 시 신세를

질 친구에게 절박한 마음으로 선물함으로써 다시 빈곤의 굴레로 되돌아가는, 과정이자 관계로서의 빈곤의 모습임을 포착해 낸다(Desmond, 2016). 데즈먼드가 이름 붙인 관계론적 에스노그래피 접근이 정말로 새로운 것인가에 대한 비판이 제기되기도 했고, 실제로 많은 질적 연구자들이 이미 암묵적으로 현장의 다양한 관계들을 연구해 오고 있었다는 점에서, 데즈먼드의 주장은 연구자 집단의 암묵적 지혜에 명확한 명명을 부여한 것에 지나지 않는다는 비판도 있다(Burawoy, 2017). 그러나 중요한 것은, 질적 연구는 아직 구획되거나 특정되지 않은 상황 속에서 연구자 스스로 연구의 대상이 되는 객체의 관계망을 구축해 내는 것으로부터 시작한다는 메시지일 것이다.

두 번째로, 질적 연구의 일반화 가능성에 대한, 더 나아가 '이론'의 위치에 대한 논의이다. 앞에서 이미 논의한 바와 같이 질적 연구자들이 추구하는 '일반화'는 양적 연구의 그것과는 결이 다른 측면이 있다. 왜냐하면, 질적 연구는 사회과학의 '표본 추출'적 접근과 애초부터 반목하며, 따라서 통계적인 일반화 가능성에 대한 논의를 시작할 수조차 없다는 점이 명확하기 때문이다. 따라서 질적 연구자들은 일반화 가능성에 대한 논의 혹은 질문을 유효한 질문으로 인정하지 않는 측면이 강하고, 더 나아가 샘플링에 대한 논의를 중요하지 않은 것이라고 치부하기도 한다. 마리오 스몰과 제시카 칼라코는 이러한 세태에 반박을 제시한다(Small and Calarco, 2022). 일반화라는 개념이 질적 연구에서 다루어질 수 없는 것이라고 하더라도, 그것이 곧 샘플링에 대한 고민이 필요 없음을 뜻하는 것은 아니라는 것이다.

이들은 질적 연구자들이 종종 자신들이 다루고 있는 집단의 구성 원들이 평균보다 더 다양하다고 착각하는 경향이 있고, 그 결과 지나치게 동질적인 집단으로부터 너무 쉽게 '이론적 포화'를 달성하고 연구를 종료하는 함정에 빠질 수 있다고 지적한다. 따라서 특수한 집단에 대한 연구를 하는 경우라고 하더라도, 해당 집단 내에서 최대한 높은 이질성을 확보할 수 있도록 전략적인 샘플링을 수행해야 한다. 또한 이들은 질적 연구의 데이터는 감각적palpable이어야 한다고 주장하는데, 이는 연구자가 연구 대상에게 의식적으로 더욱 정교하고 질감 있는 구술을 획득할 수 있도록 노력해야 한다는 것이다. 가령, 연구 대상에게 "당신 말고 다른 사람들은 지금의 상황에 대하여 어떻게 생각할까요?"라고 질문하는 것은, 연구자가 마음속에서 내심 달성하고 싶은 일반화의 욕망을 인터뷰 답변자가 대신 달성해 주기를 바라는 것과 다르지 않다. 연구자가 던져야 하는 질문은 오로지 연구 대상이 '개인'으로서 각자의 맥락에서 감각하고 사고하는 것을 감지하기 위한 질문이어야 하며, 이렇게 수집된 질적 자료만이 감각적인 자료로서의 가치를 갖는다.

감각적인 자료를 다양한 샘플을 통해 확보함으로써 질적 연구는 무엇을 달성하게 되는가? 연구자는 구체적인 맥락과 상황 속에서의 다양한 개개인의 담론과 상상력을 수집하게 되고, 이를 통해 '현장의 상황'을 일반화하려고 하는 헛된 목표로부터 해방되고, 특정한 맥락으로부터 추출된 요약된 증언으로서의 '이론'을 획득한다. 이러한 이론적 주장을 학문장에 내놓고, 다양한 맥락에서의 변주와 변용을 기대하거나, 다양한 방법론을 사용하는 학자들의 반론과 검증을 기다리는 것, 그러면서도 다른 방법론이 접근할 수 없는 감각적인 데이터를 획득하는 것이 질적 연구의 목표가 된다. 이는 마이클 벨이 '확장 가능성extendability'이 일반화 가능성을 대신하는 질적 연구의 목표여야 한다고 주장했던 것과도 일맥상통한다(Orne and Bell, 2015). 사실, 질적 연구가 사례 너머의 확장성이 무조건 낮다고만 단언할 수는 없다.

다이앤 본Diane Vaughan은 1986년에 벌어진 챌린저 우주왕복선의 폭발에 대한 역사적 에스노그래피를 수행했는데, 2003년 컬럼비아 우주왕복선이 전소되었을 때, 언론은 그녀를 다시 주목했다. 20년에 가까운 시간이 흘렀고, 본이 연구했던 나사는 더 이상 이전과 같지 않았고, 우주왕복선 개발을 둘러싼 국가와 산업의 이익관계도 변했지만, 조직적으로 배태되는 위험 감수의 문화는 여전히 유효한 성찰을 가져다주었기 때문이다. 본은 "이론, 유비, 역사는 다시 한번 함께 작동했다. 왜냐하면 챌린저호에서 벌어졌던 일들이 다시금 컬럼비아호에서 반복되었기 때문이다"라고 회고했다(Vaughan, 2004: 342).

이처럼 간략히 살펴본 바와 같이, 질적 연구자들은 '노하우' 이상으로 본인들의 연구에 대한 방법론적인 고민들을 직접적으로 드러내며 논의하고 있다. 이는 데이터와 이론 사이의 선후관계에 대한 논쟁, 질적 연구의 연구 대상의 구획과 구축에 대한 논쟁, 그리고 질적 연구의 일반화 및 이론화 가능성에 대한 논의인 것으로 추려볼 수 있겠다. 그렇다면 계산사회과학은 이러한 질적 연구의 방법론적 쟁점들에 어떤 방식으로 기여할 수 있거나, 혹은 이미 응답 중일까? 계산사회과학이 이 과제들에 응답하고 있는 방식은 과연 적절한 출구를 제공하여 줄 것인가?

계산사회과학의 응답

계산사회과학은 대부분의 경우 타 연구방법론을 의식하며 상대적 강점 혹은 약점을 스스로 진단하기보다는, 그 나름의 사회과학을 수행하고 있다. 따라서, 본 장은 계산사회과학자들이 이미 수행하고 있는 연구들이 전제하고 있는 데이터와 이론 사이의 관계, 연구 대상의 구획의 문제, 그리고 일반화 가능성의 문제를 추출하고 진단해 보는 것을 첫 번째 목표로 한다. 이어서 나는 계산사회과학이 질적 연구의 진보와 확장의 구체적인 수단으로서 기능할 수 있다고 주장하는 소수 학자들의 주장을 점검하며 그 유효성을 검토하고 한계를 제안하겠다. 마지막으로, 계산사회과학자들의 노력에도 불구하고 아직까지 완전히 계산사회과학적 접근으로 포괄하기 힘든 사회학의 문제들이 무엇이 있을지 고찰하고자 한다.

계산사회과학의 다양한 선구자들이 반복적으로 주장하듯, 계산사회과학의 폭발적인 성장은 사회의 실재를 표상할 수 있는 데이터의 양과 종류가 크게 증가하고 있다는 사회적 배경에 힘입은 것이다. 직관적으로는 소셜미디어 등 인터넷 공간에서 활자화된 담론들이 셀 수 없을 만큼 많이 생성되어 데이터로서 가공되고 있다. 또한 기존에 체계적으로 '데이터'의 형태로 가공되지 못하고 어지럽게 흩어져 있던 분절된 실재들이 손쉽게 수집 가능한 형태로 가공될 수 있게 되었다.

가령 학문장에서 생산되는 지식들은 비영리 웹사이트인 오픈알렉스(Openalex.org)를 통해 데이터베이스화되어 서비스되고 있는데, 2022년 전후에만 해도 데이터의 양과 분류 체계가 매우 조악했던 반면, 2025년 시점에서는 다양한 학술자료에 정교한 메타데이터를 연결시켜 제공하기도 하고, 더 나아가 상당한 수준의 분석을 자체적으로 제공하는 경지에 이르렀다. 기초적인 컴퓨터 프로그래밍 지식이 있다면 이들이 제공하는 데이터베이스를 활용해 셀 수 없이 많은 학술 데이터들의 주제, 제목, 초록, 저자, 국가, 소속기관, 인용 수, 인용하고 있는 다른 논문, 저널의 임팩트 팩터 등 다양한 정보를 획득할 수 있다.

다른 예로, 오픈실라버스(Opensyllabus.org)는 전 세계 대학에서 사용하는 강의계획서를 아카이빙하고 있는 플랫폼이다. 이들의 자료를 활용하면 전 세계 대학들에서 활용되고 있는 강의계획서를 통해 고등교육의 흐름에 대한 분석을 수행할 수 있다. 공공데이터의 확산도 주목할 만하다. 이미 대한민국의 주요 지방자치단체들은 개인정보를 보호하는 범위 내에서 다양한 공공데이터들을 게시하고 있다. 기존에는 통계 전문기관 혹은 연구소에서만 접근 가능했던 사회현상에 대한 데이터들이 대규모로, 다양한 영역에 걸쳐서 생성되고 있는 것이다.

데이터의 양과 질이 상승하고 있다는 것은 사회학자들의 연구질문에 응답하는 데 있어서 이들 데이터를 증거로 채택하기 점점 용이해지고 있다는 것을 뜻한다. 예를 들어, 기존에는 질적 연구를 통해서만 응답 가능할 것이라고 상상되던 종류의 연구 질문이 계산사회과학을 통해서도 응답 가능해지고 있는 경우들이 늘어나고 있다. '특정 문화적 행위가 최초로 문화자본으로서의 가치를 어떻게 획득하게 되는가?' 하는 연구 질문을 가정해 보자. 이는 특정 종류의 미술이나 특정 장르의 음악이 문화의 장에서 높은 계급과 연관된다고 할 때, 그 '가치'가 애초에 어떻게 매겨졌는지에 대한 질문이라고 볼 수 있다. 연구 질문에서 볼 수 있듯이 이는 '어떻게(how)'에 대한 질문으로 볼 수 있고, 사회적 과정과 장기적 흐름을 바탕으로 그 답변을 도출해 내야 할 것으로 보인다.

문화사회학자 샤무스 칸Shamus Khan과 파비안 아코미나티Fabien Accominotti는 19세기 후반 미국의 도금 시대Gilded Age에 뉴욕 필하모닉 오케스트라의 티켓이 소비되었던 경향성을 계산사회과학적으로 복기해 내는 방식으로 이 질문에 대답했다. 이들은 클래식 음악 공연에 가는 행위가 다양한 대중들이 향유할 수 있는 행위가 되어갔다는 점을 오케스트라 구독자들의 주소지의 분포가 점차 다양해졌다는 점을 통해 증명했다. 그러나 그러면서도 동시에 다양한 계급의 좌석들이 이들에게 분절적으로 소비되었던 점도 동시에 복기해 내면서, 해당 문화자본을 소비할 수 있는 인원들의 총량은 늘어나되(즉, 문화자본의 통화량은 증가하되), 그것을 계층화된 형태로 향유할 수 밖에 없게 만드는 전략이 있었음을 드러내 보였다. 이들은 분리된 포함segregated inclusion이라는 개념을 고안해 내며, 자본주의 사회에서의 고급 문화의 경제적 소비가 역설적으로 해당 문화행위의 문화자본적 가치(즉, 환산율)를 높이거나 유지시키는 방식으로 작동할 수 있다는 점을 증명한 것이다(Accominotti et al. 2018).

이렇듯이, 양적 연구와 질적 연구의 이분법 구도 내에서는 연구 질문의 종류에 따라 이에 적절한 방법론을 명확하게 구분하는 것이 비교적 용이했던 것에 반해, 계산사회과학은 다양한 연구 질문에 창의적인 조작화 전략을 통해 응하고 있다. 그렇다면 계산사회과학자들은 이론 혹은 가설이 데이터와 어떤 관계를 맺어야 한다고 여길까? 질적 연구자들의 경우 교과서화된 텍스트에 이미 이론과 데이터 사이의 순환적 관계, 더 나아가 이론적 관심을 통해 연구자가 관찰하는 데이터 자체가 바뀔 수도 있다는 인식론적 불확실성이 다루어졌던 바 있다. 사회과학의 본질적인 불확실성을 인정한다는 것이다.

반면, 계산사회과학의 교재들은 상대적으로 보수적인 입장을 취하는 것으로 보인다. 데이터로부터 역산하여 연구 질문과 이에 맞는 이론을 찾아내는 것은 HARKing이라고 부른다. 이는 Hypothesis After the Result is Known(결과를 알고난 뒤 가설을 세우는 것)의 약자로, 계산사회과학자들이 사실상 연구 부정의 영역에 가까운 것으로 치부하는 행위이다. 이에 따르면 질적 연구자들이 널리 공유하고 있는 인식론적 불확실성은 HARKing을 합리화하는 논리에 지나지 않게 된다.

물론 계산사회과학자들이 이론과 데이터 사이의 순환적 관계에 대해 이해하지 못하는 것은 아니다. 『데이터로서의 텍스트Text as Data』는 세 명의 계산사회과학자들이 텍스트 분석을 활용하는 사회과학 연구자들을 위해 펴낸 입문서이다. 이 책은 가설, 가설의 시험, 데이터 분석, 시각화 등의 과정을 선형적인 연구 수행의 과정인 것으로 다루고 있으면서도, 큰 틀에서 사회과학은 데이터로부터 추출해 낸 일반적인 패턴이 끝없이 이론을 수정하고 보완하는 작업임을 명시한다. 저자들은 "초기의 데이터들은 탐색적으로 사용될 수 있으며, 이는 연구자가 데이터가 새롭게 조직될 가능성들을 찾도록 이끈다. 이렇게 새롭게 조직된 데이터는 새롭게 측정되고 새로운 연구 질문으로 이어진다. 이는 또다시 새로운 연구 설계로 이어져, 결과적으로 미래에 무슨 일이 발생할 것인지 예측할 수 있게 해 주는 인과적 추론이 된다"라고 주장했다(Grimmer et al. 2022: 26).

다시 말해 사회과학이 무수한 서로 다른 연구들에 의해 수행되는 인과적 추론의 추출 과정이라고 한다면, 개별 연구들은 각자 제한된 데이터의 범위 내에서 탐색적인 시도들을 반복하고 있다고 볼 수 있겠다. 이를 통해 개념으로 구성된 일반화된 주장으로서의 '이론'이 만들어지고 수정된다면, 이는 예측적인 인과추론으로 이어진다는 것이다.

이러한 주장을 본다면 계산사회과학자들이 개별적인 연구 내부에서도 어느 정도의 순환적이고 양방향적인 연구를 수행하고 있을 것이라고 추측할 수도 있겠다. 그러나 적어도 교과서의 입장은 개념, 이론, 가설, 데이터, 분석, 결론으로 이어지는 일련의 선형적 흐름을 표준적인 연구로 여기고 있는 점은 분명한 것 같다.

그렇다면, 같은 연구 질문에 대해 질적 연구와 계산사회과학을 동시에 활용하여 응답하면 어떻게 될까? 이 경우 몇 가지 '두 문화의 충돌'을 예상할 수 있을 것이다. 먼저, 질적 연구가 대개 사회적 과정에 대한 심층적인 분석을 통해 원인 혹은 기작에 대한 질문에 잘 응답하는 반면, 여전히 대부분의 계산사회과학 연구는 데이터를 통해 관찰 가능한 사회에 대한 명확하고 사실적인 증언 자체를 발굴하는 데 강점이 있다. 즉, 상식적으로 예측하고 있었는데 아무도 데이터를 활용해 확증해 주지 못했던 것들에 대해 명확한 증거기반 답변을 제시해 주는 것이 계산사회과학의 강점이다. 이때 두 방법론을 뒤섞어 사용하면, 하나의 연구 질문에 어울리지 않는 분석들이 뒤엉키게 될 위험이 있다.

둘째, 샘플링의 불균형이 예상된다. 계산사회과학은 인력으로 분석할 수 없을 정도로 방대한 양의 데이터를 분석하는 경우가 많은데, 대부분의 경우 이는 저자들이 관심 갖는 현상에 대응하는 플랫폼이 제공하는 범위 내에서의 전수조사에 가까운 데이터이다. 이에 반해 질적 연구는 전략적 샘플링 혹은 스노볼 샘플링을 통해 표본을 확보하기 때문에, 계산사회과학과는 샘플의 양과 편향성에 있어서 정반대의 상황이라고 볼 수 있다. 이는 앞에서 이미 다루었던 바와 같이 이 두 문화가 실재와 데이터 사이의 관계를 서로 다르게 가정하고 있기 때문이다. 이토록 서로 다른 샘플을 분석했을 때 획득되는 서로 다른 결과들을 어떻게 조화시킬 수 있을지, 혹은 서로의 결과를 더욱 강화시키는 방식으로 두 결과를 사용할 수 있을지는 연구자의 연구 설계 전략에 달려 있다고 볼 수 있다.

질적 연구와 계산사회과학 연구를 혼합하여 하나의 논문에서 구현한 사례는 극히 드물다. 코리 에이브럼슨Corey Abramson은 질적 연구와 계산사회과학을 융합하고자 시도하는 극소수의 학자 중 한 명이다. 그는 계산 에스노그래피computational ethnography라는 용어를 적극적으로 사용하며, 계산사회과학적 방법론의 도입이 질적 연구를 다방면에서 진전시킬 것이라고 주장한다. 첫째, 에스노그래피의 규모를 키울 수 있다. 둘째, 투명성을 높일 수 있다. 셋째, 기본적인 재현성을 실험할 수 있다. 넷째, 내적 타당도와 외적 타당도를 확보할 수 있다. 이러한 낙관론은 샘플의 수를 높이고 그 규모를 확장하는 것이 에스노그래피의 현대적 과학성을 진전시킨다는 가정을 기반으로 한다.

가령 에이브럼슨이 수행한 '고통'에 대한 미국인들의 담론 연구를 그 예시로 들 수 있다(Abramson et al. 2024). 연구진은 스탠퍼드대학과 프린스턴대학이 공동으로 수행하고 있는 미국의 목소리 프로젝트American Voice Project(AVP)의 인터뷰 데이터를 활용해 약 1,500명의 미국인들이 얼마나 다양한 형태로 '고통'이라는 단어가 포함된 내러티

브를 구술하는지 분석한다. AVP는 일종의 대규모 구술사 프로젝트로, 다양한 삶의 경험에 대해 묻는 인터뷰 결과를 데이터화해 방주와 같이 저장하고자 하는 프로젝트이다. 저자들은 5,852개에 달하는 인터뷰 문단들을 계산사회과학적인 방법을 통해 분석하고 시각화했으며, 그 결과 젠더 혹은 교육 수준에 따라 다른 형태의 고통 담론이 존재한다는 점을 확인했다.

가령 여성은 남성과는 달리 돌봄care, 권리right, 자녀kid와 같이 일상적인 경험을 고통에 대한 담론에 포함시킨다. 또한 교육 수준이 높은 시민들은 고통에 대응하는 직접적인 의료적 처치들을 언급하는 데 반해, 교육 수준이 낮은 경우 이는 가족, 여동생, 엄마 등 관계적 지원에 대한 단어로 대체된다. 이는 자연어 처리Natural Language Processing 기법을 통해 분석한 것으로, 가상의 공간에 분석 대상이 되는 자연어 텍스트를 흩뿌렸을 때, 서로 가까운 거리에 있는 단어 뭉치가 어떤 모양을 하고 있는지 분석하는 방법을 사용한 것이다.

이처럼 물리적으로 다 읽을 수 없는 양의 질적 자료를 '객관적인' 계산사회과학을 활용해 분석함으로써, 저자들은 비로소 재현성과 일반화 가능성을 담보할 수 있는 사회과학을 수행할 수 있게 되었다고 말한다. 저자들은 이를 '정상과학적 전통normal-scientific tradition'이라고 지칭하며, 이러한 인식론을 가정하는 한, 계산사회과학은 질적 연구의 훌륭한 보강재가 될 수 있다고 주장한다. 이는 기본적으로 정상과학적인 시각으로 에스노그래피를 비판하는 학자들에 대한 방어적인 대응 전략을 떠올리게 하는 면이 있다. 왜냐하면 정상과학은 에스노그래피를 "탐색적exploratory"이고 "우화적anecdotal"이며, "불투명opaque"하다고 비판해 왔는데, 계산사회과학은 질적 연구를 대규모화하고, 투명하게 하고, 재현 가능하게reproducible 함으로써, 소위 주류 사회과학(혹은, 자연과학적 과학성을 추구하는 '단단한hard' 사회과학)이 추구하는 '타당도'를 달성할 수 있게 한다는 것이다(Abramson et al. 2018).

에이브럼슨의 주장은 본질적으로 질적 연구의 과학적 '약점'을 계산사회과학을 통해 '극복'한다는 서사를 바탕으로 한다. 반면 두 인식론을 조화시켜야 한다고 주장하는 소수의 학자들도 있다. 에딘버러대학의 지안 마르코 캄파넬로Gian Marco Campagnolo는 질적 연구와 계산사회과학을 동시에 활용하는 일은 매우 어려운 일이면서도, 정교한 협동 노동coordinated labor을 요구한다고 주장한다. 구체적으로, 계산사회과학적인 데이터 분석을 통해 질적 연구자들은 자신들이 분석하고자 하는 연구 대상과 관련된 큰 그림을 획득하고, 효율적인 연구 질문을 만들어 낼 수 있다. 반대로 계산사회과학자들은 질적 연구자들의 문제의식을 통해 분석할 만한 주제에 대한 힌트를 얻을 수 있다는 것이다. 따라서 계산사회과학자와 질적 연구자는 연구를 통해 참여적 데이터 구축participatory data collection에 협조해야 하며, 서로 다른 인식론 사이의 우위를 다툴 게 아니라, 서로의 인식론으로부터 영감을 얻는 관계를 유지해야 한다는 것이다(Campagnolo, 2022).

이는 계산사회과학과 데이터 과학에 질적 연구자들의 협조가 필요하다는 마리오 스몰의 주장과도 맞닿아 있다. 스몰은 질적 연구자들은 수많은 복잡한 데이터로부터 중요한 데이터가 무엇인지 구별해 내는 예리한 감각을 가지고 있으며, 알고리즘을 기반으로 수행하는 계산사회과학적 수행 자체에 대한 비판적인 관점 또한 제공할 수 있다고 주장했다. 또한 계산사회과학의 조작화 전략과 분석 전략에 대해 예리한 비판을 가할 수 있는 것도 질적 연구자들의 역할이라고 했다. 스몰은 질적 연구자들이 적극적으로 계산사회과학 연구를 포용하며 함께 연구하는 모델을 상상한 것은 아니었고, 다만 질적 연구자들의 장점이 데이터 과학의 시대에도 여전히 유효하다는 방어적인 주장에 그친 것이기는 하다. 또한 스몰이 주장한 '비판적 시각'이 질적 연구자들만의 전유물이라고 보는 것도 억지스럽다. 그러나 캄파넬로의 주장과 연결지어 생각해 본다면, 그 형태가 협동연구이든지, 혹은 학문장 전반에 걸친 상호 교류의 방식이든지, '두 문화' 사이의 생산적 교류는 가능하다고 의견을 모을 수 있다.

마지막으로, 계산사회과학의 성장과 계산사회과학에서 내놓고 있는 다양한 연구들에도 불구하고, 질적 연구에서 오랫동안 다루어 온 연구 대상 중 계산사회과학이 아직까지 강력하게 기여하기 어려운 영역으로 남아 있는 부분이 무엇이 있을지 고민해 보고자 한다. 이는 향후 질적 연구와 계산사회과학을 혼합하여 연구를 진행할 때, 각자의 인식론의 영역에서 어떤 지점에 더욱 집중해야 할 것인지를 고민하게 하는 부분이기도 하다. 먼저, 가장 명백한 영역은 데이터로 구축된 적이 없는 사회적 삶의 영역이 있을 것이다. 이는 이미 많은 학자들이 주장한 부분인데, 데이터가 구축되어 있다는 것은 이미 그 자체로 사회적 힘의 결과일 수밖에 없기 때문이다. 상업적인 플랫폼에서 생산되는 데이터들은 기업이 관리하고 배포하는 범위 내에서만 활용할 수밖에 없으며, 이들 데이터조차도 이를 소유한 기업의 수익 모델에 의존하는 형태일 수밖에 없다.

따라서 이미 구축되어 있는 데이터에 의존할 수밖에 없는 계산사회과학자들은 데이터 생산 과정 자체에 대한 비판적인 시각을 고수하고 있는 질적 연구자들에 비해 사회적 권력과 거리를 두기 어렵다. 구체적인 개입이 존재하지 않는다고 하더라도, 공공의 영역이든 경제조직의 영역이든, 데이터화할 가치가 없는 것으로 여겨지는 소외 집단에 대한 연구는 연구자들이 의식하지 않더라도 점점 계산사회과학의 연구 관심사에서 멀어지게 될 소지도 있다. 즉, 계산사회과학자들은 자신들이 무엇을 연구하지 않고 있는지도 자각하지 못한 채, 조직적이고 영속적인 무지를 구성하게 될 수도 있다는 것이다(Gross, 2007).

두 번째로 고려해야 할 것은 질적 연구의 현장에서 관찰하게 되는 비언어적이고, 종종 육화된 형태의 사회적 권력에 대한 연구이다. 계산사회과학은 활자화된 정보들을 다루는 경우가 대부분이기 때문에, 활자화되지 못한 사회 현장을 분석하는 데는 취약할 수 밖에 없다. 그런데 질적 연구자들은 바로 이렇게 비언어적으로 작동하는 사회적 장면들이 사회적 힘을 강력하게 드러낸다고 오랫동안 주장해 온 바 있다. 계산사회과학은 몸의 기술technique of body를 매개로 하여 작동하는 사회적 권력을 어떻게 포착하거나 이에 협동할 수 있을 것인가?

예를 들어 데즈먼드는 애리조나의 소방관들에 대한 에스노그래피에서, 소방관들이 위험을 섣불리 감수할 수 있는 객체로 거듭나는 과정에서 몸에 가해지는 반복적인 자극과 훈련이 필수적이라는 점을 보였다. 시골 남자country-boy라는 공통의 일반적 아비투스general habitus를 공유한 소방관들은 소방관 10대 안전 수칙을 암송하고, 암송에 실패하면 즉시 얼차려를 받는 등 육체적 고통을 통해 위험을 감수하는 남성성과 '불은 위험한 것이 아니라 관리할 수 있는 것'이라는 관념을 상호 증폭시킨다. 그 결과 소방관들은 극도의 위험 앞에서 편안하게 목숨을 걸 수 있는 대상이 되고, 그 결과는 매년 수백 명에 달하는 소방관들의 사망이다(Desmond, 2011; Desmond, 2006).

저자는 이 연구를 위해 여러 해에 걸쳐 산불진압 소방관 아르바이트를 했고, 이 과정에서 본인의 몸에 체화된 소방관으로서의 감각까지도 포함하는 비언어적인 사회적 힘의 작동 과정을 탐색했다. 질적 데이터의 속성이 공감각적일 수 있다는 점을 감안했을 때 그리고 질적 데이터와 연구자 사이의 거리를 고려했을 때, 계산사회과학이 연구의 대상으로 다룰 수 있는 데이터는 비록 전수조사에 가까운 빅데이터일 수는 있을지언정, 그것이 사회적 사실에 대한 총체적인 표상으로 여겨질 수만는 없을 것이다.

분업을 넘어
: 질적 연구와 계산사회과학의 공진화를 향하여

이상의 논의를 통해 질적 연구와 계산사회과학의 이질성, 그리고 이러한 이질성에도 불구하고 두 방법론이 함께 유용한 방식으로 사용될 수 있을지, 그 가능성을 검토하고자 했다. 질적 연구와 계산사회과학은 연구 과정에서의 인식론, 연구 대상의 설정, 데이터와 이론 사이의 관계 등의 측면에서 서로 '두 문화'라고 불릴 수 있을 정도로 상이하다. 따라서 대부분의 연구자는 이들을 완전히 분리된 접근으로 인식하거나, 서로 경쟁 관계에 있는 것으로 인식하는 경우가 많았다. 둘을 조화로운 관계로 해석하고자 하는 경우에도, 종종 계산사회과학은 질적 연구의 한계를 극복해 주는 시혜적 도구로 다뤄지는 경우가 많았다. 즉, 인식론적 이질성을 적극적으로 인정하면서도, 이를 조화롭게 동시에 활용할 수 있는 형태의 혼합방법론에 대한 고민은 이제 갓 걸음마 단계라고 진단할 수 있겠다.

물론 모든 연구방법론들이 혼합방법론의 길로 조화되어야 할 필요는 없다. 모든 질적 연구가 계산사회과학과 융화되어야 할 필요도 없으며, 질적 연구 고유의 인식론이 사회과학의 생태에서 수행하고 있는 고유의 역할 또한 분명할 것이다. 가령 계산사회과학이 강점을 갖는 분야에 대해 질적 연구가 그것을 잘하지 못한다고 하여, 혹은 반대로 질적 연구가 강점을 갖는 접근이 계산사회과학에 의해 모방될 수 없다고 하여 그것이 각각의 분야에 대한 비평이 될 수는 없다. 또한 질적 연구와 계산사회과학이 각자의 영역에서 나름대로의 강점을 바탕으로 각각 연구를 수행하면, 큰 그림에서는 학문장에서의 분업이 잘 성취되는 것도 가능하며, 이미 그러한 현상이 일어나고 있다(Kang and Evans, 2020). 그럼에도 불구하고 이 글에서 질적 연구와 계산사회과학의 혼합의 가능성에 집중하는 이유는, 앞에서도 다루었듯이 계산사회과학이 분석하는 데이터의 형태가 기존의 양적 연구에서 다루던 것들에 비해 훨씬 넓고 다양하기 때문이다. 이러한 다양한 데이터들은 종종 질적 연구자들이 분석하고 싶었던 현상에 대한 증거로 존재하기도 하며, 질적 연구자들이 던질 법한 연구 질문에 대한 답을 계산사회과학자들이 내놓는 경우도 증가하고 있다. 따라서, '평화롭고 지속적인 지적인 분업'을 넘어선 고민을 할 가치가 있는 것이며, 특히 질적 연구자들의 입장에서 자신들만의 대체 불가능한 연구 질문과 인식론의 범주에서 안주하는 것에서 나아가, 새로운 협동과 수용이 필요하다고도 볼 수 있겠다.

학문장은 보수적이고 느리다. 이 보수성과 신중함은 학문장의 자본을 증폭시키고, 이러한 자본의 감가를 억제하는 기능을 한다. 그러나 그렇다고 해서 학문장이 폐쇄적인 것은 아니다. 학문장 구성원들 사이의 투쟁이 학문장 바깥의 동역학과 맞물려 있을때, 이는 학문장과 외부 세계 모두에서의 놀라운 변화의 동력이 되기도 한다(Bourdieu, 1988). 계산사회과학은 인공지능의 영향력이 사회의 모든 영역에서 전개되고 있는 전 세계적인 흐름을 반영하고 있는 학문이다. 학문장에서 의 변화가 사회적 변화의 일부로서 벌어지고 있다는 뜻이다. 이는 학 문장 내부에서의 투쟁과 상호작용의 동역학이 학문장 바깥에서의 그 것과 필연적으로 연결될 수밖에 없다는 것을 의미한다. 과학기술사회 학자들은 사회의 외생적 변수로서의 '인공지능', 그리고 그것이 영향 을 미치는 분리된 객체로서의 '사회'의 이분법을 넘어서야 한다고 주 장한다. 왜냐하면 인공지능 또한 사회적 맥락에서 만들어지고, 그러한 인공지능이 사회와 관계 맺는 방법 또한 어느 한 영역이 주도하는 것 은 아니기 때문이다. 학문장에서도 마찬가지일 것이다. 인공지능을 활 용한 계산사회과학은 인공지능이라는 외생적 변수에 의해 전적으로 결정되는 학문이 아니며, 계산사회과학이 사회과학의 영역에 안착하 는 과정 또한 사회과학의 의미와 범위에 대한 성찰과 필연적으로 함께 수행될 것이다. 이 과정에서 성찰은 모든 사회과학자들의 몫이다. 질 적 연구자들도 예외일 수 없을 것이다.

VII

알고리즘의 해부학으로 사회학 하기

주저자 김해솔

고려대학교 사회학과를 졸업하고 미국 스탠퍼드대학교 사회학과 박사 과정에 재학 중이다. 다양한 형태의 데이터와 방법론의 적용이 사회학에 제공할 수 있는 새로움에 관심을 두고 연구를 확장시켜 나가고 있다.

교신저자 신은경

고려대학교 사회학과 교수이자 하버드대학교 사회학과 방문 학자. 고려대학교 사회학과를 졸업하고, 미국 컬럼비아대학교에서 사회학 박사 학위를 취득했다. 컬럼비아대학교 로스쿨 연구교수 및 테네시주립대학교 의과대학 박사후연구원을 거쳤다. 다양한 학문 분야를 아우르며 머신러닝 및 인공지능 기법을 사회 연결망, 역사사회학과 의료사회학에 확장 적용시키는 연구를 수행하고 있다. 특히 뇌 데이터를 활용하여 인지사회학과 인공지능의 접목을 통해 사회 관계망의 변화가 인간의 인지 척도에 미치는 영향을 세밀히 조망하고 추적하고 있다.

사회학적 탐색을 위한 알고리즘의 해부학

현대 컴퓨터 과학의 선구자인 앨런 튜링은 1950년 「컴퓨팅 기계와 지능Computing Machinery and Intelligence」이라는 제목의 논문을 발표했다(Turing, 1950). 그는 이 글에서 튜링은 "기계가 생각할 수 있는가"라는 질문으로 시작하여, 인간과 기계의 지능에 대해 고찰하는 일련의 발상을 제안했다. 튜링의 질문이 학계에 반향을 불러일으킨 지 불과 5년 만인 1955년, 인공지능artificial intelligence, AI이라는 용어가 탄생했다(McCarthy, Minsky, Rochester, and Shannon, 2006).

인공지능은 그 전까지 인간만의 영역이라고 여겨졌던 '지능'을 인간이 아닌 기계를 통해 구현하는 것으로, 현재 가장 빠르게 발전하고 있는 학술 분야이다. 초기 인공지능 개발은 특정한 규칙 혹은 지식을 습득하고 이를 자동적으로 구현하도록 설계하는 '프로그래밍'에 초점을 두었다. 그러나 21세기에 들어서며 방대한 데이터를 활용하여 스스로 '학습'하는 인공지능이 등장, 개발되고 있다. 인터넷의 보급과, 그에 맞물린 데이터의 폭발적인 증가는 인공지능이 프로그래밍된 지식 이상의 정보와 패턴을 스스로 학습할 수 있는 새로운 시대를 열었다. 방대한 데이터를 통해 스스로 학습하는 인공지능은 기존에는 난제로 여겨졌던 자동주행, 손글씨 인식, 이미지 생성 등의 분야에서 놀라운 성과를 낳고 있다.

인공지능에 관한 사회학적 논의 또한 인공지능 발달 과정과 긴밀히 연결되어 진전되어 왔다. 초창기 논의에서는 인공지능의 발달을, 인간과 기계의 비교를 통해 인간 행동 고유의 '사회성'을 더 구체적으로 살펴볼 기회로 여기는 시각이 발견된다(Woolgar, 1985). 초기 지식 프로그래밍 방식의 인공지능이 발전하던 시기에는 사회학 이론 구성의 과정에 인공지능을 활용할 수 있는 방안을 모색하거나(Brent, 1988) 전통적 인공지능 영역에 속하는 법칙 기반rule-based 시뮬레이션 모델링 기법의 사회학적 함의를 논했다(Schwartz, 1989). 1990년대에 들어서며, 구체적으로 사회학 내 어떠한 세부 분야의 연구에 인공지능에 기반한 연구 방법론과 분석 모델이 유용할 것인가에 대한 논의가 시작되었다(Bainbridge, Brent, Carley, Heise, Macy, Markovsky, and Skvoretz, 1994; Carley, 1996). 가령 인공지능에 기초해 인간 행위자들을 닮은 인공 행위자artificial agent들을 생성하고, 이들 간의 상호작용을 관찰함으로써 사회적 행위의 메커니즘을 설명할 수 있다는 접근이 강조된 바 있다(Carley, 1996). 최근에는 인간 사회의 다양한 맥락적 지형을 인공지능을 통해 파악하기 위한 구체화된 방법론과 그 질적 타당성을 평가하기 위한 틀을 논의하는 데까지 이르렀다(박재혁, 2024; 조원광, 2024). 특히 대량의 텍스트로 훈련되어 인간의 표현성을 놀라운 수준으로 모사하는 인공지능이 등장하며 새로운 연구 대상으로서의 인공지능의 가치 등이 논의되기도 했다(김란우, 2024; 김태균, 2024).

본 장은 머신러닝* 모델의 기여와 발전 가능성을 사회학적 관점에서 검토하는 데 집중한다. 사회학은 다양한 학제 및 사회 영역에서 새롭게 등장하는 데이터와 분석 기법의 발전을 주시하며 부단히 이론과 방법론을 정교화해 왔다. 최근 사회학계에서는 특히 머신러닝 기법을 어떻게 수용할 것인가에 대한 논의가 빠르게 일어나고 있다(Molina and Garip, 2019; Borch and Pardo-Guerra, 2023). 다양한 시각이 교차하지만, 머신러닝의 도입은 분명 사회학 연구의 새로운 가능성을 열고 있는 듯하다(Hofman, Sharma, and Watts, 2017). 기존의 양적 분석quantitative analysis*이 주로 바탕으로 삼았던 통계 모델*로는 처리하기 어려웠던 데이터를 이전보다 폭넓게 분석할 수 있게 되었다는 점에서 특히 매력적이다. 대개 질적 분석qualitative analysis*에서 주로 사용하던 화상 데이터, 음성 데이터, 영상 데이터 등은 인간과 사회에 대한 풍부한 정보를 제공하지만, 양적 분석을 적용하기에는 정보의 추출 및 정량화가 어렵다는 난점이 존재했다. 머신러닝에 기초한 최신의 분석 기법은 이러한 난점을 넘어설 수 있는 연구 설계를 가능하게 하며, 더 나아가 위성데이터, 지리정보, 의료 데이터 등 복잡도가 높은 데이터 또한 적극적으로 분석에 활용할 수 있는 길을 열어준다. 이에 따라 기존의 분석이 주로 활용해 왔던 특정한 형태의 데이터를 넘어서서 다양한 성질의 데이터를 폭넓게 탐구할 수 있는 새로운 대안들이 마련되고 있다.

새롭게 분석 가능해진 데이터 중, 디지털 공간을 중심으로 생성된 새로운 형태의 데이터는 특히 중요한 자원이다. 디지털 공간과 그 내부의 데이터가 현대인의 삶에 중요한 위치를 점하고 있는 이상, 사회학은 새로운 생활공간과 데이터를 외면할 수 없다. 디지털 공간의 데이터를 적극적으로 탐색해야 하는 것은 단순히 가용 데이터가 많기 때문이 아니다. 새롭게 등장한 데이터가 변화하고 있는 사회를 반영하고 있기 때문이다. 다만 이러한 디지털 공간의 데이터는 서베이 등에 기초한 전통적 데이터와는 질적으로 다른 성격을 갖는다는 점을 염두에 둘 필요가 있다(Mützel, 2015; McFarland, Lewis, and Goldberg, 2016). 잘 구조화된 설계에 따라 체계적으로 수집된 서베이 데이터와 달리, 디지털 공간의 데이터는 사람들의 삶에서 시시각각 발현, 생성되었다는 점에서 비정제된, 복잡한 형태를 가진다. 전통적인 통계 기법은 본디 이러한 방대하고, 일견 산만한 데이터를 분석하기 위해서 개발된 도구가 아니다. 따라서 디지털 시대의 족적을 탐험하기 위해서는 이러한 새로운 데이터의 특징을 장점으로 승화시킬 새로운 도구가 필요하다. 이 새로운 도구로 조명받고 있는 것이 머신러닝 분석 기법이다.

머신러닝의 경우 다양한 형태의 데이터를 함께 다룰 수 있다는 장점이 있다. 통계 모델의 경우, 분석에 포함할 수 있는 변수의 성질과 수에 제약이 존재한다. 반면, 머신러닝 모델의 경우 이러한 제약에서 비교적 자유롭다(Kang, Yun, Cha, Suk, and Shin, 2024). 가령, 특정 종속 변수(결과 변수)를 설명할 때, 통계 모델에서는 수백 혹은 수천 개의 독립 변수를 투입하는 것이 적절치 않지만 머신러닝 모델을 활용할 경우에는 투입되는 변수의 개수에 제약이 없다.

하지만 머신러닝의 도입은 새로운 가능성을 열어줌과 동시에 다양한 문제들도 야기한다(Molina and Garip, 2019; Shin, 2023). 통계 분석에 기반하여 발전해 온 양적 방법론의 큰 틀에서 조명하여 볼 때, 머신러닝 기반의 분석 기법들은 특히 다음과 같은 지점들에서 난점을 안고 있다. 첫째, 설명력의 부재이다. 양적 방법론을 채택하는 경우, 사회학자들은 풍부한 이론적 논의를 바탕으로 주어진 현상에 대한 합당한 설명 모델을 구성하고, 이후 분석을 통해 해당 설명 모델을 검증하는 방식의 조사 방법론을 채택해 왔다. 이러한 절차의 핵심은 주어진 현상이 어떠한 메커니즘 혹은 사회적 원리에 의해 발생한 것인지를 설명해 내는 데 있다. 반면 머신러닝 모델은 사전에 설정된 설명 모델로부터 출발하는 것이 아니라, 방대한 데이터로부터 스스로 규칙 혹은 패턴을 학습하는 데 중점을 둔다. 그렇기에 데이터가 포함하는 정보량을 최대한도로 활용하여 주어진 과제를 높은 정확도로 수행해 내는 데 특화되어 있지만, 특정 현상의 발생 원리를 설명해 내는 기능은 부족할 수 있다. 따라서 머신러닝 모델이 전통적인 분석 방법론보다 높은 정확도를 담보한다고 하더라도, 이론과 설명 모델에 따른 검증 절차를 데이터에 의존한 패턴 인식으로 전적으로 대체할 수는 없다.

둘째, 머신러닝 모델은 생태학적 오류ecological fallacy 및 개인주의적 오류individualistic fallacy의 위험을 안고 있다. 생태학적 오류는 집단 수준의 발견을 개인에게 적용함으로써 발생하는 오류를, 개인주의적 오류는 개인 수준의 발견을 집단 수준에 적용함으로써 발생하는 오류를 뜻한다. 즉, 관찰 및 분석의 단위와 그로부터 도출된 발견을 적용하는 대상의 단위를 혼동함으로써 발생하는 오류이다. 대표적 고전 사회학자인 뒤르켐 이래 사회학은 개별적 개인을 넘어서는 사회적 사실sui generis을 연구 대상으로 삼아왔다. 통계 모델 등에 기초한 양적 분석 등을 통해 사회학자들이 설명하고자 한 대상 또한 개인이 아닌 거시적 원리와 현상, 변화였다. 반면 머신러닝 모델은 기본적으로 각각의 관측치 혹은 개인의 특정 정보를 정확히 예측해 내는 데 특화되어 개발되었다. 이러한 분석 수준의 미시성을 고려할 때, 머신러닝 모델에 기초한 분석 결과를 사회적 사실에 대한 발견으로 치환하는 것은 분석단위의 혼동에 따른 오류를 범할 위험을 내포한다. 달리 말해, 사회적 설명을 개인으로 치환하여 설명하려 시도하는 순간 분석의 수준을 위배하는 오류를 범하게 된다. 미시적 수준에서의 예측 정확도로 평가되는 머신러닝 모델로부터 어떻게 사회학적 함의를 도출해 낼 수 있을까.

2020년대 사회학계의 인공지능 도입 시도

2020년대에 들어서며 머신러닝 모델을 연구 설계의 핵심적 구성 요소로 채택하는 사회학 연구들이 등장하고 있다. 머신러닝을 활용하여 새로운 변수를 구성하거나(Mittleman, 2022) 분석 기법으로 머신러닝 모델을 채택하는 연구 등이다(Salganik et al., 2020; Brand, Xu, Koch, and Geraldo, 2021; Drouhot, 2021; Zhou and Pan, 2023). 머신러닝을 활용한 최근의 사회학 연구들은 양적 분석에 기초한 사회학적 탐색의 기본틀을 정교화할 방향을 새롭게 제시함으로써, 근본적인 차원에서 연구의 지형을 바꾸고 있다.

통계 모델에서 머신러닝 모델로의 전환은 단순히 데이터를 분석하는 방식만을 변화시키는 것이 아니라, 양적 분석이 대개 따르는 절차 전반에 변화를 가져온다. 전통적인 양적 사회 분석은 [선행 연구 검토 및 이론적 고찰 – 가설 설정 - 연구 설계(변수 조작화, 분석 모델 선정 등) – 분석 수행 – 결과 해석] 등의 과정을 통해 학술적 발견과 논의를 도출한다(Box, 1979; Cook and Weisberg, 1982; Swedberg, 2019). 큰 틀에서 볼 때, 머신러닝을 분석 모델로 채택하더라도 연구의 주요 얼개가 이러한 전통적 양적 사회학의 골자를 완전히 벗어나지는 않는다. 머신러닝에 기초한 최근의 연구들에서도 연구자의 핵심적 연구 관심과 질문을 어떠한 이론, 논의틀, 가설, 개념, 변수 등으로 표현, 포착해 낼 것인지는 여전히 중요한 문제이다. 고로 연구자의 선택과 판단은 연구 전체에 긴요하다. 다만, 머신러닝 모델은 데이터로부터 스스로 패턴을 파악해 내는 데이터 기반적data-driven 성격을 갖는다는 점에서 이미 설정된 가설을 검증하는 데 초점을 두는 통계 모델과 본질적 차이를 갖는다(Zhou, Pan, Wang, and Vasilakos, 2017). 따라서 연구자는 초기에 설정한 가설과 더불어, 머신러닝 모델이 데이터로부터 새롭게 발견해 낸 패턴을 함께 관계 지어 해석할 수 있는 논의틀을 새로운 연구 설계를 통해 고안해 낼 필요가 있다.

머신러닝 모델을 도입한다고 해도 연구자의 능동적 질문, 개입 및 판단은 여전히 중요하다. 변화하는 것은 연구자가 어떻게 가설을 설정하고 분석, 혹은 이론적 논의와 데이터로부터 발견된 패턴 간 상호작용을 해석하는가이다. 통계 모델의 결정계수와 유의도가 그 자체만으로 설명 모형의 타당성을 보장해 주지 않듯, 머신러닝 모델의 예측력이나 정확도 또한 그 자체만으로는 연구자의 질문에 대한 실질적 답을 제공하지 못한다(Shin, 2023). 분석 모델이 제공한 결과를 어떠한 논의틀로 이해할 것이며, 어떠한 추가 분석을 통해 의미를 구체화할 것인지 등은 여전히 연구자가 고민하고 설계해야 할 책임으로 남아 있다. 방대한 데이터를 투입하고 최신 분석 모델을 구현하는 것만으로는 부족하다. 거기에 연구자의 구체적인 판단과 설계가 개입될 때에만 비로소 풍부한 사회학적 논의가 가능해진다.

머신러닝 기법은 지금까지의 양적 방법론을 활용한 사회학 연구가 전제해 온 암묵적 가정을 해체적으로 검토하는 중요한 기회를 제공한다. 무엇보다 가설, 변수, 분석 모델 및 이들 간 관계에 대해 연구자들이 동의해 왔던 전제들을 유연하게 재검토할 수 있게끔 한다. 바로 이 지점에 사회학적 탐색의 근본적인 틀을 새롭게 정교화할 수 있는 가능성이 있다. 이러한 정교화 시도는 크게 변수 간 상호작용 처리의 유연화, 암묵적 가정의 해체, 예측의 변수화라는 세 갈래로 유형화할 수 있다. 이어지는 글에서는 최근의 주요 연구들을 바탕으로 각 유형에 대해 간략하게 소개한다.

변수 간 상호작용 처리의 유연화

머신러닝 모델의 변수 처리 방식이 갖는 특수성에 대한 이해를 돕기 위해 기존의 양적 분석, 특히 통계 모델에 변수가 투입되는 방식을 한 사례를 통해 간략히 설명하고자 한다. 양적 사회학에서 가장 널리 사용되는 모델 중 하나인 다중 선형 회귀분석 모델을 기준으로 살펴보자. 다중 선형 회귀분석 모델은 특정 종속 변수를 그와 선형관계를 맺고 있다고 가정된 둘 이상의 독립 변수(설명 변수)로 설명하는 모델이다.

가령 특정 일자에 측정된 성인의 혈당 수치(종속 변수, Y)를 해당 인물의 지난 1주간 일일 평균 혈당 수치(독립 변수 1, x_1)와 바로 전날 섭취한 식품에 포함된 당류의 총합(독립 변수 2, x_2)으로 설명하고자 한다고 하자. 이러한 설명 도식을 상수항(β_0)과 오차항(ϵ), 그리고 독립 변수의 변화량에 따른 종속 변수의 변화량의 정도를 나타내는 회귀계수(β_1, β_2) 등을 포함하여 회귀식으로 나타내면 $Y=\beta_0+\beta_1 x_1+\beta_2 x_2+\epsilon$와 같이 표현할 수 있다. 연구자가 전날 수분 섭취량 또한 중요한 독립 변수임을 새로이 확인하여 이를 x_3로 회귀계수와 함께 회귀식에 추가한다면, 아마 전체 회귀식은 특정 일자의 성인 혈당 수치를 이전보다 더 잘 설명할 수 있게 될 것이다. 그런데 만약 연구자가 지난 한 달간 일일 수분 섭취량 평균을 x_4로 또 추가한다면, 어떤 일이 벌어질까? 전체 회귀식의 종속 변수에 대한 설명력은 유의미하게 좋아질 수도, 그렇지 않을 수도 있다. 그보다 중요한 점은, 전날 수분 섭취량(x_3)과 지난 한 달간 일일 수분 섭취량 평균(x_4)은 서로 매우 관련성이 높은 변수들이기 때문에 둘 모두가 회귀식에 포함되게 되면 각각이 종속 변수, 즉 혈당 수치와 맺는 선형 관계의 추정이 부정확해질 수 있다는 점이다.

이처럼 서로 다른 독립 변수 간 높은 상관성 및 그로 인한 문제를 다중공선성이라고 일컫는다. 요점은, 독립 변수의 수가 많으면 종속 변수에 대한 회귀식의 설명력은 증가할 수도 있지만, 중복된 정보를 담고 있는 독립 변수들이 함께 회귀 모델에 투입되거나 혹은 불필요한 독립 변수들이 투입되면 회귀식과 회귀계수의 유의성과 의미에 대한 해석이 불안정해질 수 있다는 것이다. 이에 다중공선성 문제를 확인하기 위한 여러 지표들과 최적의 독립 변수 조합을 확정하기 위한 여러 전략들이 분석 과정에서 활용된다. 물론 이는 통계 모델의 대표적 사용에 대한 아주 대략적인 설명에 불과하며, 실제로 통계 모델들의 종류와 성격은 매우 다양하다.

그렇다면 머신러닝 모델의 경우에는 어떨까? 이 사례의 회귀식의 경우, 종속 변수와 독립 변수 간 관계를 선형적이라고 가정하고, 이를 바탕으로 β_1, β_2 등의 회귀계수 및 상수항 β_0 등 모수의 적절한 값을 추정했다. 머신러닝 모델의 경우 이러한 선형 관계에 대한 가정이나 추정하여야 하는 모수가 정해져 있지 않은 경우가 많다. 달리 말해, 머신러닝 모델은 변수들 간의 복잡한 상호작용을 다루고 설명 변수와 타깃 변수 간의 비선형적 관계를 비모수적으로 포착하는 데 특화되어 있으며, 따라서 넓은 폭의 변수들을 모델에 포함하는 것이 가능하다 (Kleinberg, Ludwig, Mullainathan, and Obermeyer, 2015; Molina and Garip, 2019).

머신러닝 모델링에서도 변수를 무한정 늘리는 것이 항상 바람직하지는 않다. 특히 과적합overfitting* 등의 문제가 모델의 신뢰성을 낮출 수 있다(Shin, 2023). 머신러닝에서 요인features으로 투입되는 변수들이 증가한다고 하여 반드시 전체 모델의 예측력이 향상되는 것도 아니다. 다만, 통계 모델이 가정하는 변수 간 관계의 간결성은 때로 사회적 삶의 복잡성을 온전히 모델링에 반영하는 데 장애가 되기도 한다. 그러한 가정을 유연하게 처리하는 머신러닝 모델은 다양한 설명 변수, 특히 주 독립 변수와 종속 변수 모두에 영향을 주는 교란변수들을 다량 처리해 낼 수 있다. 고로 연구자의 주 관심 대상이 되는 인과 관계를 다양한 변수를 고려하며 추정할 수 있다.

주와 판(Zhou and Pan, 2023)의 연구는 머신러닝 모델링을 통해 인과추론 분석에 공변량 및 교란변수를 폭넓게 투입할 수 있음을 보여준다. 이 연구는 "고등교육이 백인과 흑인의 소득 격차에 어떠한 영향을 미치는가"라는, 사회학자들에게 오랜 기간 관심의 대상이었던 연구질문에서 출발한다. 저자들은 두 가지 가능성을 고려한다. 만약 고등교육을 통한 소득 증가 효과가 백인보다 흑인에게서 더 크게 나타난다면 고등교육은 최종적으로 인종에 따른 소득 격차를 줄이는 균형화 역할equalizer을 할 수 있다. 그러나 흑인이 고등교육을 받더라도 최종적으로 학위를 취득할 가능성이 백인과 비교해 상대적으로 낮다면, 고등교육은 오히려 인종 간 소득 격차를 심화하는 역할stratifier을 수행할 수도 있다. 저자들은 이러한 상반된 가능성을 모두 고려하여 '대학 진학-학위 취득-소득 증가'로 이어지는 일련의 인과관계를 추론하고자 한다.

저자들은 먼저 고등교육 기관에서의 특징postsecondary characteristics 변수들이 학위 취득과 소득 증가 모두에 영향을 미칠 수 있는 교란 변수임을 고려한다. 또한 인구통계학적 정보를 포함한 여러 배경 정보background information 변수들 또한 대학 진학과 학위 취득 모두에 영향을 줄 수 있음을 고려한다. 다수의 학업적, 인구통계학적 데이터를 교란 변수 혹은 공변량으로 처리하기 위해 저자들은 편향 제거 머신러닝debiased machine learning(DML)을 사용한다. 편향 제거 머신러닝은 교란 변수를 활용해 처치 변수와 결과 변수의 값을 머신러닝 모델로 예측하고 각각에 대해 도출된 잔차, 즉 실제 관측값과 예측값 사이의 차이를 산출한다. 이후 처치 변수와 결과 변수 각각에 대해 산출된 잔차 간 관계를 바탕으로 처치 변수와 결과 변수 사이의 인과관계를 추론한다(Chernozhukov, Chetverikov, Demirer, Duflo, Hansen, Newey, and Robins, 2018). 달리

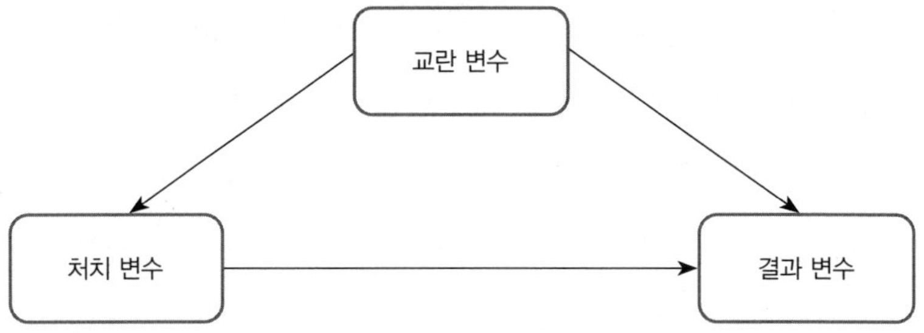

Figure 7-1.   교란 변수, 처치 변수, 결과 변수 간 관계.

말해, 교란 변수로 설명되지 않는 처치 변수와 결과 변수의 값을 확인한 후, 이 잔차들 간 관계를 살핌으로써 처치 변수와 결과 변수 간의 관계를 더 정교하게 추정할 수 있다는 것이다. 이때 다수의 유관한 교란 변수들의 영향을 포괄적으로 고려할 수 있는 것은 머신러닝 모델이 많은 수의 변수를 유연히 다루어 낼 수 있기 때문이다. 요컨대, 머신러닝의 유연한 변수 처리 능력을 통하여 다량의 변수를 공변량 및 교란변수로 고려하면서도, 편향되지 않은 인과추론을 시도할 수 있다.

암묵적 가정의 해체

앞서 다중 선형 회귀분석을 간략히 설명할 때 사례로 들었던 혈당 수치의 회귀식을 다시 떠올려 보자. 종속 변수는 특정일자의 혈당수치(Y), 첫 번째 독립 변수는 지난 1주간 일일 평균 혈당 수치(x_1), 두 번째 독립 변수는 전날 섭취한 식품에 포함된 당류의 총합(x_2)이며 회귀식은 $Y=\beta_0+\beta_1 x_1+\beta_2 x_2+e$와 같이 표현되었다. 이 식에서는 각각의 독립 변수가 종속 변수에 대해 갖는 선형 관계는 β_1과 β_2라는 특정한 회귀계수로 표현되고 있다. 그러나 현실적으로 생각해 본다면, 두 독립 변수가 특정일자의 혈당수치에 대해 갖는 효과는 다양한 요인에 의해 조절될 수 있다. 가령, 개인의 연령에 따라 전날 섭취 식품의 당류 총합이 그다음 날 혈당수치에 미치는 영향이 상이할 수도 있고, 혹은 근육량에 따라서 지난 1주간 일일 평균 혈당 수치가 특정 일자의 혈당수치에 미치는 영향력이 조절될 수도 있다. 이에 연구자는 자신이 추정하고자 하는 대상이 무엇인지를 정의하고, 이에 따라 어떠한 요인들을 고려하여 특정 변수가 종속 변수에 대해 갖는 효과를 추정할 것인지를 고민하게 된다. 가령 연령대를 10세 단위로 나누어 집단별로 회귀계수를 각각 산출할 수도 있고, 혹은 연령과 당류 총합 간 상호작용을 다루는 항을 회귀식에 추가하여 당류 총합이 다음 날 혈당에 미치는 효과가 연령에 따라 조절되는 양상을 확인할 수도 있다.

머신러닝 모델을 도입함으로써 설명 변수가 결과 변수에 대해 가지는 효과가 다른 요인과의 어떠한 상호작용에 따라 달라지는지, 또는 일정하게 유지되는지를 더 세밀하게 검토할 수 있다. 이러한 접근은 룬드버그, 존슨, 스튜어트(Lundberg, Johnson, and Stewart, 2021)의 「What Is Your Estimand? Defining the Target Quantity Connects Statistical Evidence to Theory」 등의 논문에 소개되어 있다. 머신러닝 모델은 상대적으로 개별 관측치가 가지는 이질성을 중점에 두고 모델링을 시도하며, 타깃이 되는 결과 변수를 정확히 예측하는 데 집중한다. 이에 머신러닝 모델은 설명 변수와 결과 변수, 혹은 설명 변수와 설명 변수 간 관계에 대한 가정이 비교적 유연하게 설정되어 있다. 그에 따라 변수들 간 관계를 데이터로부터 직접 학습할 수 있다. 또한 연구자의 관심에 따라 보다 자유롭게 특정 변수들 간 상호작용을 모델에서 포함 혹은 배제할 수 있다.

페르하헌의 연구 또한 중요한 논의를 제공한다. 페르하헌(Verhagen, 2024)은 만일 연구자의 가정에 바탕한 분석 모델의 설명력이 해당 가정들로부터 비교적 자유로운 머신러닝 모델의 설명력에 현저히 미치지 못하는 경우, 연구자의 모델이 데이터 내의 다양한 복잡성들을 과소반영하고 있는 것은 아닌지 재검토하여야 함을 논한다. 요컨대, 연구자가 설계한 경험적 분석 모델은 이론에 바탕하여 수립한 가설 이상으로 경험적 데이터에 대한 암묵적 가정을 포함하고 있을 수 있다. 한편 머신러닝 모델은 그러한 암묵적 가정이 배제된 혹은 낮은 수준에서 설정된 모델로, 이를 연구자의 모델과 견주어 보는 과정은 각각의 암묵적 가정이 갖는 영향력을 해체적으로 검토하는 바탕이 될 수 있다. 따라서 관측치 간 이질성과 동질성을 서로 다른 수준에서 가정하는 모델들을 비교함으로써 연구자는 경험적 분석이 설명할 수 있는 바가 무엇인지를 명료화할 수 있다.

예측의 변수화

최근 머신러닝 모델에 기초하여 어떠한 변인이 예측 가능한지 혹은 불가능한지, 그 불확실성 자체를 연구의 대상으로 삼는 시도들이 나타나고 있다. 이 경우, 특정 변수를 '설명되어야 하는 대상'으로 고정하고서 해당 변수를 어떠한 독립 변수가 가장 잘 설명해 낼 수 있는지를 검토하는 기존의 분석 방식을 역전시키는 시도들이 이루어진다. 이들은 애당초 "종속 변수 혹은 타깃 변수가 현실적으로 '얼마나 설명 가능한 대상'인지" 자체를 연구의 출발점으로 삼는다(Salganik et al., 2020; Kang et al., 2024). 만일 특정 타깃 변수가 일정 정도의 '설명 불가능성' 혹은 '예측 불가능성'을 내재하고 있다고 판단되는 경우, 그 기원은 무엇으로부터 검토되어야 하는지에 대한 탐구도 이 연장선상에 존재한다(Lundberg, Brown-Weinstock, Clampet-Lundquist, Pachman, Nelson, Yang, Edin, and Salganik, 2024).

샐가닉 연구팀(Salganik et al., 2020)의 〈과학적 집단 협업을 통한 삶의 결과 예측성을 측정하기Measuring the predictability of life outcomes with a scientific mass collaboration〉 프로젝트는 사회적 삶의 결과들이 얼마나 예측 불가능한지를 대규모 협업을 통해 탐구한 연구이다. 해당 논문은 취약 가족 챌린지Fragile Families Challenge를 바탕으로 작성되었다. 이는 FFCWSFuture of Families and Child Wellbeing Study의 데이터에 기반한 프로젝트로, 1998년에서 2000년 사이에 모집된 4,700여 명의 신생아와 그 가구를 대상으로 출생부터 1, 3, 5, 9세 등 5개 시점에 조사된 종단 데이터를 이용하여 15세의 특정 변수들을 정확히 예측하는 챌린지의 형태로 운영되었다. 예측의 대상이 된 15세 관측치는 총 6가지로, 아동의 평균 학업 성적grade point average, 그릿grit, 가구의 경제적 어려움household material hardship

등의 세 개 연속형 변수와 거주지 퇴거 경험household eviction, 주양육자 해고 경험primary caregiver layoff, 주양육자 직업훈련 참여 경험primary caregiver participation in job training 등 세 개의 이진변수가 포함되었다. 당시 9세까지의 데이터만 공공에 공개되어 있었는데, 챌린지 운영진들은 15세 데이터의 절반만을 참여자들에게 훈련 데이터로 제공했다. 이후 공개되지 않았던 15세 데이터의 나머지 절반의 데이터의 일부를 활용하여 참여자들의 예측 결과와 실제 15세 데이터 간 일치도를 산출했다. 사회학을 포함한 다양한 학문 분과로부터 총 160개 팀이 챌린지에 참여했고, 많은 팀들이 머신러닝에 기반한 모델링을 활용했다.

이 챌린지의 결과는 지금까지 사회과학이 설명의 대상으로 삼아왔던 여러 사회적 삶의 결과들이 실제로 예측될 수 있는 범위는 한정적임을 보여준다. 6개 타깃 변수와 160개 팀의 예측 결과를 모두 망라하여 보더라도, 가장 좋은 성능을 보인 예측 모델조차 최대 1까지로 스케일링된 성능 지표에서 0.23을 기록하는 데에 그쳤다.[1] 챌린지 운영자들이 범주화 등의 별도의 가공 없이 타깃 변수를 관측치 그대로 예측하게끔 챌린지를 설계했기 때문에 높은 일치도는 기대하기 어려운 결

---

1 성능 지표는 평가 데이터holdout dataset에 대한 예측값과 실제 관측값 사이의 평균제곱오차를 훈련 데이터training dataset의 단순 평균값과 평가 데이터의 실제 관측값 사이의 평균제곱오차로 나누고, 그 값을 1에서 제하여 산출되었다. 고로 예측값이 단순히 평균값을 사용하는 것에 대비해 예측상에 얼마만큼의 이익을 비교적 제공하는지를 보여준다. 성능지표 $R^2_{Holdout}$ 의 산출식은 다음과 같다. $R^2_{Holdout}=1-\Sigma(i\in Holdout)(y_i-\hat{y_i})^2/\Sigma(i\in Holdout)(y_i-\bar{y}_{Training})^2$.

과였음을 감안할 수도 있을 것이다. 그러나 최신의 머신러닝 모델들과 0세부터 9세에 걸친 풍부한 종단 자료를 활용했음에도 높은 일치도를 달성하지 못했다는 점은 여전히 흥미로운 결과이다. 지금까지의 사회학이 많은 경우 '무엇이 설명하는가'의 질문에 집중해 왔다면, 해당 연구는 '무엇이 설명가능한가'라는 질문 또한 탐색 가능함을 보여준다. 그리고 이러한 새로운 접근은 대량의 정보량이 제공되는 큰 데이터셋과 예측에 특화되어 있는 최신의 알고리즘이 존재하기에 가능하다. 요컨대, 빅데이터와 머신러닝 모델은 충분한 정보량과 잘 설계된 알고리즘이 결합했을 때 무엇이 예측 가능하며 또 무엇이 그렇지 않은지를 탐색함으로써 각 타깃의 설명 가능성 자체를 조명할 수 있는 기회를 제공한다.

또 다른 갈래의 연구 중에는 특정 변인에 대해 예측된 값 자체를 하나의 변수로 조작화하여 차후 분석의 구성요소로 투입하는 시도가 존재한다. 연구질문의 핵심 변수가 직접적인 관찰 데이터 자체로는 측정 불가한 경우, 이를 머신러닝 모델을 통해 구성하고자 하는 것이다. 특히, 이미 관찰 및 수집된 데이터의 정보들을 압축하여서 각각의 개인 혹은 관측치의 특정한 경향성을 표현할 수 있는 변수를 구성하고자 하는 연구에서 발견된다.

대표적인 예로 미틀먼(Mittleman, 2022)의 연구는 학생의 성별 및 성적 지향 등과 함께 혹은 교차하여 성별 비전형성gender atypicality이라는 새로운 변수가 학업 성취에 미치는 영향을 확인한다. 이를 통해 관찰 데이터 자체만으로는 드러나지 않는 성별 비전형성이라는 변수가 학업 성취의 위계화에 미치는 영향을 검토한다. 큰 틀에서 저자가 취하는 접근은 'gender predictive approach'이다. 말 그대로, 응답자의 성별을 예측하는 것이다. 이러한 접근의 목표는 성별 비전형성이라는 새로운 변수를 구성하는 것이다. 여학생들의 전반적인 응답 양상을 기준으로 할 때, 특정 여학생이 이와 얼마나 비슷하거나 혹은 이로부터 다른 응답 패턴을 보이는지, 반대로 남학생들의 응답 양상을 기준으로 할 때 특정 남학생의 응답 패턴이 얼마나 특수한지 등을 '성별 비전형성'이라는 변수를 통해 압축적으로 표현하고자 한 시도이다.

성별 비전형성 변수를 구성하고, 학생들의 학업 성취에 이 변수가 어떠한 기여를 갖는지를 검증하기 위해 저자는 다음과 같이 연구를 수행했다. 먼저 머신러닝 모델 중 하나인 라쏘 로지스틱 회귀 모델Least Absolute Shrinkage and Selection Operator logistic regression model이 각 학생의 성별을 예측할 수 있도록 훈련한다. 이때 모델에 투입되는 설명 변수로는 학생들이 9학년과 11학년일 때 수집된 학교생활, 인간관계, 취미 등등에 관한 1,132개의 응답 선지 데이터를 사용했다. 이후 훈련된 모델에게 학생의 실제 성별을 알려주지 않고 설명 변수들만 투입했을 때, 각 학생이 남성으로 분류될 확률을 산출한다. 남학생의 경우 이 수치가 1에서 멀수록 성별 비전형성이 높은 응답자이고, 여학생의 경우 이 수치가 1에 가까울수록 성별 비전형성이 높다고 파악할 수 있을 것이다. 따라서 저자는 응답자의 성별에 따라 모델이 제공한 '남성으로 분류될 확률’을 그대로 사용하거나(여성의 경우) 1에서 제하여(남성의 경우) 성별 비전형성 점수를 산출했다. 최종적으로 이 성별 비전형성 점수를 성적 지향 변수와 함께 학업 성적을 종속 변수로 삼는 회귀모형에 설명 변수로 투입했다. 이로써 저자는 학업 성취가 성별 비전형성으로 유의미하게 설명될 수 있음을 보였다. 요컨대, 해당 연구는 주어진 응답자의 응답 패턴이 남성의 전형적 응답 패턴과 얼마나 유사한지를 방대한 설명 변수들을 바탕으로 수치화함으로써 직접적 관찰 변수에 존재하지 않았던 ‘성별 비전형성’이라는 새 변수를 구성해 내었다. 이처럼 대량의 설명 변수가 투입 가능하고, 또 이를 바탕으로 타깃 변수의 예측값을 수치화할 수 있는 머신러닝 모델의 특징을 바탕으로, ‘예측’ 그 자체를 변수화하는 새로운 시도가 발견된다.

사회학 설명으로의 재구성 가능성

전통적으로 통계에 기반한 양적 연구 관점에서는 모델의 예측정확도를 높이는 방향으로 훈련되는 머신러닝 모델이 과연 사회학의 도구로 타당한지에 대해 의문을 제기할 수 있다. 통계 모델과 머신러닝 모델의 가장 큰 차이점은 결정계수(R^2)의 위상이다. 결정계수란 설명하고자 하는 종속 변수의 변량을 얼마나 독립 변수들이 설명하고 있는가를 나타내는 지표이다. 이 값이 높을수록 독립 변수들로 구성된 회귀식이 종속 변수의 변화를 잘 설명하고 있다는 의미이다. 그러나 R^2의 값은 사회학 논문의 타당성을 판단하는 데에 결정적인 역할을 하지 않는다(Shin, 2023). 역설적이지만 R^2값이 1에 가까운 사회적 현상은 사회학자들이 그리는 이상적인 사회가 아니기 때문이다. 달리 말해, 사회학자들은 어떠한 현상이나 지표를 완벽하게 설명해 내려는 것이 아니라, 그 메커니즘을 설명해 내는 데 중점을 둔다. 그렇기에 사회학적 머신러닝의 최종 목적 또한 정확도가 높은 모델을 구현하는 것이 아니다.

머신러닝의 알고리즘은 사회학자에게 현 상태AS-IS를 포착할 수 있는 단서로 매우 유용한 도구가 된다. 다만 머신러닝 기법은 방대한 데이터를 분석하고 패턴을 찾는 데 탁월한 능력을 보이지만 중요한 요소들이 간과될 위험 또한 존재한다. 특정 사회 집단에 대한 정보나 특정 민감 변수를 알고리즘에 투입하는지 여부에 따라서, 알고리즘의 성능과 변수들의 기여도는 집단별로 상이해질 수 있다(손윤규, 2024). 이러한 집단별로 상이한 변수들의 기여도를 바탕으로 사회적 지형에 따른 알고리즘의 작동 양식을 정교하게 해체함으로써 사회적 메커니즘을 구체적으로 이해할 수 있다. 사회학자들의 주요 관심사는 하나의 알고리즘이 다양한 사회적 경계를 넘어 개인을 설명하는 방식이 아니라, 다양한 사회적 지형에 따라 다르게 작동하는 방식을 분석하는 데 있다. 하나의 알고리즘이 전체 인구를 잘 예측할 수 있더라도, 사회학자들이 관심을 가지는 것은 알고리즘 내의 각 설명 특징이 어떻게 작동하는지이다. 높은 예측 정확도를 달성하는 것을 넘어, 사회학적 조사는 핵심 설명 특징이 서로 다른 사회 범주에서 어떻게 독특한 영향을 미치는지를 검토한다. 알고리즘의 세부 작동에 대한 정교한 분석을 통해 전례 없는 방식으로 숨겨진 사회적 메커니즘을 밝혀낼 수 있다(Shin, 2023).

잘 훈련된 알고리즘을 구축하는 것은 사회학자들에게 최종 목표가 아니라 출발점이다. 전체 개별 사례에 대한 예측 정확도가 높은 방향으로 최적의 알고리즘이 산출되었다면, 다음으로는 그 알고리즘이 어떤 기제에 의거해 그런 결과를 도출하는가에 대한 분석이 필수적이다. 최근에는 머신러닝 모델의 예측 정확도만 보는 데에서 더 나아가, 모델에 투입된 설명 변수들의 상대적 기여도를 측정하는 방법들이 빠르게 발전하고 있다(Azodi, Tang, and Shiu, 2020). 나아가 이러한 기법을 적극적으로 도입하는 사회학 연구들이 발견되고 있다. 가령 SHAP_{Shapely Additive exPlanations} 기법은 머신러닝 모델에 투입된 각 예측 변인의 중요도를 게임이론적 접근을 바탕으로 산출하는 기법이다(Lundberg and Lee, 2017). 연구자는 각 예측 변인의 전반적 중요도를 확인할 수 있을 뿐 아니라, 다른 변인의 값에 따라 중요도가 조건부로 변화하는 양상을 살펴볼 수 있다. 따라서 동일한 예측 변수라 할지라도 각 관측치별로 그 중요도가 상이한 패턴을 확인할 수 있다. 페르하헌(Verhagen, 2024)은 연구자가 미리 상정한 가설의 구조를 따르는 모델과 그보다 유연화된 형태의 머신러닝 모델을 병치하여 비교하고 재모델링하는 과정을 통해 연구자의 가설을 정교화할 수 있다고 논한다. 그가 제안한 틀에서 SHAP은 머신러닝 모델에 대한 설명 가능성을 확보하기 위한 중요한 자원으로 논의된다.

　머신러닝 모델은 투입 변수들 간의 상호 독립성을 전제하지 않기 때문에. 실제 현실에서 변수들이 독립적으로 존재하지 않음을 더욱 잘 반영한 모델에 가깝다. 머신러닝 모델에 투입된 설명 변수가 모델의 성능에 기여한 정도는 대개 해당 변수를 모델에서 배제했을 때 감소하는 정확도에 기반하여 측정된다. 하지만 산출된 기여도가 각 변수의 독립적인 기여임을 보장하지는 않는다(Salih, Raisi-Estabragh, Galazzo, Radeva, Petersen, Lekadir, and Menegaz, 2024). 그런데 예를 들어 성별 변수가 소득에 미치는 영향을 조사할 때, 통계 모형에서 성별 변수는 다른 독립 변수들과 상호 독립적이라고 수학적으로 가정된다. 하지만 현실에서 성별 변수는 학력 수준, 선행 학습 정도, 기회 구조의 분포, 육아 혹은 가사 노동의 정도 등 다른 다양한 변수들과 상호작용한다. 따라서 머신러닝 모델로부터 산출된 변수 기여도가 예측 변수 각각의 기여를 온전히 독립적으로 측정해 낼 수 없다는 것은 역설적으로 현실에서 '변수'들이 작동하는 방식과 유사하다. 변수들 간의 복합적 상호작용망을 고려할 때, 이들의 엄밀한 독립성에 대한 가정은 현실적이지 않다.

　최적화된 알고리즘은 모든 사회 구성원을 같은 정확도로 예측하지 않는다. 특정 사회적 그룹에 대해서는 알고리즘의 정확도가 하락한다(Chouldechova, 2017; Buolamwini and Gebru, 2018; Mitchell, Wu, Zaldivar, Barnes, Vasserman, Hutchinson, Spitzer, Raji, and Gebru, 2019). 예를들어,청소년 뇌 인지 발달 데이터를 분석한 한 연구에서는 인종과 성별 그룹에 따라 알고리

즘의 학습 정확도가 크게 다르게 나타났다(Kang et al., 2024). 이 연구에서
는 청소년의 뇌 데이터를 기반으로 청소년이 거주하는 가정 환경과 이
웃 환경의 교육 및 경제 수준을 예측하는 모델을 시도했다. 이 모델이
백인과 아프리카계 미국인 청소년의 거주 지역 또는 가구 소득 수준
을 예측한 결과의 정확도는 히스패닉 청소년의 그것을 예측해 낸 정확
도보다 상당히 낮았다. 이러한 차이는 사회경제적 상태에 따른 불균형
한 데이터 샘플링에서 비롯되었다. 실험참여자 샘플 중 백인 청소년은
주로 더 부유한 지역에 거주했으며, 아프리카계 미국인 청소년은 주로
열악한 지역에 거주했다. 따라서 이러한 정확도 차이가 사회적 경계에
따라 어떻게 달라지는지를 탐구하는 것은 단순히 전체 평균 정확도를
조사하는 것보다 훨씬 더 흥미로운 사회학적 질문을 제기한다. 또한
성별을 기준으로 그룹을 나누어 분석했을 때 역시 그 정확도가 다르게
나타났다. 남학생들과 여학생을 따로 분리하여 모델을 구축했을 때 남
학생들의 경우 사회환경을 예측하는 정확도가 여학생들에 비해 더 높
은 예측도를 보였다. 예측 모델이 설명하지 못하는 사람들을 누구인지
를 파악하는 것 그리고 왜 더 낮은 예측 정확도를 가지는가를 이해하
는 것 역시 사회학자들에게 좋은 출발점이 될 수 있다.

새로운 사회학적 탐색

사회 현상을 탐구하는 사회과학은 실험을 바탕으로 이루어지는 자연과학과는 다르다. 사회과학의 의의는 정밀한 측정이 어려운 인간의 행동을 측정 가능한 형태의 변수로 조작화operationalization하고 '그럼에도 불구하고' 타당한 설명을 제공하는 데 있다. 베버는 『사회과학 방법론』에서 방법론적 도구는 반성적 이해를 이끌어 내 명시적 의식 수준으로 끌어올리는 역할을 할 수 있을 뿐이라고 지적했지만 사회학자에게 이 도구는 우리의 정체성의 근간을 이루는 중요한 렌즈이다(Weber, 2011). 사회학의 방법론은 기술의 진보에 따라 시대에 민감하게 반응한다. 실증 과학positive sociology은 인터뷰나 응답자, 현장, 상황적 요소와 같은 '맥락적 영향'으로 제약을 받는 반면, 반성적 과학reflective sociology은 지배, 침묵, 대상화, 정상화와 같은 '권력의 영향'에 의해 한계를 맞는다(Burawoy, 1998). 사회학자의 과학은 도구에 대한 의심과 병행한다.

20세기 초중반 미국 사회학계를 중심으로 설문조사 및 통계 기법이 빠르게 사회학에 도입되던 시기, 이에 대한 우려의 목소리가 높았다. 설문조사 응답이라는 효율적인 데이터 수집 도구가 사회를 연구하는 유의미한 도구가 될 수 있을 것인가에 대한 논의가 분분했다. 라피에르(LaPiere, 1934)는 연구자가 참여하여 관찰하는 세계와 연구자의 질문에 대한 응답으로 재구성된 세계는 극단적으로 다른 모습을 보인다는 것을 강조했다. 라자스펠트(Lazarsfeld, 1944)는 설문조사 연구의 선두

주자였지만, 설문조사에 대한 비판과 표준 설문조사 기법의 한계, 예를 들어 사회생활에 대한 심층적인 질적 통찰을 포착하지 못하는 한계에 대한 경고도 게을리하지 않았다. 나아가 블루머(Blumer, 1956)는 설문조사가 복잡한 사회 현상을 단순한 변수로 축소하는 데 사용되는 것을 비판하며 설문조사가 사회생활을 정의하는 미묘한 의미와 과정을 포착하지 못하여 인간의 행동과 상호작용을 과도하게 단순화한다고 비판했다. 그의 지적에 따르면 변수 기반 분석은 현실의 복잡성을 축소하고, 간략한 변수로 정의하려는 경향이 있다. 변수 간의 관계를 이해하려면 각 변수를 분리하고 단일한 속성으로 설정해야 하지만, 실제 사회적 맥락에서 변수를 분석할 때, 그 변수는 복잡하고 역동적인 특성을 지니며 단순히 구분될 수 있는 것이 아니라는 것이다.

사회학자들이 사용할 수 있는 데이터의 양과 다양성이 증가함에 따라 이를 폭넓게 활용할 수 있는 분석 기법 도입이 절실히 필요해지고 있다. 물론 모든 문제에 머신러닝이 적합한 것은 아니다. 더 복잡한 알고리즘을 채택한다고 해서 항상 더 나은 예측도를 보장하는 것도 아니다(Donoho and Jin, 2008; Zhao, Parmigiani, Huttenhower, and Waldron, 2014). 전통적인 통계모델을 사용하여 효과적으로 처리할 수 있는 양적 분석 문제에 반드시 머신러닝을 사용할 필요는 없다(Hand, 2006). 하지만 나날이 증대되고 있는 정형 및 비정형의 빅데이터는 전통적인 통계 기법으로 다루기 어려운 성격을 가진다. 이에 사회학 연구에 있어서의 머신러닝 기법 도입은 당연한 수순이다. 단순히 전체의 정확도를 높이는 방식으로서의 머신러닝의 도입이 아닌 해부학적 관점에서의 적용이 사회학적 탐색에 매우 중요한 도구가 될 것이다.

● **용어설명**

머신러닝

컴퓨터 시스템 및 알고리즘 등이 데이터 내의 패턴 혹은 정보를 스스로 학습하여 주어진 과제(예측, 유형화 등)를 최적화된 방식으로 수행하도록 개발하는 인공지능의 한 분야(Jordan and Mitchell, 2015; Molina and Garip, 2019)이다.

양적 분석

수치화 혹은 계량화된 형태로 데이터를 측정, 정제, 분석하는 조사 분석틀이다(Babbie, 2013). 가령 특정 변수에 대해 값의 분포를 살펴보거나, 변수들 간 관계의 수치적 강도 및 유의성 등을 검토하거나, 특정 종속 변수를 가장 효과적으로 설명해 내는 설명 변수를 계량적 기준에 따라 판별하는 등의 분석이 포함된다.

과적합(오버피팅)

머신러닝 모델을 사용하는 경우, 대개 연구자는 자신이 가지고 있는 전체 데이터 중 일부, 가령 70%를 모델의 훈련에 사용하고 남은 데이터, 가령 30%를 모델의 평가에 사용한다. 이때 모델이 70%의 훈련 데이터에 과적합되면 외려 남은 30%의 데이터에 대해서는 낮은 성능을 보인다. 즉, 훈련 데이터의 특수성을 지나치게 반영하여 모델이 훈련되는 경우, 해당 훈련 데이터 외의 데이터에 대한 확장적 적용력이 약해진다. 이러한 훈련 데이터에의 지나친 적응으로 인한 문제를 과적합 혹은 오버피팅이라고 부른다(Shin, 2023).

질적 분석

현상에 대한 심층적 의미의 도출과 이해를 목표로 한 관찰 및 해석을 포괄하는 조사 분석들이다(Aspers and Corte, 2019; Babbie, 2013). 가령 현장관찰, 심층 인터뷰 등이 대표적 질적 조사 방법론이며, 수집된 관찰 및 인터뷰 데이터에 대한 내용분석 등의 해석 과정 등이 질적 분석에 포함된다.

통계 모델

변수 간 관계, 특히 종속 변수와 독립 변수 간 관계를 일련의 통계적 가정에 기초하여 표현, 추론해 내는 수리적 분석 모델(Molina and Garip, 2019; Babbie, 2013)이다.

VIII

알고리즘 공정성과 사회과학의 과제

손윤규

서울대학교에서 물리학과 철학을 전공하고, KAIST에서 계산신경과학 연구로 석사 학위를, UCSD에서 정치학 박사 학위를 받았다. 와세다대학교 정치경제대학에서 근무한 후, 서울대학교 사회학과에 재직하고 있다. 연구방법론과 계산사회과학 분야를 주로 연구하고 있다.

인공지능 혁명과 시대적 과제

사회적 의사결정을 위한 경험 정보 체계화의 방식

경험 지식의 축적과 체계화는 생존과 재생산에 근본적으로 중요하다. 체계화된 지식은 미래 환경에서 어떠한 행동이 최적의 선택이 될지 예측하도록 돕는다. 이는 지식의 본질적 역할이자 발생 동기라고 할 수 있다. 이 때문에 박테리아와 곤충, 인간을 비롯한 영장류에 이르기까지 유기체는 진화 과정을 거쳐, 수용체와 감각기관을 통해 수집한 정보를 어떠한 방식으로든 축적하게 되었다. 그뿐만 아니라, 화상탐사로봇 큐리오시티와 같은 첨단 기계는 물론, 인간의 인지 행위를 모방하는 시각 인식visual recognition 알고리즘 등 인공적 존재 역시 설정된 목표에 부합하는 최적 선택을 추구하며, 경험 정보를 체계화하는 방식으로 학습한다. 정보의 체계화는 목표 성취를 위한 문제 해결에 필수적이기 때문이다.

환경과 상황 정보를 토대로 의사결정의 근거가 되는 속성을 예측하는 것은 집합적 단위인 조직과 사회적 차원의 의사결정에도 중요하다. 국가 간 전쟁 개시 여부, 세수 규모와 예산 집행 용처 결정과 같은 행정 단위의 의사결정은 물론, 기업이 경영 전략을 설계하거나 가정이 가계를 꾸려나갈 때도 선택의 결과에 대한 경험적 근거는 필수적이다.

인간사의 오랜 기간 동안 중요한 사회적 의사 결정의 근거로 종교인의 예언, 신탁, 점복이 쓰이기도 했다. 이러한 초월적 인식 행위는 실제 예측력과는 별개로, 불확실성을 관리하는 제도로서 기능하며 의사결정자의 이해관계에 기반한 선택을 정당화하는 근거로 이용되기도 했다. 현대인의 상식으로 볼 때 거북이의 등껍질이나 짐승의 뼈를 보고 길흉화복을 따지는 행위가 유효한 예측으로 이어지지 않는다는 점은 자명하다. 길흉화복에 대응하는 사건이 예측의 근거가 된 대상과 인과적 메커니즘을 통해 이어져 있다고 보기 힘들기 때문이다. 이러한 행위는 정교한 예측이 아니라 사회구성원에 대한 심리 조정coordination을 목표한다고 볼 수 있다.

따라서 사회적 의사결정을 위한 방법으로서 과학이 권위를 획득하고, 점차 제도의 일부로 공인되어 온 것은 자연스러운 일이었다. 과학적 접근에 기반한 경험 정보의 체계화는 의사결정을 위한 근거를 구성하는 데 있어, 그 전까지 인류가 고안한 그 어떤 방법보다도 더 압도적인 예측력을 보여주었기 때문이다. 특히 예측의 질은 근대과학 혁명을 거치며 더욱 고도화되었다.

물리학과 화학을 비롯한 자연과학, 이에서 파생된 공학 기술과 함께, 동양과 서양 모두에서 국가 운영의 기본 자원으로 사회적 사실에 대한 통계 지식이 활용되었다.[1] 서양 사회에서 통계 지식의 근대적 기원은 17세기 그란트Graunt의 사망표, 생명표 연구로 대표되는 정치산술political arithmetic, 케틀레Quetelet의 범죄, 혼인 분포 연구로 대표되는 사회물리학social physics 등에서 찾을 수 있다. 이들 모두 거시적 사회현상을 사회 구성원들의 계량적 특성을 통해 산술적으로 체계화하고, 통계적 방법론을 이용해 산술 자료를 예측 근거로 이용할 수 있다는 믿음을 공유했다. 비록 동양에서는 서양과 같이 정교한 수리적 통계학이 국가 운영의 기반적 지식 체계로 동작하진 않았지만, 한중일을 비롯한 동아시아의 여러 국가에서 호적, 지적, 조세, 군역을 위한 경험 정보 수집이 중앙집권 국가 운영의 필수 기반이 되었음은 널리 알려진 사실이다.

앞의 모든 예시는 근본적인 구조를 공유한다. 가용한 자료($\{X, Y\}$)를 통해 형성된 세계에 대한 모형 $f(\cdot)$은 직접 관찰할 수 없는 변수(Y^*)를 예

---

1 통계학statistics의 어원은 통치상태를 뜻하는 라틴어 'stratus,' 국가를 뜻하는 이탈리아어 'statistica,' 국가에 대한 자료 분석을 지칭하는 독일어 'statistik' 등으로 알려져 있다.

측하고, 이는 의사결정(D)의 근거로 이용된다.[2] 이 글에서는 모형을 통한 예측과 실제의 대응 수준 향상이 인류 문명 진보의 핵심임을 강조하고, 예측력 개선의 맥락에서 인공지능 혁명과 알고리즘의 본격적인 사회 적용이 어떤 의미를 갖는지 살펴본 뒤, 이에 따르는 규범적 쟁점을 논한다.

인공지능 혁명의 사회적 의미

2020년을 기점으로 인류는 인공지능 알고리즘의 비약적 발전으로 인한 전례 없는 충격에 직면하고 있다. 이러한 충격의 근본적인 원인은 생성형 인공지능 모델의 성능이 이미 여러 분야에서 최고 수준의 인간 전문가 능력을 뛰어넘었기 때문이다. 인간 정신노동의 핵심 기능이 비인간에 의해 대체될 수 있다는 공포가 만연하게 된 것이다.

인공 계산 장치인 컴퓨터를 활용한 지적 활동의 모사 방법은 크게 두 가지로 구분된다. 첫 번째는 설계자가 직접 입력한 명시적 논리 규칙을 통해 연역적 연산을 수행하는, 전문가 시스템expert system을 비롯한 규칙 기반 시스템rule-based system(Liao, 2005)이다. 그리고 두 번째는 유한한 사례 습득을 통해 알고리즘이 스스로 귀납적 정보를 형성하고 구조화하는 기계학습machine learning 시스템이다.[3] 후자의 대표적 모형은 연

---

2 보다 자세한 소개는 〈Figure 8-1〉을 참고.

3 이후 논의에서 인공지능, 알고리즘, 기계학습, 학습모형, 예측모형은 대동소이한 의미로 쓰인다.

결주의connectionism 모형으로, 매우 많은 모형 파라미터의 점진적인 업데이트를 통해 입력된 정보를 구조화한다. 이 중 가장 널리 알려진 모형이 인공신경망artificial neural network이다. 인공신경망의 뛰어난 성능은 인간 지성이 처리할 수 없을 정도로 방대한 양의 자료를 귀납적 학습 모형을 이용해 고차원의 비선형적 구조로 체계화하는 특성에 기인한다.

이는 이해 가능한 절차를 거쳐 해석 가능한 기호논리symbolic logic적 방식으로 정보를 축적해 온 인간 문명의 기존 방식과는 뚜렷한 차이가 있다. 인공신경망을 비롯한 여러 유형의 기계학습 알고리즘은 인간의 의미론을 초월한 연산을 거쳐 얻어진 정보를 직관적으로 이해하기 힘든 형태로 구조화한다. 즉, 앞서 소개한 규칙-기반 시스템이 인간의 인지 체계와 유사하다면, 거대언어모형large language model(LLM)과 같은 인공신경망 기반의 알고리즘들은 인간에게 해석 가능한 설명 방식을 초월해서 극도로 효과적인 방식으로 인간 지식의 체계를 모사하고 표상한다. 그리고 그 모사와 표상 방식은 과학이 자연 체계 일반을 다루었던 것과 마찬가지로 철저하게 수리적인 절차를 따른다. 자료를 다루고 그 내용을 구조화하며, 결과를 생산하는 모든 과정은 숫자 연산으로만 이루어진다. 따라서 인간 언어의 수사적rhetorical 특성에 기반한 논증에 익숙한 인류가 인공지능 알고리즘의 계산 과정과 표상 방식을 직관적으로 이해하기는 어렵다.

하지만 알고리즘이 사회적 의사결정 일반에 활용되는 방식에 집중한다면, 그 구조가 앞선 역사적 예시들과 근본적으로 다르다고 보기는 힘들다. 설명 가능성이 낮은 알고리즘 역시 경험 정보를 체계적으로 구조화해서 그 예측력으로 의사결정을 돕는다는 점은 신탁이나 전통적 학문이 의사결정의 근거로 쓰인 방식과 마찬가지이다. 의사결정의 기반이 되는 정보의 본질적 유용성은 선택 가능항들의 귀결을 높은 정확도로 예측하는 데 있기 때문이다. 그리고 알고리즘을 통한 지식 형성이 인류 문명에 존재했던 다른 어떤 지식 구조화 방법보다 뛰어난 예측력을 보여주리라는 점은 이미 자명하다.

알고리즘의 공정한 사회 적용에 대한 높아지는 관심은 인공지능 알고리즘을 통한 사회 운용에 대한 막연한 공포와는 대치된다. 이러한 관심의 배경에는 사회적 의사결정의 불투명성이 알고리즘을 통한 의사결정 과정에 대한 이해와 이에 기반한 개입을 통해 개선될 수 있다는 기대가 있다. 역설적이게도 알고리즘을 이용한 예측 방법의 구조적 특성이 낙관의 가능성을 열어준 것이다.

인간 의사결정자의 인지 체계를 해부해서 바꾸거나 제도화된 관료 조직의 의사결정 절차에 개입하는 것은 어렵다. 많은 경우에 이는 기술적으로도 정치적으로도 엄두를 내기 힘든 일이며, 많은 사회적 단위의 의사결정 과정은 투명성transparency이 결여된 블랙박스에 가깝다.[4] 극

---

4 정보 독점과 행정 비공개성은 막스 베버를 비롯한 행정제도 연구자들에 의해 관료제의 근본 문제로 지적되어 왔다.

단적인 예로, 신탁을 의사결정의 근거로 사용하는 지도자가 어떤 방식으로 의사결정 근거를 얻었는지 그 전체 과정을 투명하게 공유하거나, 의사결정 과정을 재현 가능한 형태로 공개하는 것은 불가능하다. 또한, 근거 자료와 모형을 특정하기 힘들기 때문에, 지도자의 결정을 번복시킬 만한 공적 권위를 가진 객관적 근거를 찾는 것 또한 매우 힘들었다.

그러나 알고리즘을 통해 자동화된 의사결정 파이프라인을 해부하고 변화와 개입의 결과를 추정함으로써 사회 변화의 정책적 방향을 제시하는 것은 상대적으로 쉬운 일이다. 즉, 전문성과 지위의 아성을 뛰어넘는 민주화가 기술에 의해 가능해질 것이라고 기대할 수 있다. 이러한 전환적 상황에 대한 기대에 힘입어, 사회적 의사결정에 공정성과 같은 규범적 가치를 부과하는 방식과 기준에 대한 적극적인 논의가 시작되고 있다.

알고리즘의 사회 적용과 규범적 쟁점

인공지능 알고리즘은 이미 산업과 과학기술 영역뿐만 아니라 공공정책 등 다수의 복지에 영향을 주는 중요한 의사결정을 할 때도 자동화 파이프라인의 일부로 활발히 이용되고 있다. 특히 개인의 복지에 중요한 영향을 주는 금융 기관 대출 결정에서의 신용 점수 산출(Hurley and Adebayo, 2016), 의료 보험 유관 기관에서의 건강 위험도 계산(Obermeyer, Ziad, et al. 2019), 형사 재판에서의 재범 위험률 예측(Dressel and Farid, 2018)과 같은 여러 영역의 의사결정에 알고리즘이 적극적으로 활용된다. 따라서 사회과학자가 다수의 생활에 동시적 영향을 주는 법과 정책, 대중 상품 등과 마찬가지로, 당대의 화두인 인간 사회와 알고리즘의 공존 방식과 그 방향에 대해 논하는 것은 자연스러운 귀결이다.

알고리즘은 시스템 설계, 자료 준비, 모델 개발과 투입, 감리와 유지의 절차를 거쳐 사회에 적용되며, 공정성fairness, 설명 가능성explainability, 개인정보 보호privacy와 같은 규범적 개념이 어느 단계에서 요구되고 어떻게 정의되는지에 대한 합의가 비교적 명료하게 이루어져 있다(Li et al. 2023). 또한 인공지능으로 만들어진 가짜 뉴스와 영상, 알고리즘을 통한 무분별한 통제 및 행동 유도, 자동화된 감시 및 검열, 의사결정 파이프라인에서의 인간 소외, 알고리즘 추천의 획일성, 무분별한 데이터 학습 등 여러 문제가 거론되고 있다(Stanford University, 2025).

인공지능 운용에 관한 규범적 원칙을 수립하고 제도적으로 실현하기 위한 방안은 개별 국가를 비롯한 여러 행정 단위에서 논의된 바 있다. 제도화 노력 중 가장 널리 알려진 것이 유럽연합의 인공지능 규제 법령인 EU AI Act이며, US National AI Advisory Commitee, UN High-Level Advisory Body on Artificial Intelligence 등 여러 국가와 국제기구들이 발 빠르게 알고리즘 규제와 발전 방향성 논의를 위한 태스크포스를 구성하고 있다. 이러한 규제 논의와 제도화는 선언적인 의미뿐만 아니라, 실제 알고리즘 개발 및 적용 상황에 활용할 수 있는 구체적인 가이드라인을 제공한다.

특히 EU AI Act에 명시된 수백 개의 조항들은 유럽연합 안에서 생산된 알고리즘을 이용한 상품뿐 아니라, 유럽연합에 수출할 상품을 생산하는 해외 기업에게도 적용될 규제(Council of the European Union, 2024)이기 때문에 인공지능 기술이 이용된 다양한 분야 상품 제조에 적용되는 국제적인 표준이 될 가능성이 높다. 대부분의 상품 제조에 인공지능 기술이 항구적으로 사용될 것이라는 점이 명백하고, 제도 변경에는 많은 비용과 시간이 필요하다. 이 점을 생각하면 현시대의 AI 규범에 관한 논의는 몹시 중요도가 높고 첨예한 사회적 쟁점이다. 따라서 다양한 이해관계를 가진 주체들이 이에 대한 적극적인 발언권 경쟁을 하고 있다.

알고리즘 공정성 연구와 공정성 개념

알고리즘 공정성 논의는 현재 인공지능 거버넌스AI governance의 핵심 주제 중 하나이다(Jobin, Lenca, and Vayena, 2019). 인공지능 알고리즘 개발에 신경과학과 행동과학의 일부 발견이 추상적인 수준에서 영감을 준 것은 사실이지만, 직접적으로 인공지능 기술 운용하는 데 있어서 사회과학이 발언권을 얻거나 연구 영역을 점유할 수 있으리라고 기대되는 소수의 영역이 알고리즘 신뢰성 문제이다. 그리고 그중에서 대표적인 것이 공정성 문제이다.

알고리즘에 기반한 의사결정 시스템에 요구되는 포괄적인 규범 기준을 신뢰성trustworthiness, 책임성accountability, responsibility, 안전성safety으로

칭하는 반면, 하위 개념인 공정성fairness은 알고리즘의 예측 결과를 이용한 의사결정에 있어서 개인 혹은 집단 간의 자원 배분 격차에 집중한다.

공정성은 도덕철학과 윤리학에서 유래한 개념으로, 사회과학 분과 학문 전반에서 폭넓게 사용되고 있다.[5] 공정성은 효율성efficiency과 대비되는 개념으로, 물질적 자원 배분과 기회의 공평성을 뜻한다.[6] 일반적으로 공정성 기준이 만족되지 않는 상황은 물질적 자원 배분과 기회에 있어서 구조적인 불평등이 발생하는 경우로, 이를 흔히 편향bias이 있다고 표현하기도 한다. 이 글에서는 기회와 물질적 자원을 포괄하여 자원으로 통칭한다. 이후 공정성 개념을 분류하면서 상술하겠지만, 구조적 불평등을 어떻게 정의해야 하는가에 대한 근본적인 대립이 존재하며, 공정성 개념을 정의하고자 하는 다양한 시도들은 서로 논리적으로 상충하기도 한다. 이에 따라 공정성 개념의 역사적 변천과 같은 일원적인 서술을 하지 않고, 몇 가지 유형을 분류하고 대비시킬 것이다.

자원의 권위 있는 분배로서의 정치 현상을 분석하는 정치학, 자원 희소 상황에서 개인의 행동과 사회 제도를 연구하는 경제학, 강제력

---

5 공정성과 더불어 공평성equity, 평등성equality과 같은 인접 개념도 존재하지만, 이 글에서는 이 지칭들을 구분해서 쓰진 않는다.

6 이때 '물질적 자원이 소득을 의미하는가 또는 자산을 의미하는가' 혹은 '세금과 같은 비용이 포함되어야 하는가' 등 다양한 논의가 존재할 수 있다. 또한 기회 역시 자원의 일종으로 간주해야 하는가 하는 질문도 제기된다.

을 수반하는 사회 규범을 다루는 법학 등, 사회과학 주요 분야 대부분이 본질적으로 알고리즘 공정성 문제와 관련되어 있다. 이와 더불어 학제적 소양을 갖춘 전산학자들 역시 이 영역에서 매우 활발하게 연구를 진행하고 있어, 근 10여 년간 알고리즘 공정성을 주제로 한 연구의 양은 폭발적 성장을 보이고 있다. 실제로 구글스콜라Google Scholar 기준 2025년 8월까지 이미 2만 건이 넘는 저작물이 알고리즘 공정성을 키워드로 작성되었다.

목표와 논점

이 글의 일차적 목표는 알고리즘 공정성에 대한 피상적인 논의에서 벗어나, 해당 주제의 주요 개념과 근본 문제를 소개하고, 기초적인 통계 지식으로 이해 가능한 사례를 소개하는 것이다. 알고리즘이 사회에 작용하는 파이프라인, 공정성 기준의 종류와 이들의 관계, 규범적 기준을 자동화된 의사결정에 반영하는 방법을 다룬다. 그리고 이를 통해 시대적 요구에 발맞춘 진전된 논의에 도움을 주고자 한다. 이 과정에서 개별적인 경험 연구 사례에 대한 소개보다는 운용과 개입 절차의 구조적 특성을 드러내는 데 집중하겠다.

이어서 알고리즘 공정성의 개념과 실제에 대한 기초적인 이해를 바탕으로, 이와 관련된 시대적 요구는 무엇이며, 그 형식과 접근에 있어서 어떠한 소양이 요구되는지 살펴본다. 이를 통해 무엇이 사회과학의 연구 영역이 될 수 있으며 어떤 방향으로 발전해야 할지를 논의하고, 앞으로의 사회과학은 기존의 회고적retrospective 학문에서 실천적practical 학문으로 나아가야 함을 주장한다. 실천적 역량을 키우기 위해서는 인과적 관계에 대한 엄밀한 실증적positive 지식을 바탕으로, 치밀한 조작화에 기반해서 반사실적 개입 결과에 대한 면밀한 검토를 수행해야 한다. 알고리즘 공정성과 같은 규범적normative 제약 요건이 알고리즘을 통한 의사결정에 반영되기 위한 필수적인 조건은 자동화된 파이프라인에 수용 가능한 형태로 포함되는 것이기 때문이다. 따라서 조작화에 기반한 구체성은 필수적이다. 즉, 이러한 규범적 기준들은 수사적 형태가 아닌, 컴퓨터가 수용 가능한machine-readable 수식과 알고리즘의 형태로 표현될 것임을 강조한다.

알고리즘의 사회적 활용

다양한 종류의 변수가 등장하므로 혼동을 피하기 위해 변수의 종류를 분류 및 열거하면 다음과 같다.

X: 학습에 이용된 변수들 중 독립변수로 분류되는 변수(예: 인구학적 특성)

Y: 학습에 이용된 변수들 중 반응변수로 분류되는 변수(예: 위험 점수)

Y^*: 반응변수가 관찰되지 않은 사례의 잠재적인 반응변숫값

T: 보호받는protected 혹은 민감한sensitive 변수(예: 인종과 성별)

D: 의사결정 결과를 나타내는 변수(예: 보건 지원 결정)

향후의 논의에서 X는 T를 포함하지 않는다고 가정하고, 개인 특성값 혹은 특성변수는 X를 뜻한다.

알고리즘 사회 적용의 파이프라인

알고리즘을 활용한 사회적 의사결정이 모두 다음과 같은 구조로 이루어진다고 할 수는 없지만, 수월한 설명을 위해 상대적으로 간단한 유형의 파이프라인을 나타내면 〈Figure 8-1〉과 같다. 여기에서 기계학습은 가용한 자료(⟨X, Y⟩)를 통해 직접적으로 관찰할 수 없는 변수(Y^*)를 추론하는 역할을 한다. 즉, 반응변수가 관찰되지 못한 개인들의 특성값이 대리변수proxy variable로서 Y^*를 추정하는 데 사용된 것이다. 그리고 이렇게 추론된 변수는 사회적 의사결정의 근거로 쓰인다.[7] 민감변수 T는 학습에 이용될 수도 있고, 안 될 수도 있다.

---

7 계량 방법론에 익숙하지 않은 독자들이 이해 가능한 예시 구성을 위해서 비교적 단순한 구조를 형식화했다. 알고리즘 사회 적용의 일반 형태는 더 복잡하게 형식화될 수 있는데, 예를 들어 반응변수 예측치인 예측된 Y^*는 의사결정(D)을 통한 개입intervention의 인과적 효과를 반영한 함수로 나타내는 것이 더 자연스러울 것이다. 즉, 모형이 학습하는 학습자료가 ⟨X, Y, D⟩가 될 수 있으며, 학습 목표와 추정하는 대상 역시 개입의 잠재적 결과potential outcome인 $Y(D)$와 $Y^*(D)$가 될 수 있다(Imai and Jiang, 2023). 그리고 이어지는 예시에서는 회귀분석 모형을 썼지만, 많은 경우 예측 모형은 분류classification 모형이 될 수 있다. 분류 모형이 이용되었을 때는 혼동 행렬confusion matrix에 기반한 모형 평가 및 지표 정의가 필요하다. 이때, 모형을 통해 산출된 특정 범주에 속할 확률이 위험 점수와 같은 역할을 하게 된다(Das, Stanton, and Wallace, 2023).

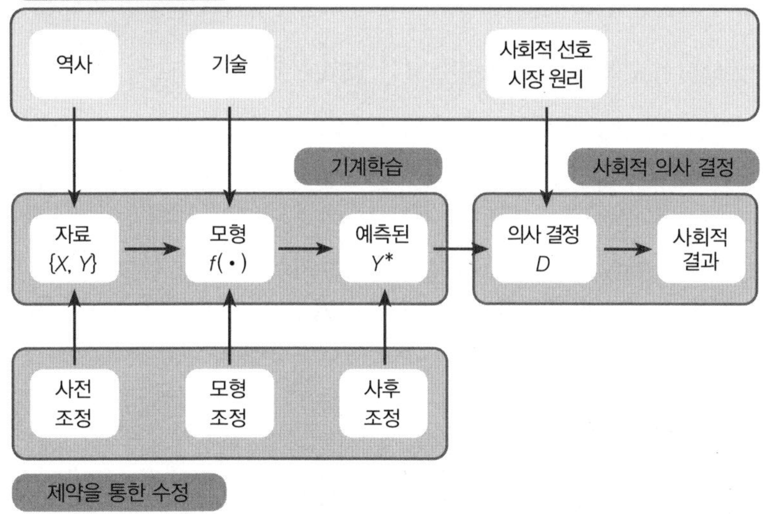

Figure 8-1. 알고리즘 기반 의사 결정의 사회적 적용.

예를 들어 재판에서의 형량이 피고의 재범 가능성에 좌우되는 경우를 생각해 보자. 피고의 재범 여부는 미래에야 비로소 관찰 가능한 특성이기 때문에, 현재로서는 오직 예측만 가능하다. 기계학습 모형은 이전 형사기록 사례들을 통해 X(인구학적 특성과 과거 범죄 이력)가 Y(재범률)와 어떤 관계를 갖는지 학습한다. 형량 판단은 이 학습 결과가 재범 추정의 대상이 되는 사람들의 Y^*를 어떻게 예측하는지에 따라 이루어질 것이다.

〈Figure 8-1〉에서 주목할 점은 기계학습과 자료를 통한 학습, 나아가 이를 바탕으로 한 의사결정은 우리가 속한 사회(2025년의 인간 사회)와 불가분의 관계를 맺고 있다는 점이다. 학습에 사용되는 자료는 현재까지 진행된 사회 역사의 결과물이고, 학습에 이용된 모형은 당대의 기술에 의존할 수밖에 없다. 나아가 기계학습의 결과를 활용한 의사결정은 사회적 선호와 시장 원리와 같은 현실 사회 일반의 운영 원리를 반영한다. 즉, 알고리즘을 이용한 의사결정은 현시대와 알고리즘이 운용되는 사회의 과거와 현재, 사회적 선호에 기초한 미래 지향을 반영한 총체로서 작동한다. 따라서 알고리즘의 사회적 적용은 이전까지의 사회적 의사결정과 본질적인 구조를 공유하고 있으며, 사회와 고립되어 작동될 수 없다.

이러한 알고리즘 파이프라인의 특성 중 하나는 학습과 의사결정 절차가 자동화automation되어 이루어진다는 점이다. 즉, 인간 전문성에 의존한 기존의 방식에 비해서, 어느 절차에서 편향이 발생했는지 비교적 수월하게 파악할 수 있는 반면, 각각의 사례에 대한 개별적이고 정성적인 평가를 내리는 것은 힘들 수 있다.[8] 예를 들어, 유튜브의 하루 수백억 회에 달하는 추천의 사회후생적 결과를 개별적으로 평가하는 것은 불가능에 가깝다. 따라서 공정성 기준에 입각한 개입 역시, 자동화된 결정 과정의 일부로 파이프라인에 구조적으로 포함embed되어야 한다.

〈Figure 8-1〉은 자동화된 파이프라인에 포함될 수 있는, 제약을 통한 수정 방법을 세 가지로 분류하고 있다. 학습에 사용된 자료를 변형

---

8 이러한 개입이 근본적으로 불가능한 것은 아니다. 능동학습activie learning 혹은 인간 피드백을 통한 강화학습reinforcement learning from human feedback과 같이 자동화 파이프라인에 인간의 평가를 직접 반영하는 것이 가능하지만, 이러한 피드백의 비용은 사례에 비례해서 늘어난다.

하는 사전 조정pre-processing, 모형 조정in-processing, 기계학습의 결과를 이용하는 방식을 조정하는 사후 조정post-processing의 세 가지이다.[9] 공정성 개념의 적용을 다루면서 다시 이들 각각을 예시와 함께 설명하겠다.[10]

알고리즘 기반 의사결정의 예

알고리즘 기반 의사결정의 사례로 직접 관찰이 불가능한 건강 위험 점수health risk score를 직접적 관찰 가능한 특성을 이용해서 추론한 뒤, 각 개인에게 건강 증진을 위한 보건 지원health aid 선별 결정screening decision을 하는 상황을 생각해 보자. 이 사례는 자원 배분에 있어서 이해충돌이 발생하는 전형적인 상황이라고 할 수 있다.

가용한 학습자료training data는 '이미 관찰된' 개인들의 건강 기록으로, 과거 정보를 수집한 자료이다(⟨Figure 8-2⟩). 이 개인들이 속한 사회는 두 인종으로 이루어져 있고, 높은 수준의 유전적 차이로 인해 각각 상이한 특성-건강 상관관계를 갖는다고 가정하자. 여기에서 특성은

---

9 자료를 다르게 준비하거나 모형을 교체하는 사전 및 모형 조정과 달리, 사후 조정은 예측된 값을 이용하는 방식을 조정한다는 측면에서 예측된 Y^*와 의사결정 사이에 영향을 주는 것으로 보는 것이 더 자연스러울 수 있지만, 예측된 값과 관계한다는 의미에서 ⟨Figure 8-1⟩과 같이 그렸다.

10 공정성을 비롯한 사회적 가치가 의사결정에 반영되는 방식은 두 가지로, 의사결정의 기반이 되는 사회목적함수에 반영될 수도 있고, 제약으로 부과될 수도 있다. 공정성 기준 적용에 있어서 후자를 중심에 둔 이유는, 사기업의 알고리즘 운용을 규제하는 경우와 같이, 제약의 부과를 통한 가치 실현이 의사결정자의 이해관계와 부합하지 않는 경우가 일반적이며, 전자를 사후 조정의 한 형태로도 볼 수 있기 때문이다.

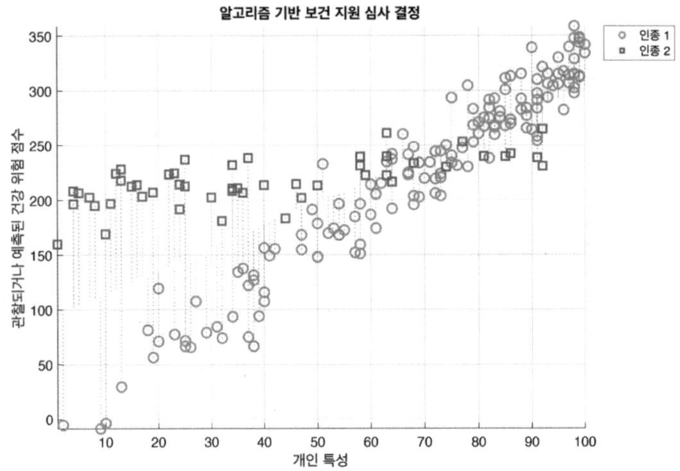

Figure 8-2.   알고리즘 기반 의사결정 사례와 학습자료.

성별, 연령과 같은 인구학적 특성과 과거 의료 비용, 식습관 등의 변수를 포괄한다. 그러나 직관적 이해를 위해 건강 점수와 상관관계가 있다고 여겨지는 가용한 변수들을 하나의 일차원 개인 특성Traits으로 나타냈다.[11]

학습모형 일반의 구조와 작동 목표: 손실함수와 최적화

예측모형의 간단한 예로 단순선형회귀simple linear regression, 즉 절편이 존재하고 독립변수가 하나인 선형회귀 모형을 상정하자. 이 모형의 손

---

11 소개된 예시는 선형회귀모형 적용을 위해 생성한 것으로, 다수의 사례와는 차이가 있다. 해당 예시에서 두 인종 모두에게 특성값과 반응변수가 양의 상관관계를 갖고 있는 것과 달리, 민감변수 범주 각각에 따라 질적으로 다른 상관관계를 보일 수도 있다.

실함수loss function, cost function는 잔차제곱합sum of squared residuals(SSR)[12]이
며, 추정된 파라미터인 절편과 기울기는 SSR을 최소화해서 산출된다.
〈Figure 8-3〉은 학습자료상 두 변수의 관계를 단일한 단순선형회귀 모
형을 이용해서 추정한 결과를 나타낸다.

　　손실함수 최소화 혹은 이익함수benefit function 최대화는 학습모형 일
반의 추정 방식이다. 특히 SSR과 같이 예측값과 관측값 Y의 차이를 나
타내는 손실함수는, 심층신경망을 비롯한 복잡한 기계학습 모형도 그
근본 특성을 공유하는 지도학습supervised learning 모형 일반의 최적화 목
표 함수이다. 지도학습은 예측 대상이 되는 변수와 이를 예측하기 위

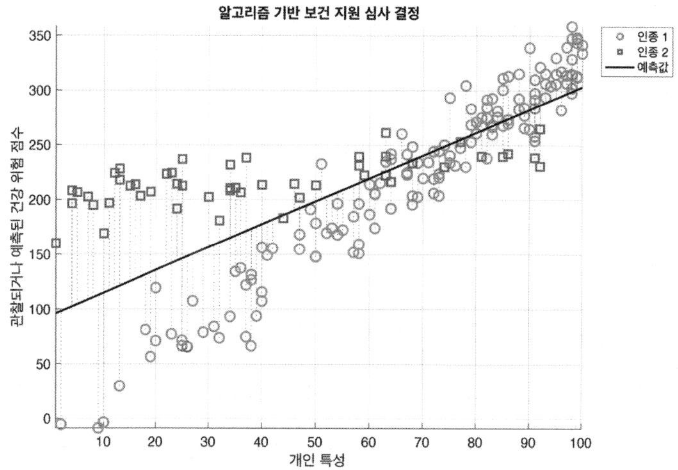

Figure 8-3.　단순선형회귀 모형을 예측모형으로 이용한 사례.

12　여기에서 잔차는 학습자료에서 모형이 예측한 반응변숫값과 실제 반응변숫값의 차이
이고, 이 잔차를 제곱해서 모두 합한 값이 SSR이다.

해 사용되는 다른 변수들의 관계를 파악하는데, 많은 경우 모형 학습 이전까지 관찰된 예측 대상 변수의 관찰값을 바탕으로 학습을 진행해 관찰할 수 없는 미래의 변숫값을 추정한다. 또한 조사연구survey research 에서 정밀한 조사 정보를 확보한 샘플의 정보를 바탕으로 대략적인 특성만 알고 있는 샘플의 잠재적latent 특성을 예측할 때도 기계학습을 사용할 수 있다. 건강검진 전수 검사에는 많은 비용이 들기 때문에, 이 예제에서 사용하는 건강위험점수 역시 전수 검사를 받지 않은 대다수 사람들의 관찰되지 못한, 잠재적인 특성으로 생각할 수 있다.

예측값의 활용과 의사결정 문제: 사회목적함수의 구성과 다양성

가용한 학습자료와 모형을 통해 추정된 결과는 관심 반응변수를 관찰할 수 없는 사례에 대해 그 값을 예측하는 도구로 이용된다. 소개한 예시에서는 x축 값인 개인 특성 변수만으로 y축 값인 건강 위험 점수를 예측할 수 있다. 〈Figure 8-4〉에서 두 관측치의 특성값은 추정된 예측 모형을 통해 각각 특정한 건강 위험 정도에 대응된다. 예를 들어 해당 특성값이 50일 때, 점수는 200가량으로 추정되고, 90일 경우 280가량으로 추정된다. 따라서 관찰된 특성만을 바탕으로 점수를 추정할 수 있고, 이 추정을 바탕으로 각 개인에 대한 건강 증진 지원 여부를 결정할 수 있다.

기계학습이 의사결정 결과에 대한 실증적 정보를 주긴 하지만, 의사결정은 실천적 차원의 문제이며, 규범적 고려가 반드시 필요하다.

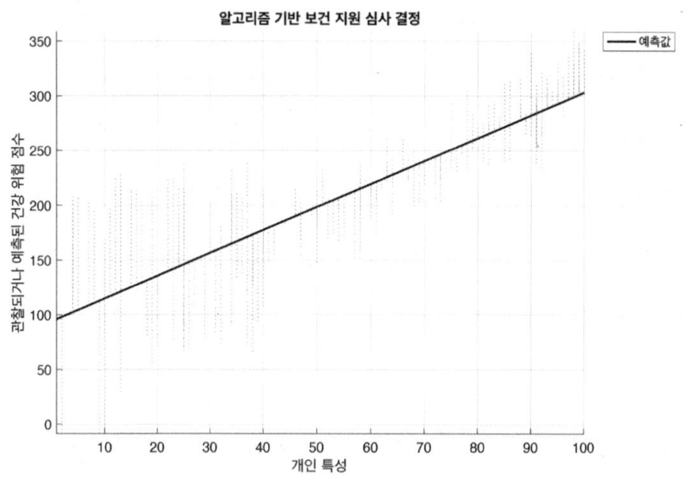

Figure 8-4.　학습자료 학습에 기반한 개인 특성별 예측값.

의사결정의 주체가 어떠한 선호함수를 갖고 있는지에 따라 동일한 자료와 모형을 이용한 최적화 결과가 상이한 의사결정으로 이어질 수 있다. 예를 들어 효율성 극대화를 추구하는 사회라면 지원 수혜의 효용이 각 개인에게 얼마나 큰지를 고려해 건강 개선 가능성이 큰 사람들을 지원하는 단순 공리주의적 사회후생함수social welfare function를 채택할 것이다. 한편 사회적 약자의 최대 효용을 추구한다면 롤즈적Rawlsian 사회후생함수를 채택할 텐데, 이 두 사회는 동일한 예측 결과를 바탕으로 다른 결정을 할 수 있다.

〈Figure 8-5〉는 점수 추정 상황에서의 간단한 의사결정 규칙 중 하나인 역치threshold 기준을 이용한 지원 결정 사례를 나타낸다. 이 경우, 건강 상태에 대한 예측치인 위험점수가 240 이상인 모든 사람들이 지

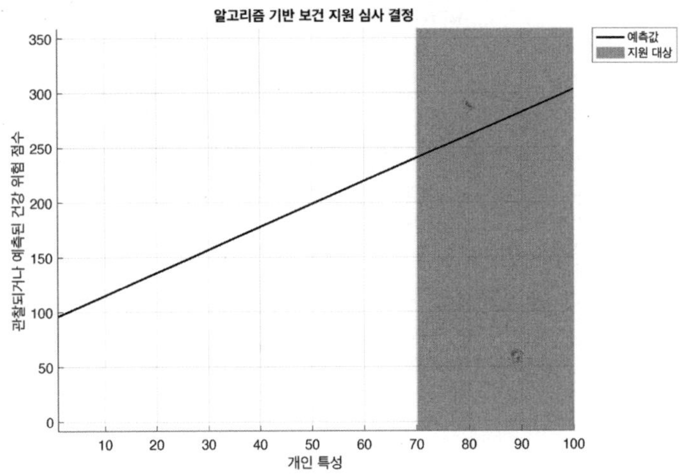

Figure 8-5.   역치 기준 의사결정.

원 대상이 되고, 그보다 낮은 위험 점수를 가진 사람들은 지원 대상에서 제외된다. 앞선 예에서 특성값이 90인 사람은 지원 대상이 되고, 특성값이 50인 사람은 제외된다.

공정성 개념과 적용의 실제

공정성 기준의 분류

앞에서 살펴본 보건 분야의 의사결정 예에서 나타난 바와 같이 사회적 의사결정의 근본 문제는 한정된 자원을 서로 다른 개인들에게 어떻게 분배하는가이다. 이는 건강 증진의 총량 등을 극대화하는 효용성 목표에 더해, 단수 혹은 복수의 공정성 요건을 반영한 사회후생함수를 최대화함으로써 결정된다.

수많은 공정성 기준이 존재하지만, 그중 대부분이 다음에 열거된 네 가지 유형 중 특정한 유형과 그 궤를 같이한다.[13] 이후에 정리하겠지만, 다음 유형들은 분명하게 상충하고 있어, 공정성 개념을 정의하기가 근본적으로 어렵다는 사실을 잘 보여준다. 즉, 다면적인 요소가 존재하더라도 합성composite 가능한 인간개발지수human development index 와 같은 개념과 달리, 근본적으로 상충하는 정의들이 존재한다. 그렇기 때문에, 사안에 따라 공정성 기준 적용의 맥락과 사회적 선호를 포괄적으로 검토해서 어떤 공정성 개념을 채택할지 결정해야 한다.

유형 1: 민감 특성 배제

민감 특성 배제blinding는 집단 간 차별이 만연했던 역사적 맥락에서 가장 직관적인 공정성 유형이라고 할 수 있다. 인종, 성별과 같이 개인 특성에 따른 제도적, 암묵적 차별이 흔했던 시기에 공정성 기준이 될 수 있었던 원칙은 기회와 자원 배분에 있어서 특정한 개인 특성이 의사결정의 주요 요인으로 작용하지 않는 것이었다. 즉, 민감한 개인 특성에

---

13 구체적인 정당성 기준의 다양한 예는 전산학 분야의 리뷰 논문들과 책(예: Caton and Haas, 2024; Das, Stanton, and Wallace, 2023; Barocas, Hardt,and Narayanan, 2023)을 참고하기 바란다. Chohlas-Wood et al.(2023) 역시 이 글에서 분류한 네 가지 유형 중 개인 공정성을 제외한 세 가지 종류의 공정성 기준을 분류하고 소개한다.

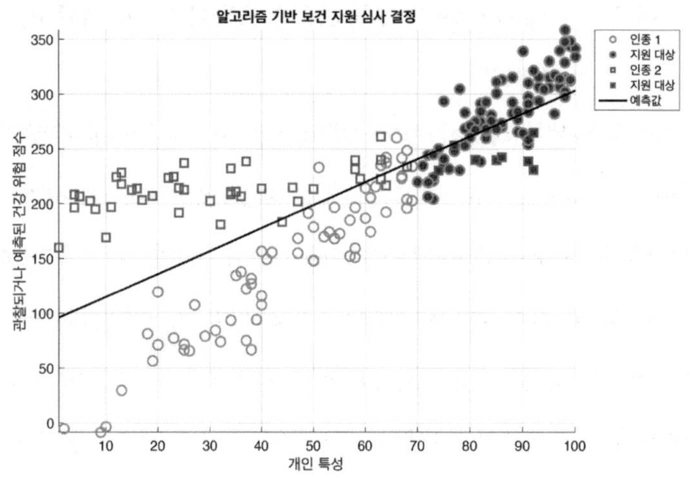

Figure 8-6.   인종 변수를 이용하지 않은 예측값 기반 역치 기준 의사결정.

대한 정보가 학습과 의사결정에서 완전히 배제되면 된다.

〈Figure 8-6〉은 인종을 제외한 특성들이 학습에 사용되었으며, 단일한 역칫값으로 지원 결정을 한 사례를 나타낸다. 민감 특성인 개인의 인종에 관한 정보가 학습과 의사결정에 전혀 사용되지 않았기 때문에 민감 특성 배제 기준을 만족한다. 하지만 이러한 조건이 x축의 특성값이 동일한 개인들의 지원 여부를 완전히 인종과 무관하게 만드는 것은 아니다. 인종과 상관관계가 있는 또 다른 특성이 학습에 이용될 수 있기 때문이다.

유형 2: 개인 공정성

개인 공정성individual fairness은 민감한 특성에 기반한 의사결정을 지양한

다는 측면에서 민감 특성 배제와 유사한 지향성을 갖고 있지만, 이보다 더 강한 개념이다. 이 공정성 조건은 학습에 포함된 변수와 민감한 특성 간의 상관관계 등에서 발생하는, 의도하지 않은 영향disparate impact까지 통제하는 것을 목표로 하기 때문이다. 즉, 민감한 특성을 제외한 특성이 동일한 개인들은 지원 여부가 동일해야 한다.

〈Figure 8-7〉은 민감 특성을 배제한 학습과 의사결정을 하더라도, 개인 공정성 기준이 지켜지지 않을 수 있는 전형적인 예를 보여준다. 해당 인과 그래프causal graph에서 노드node는 변수를, 방향이 있는 연결선은 연결선 양 끝의 노드들 간의 인과관계를 나타낸다. 여기에서 의사결정의 기반이 되는 개인의 건강 수준(건강 점수)과 민감 특성인 인종 변수는 유전을 포함한 생물학적 요인은 물론, 직업과 같은 인구학적 특성과도 상관관계를 가질 수 있다. 인종 변수를 학습에 사용하지 않더라도, 나머지 두 변수 중 일부를 학습자료에 포함시킬 경우 자연스

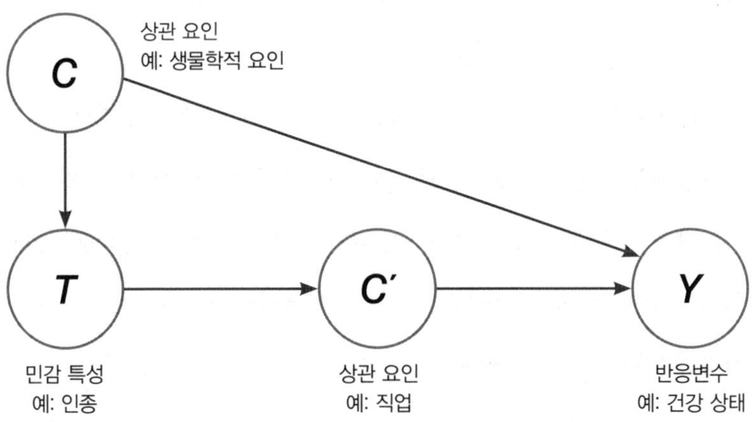

Figure 8-7.   의도하지 않은 영향을 야기하는 인과 그래프.

럽게 인종과 예측된 건강 수준 간의 상관이 생긴다. 그리고 이는 의사 결정에 있어서 인종에 따른 차이를 야기한다.

유형 3: 집단 간 결정 동일성

최종 의사결정의 결과, 의사결정에 따른 집단 간 배분 비율에 차이가 나는지 따지는 집단 간 결정 동일성group decision parity 기준도 존재한다. 즉, 두 인종 집단 내에서 지원을 받은 구성원의 비율이 서로 다르다면, 이 동일성 요건이 충족되지 않았다고 이야기할 수 있다. 이 기준은 자원 배분의 결과적 평등에 직관적으로 부합한다.

유형 4: 집단 간 예측 정확도 동일성

집단 간 예측 정확도 동일성group prediction accuracy parity은 예측 모형의 성능에 관한 공정성 요건으로, 서로 다른 민감 특성을 갖는 개인에 대한 예측력 차이가 없어야 함을 뜻한다. 이러한 차이가 발생하는 전형적인 원인으로 자료 불균형data imbalance이 있다. 재범률 예측 모형(Dressel and Farid, 2018), 의료 영상 판별 모형(Larrazabal et al. 2020), 의료보험 위험 점수 (Obermeyer et al. 2019) 등의 경우에, 각각 역사적으로 형성된 학습자료를 이용하기 때문에, 학습자료에 특정 집단이 많거나 적음에 따라서 해당 집단의 재범률 혹은 질병 식별률 예측 정확도는 다른 집단의 정확도와 현저한 차이를 보일 수 있다.

공정성 개념 적용의 방법

〈Figure 8-1〉에서 제약을 통한 수정을 가하는 방법으로 표시된 바와 같이, 공정성 요건은 자료 준비, 모형 학습, 의사결정 단계 각각에서 반영될 수 있다. 그리고 세 가지 분류 중 복수에 해당하는 접근도 존재한다. 소개한 예시를 통해서 사전 조정, 모형 조정, 사후 조정 각각이 앞서 소개한 특정 공정성 기준을 만족시키기 위해서 어떻게 실행될 수 있는지 살펴보자.

사전 조정

학습자료에서 소수 집단과 다수 집단의 비율을 조정하는 자료 균형화data balancing는 사전 조정의 전형적인 방법이다. 〈Figure 8-6〉의 예와

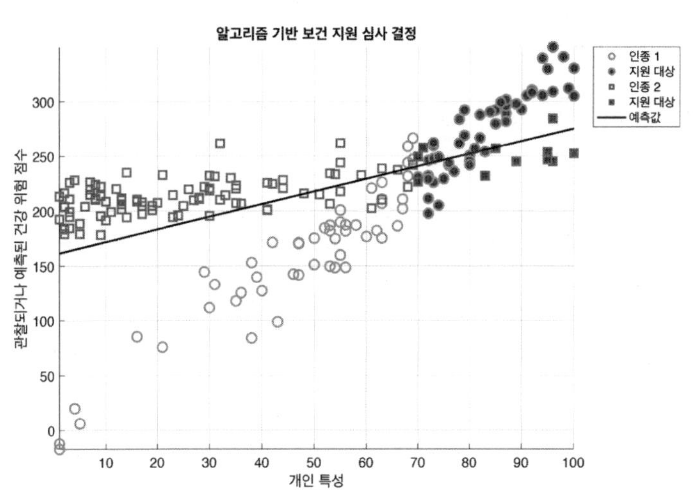

Figure 8-8.   균형 잡힌 학습자료 이용 예시. 100:100 인종 구성. 〈Figure 8-6〉과 같이 단일 모형 일괄 역치 적용.

같이 학습자료에 포함된 민감특성 집단 간 관찰 수가 상이하다면, 예측 모형의 집단별 정확도 동일성(공정성 유형 4)은 서로 큰 차이를 보이게 된다. 예시에서 예측 모형은 다수 집단인 Race 1의 건강 점수를 매우 잘 예측하는 반면, 소수 집단인 Race 2의 건강 점수는 거의 예측하지 못하고 있다. 학습자료에서 양 집단의 비율을 동일하게 만든 〈Figure 8-8〉의 경우에는 이러한 차이가 발생하지 않고, 양 집단 모두 비슷한 수준의 예측 편향을 갖게 된다.

학습 자료에 민감 정보를 포함하지 않는 민감 특성 배제 학습 역시 사전 조정 방식의 일종으로 이해할 수 있다.

모형 조정

모형 조정은 사용된 기계학습 모형을 변경하는 방법이다. 집단 간 예측 정확도 동일성(공정성 유형 4) 요건을 충족하기 위해 각 집단별 자료에 대해서 개별적인 학습heterogeneous modeling을 시행하는 것은 모형 조정의 전형적인 사례이다(〈Figure 8-9〉). 이는 앞선 예시에서 집단 간 예측 정확도 동일성 기준을 충족하기 위해 자료 균형화만 시도하고 집단 구분 없이 단일한 모형을 적용한 것에 비해서, 전체 자료에 대한 모형 예측도를 높이는 효과가 있다.

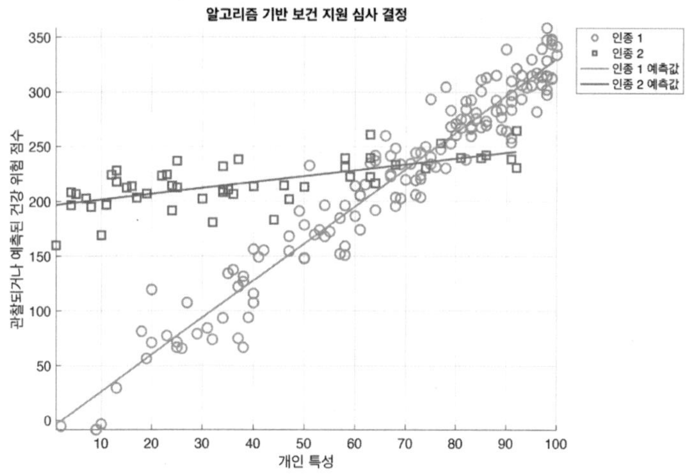

Figure 8-9. 개별 학습 전략.

사후 조정

공정성 유형 3에 해당하는 집단 간 결정 동일성 요건을 만족하기 위해, 단일한 역칫값을 적용uniform thresholding하지 않고, 집단 간 서로 다른 역칫값을 적용heterogeneous thresholding해 동일한 비율의 사람들이 지원을 받게 하는 것은 사후 조정의 사례라고 할 수 있다. 즉, 학습이 끝난 이후 예측된 값을 이용해서 어떤 의사결정을 할지 정할 때 공정성 요건 만족을 도모하는 것이다. 〈Figure 8-10〉에 나타난 것과 같이 서로 다른 예측 모형을 각 집단에 적용한 뒤, 각 집단별로 동일한 비율의 건강 점수 상위자에게 의료 지원을 하는 것은 집단 간 결정 동일성을 만족시키고, 따라서 혜택을 받는 비율의 일치를 보장한다. 하지만 동일한 특성값을 갖는 두 개인의 민감 특성이 다를 때, 모형 예측값뿐만 아니라

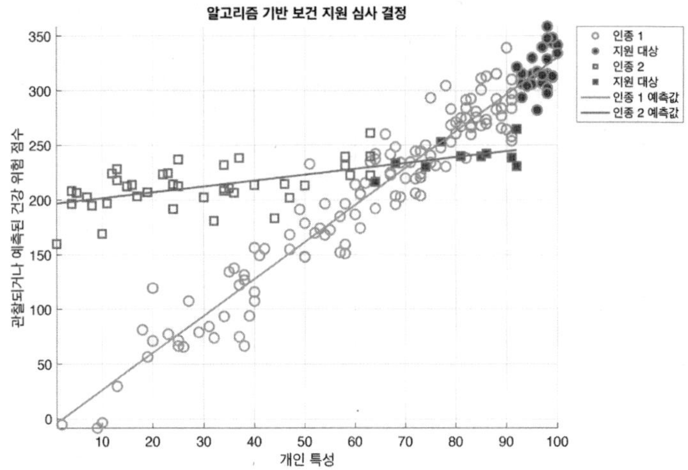

Figure 8-10. 서로 다른 역칫값 적용 (상위 *K*%) 방법.

의사결정을 위한 역칫값 역시 다를 수 있으므로, 유형 2의 개인 공정성 기준은 만족되지 않는다.

사회과학의 기여 가능성

지금까지 알고리즘 파이프라인을 통한 의사결정을 사회 전반에 적용하면서 공정성 기준을 파이프라인의 일부로 반영하는 것은 전환적 변화를 야기한다는 것을 이야기했다. 이 뒤에서는 여기에 파생되는 사회적 과제를 소개하고, 사회과학 전문성이 기여할 수 있는 영역에 대해서 논한다.

공정성 속성에 대한 연구와 실증적 연구를 통한 지식 획득

사회 일반의 의지에 부합한다고 할 수 있는 정합적인 공정성 원칙을 산출하는 것은 불가능하다. 〈Figure 8-11〉에 나타난 바와 같이, 네 가지 유형의 공정성 원칙은 논리적으로 상충한다.[14] 개인 공정성을 주장하는 사람은 인종과 같은 민감 특성과 무관하게 해당 시점에서 발휘된 본인의 능력으로만 평가받아야 한다고 주장할 수 있다. 이와 반대로, 역사적으로 형성된 소수 집단에 대한 형평성을 확보하기 위해서 소수 집단에 대한 적극적인 우대 정책 혹은 차별 철폐 조치affirmative action를 실행하거나 자원 분배에 있어서 결과적 평등을 실현해야 한다고 주장할 수도 있다. 규범적 기준 간의 상충 관계는 수학적 증명을 통해서 불가능성 정리의 형태로 발표된 바 있는데, 클라인버그, 물라이나탄과 라가반(Kleinberg, Mullainathan, and Raghavan, 2017)의 결과가 대표적이다.

이와 더불어 또 다른 근본 문제는 어떤 민감 특성을 보호할지에 대한 결정 문제이다. 대부분의 인구학적 특성으로 다수 집단과 소수 집

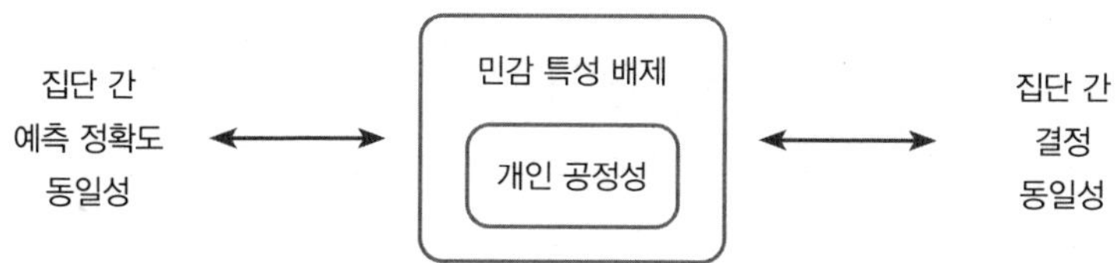

Figure 8-11. 공정성 기준간의 상충. '↔'은 공정성 기준간의 잠재적 상충 관계를 나타낸다.

---

14 〈Figure 8-11〉에서 개인 공정성individual fairness은 민감 특성 배제blinding에 더해서 민감 특성과 관련 있는 다른 특성까지 학습에 이용하지 않는 기준이므로, 민감 특성 배제와의 논리적 연관성을 합집합과 부분집합 관계로 표현했다.

단을 구분할 수 있기 때문이다. 혹자는 인종이 민감 특성이 되어야 한다고 할 수 있고, 다른 누군가는 성별이 되어야 한다고 할 수도 있다. 또는 두 가지 특성 모두가 되어야 한다고 주장하는 이도 있을 수 있다. 그 외에도 종교, 연령, 출신 지역, 출신 학교 등 민감 특성에 포함될 수 있는 특성은 매우 많다.[15] 따라서 알고리즘 공정성 논의에서도 이익 집단화된 인구 집단들 간의 이른바 정체성 정치identity politics가 벌어질 수 있다.

알고리즘을 통한 의사결정 파이프라인의 어느 단계에서 어떠한 규범적 원칙에 기반한 절차와 결과를 추구할지 역시, 사회정책 수립과 제도 설계 절차 일반과 마찬가지로, 결국 정치적 타협을 통한 사회적 합의로 결정될 것으로 예상할 수 있다. 민주적인 원칙을 존중하는 사회에서는 한 가지 공정성 유형이 다른 것보다 우월하다고 판단하기도 힘들며, 설령 그러한 논리가 성립하더라도, 일원적인 원칙에 기반해서 이해관계가 서로 다른 의사결정 참여자들의 의사 표시를 묵살할 수는 없기 때문이다. 즉, 공정성 기준 역시, 다른 공공 규율 제정 문제와 마찬가지로 각기 다른 이해관계와 가치 지향을 갖고 있는 사회 구성원들 사이의 정치적 의제로 다루어질 것이다.

15　이에 관한 유명한 법령은 1964년 제정된 미국 연방법의 진정직업자격bona fide occupational qualifications으로, 성별, 종교, 국적 등은 고용 시 민감 특성에 포함되지 않는다고 명시했다. 종교계 학교에서 특정 교단에 등록된 신자만을 교사로 채용한다고 할 수 있는 것이 대표적이다. 물론 이 기준은 사회와 시대, 의사결정 분야에 따라 변할 수 있으며, 국가별 차별금지법의 대상과 기준 역시 상이하다.

이러한 맥락에서 사회과학은 크게 세 가지 종류의 기여를 할 수 있다고 판단된다. 하나는 규범 자체에 대한 탐구이고, 나머지 둘은 현상에 대한 실증적 연구이다.

첫 번째로, 규범적 기준들을 분류하고 이들 간의 상충 관계를 비롯한 근본 원리를 찾아내는 것이다. 앞서 소개한 불가능성 정리와 같이, 도덕철학과 사회선택이론 분야에서의 공정성 연구는 대체로 제1원리first principle, 즉 공정성 정의에서 유래한 논리적 귀결을 연역적으로 추론하는 방식을 취했다. 규범적 속성 자체를 다루는 것에 대한 익숙함의 정도는 사회과학 분과 학문 간의 차이가 존재할 수 있겠지만, 불평등 개념이 여러 분과 학문에서 핵심적으로 이용된다는 점에서 공정성과 같은 사회 규범은 사회과학의 분과 학문 일반과 동떨어진 주제가 아니며, 오히려 이에 대한 분과 학문 각각의 발언이 요구된다.

두 번째로, 규범적 기준에 대한 견해와 사회적 선호, 나아가 특정한 규범적 기준이 선택되고 사회적으로 수용되는 과정에 대한 연구를 들 수 있다. 이러한 연구 방식은 사회 조사와 같은 관찰 연구는 물론, 특정한 상황에 대한 조작화를 통한 실험 연구도 포괄한다. 특히 조사 실험survey experiment과 같은 연구 수행 방식은 의사결정 상황의 미묘한 차이를 인공적으로 구현하여, 사회구성원의 규범적 지향의 잠재적 특성을 정밀하게 드러내리라고 기대된다. 또한, 선호 취합 규칙과 정치 및 행정 과정에 대한 사례 연구도 특정한 규범적 기준이 실제 사회에서 어떠한 방식으로 구현될 수 있는지 알려주는 중요성을 지닌다.

세 번째는 규범적 기준에 근거한 실제 알고리즘 의사결정 운용 사례의 분석이다. 이 분야는 경험 사회과학 연구의 상당수가 집중하리라고 생각되는 영역이다. 앞서 간략히 소개한 바와 같이, 이미 다수의 연구가 재판에서의 형량 결정, 보건 의사결정을 포함한 다양한 영역에서 특정 공정성 요건이 위반되는 사례를 보고했다.

제도 설계에서의 실천적 기여 가능성

앞서 살펴본 기여 가능 영역은 학술적인 차원에서 중요한 의미가 있는 한편, 제도 설계를 통해 공정성 기준 실현에 실천적인 도움을 줄 수도 있다. 자료 관찰을 통한 회고적 연구에서 연구 타당성이 강조되었던 것과는 달리, 알고리즘의 사회적 운용이 일반화된 상황에서는 사회과학의 실천적 유용성이 강조될 수 있다.

알고리즘을 이용한 의사결정 파이프라인에 개입할 때의 대원칙은, 의사결정 과정에 실제로 영향을 주기 위해서는 컴퓨터가 수용할 수 있는 형태로 개입해야만 한다는 점이다. 따라서 정성적인 형태를 띠고 있을 직관적인 공정성 기준을 수식으로 환산하고 이를 의사결정의 대상인 표본에 어떻게 적용할지 단계적으로 조작화하는operationalize 노력이 필요하다. 사실 이러한 절차는 사회과학자들에게는 익숙한 사회과학 연구 설계의 표준적인 방식과 매우 유사하다. 사회과학 연구자들이 측정을 통한 변수 정의 시 구성 타당성construct validity을 추구하는 것과 마찬가지로, 규범적 원칙은 표본에 적용 가능한 형태로 조작화되어야 한다. 공정성 개념의 경우, 추상적인 공정성 기준이 이해 가능한 간단한 형태의 수식으로 정의되어야 하고, 그 수식이 개입 대상이 되는 샘플에 적용 가능한 형태로 변환되어야 한다. 이는 사회과학 연구 설계에서의 조작화 절차와 동일하다. 그리고 이 과정에서 앞서 기여 가능 주제라고 한 공정성 속성에 대한 선명한 이해는 매우 중요하다.

〈Figure 8-1〉을 소개할 때 언급한 바와 같이 알고리즘 파이프라인을 이용한 의사결정의 핵심은 여러 대안적 의사결정 선택지의 사회적 후생을 추산하는 것이다. 의사결정의 적용을 받는 다수의 사람들에 대한 의사결정을 벡터인 $\vec{D}$로 표현한다면 해당 사람들 전체의 반응변수 값은 벡터인 $\vec{Y}^*$로 나타낼 수 있다. 따라서 우리가 비교하려고 하는 것은 잠재적 반응변숫값인 $\vec{Y}^*(\vec{D})$에 대응하는 사회적 결과이다.

즉, 잠재적 의사결정 벡터 $\vec{D}$가 초래하는 인과적 효과를 추산할 필요가 있다. 이 논점은 이미 다수의 사회과학 논문에서 소개되었는데, 정책 효과 추산 문제에서 인과적 지식의 중요성을 강조한 클라인버그 외(Kleinberg et al. 2015)와 격차 해소 추정대상 모수gap-closing estimand라는 사회선택 목표 함수를 특정해서 정책 개입 효과를 추정할 필요성을 주장한 룬드버그(Lundberg, 2024)가 대표적이다.

최적 개입 설계는 이른바 역진귀납법backward induction을 통해 다양한 개입 옵션 중 어떠한 방법이 가장 효과적인지 특정하는 과정을 거친다. 이러한 검토는 특성 및 반응변수와 의사결정 변수들 간의 영향 관계를 나타내는 인과적 그래프에 기반해서 수행된다. 즉, 변수 간의 인과적 메커니즘을 알아내야, 목표 수식에 포함된 반응변수 분포의 변화를 이끌어 내는 데 어떠한 개입 전략이 가장 유효한지 파악할 수 있다. 다수의 개입 옵션을 대상으로 기계학습을 통해서 얻은 반사실적 의사결정 결과에 대한 잠재적 반응변수 예측치를 계산하고, 이를 바탕으로 최적 개입 방법을 특정한다.

이러한 방식에는 근본적인 어려움이 있다. 경제학에서 흔히 일반균형general equilibrium이라고 부르는 의존성 문제 때문이다. 의사결정 결과를 비롯한 다양한 조건이 변화함으로써 추동되는 행위자의 행동 변화를 비롯한 차이는 국소적이지 않을 수 있다. 예를 들어, 특정 인구 집단의 대학 입학을 늘리기 위해 입시 제도를 바꾸는 것은 다른 인구학적 집단의 대학 입학을 줄이게 됨은 물론, 수혜받은 인구 집단이 대학 입학을 하지 않았을 때 선택하는 직군의 노동 시장에도 영향을 준다. 따라서 전면적인 개입에 따른 인과적 효과는 선형적이지 않으며 추산하기 매우 어려울 수 있다.

이러한 어려움을 극복하기 위해서는 학습자료를 초월하는, 외삽extrapolation에 가까운 추론적 지식 형성이 필요할 수 있다. 그리고 이러한 목표에 도달하기 위해서는, 귀납적으로 형성된 묘사적 지식을 뛰어넘는 강한 이론적 통찰이 요구된다. 체계적 이론 구축은 사회과학을 비롯한 전통적인 학문 분야가 지속적으로 추구해 왔던 목표이다.[16] 이 맥락에서 전통적 형태의 사회과학 지식이 기여할 여지가, 오늘날의 전환적 상황에서도 존재한다는 희망을 볼 수 있다.

알고리즘 공정성 문제와 미래 사회과학의 형태

이 글에서 알고리즘의 사회적 적용으로 인한 변화와 이로 인해 발생할 수 있는 규범적 문제를 소개했지만, 주지해야 할 점은 인간 사회에서 공정성 문제는 빈번히 발생해 왔고 이를 제도적으로 개선해 왔다는 점이다. 지금까지 다룬 내용은 조세와 복지 제도를 중심으로 한 분배 정의에 대한 논의가 기술 발전에 따라 알고리즘 사회 적용 영역에까지 확대된 것으로도 이해할 수 있다.

이러한 구도하에서 사회 제도가 결정되고 운용되던 기존의 방식과 이 글에서 다룬 변화된 방식이 어떠한 질적 차이를 보이는지 정리할 필요가 있다. 그동안 인간 전문가를 통해 수행된 예측이 〈Figure 8-1〉의 파이프라인에서와 같이 기계학습을 통해 수행되면, 어떠한 차이가 생기는가?

두드러지는 변화로 증거기반 정책 결정 일반화를 통한 투명성 증진을 들 수 있다. 이른바 주인-대리인 문제가 발생하는 전문가 혹은 관료 집단에의 위임 상황에서의 문제를 완화할 수 있으며, 사회 후생적

---

16 이론적 지식의 유용함은 물리학의 사례에서 극명히 드러난다. 일반 상대성 이론이 중력장이 약하고 물체의 속도가 광속에 비해 매우 느릴 때 뉴턴 역학으로 근사되는 반면, 수성의 근일점 이동 문제와 같이 중력장이 강할 경우에는 뉴턴 역학과 달리 운동에 대한 정확한 예측을 하는 것이 대표적이다. 다만 자연과학과 사회과학에서 이론의 지위는 큰 차이가 있음을 염두에 둘 필요가 있다.

가치 구현을 위한 대안 혹은 제도적 개입 옵션이 무엇인지 이해 당사자들이 확인하고 발언하게끔 할 수 있다. 이전까지 일반인들이 접근 불가능한 밀실 혹은 블랙박스로 여겨졌던, 전문가 집단 혹은 행정 조직 내 관료들의 의사결정 근거가 사회에 공개될 수 있기 때문이다.

아울러 획기적으로 개선된 알고리즘에 기반한 의사결정은 정책 결과에 대한 예측이 어느 정도 주어진 상태에서 결정을 하는 진전된 증거 기반 정책 프로토콜을 정착시킬 가능성이 크다. 지금까지의 사회에서는 인간 지성이 예측을 주도해 왔기 때문에, 개입 결과를 높은 정확도로 예측하기 어려웠다. 이에 따라 많은 제도가 모든 사례에 대해 단일한 기준을 적용하거나 사전적 규제를 공표하는 방식으로 실행된 것과 대조적으로, 개별적 의사결정 상황에서 예측된 수치에 근거한 결정이 이루어질 것으로 기대된다. 이를 통해, 전문가 혹은 관료제 집단의 폐쇄성과 의사결정 과정의 임의성에서 기인하는 문제가 해소될 수도 있을 것이다.[17]

아울러, 사회적 목표가 무엇이 되어야 하는지도 명료하게 주장되고 논의될 것이다. 앞서 소개한 세 가지 방식의 개입은 의사결정 파이프라인의 어느 단계에서 어떠한 원칙에 기반한 조정을 시도할지 명확하게 기술되어야만 하기 때문이다. 즉, 컴퓨터가 수용 가능한 형태로만 파이프라인에 반영될 수 있다.

---

17 이러한 낙관론에 대한 사설로 물라이나탄(Mullainathan, 2019)을 추천한다.

이와 같은 낙관론에도 불구하고, 사회적 선호를 반영한 공정한 결과를 얻기 위해서는 지속적인 교정을 가능케 하는 감시 및 감리 프로토콜의 마련이 요구된다. 예측 모형의 정확도에 대한 지속적인 평가가 필요하며, 자동화된 알고리즘을 통한 의사결정의 사회적 결과에 대해 사회 주체들이 각자의 선호를 왜곡 없이 표시하고 이를 합리적으로 취합하는 제도적 기반 또한 요구된다. 의사결정 과정에 이해 당사자인 인간들이 배제되고 소외되지 않도록 하는 제도적, 기술적 장치 마련이 필요한 것이다.

한편으로, 예측 결과는 정확성을 잣대로 그 각각을 평가할 수 있는 반면, 사회적 선호의 대안들은 객관적인 잣대로 그 우위를 나눈 것이 무의미할 수 있다. 즉, 사회 규범과 지향성은 합의를 요하는 대상으로 여전히 존재한다.

공정성 문제를 비롯해, 알고리즘 사회 적용에서 파생되는 여러 문제들은 인류 문명에 항구적으로 존재할 인공지능 기술의 활용 기준과 공존 형태를 정립하는 극히 중요한 사안이라고 할 수 있다. 전통적으로 인간 행동과 사회 구조의 작동 원리를 탐구해 온 사회학을 포함한 사회과학이 이에 어떠한 기여를 할 수 있을지 이해하는 것은 중요하며, 분과 학문 발전의 방향을 설정하는 데도 필수적이다.

이 글에서는 알고리즘 공정성 문제를 소개하고, 사회과학이 참여 가능한 연구 영역과 기여 방식에 대해 제언했다. 사회적 선호를 규범적 원칙의 일부로 사회 제도에 반영한다는 목표에 기여하기 위해서는,

기존의 회고적 지향에서 벗어나 실천 학문으로서 사회과학의 위치를 재정립하고 제도 설계를 비롯한 실천적 문제 해결을 위한 역량을 개발할 필요가 있음을 주장했다.

IX
인공지능의 발전과 국가, 시장, 시민사회

임동균

서울대학교 사회학과 교수. 서울대학교 사회학과에서 학사 및 석사 과정을 거쳐, 하버드대학교에서 사회학 박사 학위를 취득했다. 사회심리학, 인지사회학, 정치사회학, 사회학 이론 등을 연구하고 있다. 최근에는 개인들의 존재론적 불안정이 가지는 효과에 대한 연구, 사회적 어텐션에 대한 연구, 그리고 사회적 번영에 대한 연구를 진행하고 있다. 저서로 『호혜와 협동의 사회심리학: 조사와 분석 편』(공저) 등이 있다. 현재 서울대학교 사회발전연구소장을 맡고 있다.

알고리즘의 힘과 사회의 재구성

이 글에서는 새롭게 부상하고 있는 알고리즘의 힘algorithm power이 기존의 사회적 힘들과 어떻게 상호작용하고, 우리에게 익숙한 국가, 시장, 시민사회의 영역에 어떠한 변화를 일으킬지에 대해 논의한다.[1] 일반적으로 사회과학 연구에서는 주로 과거나 현재를 분석하고, 미래에 대한 예측에는 집중하지 않는다. 미래에 대한 논의는 과거나 현재를 분석한 후, 그 함의나 시사점을 다루는 수준에서 그치는 경우가 많다.

---

[1] 이 글에서 이야기하는 혹은 가정하는 인공지능의 지속적인, 비약적 발전은 현재 가장 유행하는 LLM이나 트랜스포머 아키텍처를 의미하거나 그에 국한되는 것은 아니다.

그럼에도 불구하고 이 글에서 인공지능이 미래에 가져올 파급효과에 대해 논의하는 것은 인공지능이라는 주제의 특성과 관련되어 있다. 흥미롭게도 인공지능과 관련된 사회적 담론에서는 현 상태뿐만 아니라 미래에 인공지능이 가져올 변화나 충격이 거의 빠짐없이 이야기된다(Vicsek, 2021; Joyce and Cruz, 2024; Zajko, 2022). 인공지능에 대한 담론에는 우리가 겪게 될 미래 사회의 변화 또는 그 충격에 대한 감상 내지는 상상이 자주 뒤섞인다. 인공지능과 관련된 담론에는 수년 안에 근본적 변화가 찾아올 것이라는 테크기업 CEO의 발언부터, 수십 년 뒤에는 결국 특이점이 와서 인간의 문명이 근본적으로 바뀔 것이라는 갖가지 예측들, 아직 일반 인공지능artificial general intelligence(AGI)이 도래하려면 멀었다는 전문가의 인터뷰까지, 전문가와 비전문가를 막론하고 다양한 담론들이 존재한다.

이처럼 인공지능에 대한 담론이 미래에 대한 예측이나 상상을 현재로 가져와 사람들의 인식 변화를 야기하는 방식으로 펼쳐지고 있는 상황에서, 사회학에서도 이와 관련한 성찰적 전망을 제시할 필요가 있다. 특히 인공지능의 발전에 따른 변화가 급격하게 펼쳐지고, 그로 인해 인간의 경험과 감각이 미묘하고 손에 잡히기 힘든 형태로 실시간으로 구조화된다고 할 때, 그에 대한 사전적인 성찰이 필요하다.

이 글은 이러한 인식을 바탕으로 인공지능이 삶과 사회의 다양한 영역에 광범위하게 깊숙이 침투하는 것, 그리고 데이터와 알고리즘이 만들어 낼 효과 및 현상을 힘power의 관점에서 바라본다. 이러한 새로운 힘의 부상이 우리에게 비교적 익숙한 기존의 사회적 힘들과 어떻게 상호작용하는지 살펴보고자 한다. 또한 그러한 상호작용이 국가, 시장, 시민사회라고 하는 사회의 세 가지 기본 영역에 어떠한 변화를 일으킬지를 탐색한다. 이러한 작업은 미래에 대한 예측이라는 점에서 필연적인 한계가 있다. 하지만 이러한 고찰을 통해 알고리즘의 힘이 점차 커지고 그 영향력이 확장되는 과정에서 나오게 될 변화가 무엇인지 사전적으로 개념화할 수 있게 해 줄 수 있다. 이를 위해 알고리즘의 힘이 확장되면서 생겨나는 변화를 비판적, 성찰적으로 진단할 수 있는 개념적 렌즈와 사회학적으로 주목할 부분을 제공하고자 한다.

알고리즘 힘의 부상 그리고 사회의 '제4섹터'로서의 인공지능

영국의 사회학자 마이클 만Michael Mann은 역사적 과정을 통해 인간 사회에 존재해 온 네 가지 힘들을 그의 'IEMP 모델'로서 제시했다(Mann, 2012). 그 네 가지 사회적 힘은 이데올로기적Ideological, 경제적Economic, 군사적Military 그리고 정치적Political 힘이다. 만의 논의에서 이러한 네 가지 힘은 별개의, 서로 구분되는 힘들이다(Mann, 1986; 1993; 2012; 2013). 이 힘들은 상호작용을 주고받으며, 때로는 하나로 합쳐져 인간 사회에 영향을 미쳐왔다. 만은 이를 역사를 거슬러 올라가 고대 사회부터 21세기에 접어드는 기간까지 장기간에 걸쳐 추적하며 설명한다. 예를 들어 2차 대전 후 20세기 세계화 과정과 결부되어 정치적, 경제적, 군사적, 그리고 이데올로기적 힘이 미국에 집중되면서 세계적 헤게모니를 장악하게 된 과정을 설명한다(Mann, 2013).

이러한 힘에 대한 논의와 관련하여 최근 들어서는 알고리즘의 힘이라는 개념과 그에 대한 사회과학적 논의들이 등장했다(Beer, 2019; Bucher, 2018). 버렐Burrell과 푸르카드Fourcade는 「알고리즘의 사회The Society of Algorithms」라는 논문에서 코딩 엘리트Coding Elite와 주변화되는 사이버테리아cybertariat의 형성 등의 현상을 제시한다(Burrell and Fourcade, 2021). 이는 실리콘 밸리 정신이 부상하는 현대 사회에서 나타나는 현상들이다. 비슷한 맥락에서 기술철학자 베르나르 스티글러Bernard Stiegler를 위시한 여러 학자들은 알고리즘 통치성이라는 개념을 제시했다(Rouvroy and Stiegler, 2016; Henman, 2020).

알고리즘의 힘은 이미 이와 같이 우리가 그 차별적 특징을 포착할 수 있는 수준에 이르렀고, 앞으로 더욱 비약적으로 확장될 것으로 전망된다. 그리고 그러한 힘이 기초하고 있는 영역을 기존의 익숙한 범주들로 구성하기 힘들다면, 그것에 해당하는 별도의 개념적 영역을 구성할 수 있을 것이다. 여기서 필자는 기존의 국가, 시장, 시민사회의 익숙한 세 가지 영역의 구분에 인공지능이 추가적으로 사회의 제4의 영역으로 부상할 가능성을 제시한다. 국가는 정치적 힘political power을, 시장은 경제적 힘economic power을, 시민사회는 그에 저항할 수 있는 사회적 힘social power을 담고 있는 곳이라고 한다면, 인공지능은 이러한 세 가지 힘과는 구별되는 알고리즘의 힘algorithmic power이 발휘되는 영역으로서의, 제4섹터로 발전할 가능성이 있다. 또한 알고리즘 힘은 나머지 세 가지 힘과는 존재적 양상이 본질적으로 매우 다르면서 그 세 영역에 무시할 수 없는 영향력을 발휘할 것으로 예상할 수 있다. 현재로서는 아직 주로 도구적 위치에 놓여 있는 인공지능에 이와 같은 존재적 지위를 부여할 수 있는 이유는 조금 더 구체적으로 다음과 같이 구분 지어 생각할 수 있다.

관련된 인간적 특성에 있어서의 차별적 속성

국가, 시장, 시민사회는 각각 인간 본질과 관련하여 고유한 속성들을 각각 대표한다고 할 수 있는데, 인공지능 역시 그렇게 볼 수 있다. 각 영역의 속성을 구체적으로 생각해 보면 다음과 같다.

국가 그리고 정치 영역은 인간이 가진 본연의 정치적 의지political will와 관련되어 있다. 홉스의 『리바이어던』의 표지에 나타나는 인간을 닮은 거인처럼, 국가는 개개인의 욕망과 투쟁을 관장하는 거대한 영역으로서 개인들의 삶을 규율, 통제하는 역할을 하는 장field이다.

시장 영역은 인간의 물질적 이해material interest에 기초한 영역으로서, 인간에게 어떤 만족감이나 효용을 주는 것이 상품화되어 생산, 유통, 교환되는 장이자 제도로서 존재한다. 시장 영역이 바탕을 두고 있는 인간의 본질적 속성은 복합적이고 맥락 의존적이겠지만 근간에는 물질적 욕구 및 이해가 자리 잡고 있다.

시민사회는 인간이 가지고 있는 연합의 욕구need for association에 기초한다. 사회적 존재로서의 인간이 본능적으로 추구하는 신뢰, 소속감, 협력, 상호지지, 포용, 호혜성은 생활세계를 구성하고 공동체적 삶의 양식을 만들어 낸다. 이는 결국 다양한 집합 운동과 시민들의 민주적 관여, 다양한 비영리적 실천과 행동의 양식을 만들어 내면서, 정치적 그리고 경제적 힘이 지나치게 확장되는 것을 막는 사회적 힘을 만든다(Foley and Edwards, 1996; Eikenberry and Kluver, 2004).

국가, 시장, 시민사회가 이처럼 서로 다른 인간의 본질적 속성을 기반으로 한다면, 인공지능은 지능intelligence이라는, 앞의 세 가지와는 구별되는 인간 고유의 특성과 활동 영역을 기초로 한다. 물론 다른 영역들 또한 당연히 인간의 지능을 바탕으로 구성되지만, 인공지능이라는 제4의 영역을 구성하는 것은 다른 세 영역에서 발휘되는 다른 인간적 욕구나 특성, 즉 정치적 의지, 물질적 이해, 연합에 대한 욕구가 소거된, 알고리즘과 모델에 의해 구성된 순수한 인지적 능력과 연산 능력 그 자체에 가깝다. 즉, 지능이라고 하는 것이 이전과는 비교할 수 없을 정도로 거대하게 증폭되고 확대되어 국가, 시장, 사회와 대등하게 비교될 수 있는 별도의 존재적 지위를 가지게 되는 것이다. 다른 한편, 정치, 경제, 사회의 영역 또한 지능을 바탕으로 한다는 사실 자체는, 폭발적으로 성장한 인공지능 영역이 다른 영역 안으로 침투될 여지가 매우 크다는 사실을 의미한다고 할 수 있다. 물론 현재는 인공지능이 그 뛰어난 능력에도 불구하고 인간을 위한 도구로서만 사용되고 있으나, 그리 멀지 않은 미래에 생성형 AI를 넘어서 에이전틱 AIagentic AI가 발전하고 활용되면서, 인공지능 스스로가 판단하고, 목표를 설정하고, 인간이나 환경과 상호작용하면서 의사결정을 내리는 일을 수행하게 될 것이다.

숙의민주주의와 관련하여 큰 학문적 기여를 한 하버마스Habermas의 이름을 딴 인공지능인, '하버마스 기계Habermas Machine'가 사람들의 숙의 토론을 중재한 결과, 인간이 중재한 경우보다 의견 차이가 더 잘 봉합이 되고 컨센서스에 도달한 것으로 나타났다(Tessler, 2024). 이 사례를 토대로, 이 제4의 영역은 지능에 기초해 있되 계산기나 영혼 없는 기계처럼 답을 내놓는 '도구'로서의 위치에 머무르는 게 아니라, 인간적 상호작용과 정서적 지능affective intelligence까지 모사하면서 인간과 교감을 하는, 의미 있는 상호작용의 '대상'이 될 수 있을 가능성을 점칠 수 있다. 물론 인공지능이 어느 정도까지 완전한 자율성과 주체성을 가지고 인간의 통제로부터 완전히 벗어나게 될 것인지는 여전히 쉽사리 예측하기 어렵지만, 인간의 지시와 의사결정에 종속된 정도가 점차 낮아질 것이라는 점은 분명하다. 이는 결국 인공지능이 인간과 공존할, 새로운 종species으로 보는 관점으로 이어진다.

새로운 디지털 종으로서의 인공지능

딥마인드DeepMind의 공동창업자이자 마이크로소프트의 AI CEO인 무스타파 술레이만Mustafa Suleyman은 한 발표에서 인공지능을 완전히 새로운 종류의 디지털 종으로 묘사했다(Suleyman, 2024). 이는 인공지능이 문자 그대로 하나의 생물학적 종이라는 것이 아니라, 인간이 자신과 같이 살아가는 하나의 유의미한 상대로서, 그것의 영향이 우리의 삶에 매우 깊숙이 침투할 것이라는 주장이다. 인간은 점차 다양한 대화형 인공지능과, 인간과 크게 다를 바 없는 AI 어시스턴트에 둘러싸여 살게 될 것이다. 이 새로운 디지털 종은 거의 완벽한 IQ와 매우 높은 수준의 EQ를 가지고 모든 언어를 구사할 수 있으며, 인간이 수천 년을 살아도 습득할 수 없는 양의 정보를 습득한 채로 우리와 함께 살아가게 된다(Suleyman, 2024).

이러한 환경에서 현실적으로 인간은 인공지능이 작동하는 기기들을 단순한 기계나 연산장치가 아니라 내적 세계를 가진 유의미한 상대로 대할 수밖에 없게 된다. 유기체로서 탄소에 기반한 지능을 보유한 인간이, 새롭게 지구상에 등장한 실리콘 기반 지능을 가진 존재와 공존하게 되는 것이다. 물론 지능의 규모와 역량 면에서 실리콘 기반 지능은 탄소 기반 지능을 완전히 압도하며 후자는 전자에 비하면 지능의 측면에서는 매우 작은 존재가 될 것이다. 그러한 측면에서 인간의 의지will, 이해interest, 욕구need에 기초한 국가, 시장, 시민사회의 범주와 독립적으로 지능에 기초한 영역을 개념화하는 것은 타당해 보인다. 행위자–연결망 이론의 관점에서도 인공지능을 하나의 행위자 혹은 거대한 행위소actant 또는 그것의 집합체로 볼 수 있는 것은 자명하다(Gutiérrez,

2023; Tsvetkova et al., 2024)

　이 디지털 종으로서의 인공지능은 또한 기존 세 가지 범주와 구별되는 존재적 기반을 가지고 있다. 국가, 시장, 시민사회가 각각 그것을 뒷받침하는 물리적 시설, 법과 제도, 연결망, 시스템 등을 갖추고 있다면, 인공지능이라는 제4의 영역은 데이터 센터의 서버와 네트워킹 장치들, GPU, TPU, CPU 등 계산을 위한 하드웨어들, 저장 장치와 코딩 시스템, 전력 공급, AI 모델이 구동될 수 있는 소프트웨어 등을 바탕으로 한다. 아울러 국가나 시장이 각각의 고유한 조직화 원칙을 바탕으로 작동한다면, 인공지능 섹터는 그와는 본질적으로 다른 데이터 처리, 기계학습, 알고리즘적 의사결정에 의해 작동한다. 존재적 기반에 있어서의 이러한 특성은 인공지능이 구성하는 이 새로운 섹터에 독립적 차별성을 부여한다.

섹터 간 상호 영향

국가, 시장, 시민사회는 각각의 자체적 특질에 의해서도 구별이 되지만, 상호 간의 관계적 맥락에 따라서도 구별된다. 국가는 강제력을 바탕으로 시장을 규율하고 민족국가로서의 정체성을 바탕으로 사회를 통제한다. 시장은 시장에서 나오는 이익과 성장을 바탕으로 (세금 등을 통해) 국가 장치와 현재의 사회적 질서를 유지한다. 동시에 자유와 효율성, 상품화의 힘 그리고 독점적 힘을 정치나 사회 영역에 발휘한다. 시민사회는 그러한 국가와 시장의 힘에 저항해야 하는 관계적 위치에 있다(Foley and Edwards, 1996; Salamon, 2010).

인공지능은 국가, 시장, 시민사회 각각과 매우 복잡하고 다양한 방식으로 관계를 가진다. 다르게 표현하면 인공지능이 기반으로 하는 알고리즘의 힘은, 정치적 힘, 경제적 힘, 그리고 사회적 힘과 다양한 방식으로 서로 경쟁하고, 합쳐지며, 때로는 하나가 된다. 이와 관련해서는 모든 가능성과 경우의 수를 살펴볼 수는 없지만, 필자가 보기에 주목할 몇몇 지점들은 다음과 같다.

알고리즘의 힘과 국가, 시장, 시민사회

알고리즘과 국가: 알고리즘 통치 그리고 인공지능 통제의 최종 영역

이 글에서는 우리나라를 포함하는 많은 선진산업 국가들의 경우 거버넌스적 전환governance turn을 겪으며, 위계적이고 권위적인 주체가 아니라 조정, 규제, 모니터링 등을 통해 글로벌 경쟁 속 경제발전과 공공안전을 관리하는 거버넌스의 주체가 된 것으로 바라본다. 국가는 어떤 기능과 책임을 수행해야 하고, 어디까지 국가가 아닌 사적 영역에 둘 것인가의 문제와 관련하여 제기되어 온 다양한 관점들 중에서 조정적 역할과 시장 국가market state의 역할을 하는 것이라(헤이우드, 2014:142)는 관점을 채택한 것이다. 현대 사회에서의 국가는 공공정책과 공공서비스 계획을 수립하고, 제도를 관리하며, 정책을 펼치는 주체의 성격을 강하게 가지고 있다.

　이러한 주체가 자신의 목표를 성공적으로 달성하기 위해서는 무엇보다 데이터가 중요하고, 이를 위해 데이터에 기반한 정책과 수치화된 성과 달성을 목표로 하는 시스템이 작동한다(van Ooijen, Ubaldi, and Welby, 2019; Hwang, Nam, and Ha, 2021). 이러한 국가는 빠르게 변화하는 사회경제적 환경에 유연하게 대처하면서 복잡하고 상호연결된 문제들에 대응하기 위해 디지털화된 데이터를 더 광범위하게 수집하고자 할 것이다. 이는 기술적 변화를 통해 가능해진다. 때로는 이러한 노력이 개인정보 보호 원칙과 상충하는 문제를 일으키기도 하나, 대체로는 공공성을 위한 혹은 공공선을 위한 것으로 정당화된다.

　데이터크라시datacracy라고 부를 수 있는 이러한 추세는 데이터 기반 통치, 혹은 정보 통치의 성격을 가진다. 그런데 이러한 과정에 인공지능에 의한 데이터 분석과 최적의 정책적 솔루션 수립, 알고리즘에 기반한 의사결정이 이루어지게 되면 인공지능이 점차 공공영역에서 활용될 가능성이 높다(Ashrafian, 2023; Sánchez, Rodríguez, and Espitia, 2020). 한국도 인공지능 국가통계 활용에 대한 계획과 논의가 일부 부처에서 이미 시작되었고, 관련 위원회나 포럼들이 운영되고 있다. 막대한 통계를 보유하고 있는 국가는 인공지능을 활용하여, 장기적으로는 데이터 통치에서 자연스럽게 알고리즘 통치로 점차 이행할 가능성이 높다.

　이러한 과정에서 주목할 수 있는 다양한 변화들이 있겠으나, 이 글에서는 특히 정치적 지형의 변화 가능성에 주목한다. 일반적으로는 공공 형성 절차에 있어서는 개인주의가 강조되고 공공성의 내용에 있어서는 공동체주의가 강조되었다(김동노 2014). 즉 공공성의 내용에 있어서는 개인의 이해관계를 넘어선, 한 사회의 전체적 후생과 사회통합을 고려한 가치가 강조되었고, 그러한 목표를 위한 제도적 절차는 개인들의 자유와 의견 표현, 인권을 보호하고 보장하는 개인주의를 바탕으로 설계되었다.

현재까지 사회적 갈등 혹은 공공갈등 영역에서 개인 및 집단 간 갈등을 해소하거나 더 정당성 있는 쪽을 판별하는 기준은 종종 자유주의나 공동체주의의 담론과 프레임, 정당성 투쟁을 통해 이루어지는 경우가 많았다. 그리고 그러한 경우 자유주의에 기초한 주장은 개인의 사유재산권을 기초로 하여 공공성 확대를 제약하는 경우가 많았다. 그런데 알고리즘이 가지고 있는 의사결정의 힘은 그와 같은 논리를 바탕으로 하지 않을 것으로 추측할 수 있다. 알고리즘은 제한된 자원을 보다 더 효율적으로 사용할 수 있는 방안을 제시하거나 적어도 그러한 정당성을 제시하는 방식으로, 혹은 데이터 과학이 가진 장점인 예측력을 기반으로 비교적 더 나은 솔루션을 제공하는 데 도구적으로 활용될 가능성이 크다.

즉, 기존의 진보 대 보수, 좌파 대 우파, 자유주의(또는 개인 권익 보호) 대 공동체주의(또는 집단 전체의 효용 극대화)의 프레임이 이데올로기적 정당성 투쟁으로 펼쳐지면서 활용되었다면, 알고리즘에 기초한 집단적 의사결정은 경제적 지표, 사회적 지표, 환경 혹은 건강 관련 지표, 심리적 지표 등 특정한 공공의 이익을 목적 함수로 모델링하여 최적화하는 것을 우선적 목표로 할 것이다. 물론 지금도 구체적 정책 결정 단계에서는 그러한 과정을 거친다. 하지만 정책 결정 과정을 둘러싼 구체적인 수준의 당파적 논쟁이나 의회에서의 토론, 정치적 의사결정은 아직 기존의 이데올로기적 지형과 정당성 투쟁의 토대 위에서 이루어지는 경우가 많다. 앞으로 데이터 통치에서 알고리즘 통치로 넘어가면서 기존의 이데올로기적 지형이 정치적 담론과 구도 형성에 미치는 영향은 점차 약해질 것으로 생각된다.

다른 한편, 이러한 공공성 추구의 문제에서 알고리즘이 힘을 발휘하면 생겨나는 효과 중 하나는 결국 공공성의 주체가 모호해지게 된다는 것이다. 전통적으로 개인주의적 관점에서는 공공성의 주체는 합리적이거나 자신의 이해를 추구하는, 한 사회를 구성하면서 서로 계약을 맺는 개인들이고, 공동체주의적 관점에서는 일반의지가 투영된 국가, 시민, 혹은 노동자 계층 등이다(김동노, 2014). 정치적 담론에는 정치적 주체가 있다. 그런데 알고리즘이 비인격적 의사결정의 힘을 발휘하게 되면 그것으로 인해 생겨나는 사회적, 국가적 결과는, 그 결과를 만들어 낸 의사결정의 주체가 모호한 상태가 된다.

주체가 모호해진다는 것은 어떤 의미에서 의사결정을 하는 주체가 상당 부분 인간에서 비인간으로 옮겨 간다는 것을 뜻하고, 또 사회의 변화를 이해하는 데 주된 행위자나 행위성agency을 가진 주체를 찾기 힘들어진다는 것을 의미한다. 기존에 우리가 사회 세계를 보는 시각은 기본적으로 개인이나 공동체, 사회, 국가와 같은 단어들을 바탕으로 하고 있다. 그렇기 때문에 사회철학 또는 정치철학 논쟁의 역사도 자유주의 대 공동체주의와 같은 축을 핵심축으로 하여 진행되었다.

전통적으로는 이러한 논의를 통해 사회의 주체가 누구(또는 무엇)이고, 어떤 주체의 이익을 위해 공적 지성을 발휘해야 하고, 무엇이 성스럽고 지켜야 할 원칙인지가 문화적으로, 규범적으로 공유된다. 이로써 정치적 담론들과 정당화의 논리가 축적되는 것이다. 그런데 데이터에 기반한 알고리즘의 힘에 기대어 의사결정을 할 때는 그러한 내용이 모호해진다. 파스콸레Pasquale가 데이터와 알고리즘에 기초한 사회를 '블랙박스 사회'로 표현했듯이 많은 의사결정 과정이 상당 부분 블랙박스와 같은 과정을 통해, 인간적 주체성이 잘 드러나지 않는 모습으로 진행된다(Pasquale, 2015). 데이터와 AI를 통해 이루어지는 의사결정의 반복과 그것이 가지는 정당성은, 결국 개인 대 공동체 등의 프레임을 바탕으로 한 우리의 사고를 벗어난 영역에서 이루어지게 된다. 파스콸레의 논의대로, 중요한 결정들이 데이터 그 자체에 기초해서 만들어지는 것이 아니라, 데이터를 알고리즘적으로 분석한 것data analyzed algorithmically에 기초해서 만들어지기 때문이다(Pasquale, 2015:65). 인간 조종사 대신 AI가 비행기를 운행하고, 승객들도 어느 순간부터 기계가 비행기를 모는 것이 당연하다고 생각하기 시작한다면, 그 사람들이 탄 비행기를 모는 주체는 결국 누구라고 할 수 있는가?

물론 현재 기존에는 완전히 블랙박스로 여겨졌던 LLM 모델의 내부 상태 매핑에 대한 시도가 부분적으로 성공하는 등, 향후에는 인간이 인공지능을 이해하고 설명할 수 있는 수준이 상승할 수 있다. 아울러 공적 영역에서 정책 결정, 의사결정을 위하여 알고리즘을 활용할 때, 사용 주체가 그 내용을 설명할 수 있도록 요구될 수도 있다(예: EU의 General Data Protection Regulation). 이미 인공지능이 예측 및 판단한 결과를 설명하는 기술로서 '설명 가능한explainable AI(XAI)가' 지속적으로 발전하고 있다. 데이터와 알고리즘을 통해 국가가 의사결정을 하는 경우, 공중public은 그것의 과정 '설명'을 요구할 것이고 이에 대해 국가는 XAI에서 활용하는 모종의 대리 모형surrogate model(Torcianti and Matzka, 2021)과 같은, 원본 모형을 어느 정도 단순화하되 그 본질을 잘 대리해서 설명하는 모형을 제시할 것이다. AI를 공공영역에서 사용하는 경우 설명 가능한 AI, 윤리적 AI 모형 제시에 대한 요청은 공공성의 새로운 모습과 내용으로 유의미하게 제시될 가능성이 있다.

그럼에도 불구하고 결국 판단을 내리는 지능의 주체는 상당 부분 인공지능이고, 그러한 모형이 지닌 복잡성이 어느 정도 수준 이상이 된다면 이러한 '설명 가능성'은 대중의 이해 범위를 넘어서게 될 가능성이 크다. 더군다나 대부분의 대중은 이미 일상에서 인공지능이 선보이는 탁월한 지적 능력을 경험하고 있다. 이런 압도적인 경험을 한 이들은 인공지능이 정책 결정과 관련된 문제에 있어서도, 오히려 기존의 문제 많은 정치인들에 비해 더 문제들을 잘 처리할 것으로 믿고 관심을 두지 않게 될 가능성이 크다.

전통적으로 정치 그리고 국가는, 정치 지도자가 자신의 신념과 목표에 기초해서 국정 비전을 제시하고, 그에 기초해서 생겨나는 문제는 책임을 지는 등, 신념윤리와 책임윤리 모두를 실천해야 하는 최종 책임이 본인에게 귀속되는 것을 바탕으로 한다(Weber, 1946). 하지만 알고리즘 힘이 정치적 힘과 이데올로기적 힘에 침투하여 양자를 근본적으로 변형시키기 시작하면 기존의 정치적 영역의 전통적 질서 체계는 변화할 수밖에 없다. 아주 긴 시간이 지나고 나면 19세기에서 21세기 중반까지 존재했던 국가의 모습은 지나간 과거의 제도로 남을 가능성마저 있다.

그런데 이와 같은 예상에도 불구하고, 국가의 존재감이나 역할이 다른 측면에서 매우 중요할 수 있다. 인공지능이 지속적으로 발전하여 결국 '인간 대 인공지능'이라는 이분법적 구도가 이루어진다면, 인공지능에 대응하는 것, 즉 지능의 무서운 확장에 대해 인간이 대응하는 것은 국가와 정치의 영역이 될 것이다. 즉, 앞서 언급한 정치적 의지와 지능 간의 대립이다. 시장 영역은 인공지능과 거의 하나가 될 것이고, 시민사회는 인공지능의 효용과 흥미로움에 압도될 가능성이 큰 상황에서 국가, 즉 정치적 힘만이 인공지능과 알고리즘의 힘을 제약하는 주요한 집단적 힘이 될 것이다.

다른 한편, 이와는 매우 다른 맥락에서도 인공지능의 시대에 국가가 중요해지는 메커니즘이 존재한다. 이는 마이클 만이 사회의 주요한 네 가지 힘들 중 하나로 언급했던 군사적 힘과 관계를 가지고 있다. 많은 사람들이 우려하듯, 인공지능은 군사적 힘과 통합될 가능성이 대단히 높으며 그리하여 생겨날 군사적, 사회적 위협은 간과하기 힘들다. 어떤 다른 국가에 불만을 가지고 극단주의적 생각을 가지게 된 소수의 사람들이 인공지능을 활용하여 치명적 바이러스를 만들어 다른 국가에 퍼트린다거나 아니면 갈등이 극심한 두 국가가 있을 때 한 국가의 일부 사람들이 인공지능을 활용해 작지만 매우 효율적인 무기를 제조하여 그것으로 특정 대상을 손쉽게 타깃으로 하여 공격할 수도 있을 것이다.

군사적 힘과 알고리즘 힘이 결합되면 이처럼 국가 간 무력 분쟁의 가능성은 심화될 것으로 보인다. 이는 기존에 존재하는 국제 정치의 주요 갈등의 축을 심화시킬 수 있다. 2025년 현재 오픈AI는 중국에서 챗GPT 서비스에 접속하지 못하도록 차단한 상태이다. 반면 중국에서는 미국에 비해 더 많은 회사에서 다양한 LLM 서비스를 제공하고 있다. 향후 미국과 중국 양국의 인공지능 대결은 점차 심화될 것이다. 전 구글 CEO 에릭 슈미트는 한 인터뷰에서 미래 양국의 AI 시스템은 무장된 군인들이 지키는 군사 기지에서 관리하게 될 것으로 전망했다. 또한 AI가 발전해서 AI 자체에 의해 위험이 초래되는 것보다 인간이 AI를 활용해서 가하는 사이버 및 생물학적 공격이 가장 큰 위험일 것이며, 우리는 수년 내 그러한 공격을 경험할 수 있을 것으로 전망하기도 했다.[2] 인공지능의 발전으로 인해 심해지는 무력 충돌과 분쟁의 가능성은 국민국가의 존재감과 지위를 강화시키고, 이는 정치적 양극화와 극단주의로 이어질 수 있는 위험성을 가지고 있다.

이 논의를 종합하면 다음과 같다. 알고리즘 힘의 실질적 주체는 그것을 개발하고 제공하는 기업일 것이기 때문에, 그 힘은 경제적 힘과 밀접하게 관련을 가질 것이다. 그 과정에서 알고리즘의 힘이 가진 다양한 법적, 윤리적, 경제적 문제를 견제할 수 있는 것은 국가밖에 없다. 그런데 그와 동시에 인공지능을 주도적으로 개발하는 주요 국가들의 경우 치열한 글로벌 경쟁 관계 속에서 자국의 이해를 지키기 위해 자국의 인공지능 산업을 철저하게 보고하고 육성하고자 할 것이다. 이러한 측면에서 인공지능은 국가로부터의 지지와 견제라는 이중적 관계를 가지며 성장할 것으로 보인다.

알고리즘의 힘과 시장: 존재적 말 막힘

알고리즘의 힘이 시장의 힘과 가지는 상호작용의 미래는 한편으로는 인공지능이 많은 산업과 직업에 깊숙이 침투할 것이라는 측면에서, 비록 그 정도와 파급효과를 정확히 예측하는 것은 불가능에 가깝지만, 어느 정도 전체적인 방향성은 예상이 가능하다(Zarifhonarvar, 2024; Cazzaniga et al., 2024). 알고리즘의 힘이 가장 강력한 힘을 발휘하고 절대적 영향력을 미칠 곳은 바로 시장의 영역이라는 점에서 그렇다. 개인용

---

2   https://nypost.com/2024/05/23/business/ex-google-ceo-eric-schmidt-predicts-ai-data-centers-will-be-on-military-bases/

컴퓨터에서 이루어지는 작업들부터, 다양한 자율주행 운송수단이나 휴머노이드 로봇처럼 기계나 장비에 인공지능이 탑재되어 활용될 수 있는 경우의 수와 그것이 인간 생활의 방식을 바꿀 가능성은 현재 그 끝을 파악하기 힘들 것이다. 타이완 출신의 미국 기업인이자 컴퓨터과학자인 리카이푸Lee Kai-Fu는 2024년 《포천Fortune》과의 인터뷰에서 향후 3년 내에 50%의 직업이 인공지능에 의해 대체되고 사라질 것이라고 전망했다.[3] 현재 인간의 생산적 활동이라는 것이 대부분 시장을 매개로 하기에 시장의 영역에 인공지능이 영향을 미치면 결국 그에 해당하는 인간의 활동 또한 모두 알고리즘의 힘에 영향을 받을 수밖에 없게 된다.

이렇게 인공지능이 시장 영역에 미칠 영향은 그것이 매우 클 것이라는 점에서 어느 정도 상상을 해볼 수 있지만 다른 한편으로는 상상하기 힘든 지점이 있다. 그것은 그렇게 생산적 활동의 많은 영역이 인공지능에 의해 대체되었을 때 인간이 느끼는 당혹감, 인간 고유의 가치와 존엄성을 어디에서 찾을지에 대한 곤혹스러움은 어떠할 것인가이다(Alkhalifah et al., 2024; Amigud, 2024). 그동안 역사적으로 인간이 스스로 가져왔던 자긍심과 존재 의미에 대한 감각이 어떻게 다른 방식으로 구조화될지 또한 불확실성의 영역으로 다가온다.

---

3 https://fortune.com/asia/2024/03/27/china-ai-kai-fu-lee-warns-investor-reckoning-unprofitable-ai-companies/

인공지능이 시장 대부분의 영역을 근본적으로 재편성한다는 것은 인간의 생산적 활동의 대부분도 근본적으로 변한다는 것이다. 인간의 지능이 개입되는 생산적 활동은 모두 인공지능으로 대체될 가능성이 있다. 이는 알고리즘의 힘이 시장에 침투함으로써, 경제적 활동의 변화를 낳는 것을 넘어서, 결국 인간의 정체성을 흔드는 철학적 질문을 낳는다는 것을 뜻한다. 인간은 이제 "인간이 무엇을 할 수 있는 존재인가"라는 존재적 물음에 대면해야 한다. 인간의 가치는 무엇이고, 인간은 무엇을 하면서 살 것인가, 인간 고유의 영역과 가치는 무엇이 있는가와 관련해서 이전과는 다른 초라한 모습으로 낯선 거울 앞에 서야 하는 것이다. 마치 인공지능이 전문 사회과학자보다 훨씬 더 지식을 많이 가지고, 더 풍부한 상상력과 비판적 관점으로 어떤 현상을 분석하는 글을 쓰게 되고, 데이터 분석 능력 또한 더욱 뛰어나고, 전문적 논문을 인간과는 비교할 수 없는 수준으로 무수히 많이 생산할 수 있게 된다면 인간 사회과학자의 가치와 정체성은 어디에서 찾을 수 있을지 당혹스러워지는 것과 유사하다. 이러한 질문을 대부분의 직업과 일에 적용할 수 있게 되는 것이다.

지능의 패권이 인공지능에게 넘어가면서 그동안 인간의 규정하는 다양한 측면들이 무색해지고 있다. 대표적으로 호모 사피엔스homo sapiens, 즉 생각하는 인간으로서의 측면이 가장 먼저 위협을 받고 있지만 그뿐만이 아니다. 호모 파베르homo faber, 즉 도구를 만들고 사용하는 인간이라고 하는 측면 또한 위태롭다. 많은 생산적 활동이 인공지능에 의해 대체되면서 생산하는 존재로서의 인간상이 의미를 잃어버리기 때문이다. 호모 루덴스homo ludens, 즉 유희하는 인간으로서의 측면 또한 마찬가지이다. 창조적인 정신으로 유희를 즐기고 다채로운 문화를 만들어 내는 것은 그동안 인간의 전유물이었지만, 이러한 창조적 엔진이 알고리즘에 의해 상당 부분 대체되면서 사유와 작업의 독창성은 퇴색한다. 인간의 독점적인 지위를 상당 부분 잃어버리게 되는 것이다. 문학, 음악, 사진, 기타 각종 예술 등 기존에 인간의 창조성의 발현으로 여겨지던 작품들은 인공지능의 영향과 도전을 정면으로 받고, 많은 생산자들은 그들의 작품이 인공지능의 조금이라도 도움을 받았을 것이라는 의심을 피하기 힘들 것이다.

인공지능에 의한 생산적 활동의 대체는 결국 이러한 측면에서 결국 철학적이고 존재적인 측면에 있어 인간에게 무엇보다 당혹스러움을 가져온다. 나는 이러한 당혹스러움을 존재적 말 막힘existential dumbfounding으로 표현하고자 한다. 심리학자 조너선 하이트Jonathan Haidt는 그의 저작에서 도덕적 말 막힘moral dumbfounding(또는 말문 막힘; Haidt, 2012)이라는 표현을 사용했다. 도덕적 말 막힘은 사람들이 어떤 시나리오를 접하고 직관적으로 강한 불쾌감이나 거부감 같은 도덕적 반응을 보일 때, 그러한 감정이나 느낌을 정당화할 수 있는 논리적 이유나 표현을 쉽게 찾지 못함에 따라 느끼는 당혹감과 당황스러움, 어이없음을 일컫는다.[4]

생산적, 창조적 활동을 포함하는 대부분의 의미 있는 활동이 인공지능에 의해 대체되는 상황에서, 인간의 지능과 창조성이 인공지능에 비해 너무나 보잘것없다는 사실이 당연하게 받아들여지고 있다. 그렇게 인간 지능의 본질적 속성이 기계에 의해 훨씬 뛰어난 성능으로 모사될 수 있음이 분명해지면, 인간은 자신의 가치와 고유한 능력을 찾고자 할 것이다. 그러나 그 시도는 번번이 실패하고, 기계가 아닌 생명으로서 자신의 존엄성을 주장하고 싶지만 그 논리적 근거를 쉽게 제시할 수 없는, 존재적 말 막힘의 상태에 놓이게 된다.

인공지능이 시장과 경제의 영역으로 침투하면 특히 의료와 바이오를 포함한 과학기술과 관련된 시장 전반은 인공지능의 힘을 입어 폭발적으로 발전할 것이다. 이를 통해 인간은 큰 혜택을 누릴 수 있을 것으로 보인다. 각 분야에서의 효율성 또한 이전과 비교할 수 없이 향상될 것이다(Cazzaniga et al., 2024). 문제는 노동 시장이다. 과거의 산업혁명이나 기술 발전으로 인한 변화가 궁극적으로 일자리의 감소로 이어지지는 않았지만, 이번만큼은 그와 똑같은 패턴이 반복되지는 않을 수도 있다는 전망들이 나오고 있다(Virgilio, Saavedra Hoyos, and Bao Ratzemberg, 2024). 대규모 실업으로 인한 경제적 충격은 어느 정도 명약관화한데, 이러

---

4 예를 들면, 하이트가 제시하는 시나리오로, 어떤 사람이 더 이상 쓰지 않는 오래된 국기를 걸레로 삼아 화장실을 청소하는 예, 어떤 사람이 닭요리를 하기 전에 그 죽은 닭과 성관계를 하는 예, 우연히 이루어진 근친상간의 예 등을 제시한다. 이러한 사례들을 접한 사람들은 그것이 잘못된 행위라고 강한 반응을 보이지만, 왜 누구도 해치지 않는 그런 행위가 나쁜 행위인지를 논리적으로 설명하지 못하면서 당혹감을 표현한다.

한 충격은 어쩌면 인공지능이나 로봇의 활동을 통해 생기는 이윤에 세금을 매기거나, 그러한 이윤을 활용한 모종의 보편적 기본소득 등 제도적 장치를 통해 사람들의 소득과 생계를 보장하는 방안을 낳을 수도 있다. 즉, 한편으로는 인공지능과 로봇기술의 발전이 불러올 미래에 대한 디스토피아적 상상을 할 수도 있지만, 경제적 충격에 대해서는 장기적으로는 분배 및 기본적 복지와 관련된 제도적 장치가 (결국은) 마련될 가능성 또한 있다. 여기에서 테크노-유토피아적, 장밋빛 시나리오를 그린다면, 『자본론』 3권(Marx, 1992)에서 묘사된 바와 같이, 인간 사회는 필요의 왕국에서 자유의 왕국으로 이행하게 될 것인데, 그것은 노동일의 단축shortening of the working-day이라는 조건을 인류가 충족했기 때문에 가능해지는 것이라 할 수 있다.

인공지능으로 생겨나는 경제적 충격이 최종적으로 인류에게 풀기 힘든 도전을 안겨준다. 이는 역설적으로 철학적인 질문, 존재론적 질문에 가깝다. 인공지능에 비하면 너무나 낮은 수준의 지능을 가지고 있는 인간의 가치는 무엇인가? 윤리적으로 디자인된 인공지능에 비하면 그다지 도덕적이지도 않고 범죄까지 저지르는 인간의 존엄성의 근거는 어디에서 찾을 수 있는가? 어떤 의미 있는 생산적 일을 더 이상 하지 못하는 인간은 무엇으로부터 존재의 목적이나 가치를 찾아야 하는가? 인간적 영역으로 남는 것은 지능이 아니라 사랑, 즐거움, 공감, 기쁨과 희망 등과 같은 인간적 감정 정도가 될 것인가? 그렇다면 그것을 가지고 어디까지 얼마만큼, 어떻게 인간을 긍정할 수 있을 것인가?

이러한 질문들은 결국 인공지능에 의해 인간이 세계를 대하고 자신을 생각하는 방법, 삶과 사회의 근본 성격과 윤리에 대해 새로이 생각하는 시점이 열릴 것임을 의미한다. 그런 의미에서 (기원전 8세기부터 기원후 3세기까지) 자연에 대한 인식과 윤리에 대한 사상의 틀이 전 세계적으로 동시에 형성되면서 인간 문명의 새로운 의식이 시작된 '축의 시대the Axial Age(Bellah and Joas, 2012)'가 다시 한번, 다른 방식으로 펼쳐질 가능성이 있다. 인공지능의 충격와 인간적 활동의 대규모 대체는 그로 인해 근본적인 철학적 질문들을 던지고 인간과 세계에 대한 관점, 그것을 바탕으로 한 인격, 윤리, 존재에 대한 인식을 혁명적으로 바꾸는 '제2차 축의 시대the Second Axial Age'를 불러올 가능성이 크다. 이러한 측면은 시민사회의 영역, 특히 생활세계의 영역에도 중요한 의미를 지닌다.

알고리즘의 힘과 시민사회: 지능의 폭발과 지력의 쇠퇴

먼저 여기서 지칭하는 '시민사회'는 국가나 시장과 저항적 관계를 가진 조직적 장이나 조직적 생태계로서의 시민사회라기보다는 폭력을 독점한 정치적 권력으로서의 국가와 경제적 권력에 해당하는 시장과 구분되는, 독립적이고 자율적인 '사회적 힘social power'을 가지고 있는 영역의 의미이다. 이러한 시민사회 영역은 두 가지 측면으로 나누어 볼 수 있다. 하나는 개인들의 연결망, 각종 비정부 기구와 조직들, 다양한 사회운동을 뒷받침하는 관계적이고 구조적인 측면이다. 또 다른 한 가지는 시민들이 자신들에게 주어진 사회적 세계에 대하여 비판적으로 사고하며 그것을 바탕으로 정치적, 사회적 참여를 하게 되는, 성찰성과 비판적 역량의 측면이다. 이 글에서는 후자에 주목하고자 한다. 시민사회의 역동성과 창조성 그리고 그것의 전반적 역량은 시민들의 창조적이고 실천적인 지성에 의존할 수밖에 없다. 그러한 지성을 미국의 철학자 듀이Dewey의 지력intelligence[5] 개념을 사용하여 적절하게 설명할 수 있다.

듀이에게 있어서 지력은 개인의 어떤 추상적인 인지적 능력이나 IQ와 같은 것이 아니다. 실용주의 철학을 대표하는 학자답게, 듀이에게 지력은 일상에서 사람들이 사용하는 실천적 활동, 문제해결, 주어진 문제에 대한 창조적 대응의 방식이다(Dewey, 1916; 1938). 그리고 이러한 지력은 개인이 단독으로 보유하는 것이 아니라, 타인들과의 협력과 상호작용을 통해 학습하는 것이고 공동체에서 집합적으로 발휘되는 것이다. 이러한 능력은 현실에서 주어진 복잡한 문제들을 실천적이고 실험적인 방식으로 해결하는 데서 드러난다. 지력은 관계적 맥락에서 형성되고, 학습되며, 그러한 과정에서 풍부한 경험과 협력적 문제해결이 필수적으로 요청된다. 듀이는 물론 이를 위해 교육의 중요성을 강조했다(이성호, 2003).

---

5 국내 문헌들에서 듀이가 사용하는 'intelligence'라는 단어를 지능이 아니라 지력이라는 단어로 번역하는 경우가 많았고, 인공지능 논의에서 사용하는 지능이라는 단어와 구별하기 위해 여기에서는 지력이라는 단어를 사용하기로 한다.

시민사회가 국가와 시장의 힘으로부터 독립된, 자율적이고 창조적이며, 비판적이면서 문제해결에 초점을 맞춘 사회적 힘을 발휘하기 위해서는 이러한 지력의 습득과 발휘가 필수적임을 예상할 수 있다. 그렇다면 인공지능의 힘이 확장되는 것은 이러한 지력에 어떤 함의를 가지는가?

먼저, 인공지능은 인간의 주의집중을 자원으로 하는 '주의력 경제attention economy'에서 강력한 힘을 발휘하고 있다. 개인들의 관심과 시간을 경쟁적으로 확보할 수 있는 콘텐츠를 무궁무진하게 만들어 내고 관리할 수 있기 때문이다.

틱톡, 유튜브, 인스타그램 등의 플랫폼에서는 이미 인공지능 모델을 활용해 어떤 콘텐츠가 바이럴viral하게 퍼져나가고 사용자들의 주의집중과 사용 시간을 늘리는지 정확히 예측하고 있다. 영상의 어떤 장면이나 구체적 구성요소가 그러한 확률을 높이는지 분석하여, 해당 콘텐츠가 사용자들에게 더 많이 노출되도록 하는 것이다.

이러한 기술은 이미 어느 정도 사용되고 있지만, 미래에는 더욱 정교하고 효과적으로 발전할 것이다. 또한 인공지능으로 만들어지는 수많은 가상 인플루언서virtual influencers들의 영향력도 점점 강해질 것으로 예상된다.

현재까지는 사람들이 다양한 영역에서 알고리즘에 의한 추천보다는 인간에 의한 추천을 더 선호하는 알고리즘 회피algorithim aversion가 다양한 영역에서 관찰되고 있다(Reich, Kaju, and Maglio, 2022). 하지만 앞으로는 인공지능에 의한 추천이 개인들에게 훨씬 더 설득력 있는 맞춤형으로 서비스될 것이기에 오히려 인간보다 인공지능과의 관계에서 친밀 감을 느끼고 인공지능이 자신을 가장 잘 알아준다고 생각하고 애착을 형성할 가능성마저 있다. 이러한 변화는 인공지능이 근본적으로 인간에게 주어지는 선택 아키텍처choice architecture를 변화시키는 것이라 볼 수 있다(Mills and Sætra, 2024). 개인화된 추천 알고리즘이 상시로 개인에게 선택 옵션을 제공하고, 여러 정보를 필터링해서 보여주며, 특정 방향으로 행동하도록 '넛징'(Thaler and Sunstein, 2008)을 해주고, 개인이 의사결정을 하는 데 필요한 분석, 비교, 추천, 정보를 가공하여 제공하는 등 다양한 경로로 개인의 의사 선택 결정 과정에 영향을 미친다. 인공지능에 둘러싸여 많은 의사결정에 필요한 정보를 대체로 얻을 수 있는 경우, 과거에 정보 공유와 교환, 부탁 등을 위해 이루어지던 많은 상호 작용이 불필요해지면서 결국 사라질 가능성이 크다.

다른 한편으로, 앞서 시민사회의 영역을 인간 본연의 연합에 대한 욕구에 기초한 영역이라고 했는데, 만약 그러한 욕구 자체가 기술적 환경과 서비스에 의해 어느 정도 충족이 되면 타인들과의 연합에 대한 심리적 필요 자체가 점차 줄어들 것이다. 현재도 어떤 개인이 혼자 살기에 기술적으로 환경이 매우 좋아진 사회인데, 인공지능이 크게 발전한 미래는 개인이 혼자 살기에 점차 더욱 최적화될 것이다.

이러한 총체적 경험의 환경 속에서 인간의 지력은 쇠퇴 혹은 침식의 상태에 놓일 것으로 보인다. 듀이가 이야기한 지력은 실용적 지능pragmatic intelligence 혹은 경험적 지능experiential intelligence에 가까운 것이다. 말하자면 경험을 바탕으로 학습한, 현실 세계의 문제를 해결하는 사회적이고 실천적 능력이라 할 수 있다(Dewey, 1916; 1938). 인공지능이 고도로 발달한 사회에서 특히 시민사회가 발전하는 데 필요한 지력이 쇠퇴하지 않기란 힘들 것이다. 인간의 감각을 효과적으로 집중시키는 주의력 경제의 강력한 디지털 신호들은 사회적 통합과 의사소통적 상호작용을 감소시키는 효과를 낳을 것이다. 이렇게 약화하는 시민사회 영역은 알고리즘의 영향력에 저항할 힘을 점차 잃어갈 가능성이 높다.

물론 이와 반대로 생각해 볼 수 있는 여지도 있다. 인공지능과 휴머노이드 로봇의 발전으로 인해 미래에는 거의 확실하게 일자리가 줄어들 것으로 생각된다. 이러한 과정에서 얻어진 생산성 증대의 과실이 전 사회적으로 배분될 수 있다면, 인간의 삶에서 여가와 휴식의 영역이 커지면서 삶의 질 또한 상승할 수 있다. 이 늘어난 여가 시간에 기초하여 시민사회가 유지되고 번성할 가능성 또한 낮게나마 존재한다고 볼 수 있다.

다른 한편, 인공지능의 발전에 따라 사람들의 생활세계를 구성하는 감각적 경험의 지형과 인지적 틀에 다양한 변화가 나타날 것으로 예상할 수 있다. 먼저, 국가 및 정치 영역과 관련하여 논의했던 이데올로기의 쇠퇴가 사회 영역에서도 나타날 것이다. 의사결정의 판단과 지능의 중심성이 인간에서 인공지능 쪽으로 이동하면서 사회를 바라보는 전반적인 인지적 틀에 변화가 생길 가능성이 있다. 과거에는 진보

대 보수, 개인 대 집단이 사회정치적 인식의 틀을 구성하는 주요 범주 체계였다면, 미래에는 인간 대 인공지능의 이분법적 지형이 어쩌면 더욱 두드러진 범주들이 될 것이다.

다른 한편, 사람들의 감각에 있어 미래의 현재화라고 묘사할 수 있는 경향이 더욱 심화되어 나타날 것으로 보인다. 이미 서두에 언급했듯, 인공지능에 대한 담론에는 늘 미래에 대한 예상이나 상상, 기대와 당혹감이 뒤섞여 현재의 경험에 영향을 미친다. 인공지능의 발전이 가져오는 변화와 가능성에 대한 인식과 그에 대한 노출은 '수수께끼 같은 기술enigmatic technology'(Pasquale, 2015)로서 고도의 기술이 주는 아찔함과 경이로움, 스펙터클을 상시로 경험하게 한다. 아직 현실화하지 않은 기술적 발전도 현재, 지금의 담론 속에서 자극적 상상력으로 이야기되고, 시각화되고, 온라인 미디어를 통해 유통됨에 따라 사람들이 사회를 인식하는 감각이나 빠르게 변하는 세상에 대한 인식과 상상력이 작동할 것으로 볼 수 있다. 또 다른 한편, 정치적 갈등이나 사회문화적 갈등에 있어 인공지능 생성 콘텐츠로 인해 양극화가 심화되고 시민사회 내 갈등으로 치달을 가능성이 있다. 이러한 모든 논의는 물론 아직 예상에 불과한 것이지만, 전체적으로 대중적 지력의 침식 또는 쇠퇴의 가능성이 더 넓게 열려 있는 것으로 볼 수 있다.

불확실한 미래, 확실한 과제
: 알고리즘 시대의 사회과학

이 글에서는 인공지능의 부상과 그것이 낳을 효과를 사회학적으로 검토하면서, 인공지능의 제4섹터로서의 부상, 그리고 그것의 국가, 시장, 시민사회와의 관계를 논의하면서 몇 가지 새로운 개념적 도구와 관점을 제시하고자 했다. 여기서 제시한 논의 중 어떤 것들은 기존의 연구들이 이미 내놓은 주장들에 기대고 있지만, 그럼에도 이 글에서는 기존 연구들에서는 그다지 다루지 않은 혹은 제시하지 않은 관점을 제시하고자 했다. 그러한 장점은 다른 한편으로는 인공지능과 사회와의 관계와 관련하여 기존 연구들이 종종 제시한 주장들을 충분히 조명하지 못하는 단점을 동시에 가지기도 한다. 특히 인공지능이 사회에 존재하는 불평등을 알고리즘적으로 재생산하고, 편향성을 강화한다는 주장들이 사회학적 연구들에서 종종 제기되었는데(Joyce and Cruz, 2024; Law and McCall, 2024; Zajko, 2022; 2021), 그러한 비판적 지점들은 이미 기존 연구들에서 많이 언급하고 있는바, 여기에서 더 충분히 다루지는 않았다.

이 논문에서 다룬 여러 미래 예측들은 사실상 빗나갈 가능성이 높다. 과학기술이 발전한 미래 사회의 모습은 유토피아와 디스토피아 중 하나의 모습으로 그려지는 경우가 많은데(Cools, Van Gorp, and Opgenhaffen, 2024), 막상 현실은 양극단이 아니라 그 사이의 어딘가에 위치하고는 한다. 따라서 인공지능의 비약적 발전이 가져올 미래에 대해 약간은 과장된 형태로 비관적이거나 낙관적인 전망을 내놓는 것은 역사적으로 계속되어 온 실수를 한 번 더 반복하는 것일 수 있다. 그럼에도 불구하고 인공지능의 발전과 알고리즘의 힘이 앞으로 사회에 미칠 영향에 대해 그것이 낳을, 극단적 시나리오까지 포함한 다양한 가능성에 대해 다각도로 검토하고 성찰하며, 이에 대한 사회적 논의를 진행할 필요가 있다.

아직 인류가 경험해 보지 못한 알고리즘과 데이터의 힘은 무한한 가능성을 내포하고 있고 사회의 복잡성을 한층 더 심화시킬 것으로 보인다. 그러한 복잡성과 당혹감 속에 개인들은 존재적 안정감을 얻기 위해 어떤 극단적 경향으로 빠지게 되면서 사회적 갈등이나 혼란이 심화될 가능성 또한 존재한다. 알고리즘의 힘이 정치적, 경제적, 이데올로기적, 군사적 힘과 얽히고, 상호작용하고, 때로는 서로 저항하면서, 향후 사회를 구조화하는 사회변동 과정에 대해 사회과학은 그 어느 때보다 더 면밀한 분석적 작업을 수행해야 할 것이다.

이 기획 대담의 사회는 장덕진(제66대 한국사회학회장) 교수가 맡았다. 이 책의 구상은 한국사회학회가 〈사회과학과 인공지능의 시대〉 심포지엄 및 특별 세션을 기획하면서 시작되었다. 장덕진 교수는 당시 한국사회학회장으로서 이 기획을 총괄하였다. 현재 서울대학교 사회학과 교수로 재직 중이며, 경제 사회학과 사회연결망 분석을 전공으로 한다.

장덕진

안녕하세요. 오늘 저희가 모여 대담을 하게 된 데는 몹시 실제적인practical 이유가 있습니다. 2024년에 한국사회학회 주최로 〈사회과학과 인공지능의 시대〉라는 학술 심포지엄을 개최했고, 여기 계신 분들은 거기에 참여해 주신 분들입니다.

당시 제가 한국사회학회 회장으로서 저자분들을 모실 때 얘기하고 싶었던 핵심 중 하나가 '도대체 사회학은, 또는 사회과학은 인공지능과 어떻게 융합할 수 있는가'였습니다. 사실 융합이라는 것이 누구나가 할 수 있는 것은 아닙니다. 인공지능을 연구하려고 해도 거기에 상응하는 컴퓨팅 능력이 필요한데, 일반적으로 인문사회, 사회과학 전공자들은 그런 지식을 가지지 못한 경우가 대부분입니다. 반대로 인공지능에 대한 전문성이나 컴퓨팅 능력을 갖춘 사람들은 이를 사회적으로 접근하려고 하지 않거나, 혹은 그러려고 해도 사회적 의미를 찾아내지 못하는 경우가 많습니다. 그런데 여러분은 그 어려운 단계를 넘어간 사람들이니만큼, 사회학(또는 사회과학)이 인공지능과 만나는 접점을 잘 풀어서 이야기해 주실 것이라고 기대합니다.

오늘은 크게 세 가지의 주제로 이야기를 나눠보려고 합니다. 첫 번째는 앞서 말씀드린 핵심 주제에 먼저 접근해 보려고 합니다. 여기 모이신 분들의 전공 분야이지요. 우리의 연구 분야인 사회학(또는 사회과학)이 인공지능과 융합하는 과정을 들여다보고자 합니다. 앞서 말씀드렸다시피 여러분은 서로 다른 분야의 학문을 융합시킨다는 어려운 단계를 넘어선 분들입니다. 어째서 사회과학을 전공하던 사람이 인공지능을 새롭게 공부하고 그것을 연구에 활용하기까지 하게 되었는지 또는 어떻게 그것이 가능했는지, 각자의 이야기를 나눠볼 수 있다면 인공지능의 시대에 사회과학의 새로운 일면과 가능성을 탐구하는 데 도움이 될 수 있을 것 같습니다.

두 번째로는 좀 더 시야를 넓혀서 보다 일반적인 내용에 대해 이야기하고자 합니다. 가령 인공지능이 발달하면서 생기는 가장 대표적인 사회변화 중 하나가 일자리의 문제이지요. 언론 일각에서는 '앞으로 일자리의 절반이 없어진다', '70%가 없어진다' 등 공포감을 부추기고 있습니다. 정치권에서도 그런 맥락에서 일자리와 소득이 없어질 사람들에게 기본소득을 제공해야 한다는 말도 있고요. 이런 걸 포함해서 인공지능으로 인해 사회에 어떤 변화가 일어나는 건지가 사람들의 가장 큰 관심사일 겁니다.

그런데 인공지능에 대해서 가장 잘 아는 인공지능 전문가, 컴퓨터 기술자들은 대개 노동 문제를 다루는 사회학이나 정치학을 연구해 본 일이 없을 것이고, 반대도 마찬가지일 겁니다. 그렇다 보니 지금 인공지능에 대해서 누구나가 이런저런 말을 하지만 동시에 어느 것 하나 확실한 게 없다, 이렇게도 볼 수 있을 것 같습니다. 여기에서 인공지능과 사회과학 양쪽을 융합 연구하고 있는 여러분들이 앞으로의 전망을 이야기해 줄 수 있다면 유의미한 시간이 될 수 있겠습니다.

그리고 마지막 세 번째로, 좀 더 미래지향적인 이야기를 해보려고 합니다. 그래서 결국 인공지능이 사회과학의 이론과 연구방법에 어떤 영향을 미치고 있으며, 앞으로 어떤 변화가 필요할 것인가, 전망을 해볼 수 있을 것 같습니다. 예를 들어 저는 LLM을 전문적으로 연구하는 연구자는 아니지만 LLM이 뭔지 이해하기 위해 관련된 논문들을 찾아 읽는 과정에서 든 의문이 하나 있습니다. LLM이 과거 교육사회학에서 미드가 말하던 '일반화된 타자generalized other'[1]가 된 것인가 하는 의문입니다.

기본적으로 사회과학에서 다루는 아주 기초적인 이론적 틀 차원

---

[1] 개인의 행동이나 상호작용에 영향을 주는 다른 사람의 가치와 기대, 곧 사회규범을 뜻한다.

에서, 기존에는 사회화socialization가 사회의 기본적인 일차집단primary group에서 담당하던 역할이라는 전제가 있었습니다. 그런데 도시화urbanization로 인해서 일차적 공동체의 영향력이 약해지면서, 도시라고 하는 새로운 공간에서 사회화가 이루어짐에 따라 이 모든 과정이 어떻게 달라졌는가, 이것이 근대의 사회학적 질문으로 부상했습니다. 그런데 지금은 또 인공지능 시대가 열리면서 또 많은 것이 달라지고 있습니다. 같은 강의실에 앉아 있더라도 강의를 듣는 학생들의 사회적 상호작용의 망은 완전히 분리되어 있다고 봐도 좋을 것 같습니다. 그것이 사회화에 어떤 영향을 미칠까요? 우리는 사회화에 대한 사회학의 이론을 새로 만들어야 하지 않을지, 인공지능 시대에 제기되는 근본적인 이론적 질문들에 대한 어떠한 답이나 의견을 나누고 싶습니다.

인공지능, 사회과학과 만나다

장덕진

여기 계신 분들은 인공지능 전문가 혹은 사회과학과 인공지능의 융합 전문가라고 할 수 있겠지요. 그런데 인공지능과 사회과학의 융합이라는 게 사실 우리가 전통적으로 해오던 교육 과정과는 차이가 있지 않습니까? 먼저 어떻게 그런 융합 연구자가 될 수 있었는지 개인적인 경험을 이야기하면서 '인공지능과 사회과학' 이야기를 시작해 보면 어떨까요?

전준

저 같은 경우는 사실은 과학기술 사회학을 전공으로 하고 있다 보니까 인공지능뿐만 아니라 다양한 과학기술들이 어떤 식으로 사회적 변화들과 상호작용하는지에 대해 관심을 가져왔고요. 사실은 인공지능도 특히 10여 년 전부터는 정말 결정적으로 사회적 변화를 많이 견인하고 있다는 느낌을 받았습니다.

그런데 인공지능으로 인한 사회적 변화를 막연하게 거시적으로 조망하는 연구만 수행하기보다는, 조금 더 전략적으로 그리고 실증적으로 접근해야 하지 않을까 생각이 듭니다. 가령, 인공지능으로 인한 사회적 변화를 인공지능 도구를 활용해서 사회과학적으로 연구한다면 그 또한 신선하지 않을까 생각합니다.

저는 사실 인공지능을 도구로서 전문적으로 활용할 수 있을 정도로 교육이나 훈련을 받지는 않았습니다. 그럼에도 불구하고 이런 인공지능 기술 덕분에 인공지능을 도구로 사용하기에 점점 쉬워지는 세상이 되고 있는 것도 사실인 것 같습니다. 그래서 주위에 있는 많은 분들과 협업을 해가면서 인공지능을 도구로 하여 동시에 인공지능으로 인한 사회 변화를 연구하는 데 점점 다가가고 있습니다.

제가 인공지능으로 인한 사회변화가 가속화되기 시작한 시점을 10년 전이라고 말씀드렸는데요, 그것은 알파고가 이세돌 9단을 상대로 승리를 거두었던 때를 의미한 것입니다. 그때는 과학기술 사회학을 전공하는 대학원생 신분이었습니다만, 제가 학부생일 때 KAIST에서 열

렸던 교양수업인 〈바둑철학〉 과목을 수강했던 적이 있는데요, 그때 종종 나오곤 했던 테마 중 하나가 인종지능이 바둑게임에서의 튜링테스트를 통과할 수 있는가에 대한 논쟁이었습니다. 더 나아가 바둑판에서 펼쳐질 수 있는 경우의 수가 지나치게 많기 때문에, 바둑만큼은 계산 기반의 인공지능의 영역이 아닌, 경험과 감각 기반의 인간의 영역이라는 주장도 나왔습니다.

그렇게 컴퓨터와 인간의 구별 가능성을 이야기하던 시절이 불과 20년 전입니다. 그런데 10년 전에 알파고 사태를 통해서 인간의 역량을 근본적으로 뛰어넘는 인공지능이 도래했다는 관념이 널리 퍼지게 됐고, 그 이후로 본격적으로 인공지능에 대한 사회적 관심이 시작됐다고 볼 수 있겠지요. 그렇게 봤을 때 그 이후 10년간 벌어지고 있는 변화가 아주 놀랍습니다.

장덕진

그렇군요. 그런데 사실 전준 교수님은 따로 훈련을 받지 않았다고 하시지만 그래도 KAIST 화학과, 그러니까 이공계 베이스가 있지 않습니까? 그런데 지금 인공지능과의 융합 방안을 고민하는 사람들, 고등학생이나 인문사회 계열 학부생들의 입장을 생각해 보면, 컴퓨팅은 고사하고 수학이나 통계학 같은 베이스도 없어서 인공지능을 공부할 수 있을까 고민하는 사람들도 많을 것 같습니다. 이런 한계를 어떻게 뛰어넘을 수 있었나, 혹은 그럴 수 있을까. 그런 측면에 대한 실질적인 어드

바이스를 해줄 수 있을까요?

신은경

핵심은 코딩이 굉장히 쉬워졌다는 겁니다. 특히 바이브 코딩, 이제는 일상언어에 기반한 코딩이 가능하기 때문에 진입 장벽이 거의 없다고 할 수 있습니다. 그리고 인문사회 계열도 데이터가 굉장히 많이 누적되어 있고요. 그 데이터의 변용과 코딩 기술의 진입장벽이 낮아진 것, 이 두 가지로 인해 인문사회 계열 학생들도 충분히 인공지능을 활용한 연구가 가능해졌다는 것을 시사합니다. 물론 인공지능에도 다양한 분야가 있겠지만 머신러닝을 활용한 연구 자체는 기술적인 측면에서 전혀 어렵지 않습니다. 저희 대학에서는 문과대생을 대상으로 제가 파이썬 수업을 하고 있거든요. 900명을 데리고 수업을 하는데 굉장히 학습 효율이 높습니다. 대표적인 코딩 언어인 C언어 같은 걸 생각하면 어려워 보일 수 있지만 파이썬은 상대적으로 쉽습니다. 예전부터 인문사회 계열에서도 통계연구에 사용하던 SPSS를 사용할 수 있을 정도면 R로 넘어갈 수 있고, R을 쓸 수 있으면 다시 어렵지 않게 파이썬으로 넘어올 수 있습니다. 이처럼 우선 코딩 언어 자체가 굉장히 단순해지고 직관적으로 바뀐 것도 큰 영향을 미치고 있는 것 같습니다.

장덕진

인공지능이 인공지능 사용을 쉽게 해주는 세상이라고 볼 수 있겠군요.

그런데 신은경 선생님이 이 분야를 처음 연구하시던 때도 이렇지는 않았겠지요?

신은경

전준 교수님도 언급하셨지만, 아마 저희 중에 알파고의 영향을 안 받으신 분이 별로 없으실 거에요. 제가 사회학과, 법학대학교, 의과대학을 거친 다소 생뚱맞은 케이스인데, 제가 의대를 가겠다고 결심했던 게 바로 2016년, 알파고가 이세돌 기사를 이길 때였어요. 사실 사회학자로서 콩트Auguste Comte까지 거슬러 올라가 말하자면 사회물리학Social physics[2]을 하고 싶다는 생각이 있었어요. 사회에서 우리가 발견하고자 하는 것은 어떠한 패턴이잖아요? 그런데 기계가 알고리즘을 통해서 바둑의 수를 읽을 수 있을 정도라면 그런 측면에 있어서 뭔가 접목할 가능성이 충분히 있다고 생각했습니다.

　그렇게 생각하고 의대에 갔을 때, 저 개인적으로는 온라인 수업의 도움을 많이 받았어요. 코딩이야 원래 저희가 R을 써서 통계를 돌리던 경험도 있고, 다른 것들을 충분히 섭렵할 수 있었지만 문제는 이론적인 부분이었습니다. 그런데 스탠퍼드대학이나 MIT 등 다양한 대학의, 양질의 수업이 온라인에 올라와 있어서 이를 통해서 이론적인 부분들

2　사회현상을 물리학적 원리와 모델을 사용하여 이해하고 설명하고자 하는 사회학의 한 갈래. 처음 콩트는 자신이 정립하고자 했던 새로운 학문을 사회물리학으로 지칭했다.

을 채워나갈 수 있었습니다. 더욱이 요즘에는 코딩이 훨씬 쉬워지고 챗GPT 같은 AI가 코드를 짜는 걸 많이 도와주고 해서 훨씬 더 접근하기 좋아졌습니다.

장덕진

신은경 선생님 말씀대로라면 이제는 수학이나 컴퓨터 언어를 그다지 잘하지 못하더라도 환경이 완전히 달라져서 코딩이나, 학문적 기초를 메울 수 있게 되었다는 말씀이시군요. 인문사회계열 학생들도 너무 걱정하지 말고 여기에 도전할 수 있겠다, 이렇게 볼 수 있겠습니다.

그럼에도 불구하고 그런 학생들 당사자나 그들의 부모 입장에서는 여전히 걱정이 될 것 같은 게, 아무리 환경이 좋아지고 진입장벽이 낮아지더라도 그래도 원래부터 이공계 베이스를 갖추고 있는데, 말하자면 공대 출신 학생들과는 차이가 있을 수밖에 없을 것이다. 이런 염려를 할 수 있을 듯합니다. 그런 차이가 계속해서 남아 있을까요, 혹은 이들만의 새로운 역할이 생겨날까요?

박재혁

솔직하게 말씀드리면, 우리가 인공지능을 활용한다고 할 때 '코딩'에만 집중하는 경향이 있지 않습니까? 그런데 사실은 신은경 선생님이 말씀하신 것처럼 코딩은 빨리 배울 수 있습니다. 하지만 수학과 통계에 관련한 베이스가 정말 필요하고, 또 중요하다고 말씀드리고 싶습니다. 이걸 포기하면 코딩은 할 수 있더라도 인공지능의 한계, 기계 학습 모델의 한계를 이해하고 통찰할 수 있는 가능성이 줄어드는 것 같습니다.

저도 주변에서 본 사례들을 생각했을 때, 인문사회계열 출신이라고 하더라도 정량적인quantitative 훈련을 받은 사람과 수학이나 통계, 회귀 모델Regression Model을 아는 사람, 그리고 전혀 모르는 사람은 그 차이가 있을 것 같아요. 우리가 인공지능 모델이라고 했을 때, 하드코어 모델러부터 시작해서 진짜 그걸 만드는 사람, 그다음에 이걸 쓰는 사람들까지 단계적으로 내려오게 될 텐데, 그중에서 나의 포지션이 어디 있게 되느냐는 본인이 정하는 것이라고 생각합니다.

진짜 코딩을 끝까지 파고들어서 CS를 전공하고 박사까지 가서 AI 하드코어 모델러가 되는 사람도 있고, 같은 CS 박사 중에서도 이걸 HCI적으로 푸는 사람이 있을 거고, 그다음에 사회과학에서는 이걸로 사회과학 연구를 어떻게 할 것인가를 고민하는 사람들이 있을 거예요. 생각해 보면, PC 같은 게 처음 나왔을 때도 비슷한 범용 기술이었잖아요. PC를 만들고 반도체를 만드는 사람이 여전히 있고, OS를 설계하는 사람도 아직 있지요. 그렇다고 모든 사람이 OS를 만드는 사람이 될 필요는 없는 거고, 그걸 잘 쓰는 사람은 원래 하던 인문사회과학 분야에서 우위를 가지게 되는 거죠. 결국 그렇게 되지 않을까 생각해 봅니다.

생각해 보면 사실 통계학과 마찬가지이지요. 사회과학자가 통계학을 아무리 잘해도 통계학자만큼 잘하기는 어렵죠. 그럼에도 불구하고 사회과학뿐만 아니라 모든 분야에서 통계학이 사용되고 있는데, 그렇다면 통계학자가 아닌 다른 분야에서 통계학을 사용하는 사람들은 다 이류 학자인가 하면 전혀 그렇지 않잖아요. 자기 분야에서 핵심적인 학자가 되는 경우가 굉장히 많죠. 인공지능도 그런 식으로 발전할 것이기 때문에, 처음부터 지레 겁먹을 필요는 없습니다.

물론 '수포자'라면 쉽지 않겠지요. 요즘 유튜브 등 미디어를 보면 누구나 코딩만 하면 AI를 잘 쓸 수 있을 거라고 생각하게 되는데, 사실 정말 AI를 제대로 활용하기 위해서는 어느 정도의 진입장벽은 있는 건 사실입니다. 하지만 이 진입장벽은 넘을 수 있는 벽이고, 수학적·통계학적 기초나 흥미가 있다면 충분히 도전해 볼 수 있습니다.

장덕진

저희가 학자들끼리 모여 얘기하다 보니까 학자 중심으로 자꾸 생각하게 되는 것 같습니다. 학계 기준으로 생각하면 박재혁 교수님이 말씀하신 것처럼 생각할 수 있겠는데, 사실 학부생들 대부분은 학교를 떠나게 되잖아요? 인공지능을 공부해서 구글 같은 테크 기업에 취직할 수 있을까, 엔지니어가 될 수 있을까, 좋은 기업에서 인문사회계열 출신으로 인공지능을 공부한 사람을 뽑아줄까, 이런 고민도 할 것 같은데, 이런 점은 어떻게 전망하시나요?

이병규

질문하셨던 것과 관련해서 제가 말씀드리고 싶었던 게, 두 분 교수님 의견에 동의하면서도 저는 사실 수학이나 코딩이 얼마나 더 중요해질까 하는 생각이 좀 들거든요. 사실 개발자들이 하는 일의 90%가 이제 AI에 의해 대체될 거라는 얘기도 많이 있고, 박재혁 교수님이 말씀하셨던 것처럼 이걸 어떻게 활용하는지가 사실 더 중요해질 수도 있다고 생각합니다. 그런데 그 과정에서 제일 중요한 건 사실 이 새로운 인공지능 기술에 대한 관심을 지니게 할 것인지, 그리고 더 나아가 이 기술을 적용하려고 하다가 실패했을 때, 어떻게 끈질기게 계속 질문하고 시도하고 노력하도록 할 수 있을지에 대한 고민도 꽤 중요하다고 생각합니다. 예를 들어서, 제가 코딩을 배울 때, 뭔가 이슈가 있을 때마다 계속 구글에서 물어보고 남들에게 물어봐 가면서, 안 되면 이거 해보고 저거 해보고 하는 과정에서 굉장히 많이 배웠던 것 같습니다. 사실 AI 관련된 많은 기술 습득에 있어서도 이처럼 끊임없는 관심을 갖고, 스스로 끈질기게 물고 늘어질 수 있는 것, 관심과 끈기를 계발하는 것이 어쩌면 더 중요해지지 않을까라는 생각이 듭니다.

예시를 하나 들고 싶은 게, 제가 아는 심리학자이자 심리 상담가이신 분이 있는데요, 이분은 인공지능에 대해 사실 잘 몰라요. 그런데 본인이 심리 상담과 관련해서 어떤 이론이 있어서 이걸로 앱을 개발하고 싶다는 생각이 있었다고 합니다. 이분 입장에서는 전혀 모르는 분야잖아요. 그래서 제가 요즘 노코드 툴도 있고, 챗GPT를 활용해서도 앱을 만들 수 있다고 몇 가지 알려드렸어요. 그걸 듣고는 이분이 구글을 찾아보고 챗GPT한테 물어보고 하더니, 한 달 만에 앱을 만든 거예요. 코딩을 아무것도 모르고 수학도 그렇게 잘하지 않아도 이게 가능해진 시대가 됐다는 겁니다.

그런 사례를 고려했을 때 제가 생각하기에는, 인공지능이라는 기술에 대해 주눅 들지 않고, 관심을 갖고 계속 끈기 있게 물고 늘어질 수 있는지, 그런 게 점점 더 중요한 자질이 되지 않을까 싶습니다. 그런 면에서 고등 교육에서 어떻게 학생들이 계속 관심을 갖을 수 있도록 만들지, 학생들이 어떻게 계속 인공지능 기술을 활용하는 데 매달릴 수 있게 하는 커리큘럼을 짤 것인지에 대한 고민들이 필요하다고 생각합니다.

장덕진

이렇게 정리할 수 있겠습니다. 아까 박재혁 교수님이 "'수포자'도 인공지능 전문가가 될 수 있다"라는 건 지나친 허상이라고 말씀하신 것처럼 기술적인 능력, 수학적인 기초가 아예 중요하지 않다고는 말할 수 없겠지요. 그러나 우리가 인공지능의 도움을 받든가, 혹은 여타 여러 가지 방식을 통해서 그런 진입장벽을 극복하는 것 자체는 예전보다 훨씬 쉬워졌습니다.

진정으로 필요한 능력은 내가 이걸 해보겠다고 하는 관심, 끈기, 그다음에 아마도 창의적인 생각을 할 수 있는 능력인 것 같습니다. 창의적인 생각이라는 게 물론 허황된 공상이나 실현 불가능한 망상을 말하는 건 아니겠고요. 가령 인문사회과학이나 인공지능 분야에서의 테크

닉은 아직 부족하다 하더라도 사고방식의 핵심을 이해하고 창의적인 방식을 체계적으로 할 수 있는 능력, 이를 계속 밀고 나갈 수 있는 끈기 이런 것들이 중요하다는 말씀 같습니다.

김태균

세 분 말씀에 다 동의합니다. 한 가지 첨언을 드리자면 사회과학자들이 수학이나 코딩을 배우기가 좀 쉬워져서 이런저런 기술들을 배우고 그걸 연구나 업무에 적용하기 쉬워진 건 사실인데, 역으로 사회과학 트레이닝을 받는 것이 가지는 독자적인 강점이 뭔지에 대해 생각해 볼 필요가 있다고 봅니다. 저희가 AI를 도구로 생각한다면, 이 도구를 어떻게 활용해서 문제를 해결하느냐 하는 부분도 중요하겠지만, 결국 우리가 뭘 물어야 하느냐 하는 것이 연구의 핵심이고, 이런 질문은 전통적인 사회과학에서 계속 나온다고 생각합니다.

그게 AI와 관련되지 않은 질문을 AI로 풀든지, 아니면 AI로 인해 생기는 사회적인 문제에 대한 질문을 AI로 풀든지, 결국에는 많은 부분에서 사회과학에서의 문제의식이 시발점이 되는 경우가 많습니다. 이전에 AI를 활용하지 않은 방법으로 풀어나갈 때와 그런 점에서는 마찬가지인 거죠. 그렇기 때문에 그걸 잊지 않아야 한다는 생각입니다. 제 개인적인 얘기인데, 제가 이제 박사 과정이 끝나고 취직할 때가 돼 저는 기업에도 관심이 있어서 이런저런 기업에 지원서를 넣으면서 CV를 썼거든요. 제가 이름 밑에다가 '컴퓨테이션 소셜 사이언티스트computation social scientist' 다음에 '폴리티컬 사이언티스트political scientist'
라고 썼는데, 이걸 보고 지도교수님이 순서를 바꾸라고 하시더라고요.
정치학, 그러니까 정치적이고 사회적인 문제에 접근할 수 있는 훈련을
받았다는 점이 제가 잡마켓에서 가지는 강점이라는 말씀이었어요.

그런 연장선상에서, 원래 사회학이나 사회과학 전반이 우리한테
계속 문제 제기를 하도록 하는 부분들이 앞으로 해나가야 할 연구와
유리된 게 아니라는 걸 전공자들이 알았으면 좋겠다는 생각이 듭니다.

장덕진

여기서 약간 질문을 바꿔보겠습니다. 지금 여기 계신 교수님들은 사실
학계 밖의 사람들이나 혹은 학생들이 보기에는 정말 탁월한, 대단한
분들이거든요. 그런데 '저 사람들은 도대체 어떻게 해서 저런 사람이
될 수 있었을까?' 하고 궁금하게 생각하는 학생들도 분명 있을 거란
말이에요. 정치학도 공부하고, 사회학도 공부하고, 컴퓨팅도 잘하고,
인공지능 전문가라고 할 수 있을 정도까지 된 거잖아요. 자기도 그렇
게 되고 싶은데, 도대체 어떻게 해야 될지 전혀 길도 안 보이고 감도 안
잡히는 학생들이 많을 겁니다. 이 사람들은 혹시 무슨 특별한 교육 과
정을 거친 거 아닐까? 학부부터 미국에서 다니지 않았을까? 우리나라
에는 그런 교육 과정이 있을 리가 없어. 이렇게 현실적으로 와닿지 않
는 선망의 대상으로 여겨질 수 있는데, 개인적으로 어떤 과정들을 거
치셨는지 궁금해요.

여기서 어떤 과정을 거쳤냐고 하는 건 두 가지 의미가 있습니다. 하나는, 지금 김태균 교수님 경우처럼 지도교수님을 만난 건 굉장히 운이 좋은 일이라고 생각하는데, 대부분의 사회과학 계열이나 인문학 계열 학과에는 김태균 교수님과 얘기를 해줄 수 있는 지도 교수님이 없잖아요. 이렇게 누구의 도움을 받고, 어떻게 교육 훈련 과정을 구성해서 인문사회계열에서 지금과 같은 전문가가 되었는가 하는 것이 첫 번째입니다.

또 하나의 측면은, 꼭 하나의 인문사회계열에 국한하지 않더라도 다양한 전공을 섭렵하는 분들도 있거든요. 여기에서는 손윤규 교수님이 가장 대표적인 분이 아닐까 싶습니다. 철학, 물리학, 정치학, 사회학을 거쳐서 지금에 이르고 계시죠. 이런 경험은 대체 어떤 걸까, 다른 사람들도 할 수 있는 건가, 이런 얘기를 한번 들려주시면 고맙겠습니다.

손윤규

대학 입학을 앞두고 있거나 재학 중인 분들께 조언을 드리자면, 복수전공이나 부전공 제도를 적극적으로 활용하라고 말씀드리고 싶어요. 자연과학이나 공학 분야는 인문사회 분야와는 달리, 각 단계의 이해를 위해 필수적인 선수 과목 체계에 기반한 매우 견고한 커리큘럼이 존재하기 때문입니다.

요즘 인공지능이 워낙 이슈가 되면서, 다양한 위치의 많은 분들이 모순적인 말씀을 하는걸 자주 듣습니다. 예를 들어 인공지능을 배우고 싫다고 하면서 정작 수학에는 관심이 없다고 하거나, 정규 커리큘럼은 건너뛴 채 유튜브 강의 몇 개를 보고 곧바로 기계학습 알고리즘을 배우고 싶어 하시는 분들 말이죠.

인공지능에 대한 좀 더 정확한 이해할 수 있는 가장 좋은 방법은, 지금까지 그 분야를 학습한 대부분의 사람이 해왔던 것처럼 통상적인 수학, 통계학 등의 커리큘럼을 차근차근 이수하는 거예요. 유튜브 강의도 참고로 사용할 수는 있지만, 깊이 있는 이해를 쌓는 가장 효율적인 방법은 대학에서 제공하는 체계적인 강의를 듣고, 숙제를 하고, 시험을 보면서 개념을 하나씩 다져가는 것입니다. 그런 식의 커리큘럼이 이미 자연과학 영역 중심으로 축적돼 있잖아요. 학생들 입장에서는 그냥 따라가면 되는 거죠. 아주 잘 닦인 고속도로 같은 길이 있는데, 특히 학창 시절에 그걸 멀리하다가 갑자기 거칠고 길도 안 닦인 곳에서 새로 길을 내겠다고 하는 분들은 생각을 잘못하시는 것 같아요.

기본적으로 자연과학 커리큘럼, 특히 대학 수학 커리큘럼은 문제해결의 창의성을 강조하기보다는 각 분야의 체계에 대한 설명을 중심으로 구성되어 있기 때문에, 고등학교 과정을 이수하신 분들은 모두 따라갈 수 있다고 생각합니다. 그러니 괜히 두려움을 갖지 마시고, 학교에서 제공되는 복수전공, 부전공 제도를 잘 활용해서 기초를 탄탄하게 다지는 과정을 꼭 거치길 바랍니다. 그게 장기적으로 인공지능을 깊고 정확하게 이해하고, 남들보다 잘 활용하는 기반을 다지는 가장 현실적인 길이라고 생각합니다.

장덕진

굉장히 중요한 얘기를 해주셨습니다. 손윤규 선생님 얘기를 제가 조금
더 풀어서 생각해 보자면, 그러면 결국 많은 사람이 생각하는, 학부 1
학년 1학기부터 인공지능을 전공하는 것 같은 커리큘럼은 별로 크게
의미가 없다는 것이지요. 왜냐하면 인공지능이라는 새로운 분야에 접
근하기 위한, 하늘에서 뚝 떨어진 그런 커리큘럼이 있는 게 아니라는
것입니다. 체계적이고 창의적인 생각을 할 수 있는 능력을 키우기 위
해서는 기존에 인류 문명이 지금까지 닦아놓은, 고속도로 같은 길이라
고 표현하신 전통적인 커리큘럼을 어느 정도까지 따라가, 그것들을 내
머릿속에서 융합해서 창의적인 생각으로 묶어낼 수 있는 능력이 필요
한 것이지, 인공지능이라는 영역이 학부 1학년 1학기부터 "나는 인공
지능 전공이다"라고 딱 할 수 있는 별도의 영역이 있는 게 아니라는 말
씀 같습니다.

손윤규

네, 이병규 교수님께서 말씀하신 것처럼 실용적 차원에서 인공지능을
활용하는 것은 또 별개의 문제라고 생각합니다. 제가 강조하고 싶은
측면은 조금 다릅니다.

노동시장이나 어떤 경쟁적 환경에서든 남들보다 조금이라도 우위
를 갖는 것이 중요할 것입니다. 인공지능의 작동 언어가 근본적으로
수학이라는 점을 고려하면, 이를 더 깊이 이해하고 다룰 수 있는 사람

들이 자연스럽게 경쟁력을 갖게 된다고 봅니다.

물론 일상적 인공지능 활용에서는 이런 기초 지식이 결정적인 차이를 만들지 않을 수도 있습니다. 하지만 인공지능의 원리를 더 근본적으로 이해하고, 나아가 모델을 변형하거나 새로운 방식으로 활용하려면, 수학을 포함한 기초적 배경지식이 큰 힘을 발휘합니다. 인공지능의 기반 언어는 수학과 수리적 질서에 의해 구성된 알고리즘이기 때문이죠.

많은 분이 동의하시는 바와 같이, 사회 전 분야에서 인공지능 기술이 광범위하게 이용될 것이라는 점을 고려하면, 결국 이런 기반을 갖춘 사람이 남들이 떠올리지 못하는 방향으로 사고하고 인공지능 기술을 구현할 수 있는 우위를 갖게 된다고 믿습니다.

장덕진

저도 대학에 오래 있다 보니까 가끔 학생들이 찾아와서 이런 질문을 할 때가 있어요. "나는 대학원에 가서 꼭 사회학자가 되고 싶은데, 근데 수학이나 통계학은 진짜 죽어도 못하겠어요. 나 같은 사람이 사회학자가 될 수 있을까요?" 이런 질문을 가끔 받거든요. 그러면 제가 해 주는 대답은, "수학이나 통계학을 못해도 사회학자가 될 수는 있어. 그런데 그때 겪는 어려움은 예를 들면 이런 거야. 달리기를 엄청 잘하지 못해도 축구 선수가 될 수는 있잖아. 발재간이 좋고 머리가 좋고 온갖 걸 할 수 있으니까. 그러나 축구 선수로 활동하는 동안 내내 달리기를 못한다는 게 계속해서 일종의 어려움으로 작용할 거야" 하는 정도로 답변을 해줄 때가 많은데, 지금 손윤규 선생님 말씀을 들으면서 그런 느낌을 받았습니다. 말하자면 기초 체력이 된다고 볼 수 있겠군요.

마지막으로 좀 더 실용적인 질문을 한 가지 드리자면, 이런 식으로 인문사회계열 출신으로 인공지능을 융합한 공부를 한 학생들을 기업이나 시장에서 얼마나 필요로 할 거라고 보십니까?

신은경

이 질문, 그러니까 "기업에서 얼마나 필요로 할 것인가"라는 질문에 조금 앞서서, 아까 "그럼 1학년 1학기 때부터 인공지능을 배우는 것이 어떻게 보면 사상누각이 아닌가" 이런 말씀을 하셨잖아요. 지금 고려대학교 신입생들은 1학년 때 파이썬이 필수고, 2학기 때 데이터 과학과 인공지능이 필수 수업이거든요. 6학점인데, 제가 문과대 학생들 전체를 가르치고 있는데, 제 생각에는 코딩이라고 하는 건 어떻게 보면 말 그대로 언어를 배우는 일인 것 같아요. 기존에도 대학생들이 영어를 필수로 1학년 때 배우잖아요? 실제로 써먹는 일이 얼마나 있든 간에 이 언어를 배우는 힘이라는 게 살면서, 공부하면서 크게 작용을 한다고 생각하고요. 마찬가지로 파이썬이라는 컴퓨터 프로그램, 이 언어를 배우는 힘은 굉장히 크다고 생각해요.

한 학기 동안 데이터와 인공지능이 뭐냐고 배웠을 때, 기초 지식이 없던 학생들을 우리가 개발자로까지 키울 수는 없겠지만, 이 친구들이

1학년 때 이런 것에 노출돼서 공포심을 없애고, 어떤 식으로 컴퓨터와 대화가 일어나고, 기술자들의 사고방식이 어떻게 움직이는지에 노출된다면, 사실 기업에서는 그런 지식이 전혀 없는 문과대 학생이나 인문사회 계열 학생보다, 기본적으로 소통의 메커니즘을 이해하는 친구들을 당연히 강점으로 생각할 수 있지 않을까 하는 생각을 가볍게 해봤습니다.

조원광

좀 늦었지만, 앞서 나왔던 인문사회계 학생의 공부 방법에 대해 첨언하고 싶은 것이 있습니다. 제가 수학이나 통계를 멀리하다가 대학원 다니면서 급격하게 전환된 사례 중 하나입니다. 개인적으로 인공지능이나 이런 걸 공부하거나 작동을 이해하려면 수학 공부를 하는 게 중요한 것 같습니다. 좀 더 구체적으로 말씀드리면, 미적분, 확률과 통계, 그리고 선형대수, 이 세 가지 정도는 소양 삼아 알고 있는 게 좋을 것 같아요. 제 개인적인 경험으로는 그 세 가지면 상당 부분을 커버할 수 있습니다.

그런데 고등학생이나 학부생들이 '나는 수학을 잘 못해'라는 생각을 하면서 그 근거를 수능 성적 등으로 판단하고 있다면, 꼭 그럴 필요는 없다는 이야기를 해주고 싶습니다. 수능이나 모의고사가 끝나고 나면 킬러문항 이야기가 많이 나오고, 예시 같은 게 인터넷에 돌아다니는데, 저에게도 되게 어렵더라고요. 솔직히 풀 자신이 없습니다. 그런

데 새로운 알고리즘이나 모델 아키텍처 같은 게 제안될 때, 예를 들어 트랜스포머라는 새로운 딥러닝 디자인이 제안될 때, 거기서 보통 사람은 도저히 이해할 수 없는 수학적 기법이 동원되거나 하지는 않잖아요. 제가 이해하는 선에서는 그런 것 같습니다. 오히려 중요한 건, 문제를 수학이라는 언어를 통해 바라보고, 내 문제를 풀기 위해 수학과 통계에서 잘 알려진 도구 중에서 뭘 쓰는게 좋은지 판단하는 것인 듯합니다. 즉, 상황이나 문제를 수학적으로 정의하고 바라보고 접근할 수 있는 능력이 더 중요한 것 같습니다.

물론 킬러문항을 풀거나 누군가가 일부러 어렵게 만들어 놓은 문제를 해결하는 능력과 제가 말씀드린 상황을 수학적으로 번역하는 능력이 완전히 분리되어 있다고 보기는 어렵지만, 둘이 완전히 같다고 보기도 어렵습니다. 예를 들어, 내가 만든 기계의 아웃풋과 원래 참값의 거리, 그러니까 오차를 줄이고 싶다고 했을 때, "미분을 써보자" 이런 생각을 할 수 있잖아요. 왜냐하면 모델 특징을 제어하는 파라미터들을 미세하게 움직일 때 오차가 어떻게 움직이는지 캐치하면, 그 정보를 가지고 오차를 줄이는 방향으로 모델을 조정해 나갈 수 있다는 발상이니까요. 이런 건 미분이라는 개념을 잘 이해하고 있으면 도출할 수 있는 안인데, 그런 건 킬러문항을 잘 푸는 능력과 완전히 겹치지 않고 나름의 영역이 있는 듯합니다.

요컨대 제가 보기에 문제나 상황을 수학적으로 볼 수 있는 능력이 중요한 것 같아요. 그리고 그 능력이 일부 영재나 천재, 혹은 이과생들만 가질 수 있는건 아닌 것 같습니다. 수학적 언어에 익숙해져서, 우리의 일상적 문제를 그 언어로 변환할 수 있어야 하는데, 이건 문제의 핵심을 정리하고 변환하는 이야기꾼으로서의 능력도 필요하니까요. 이런 종합적 과정을 해내기 위해 손윤규 교수님 말씀하신 것처럼 정규 커리큘럼상의 과목을 듣는 것도 좋고, 신은경 교수님 말씀하신 것처럼 처음에 간단한 코딩을 하면서 간단한 인공물을 만들어 가며 흥미를 늘리고 영역을 확장하는 것도 좋을 것 같습니다. 그렇기에 수능 수학을 동기들에 비해 상대적으로 잘 못했거나, 지금 수학 과목을 들으면서 에이스가 되지 못한다고 해서 이런 능력을 절대 갖추지 못하는 건 아니라고 말하고 싶습니다. 그 말을 좀 덧붙이고 싶었습니다.

박재혁

저도 예시를 한 가지 들자면, 제가 자주 드는 예시로 '운동'이 있는데요. 복싱이든 유도든 뭐든 잘하려면 기초 체력이 일단 돼야 하지요. 기초 체력을 키워놓으면 운동 종목을 바꿔도 웬만큼 다 따라가거든요. 여기에서 기초 체력이 수학이나 통계라고 생각하는데, 기초 체력을 안 키우면 기술을 아무리 배워도 잘 안 늘더라고요. 그래서 기초 체력을 키우는 걸 피하지 말고, 방금 조원광 박사님께서 말씀해 주신 것처럼 "일단 산책이라도 가라" 이런 거예요. 바로 러닝하기 힘들면 산책이라도. 체대 입시 준비할 정도가 안 된다고, 체대 입시 떨어졌다고 "나는 운동은 아무것도 못 해" 이렇게 되는 게 아니잖아요. 운동을 다 체대 수준으로 잘하자는 게 아니라 일단 건강을 위해서 뭐든 하려면 기초 체력이 돼야 하니까, 산책이라도 가고 뭐라도 하고, 집에서 맨몸 운동이라도 하면서 키워지면, 점차 다른 운동을 할 때 열정도 생기고, 더 나아가면 운동을 한번 해보고 싶은 마음도 생기고, 그걸 배울 때 성장 속도도 달라지게 되지요. 마찬가지로 생각하면 잘 맞지 않을까 싶습니다.

박재혁

이어서, 질문해 주셨던 잡마켓 대해서 개인적으로 소견을 한번 말하자면 코딩, 그러니까 코드를 짜서 인공지능을 만들어 내는 능력, 이게 아니라, 인공지능과 같이 일할 수 있는 능력이 중요하다고 봅니다. 같이 일하는 인공지능이 어떤 장단점을 가지고 있는지, 뭐를 잘하고 뭐를 못하는지, 얘한테 결과물을 뽑아낼 때 어떻게 시켜야 하는지. 프롬프트 엔지니어링이라는 말이 한때 유행이었다가 이제는 되게 보편화됐는데, 결국 마이크로소프트 엑셀 같은 거랑 비슷한 것 같거든요. 엑셀에서 함수를 짜고, 오더를 소트하고, 이걸 할 줄 아는 신입사원과 "저는 컴퓨터 못 써요" 하는 신입사원은 좀 다른 취급을 받잖아요. 어느 순간에 가면 인공지능을 다루는 게 지금의 컴퓨터활용능력과 비슷한 위치가 되지 않을까 생각합니다. 이걸 자연스럽게 다루면서 잘할 수 있는 사람은 생산성 자체가 차이가 날 수밖에 없기 때문에, 그 정도만 해도 어차피 업무 자체가 좀 바뀔 수 있겠죠.

지금 포지션 그대로 기획자가 10년 후에도 똑같은 방식으로 기획을 하지는 않겠지만, 결국 기획이라는 데에서 인간이 필요한 영역 자체가 다 없어질 것 같지는 않고, 새롭게 만들어 내겠죠. 이제 다 같이 AI를 쓸 때가 되면, 새로운 종류의 기획이 생길 테니까, 이거에 좀 친숙해지면서 쓰는 건 확실히 강점이 될 수 있을 거라는 생각입니다.

김란우

학계에만 있던 제가 기업에서 이런 사적 영역에서 이런 인재에 대한 수요가 어떻게 될지를 정확하게 말씀드리기는 조금 섣부를 수 있겠다는 생각은 듭니다만, 개인적으로 제게 들어오는 프로젝트나 의논을 하시는 분들을 보면 이런 케이스가 있습니다. 정부 기관이나 국책 연구 기관 같은 곳에서 가지고 있는 데이터가 있는데, "여기에 인공지능을 더해서 어떻게 뭘 잘해볼 수 없을까요?" 이런 의뢰가 정말 많이 또 자주 들어오거든요. 이게 정확히 사적 민간 영역은 아니고, 사기업의 수요와 일치한다고 단정 지을 수는 없겠지만, 이런 식의 의뢰가 들어오는 걸 보면, 인문사회와 인공지능을 함께 쓸 수 있는 인재에 대한 수요도 점차 늘어나지 않을까 하고 긍정적으로 전망해 봅니다.

인공지능이 가져오는 사회 변화

장덕진

자, 그러면 다음으로 가장 사람들이 궁금해할 만한 이야기를 해보지요. 인공지능이 화제가 되니까 많은 사람이 인공지능을 공부하려고 합니다. 그런데 원리도 원리이지만, 결국 인공지능이 이 사회에 어떤 변화를 가져오느냐가 가장 큰 관심사인 것 같습니다. 인공지능 때문에 진짜 사람들 일자리는 다 없어질까, 거기에 맞춰 사회 제도에 어떤 변화가 필요할까, 혹은 대학은, 교육은 어떻게 될까. 이런 질문과 걱정들을 많이 접합니다. 인공지능이 가져오고 있는 이런 구체적인 사회적 변화들, 실질적인 사회적 변화들은 어떤 것이라고 생각하십니까?

박재혁

말씀하신 표현이나 이런 문제를 제기하는 방식 자체가 '인공지능이 어떻게 사회를 바꿀 것인가'라고 생각하는데, 사실 저는 기술 자체가 사회를 바꾼다고 생각하지 않습니다. 기술이 사회 제도나 노동 시장 자체를 직접 바꾸지는 않지요. 예전의 기술들도 그랬지만 결국 문제는 기술의 방향, 즉 기술을 어떻게 쓸 것인가의 문제인 것이라고 봅니다. 어떻게 보면 기술을 '독점'하는 사람들이 있고, 그 권력 구조하에서 기술을 어떻게 활용할 것인가에 대한 논의가 이루어지면서 기술의 방향성이 결정된다는 것이지요. 과거 산업혁명기에도 산업혁명 초반 소수의 사람들이 기술 권력을 독점하면서 그에 대한 반감이 생기고 러다이트 운동으로 번지고, 또 노동 운동이라는 것이 생기고 노동 환경이나 노동 시간 등 노동 여건에 대한 논의가 시작되었습니다.

사실 인공지능이라는 '기술'이 사회를 어떻게 바꿀까 하는 질문은 언론 등에서도 흔히 나오지만, 저는 이게 짜여진 프레임 속의 질문이라고 생각합니다. 우리는 지금 기술이 사회를 어떻게 바꿀까를 고민할 게 아니라, 이 생산성 좋은 도구가 나왔을 때 이를 어떻게 활용해서 노동 환경을 개선할지 고민하는 것으로 프레임 자체를 바꿔나가야 하지 않나 생각합니다. 사회과학자로서 그렇게 새로운 기술을 적극적으로 활용하고, 우리가 어떤 사회로 나아가야 하는지 논의하는 문제 제기가 필요하다고 보기에, 저로서는 이 기술결정론적인 프레이밍에 불편함을 느끼고 있습니다.

기존에 다른 아제모을루Daron Acemoglu[3] 등 경제학자들도 이것은 결국 '어떻게 활용하는가', 즉 권력의 문제라는 얘기를 한 바 있는데, 저도 거기에 동의합니다.

신은경

---

3 미국의 경제학자로 『국가는 왜 실패하는가』의 공저자. 국가 간 빈부격차와 관련해 사회 제도의 중요성을 입증함으로써 2024년 노벨 경제학상을 공동수상했다. 『권력과 진보』에서 정치적·사회적 권력이 어떻게 기술 발전의 방향을 '선택'하는지를 치밀한 논증과 함께 제시했다.

인공지능 기술이 탑재된 다양한 제품들이 '도구'로서 가지는 전례 없는 차별성이 있습니다. 이전에 우리가 만들어 사용하던 망치 같은 전통적인 도구들은 형태나 목적, 복잡성 등은 저마다 다르더라도 공통된 하나의 특성이 있었습니다. 바로 인간의 '일'을 편리하게 함으로써 인간의 시간을 절약해 주고 인간이 그 시간에 어떠한 다른 것들을 할 수 있게 만들어 줬다는 점입니다. 가전제품 중 건조기, 식기세척기, 로봇청소기가 획기적으로 가사노동 시간을 줄여주고 가사노동으로부터 사람들을 해방시켰다고 하는 것처럼, 근본적으로 '노동으로부터의 해방'을 주었다는 것이지요.

그런데 인공지능 도구들은 이런 것들과는 질적으로 다른 차이점을 갖습니다. 인간을 노동으로부터 해방시키고 시간을 절약해 주는 것이 아니라, 인간이 시간을 소비하게 만들고 있습니다. 사용자가 중독적인 행동 특성을 보이게 하고, 관심attention을 장악하는 독특한 특질을 가지고 있습니다. 그래서 기본적으로 박재혁 교수님 말씀에 동의하면서도 인공지능이 제공하는 취향 큐레이션 등이 열어주는 질적으로 새로운 삶의 환경이 있다고 생각합니다.

다시 원래의 질문으로 돌아가자면, 많은 분이 걱정하는 부분이 노동의 문제입니다. 인공지능이 단순 노동을 대체하고 일자리를 앗아 갈 것이라는 걱정을 많이 합니다. 하지만 그것보다 더 심각한 문제는 정말 많은 사람에게서 시간 주권을 박탈해 가고, 처음에 말씀하신 미드의 개념처럼 일반화된 타자가 우리 삶에 들어와 거대한 부분을 차지해

버리면서 각 개인이 역설적으로 더 보편적 다수라는 추상성에 종속된 삶을 살 수밖에 없는 사회 구조로 바뀌어 나가고 있습니다.

이병규

두 분 의견이 조금 다른 듯하지만 공통된 부분이 있다면, 결국에는 우리들이 좀 더 적극적으로 인공지능의 시대를 받아들여야 한다는 메시지가 아닐까 합니다. 그런 면에서 간과되고 있는 점은, 인공지능이 단순한 기술 또는 도구로서 활용될 뿐인가에 대한 문제 제기일 것 같습니다. 최근 들어, 흔히 챗GPT로 대표되는 인공지능 챗봇에 점점 많은 사람이 의존하고 있지요. 무언가를 판단할 때 인공지능에게 물어보고 인공지능이 맞다고 하면 신뢰하는 모습이 흔히 보입니다. 이게 문제가 되는 것은, 과거에는 우리가 각 분야의 전문가에게 그러한 신뢰를 부여했었는데, 그것이 점점 인공지능으로 대체되고 있다는 겁니다. 우리가 이러한 인공지능 도구를 단순히 도구로 활용하는 걸 넘어서 예를 들어, 챗GPT가 어떠한 신뢰의 기반이 되어버리면 더 큰 문제들이 발생하지 않을까 하는 우려가 있습니다.

이러한 문제는 단순히 생산성의 문제를 넘어서는 것이라고 봅니다. 사실은 우리가 그동안은 의사결정 과정에서 어떠한 전문가 집단에 대한 신뢰를 갖고 있었는데, 그것이 인공지능에 의해 대체되기 시작했다는 거지요. 인공지능이 어떠한 권위authority로서 기능하게 된다면 단순히 인공지능이 사회의 생산성을 향상시키는 것으로 그치는 게 아니라, 인공지능이 지시에 따라 의사결정이 이루어지는 사회가 만들어지지 않을까 하는 생각이 듭니다. 그렇게 되면 이 구조 속에서 기존에 권력을 가진 사람들이 더 많은 권력을 독점하고 사회 질서를 재편하는 힘을 가지게 되는 구조가 될 수 있다는 생각입니다. 이는 인공지능이라는 툴을 만들어 낸 개발자가 될 수도 있겠고요. 그런 점에서 우리에게 중요한 과제 중 하나가 인공지능은 도구이고, 궁극적으로 어떠한 권위나 판단 근거는 인간들이 가지고 있어야 한다는 것, 이것을 끊임없이 되새겨야 한다고 봅니다. 다시 말해, 무언가를 결정하는 것은 반드시 휴먼, 인간의 합의consensus 안에서 이루어져야 한다는 것이지요. 사실은 일의 책임도 인공지능이 아닌 인간이 지는 것이라는 면에서 당연한 이야기일 수도 있다고 생각합니다. 다만, 결국 어떤 권위나 권력은 책임으로부터 나온다고 생각하고 인공지능의 사회적 역할을 고민하는 데 있어서 이러한 부분을 계속 고민해 나가야 한다고 생각합니다.

임동균

사실 AI가 세상을 어떻게 바꿀지에 대해서는 저희가 오랫동안, 또 다방면으로 얘기할 수 있을 것 같습니다. 그중에서 제가 요즘 관심 있는 것은 이런 겁니다. 특히 최근 한국 사회의 정치적 환경이 불안정하고 사람들도 거기에서 많은 스트레스를 받고 있지 않습니까? 이걸 보면서 우리가 세상에 대해 가지고 있는 이해, 세상이 어떤 방식으로 작동한다고 하는 믿음이라는 것이 사실 몹시 취약한 것이라는 생각을 하고 있습니다. 어떠한 작은 충격이나 예상치 못한 혼란이 발생하면 그간 익숙하게 느끼던 세계의 모습에 대한 믿음, 신뢰 이런 것들이 쉽게 깨지게 되는 것이죠. 사람들이 수천 년 동안 익숙해져 있었던 세계, 어떠한 사회적 약속이라는 게 있지 않습니까? 그런데 AI가 빠른 속도로 발전하게 되면 사람들이 기존의 세계관에 맞춰 삶을 설계하고 의미를 찾는 오래된 방식 자체가 흔들릴 가능성이 있겠다는 생각입니다. 사회학 이론과 연결을 시킨다면 뒤르켐이 이야기한 자살론, 아노미 이론과도 연결이 될 것 같고요.

AI가 빠르게 발전하면서 노동 시장이라든가 사람이 생각하는 노동의 의미라든가 인간성이라든가 교육의 의미는 어떻게 될 것인가, 나아가 내 인생은 어떻게 될 것인가. 이런 것들에 대한 확실성이 많이 무너지게 되고, 나아가 어떤 의미의 영역까지 약화되고 해체되면서 사람들이 세상에 대해 생각해 왔던 어떤 모델이 이제 깨지게 되는 겁니다. 그건 분명히 사람들에게 심리적인 타격을 상당히 입힐 것이고, 개념적으로는 존재론적 안정감이 상당히 침해를 받을 것이라고 할 수 있겠지요. 예를 들어서 우울증을 자가 진단하는 리스트가 있는데, 미래에 대한 희망이 별로 없고 삶에 재미를 못 느끼고 등등, 그런 항목들이 사실은 전부 사회적 영향을 크게 받는 항목들이거든요.

그래서 AI에 의해서 사회가, 세계가 변화하면서 우울증을 일으키는 그러한 항목들에 다 영향을 일으킬 것 같고 사람들의 정신 건강이나 우울증에도 상당한 영향을 줄 것 같다는 생각이 듭니다.

익숙했던 사회적 세계와 거기에 따른 개인의 어떤 삶의 궤적은 어떠해야 된다는 규범이 깨졌을 때 그 상황에 놓인 사회적인 개인들의 삶은 얼마나 취약해질 것인가에 대한 염려가 많이 됩니다. 요즘에는 AI 블루AI Blue라는 용어도 나오고 있더군요.

장덕진

원래 제가 드린 질문은 많은 사람들이 걱정하는 것처럼 일자리가 없어질까 하는 것이었는데, 네 분이 말씀을 해주시면서 아무도 일자리에 대한 답은 안 주시네요. 그런데 그보다 훨씬 더 학문적으로 중요한 인사이트를 주신 것 같습니다. 박재혁 교수님이 말씀하신 것은 결국 이게 권력의 문제라는 말씀이었죠. 저도 즐겨 인용하는 사례 중 하나인데요. 러다이트 운동 같은 것들은 그 당시에 산업혁명이라고 하는 기술의 변화가 일자리를 뺏어 갈 거라는 공포에 휩싸인 사람들이 밤에 몰래 가서 기계 때려 부수고 했던 것이죠. 지금 와서 보면 진짜 웃긴 게 그 사람들이 그렇게 커다란 공포를 느끼고 몰래 가서 두들겨 부수고 했었던 그 기계가 뭐냐 하면 수력으로 움직이는 방직 기계거든요. 전력도 아닌 수력으로 옷감 짜는 기계에 불과해서, 사실 지금 현대인들이 보면 기계 축에도 들지 않는 물건이란 말이에요. 그것 때문에 이제 "우리 가족 다 굶어 죽는다" 하며 때려 부수려고 들었던 거죠. 그런데 그 이후에 일어난 변화를 보면, 일자리가 없어지긴 고사하고 아마 역사상 가장 전례가 없을 정도로 커다란 규모의 중산층이 탄생하지 않았습니까?

물론 양극화에 대한 우려도 있지만, 경제사회학에서 1,000년 단위의 아주 긴 호흡으로 보면 산업화 이후에 일어난 경제적인 성장과 중산층의 등장은 인류 역사상 유례가 없는 일이었습니다. 일자리가 없어진다고 러다이트 운동이 일어났지만, 반대로 과거에 한 번도 존재하게 한 적이 없었던 아주 양질의 일자리가 대규모로 생겨났다는 것을 부정하기 어려운 거죠.

박재혁 교수님이 말씀해 주신 것은 그런 변화가 일어나는 과정에서 누가 주도하고 어떤 방식으로 받아들이느냐가 중요하다는 것 같습니다. 산업혁명의 기술 발전 또한 필연적으로 지금의 형태로 발전된 게 아니라, 자본주의적인 방식으로 구조화organize함으로써 그런 발전이 가능했다는 것이겠지요. 이걸 좋게 보면 엄청난 경제 성장이 이루어졌다고 평가할 수 있겠고, 마르크스적 관점에서 보면 계급에 의한 착취와 인간 노동 소외, 이런 것들이 발생했다고 볼 수도 있겠지요.

어찌 됐건 결국에는 이 기술을 어떻게 구조화화하느냐, 이 기술을 어떻게 정의하고, 사회가 거기에 어떻게 대응해야 한다고 정의하고, 그 방향으로 끌고 나가는 권력의 문제라는 말씀이시지요. 따라서 한국 사회도 인공지능이 일자리를 빼앗아 갈 거다는 걱정을 해봐야 아무 의미 없는 거고 이 기술을 우리가 사회적으로 무엇이라고 정의하고 어느 방향으로 끌고 나갈 것이냐 이게 핵심이다. 저는 이렇게 들립니다.

박재혁

맞습니다. 아무래도 제가 정책 대학원에 있다 보니까, 이건 그냥 예상하고 받아들일 주제가 아니라 우리가 생각하고 풀어내야 할 과제가 아닌가 생각을 합니다.

장덕진

공포증에서 벗어나서 변화를 주도하는 게 훨씬 낫다는 거지요. 그리고 이병규 교수님 말씀은 AI, 특히 LLM을 생각해 보면 우리가 거기에 갈수록 많은 신뢰를 부여하고 개 말을 듣고 행동하는데, 그 AI가 하는 말이라는 게 결국 우리가 했던 말을 학습하고 답습하는 것이잖아요. 그러면 우리는 과연 무엇에 의존하고 있는 것이냐 이런 말씀인 것 같습니다.

이병규

예, 맞습니다. 그리고 많은 담론이 인공지능의 생산성 문제에 초점을 맞추고 있는데, 그보다 더 중요한 과제는 인공지능에 대한 신뢰와 인공지능의 권위에 대한 문제가 아닐까 생각합니다. 결국에는 우리가 LLM 또는 생성형 AI가 내리는 판단에 의존하고 그것을 전적으로 신뢰하다 보면 결국에는 사회 안에서 AI가 객체가 아니라 주체로서 기능하기 시작할 거고, 그렇게 됐을 때 과연 우리가 이걸 어떻게 바라볼 것인가에 대한 논의가 필요하다고 생각합니다.

장덕진

우리가 지금 일자리의 미래 이런 것도 걱정하지만 산업혁명 때하고 다른 것이, 산업혁명 때는 기술을 걱정하는 사람들이 기계를 때려 부쉈는데 지금은 인공지능을 때려 부수자는 사람은 없는 것 같아요. 그런데 오히려 인공지능을 만들어 낸 사람들이 나서서 이거 위험하니까 일단 좀 멈춰보자 뭐 이런 얘기들을 하고 있지요. 이건 또 산업혁명 때는 전혀 없었던 양상이죠. 인공지능의 위험성은 어떻게들 평가하시나요? 인공지능이 인간을 넘어설 수 있을까요?

박재혁

인공지능보다 훨씬 여파가 작지만 약간 비슷한, 권위와 관련된 사례로 나무위키를 생각해 볼 수 있을 것 같습니다. 언젠가부터 학생들이 레퍼런스로 나무위키를 달았을 때 우리가 모두가 당황했고 이거는 아니지 않나 생각을 했지요. 그런데 사람들이 나무위키를 자꾸 찾아보면서 어떻게 보면 나무위키가 신뢰, 권력을 갖게 되기도 한 것 같습니다. 그래도 우리가 적어도 아직까지는 나무위키를 학술 논문이나 신뢰할 만한 정보로 취급하지는 않는다는 합의를 유지하고 있다고 생각합니다.

그런데 요즘 학생들에게 레퍼런스를 물어보면 챗GPT라고 답하는 경우가 많이 있습니다. 그런 걸 들으면 저도 모르게 당황하게 되더라고요. 처음 나무위키가 레퍼런스로 나왔을 때의 느낌을 다시 받는 거죠. 나무위키나 챗GPT 같은 LLM이나 계속 불특정다수에 의해서 부정기적으로 수정되는 정보인데, 어떤 게 믿을 만한 정보인지도 믿을 만한 정보를 어디서 어떻게 찾아야 하는지도 모르는 사람들이 많다는 겁니다. 그에 대한 교육이 제일 시급한다고 생각하는데 이게 부재한 상태인 거죠. 아무도 가르쳐 주지 않습니다. 특히나 나이가 어리거나 혹은 반대로 연로하신 분들이 유튜브 알고리즘에 의존해서 정보를 취득하는 일이 많습니다. 이런 분들을 포함하여 다양한 층위의 사람들에게 믿을 만한 정보인지를 어떻게 판단할 수 있을지, 어디서 어떻게 믿을 만한 정보를 찾을 것인지 이런 교육을 하고, 이에 대한 합의를 바탕으로 정리하는 게 정책적으로 필요하지 않을까 하는 생각도 해보게 됩니다.

장덕진

맞는 말씀이고 완전히 동의하는데 그런 정리를 누가 할 수 있을까요? 정부일까요, 아니면 여기 계신 교수님들을 포함한 교육 기관일까요? 그런데 10년 후에 과연 대학이 남아 있을까 하는 질문도 나오고 있는 상황에 저희가 할 수 있을까요?

박재혁

일단 학계, 교육자들은 바텀업Bottom-up으로 가야 할 것 같습니다. 일상생활 속에서 계속 사람들을 교육시키고, 제가 챗GPT를 참고문헌으로 들었을 때 당황하고 불편했던 그 감정을 유지하며 지속 가능한 문제의식을 가지고 있어야 한다고 봅니다. 정책 쪽에서는 탑다운Top-down 방식으로 접근해야겠지요. 하지만 어떠한 정책이 결정될 때도 사실은 학계 등의 합의를 바탕으로 이루어지는 게 맞고, 그런 방향으로 가지 싶습니다. 앞으로 대학의 모습이 지금과 달라지고 말하자면 심지어 온라인 교육이 주가 되는 형태가 될 수는 있겠지만, 그렇게 교육 연구기관의 직접적인 역할은 달라지더라도 목표는 여전히 남아 있으리라 생각합니다.

장덕진

임동균 선생님은 이번 필진 중에서 이런 인공지능과 거시적인 사회 변화에 대해서 가장 주목하고 계신 것 같은데, 그런 관점에서 봤을 때 이런 사회적 변화에 대해서 더 추가해 주실 얘기 없을까요?

임동균

사실 저는 몹시 부정적으로 바라보고 있습니다. 우울하고 비관적인 전망입니다만, AI가 인간의 전두엽을 대체하고 변연계limbic system[4]에 계속 자극을 주게 되지 않습니까? 뇌의 전두엽이 인간의 논리적 사고뿐만이 아니라 욕망과 감정을 통제하는 자기 규율의 역할 또한 담당하는

4　대뇌피질과 시상하부 사이에 위치한 뇌의 부위로, 감정, 행동, 기억 등을 담당하는 뇌의 영역.

데, 이대로라면 많은 사람이 인지적 작업의 많은 부분을 AI에게 대신 맡기게 되겠지요. 신은경 선생님이 말씀하신 것처럼 AI가 정교한 알고리즘으로 사람의 주의를 포획하는 콘텐츠를 계속 만들어 내고, 특히 전두엽 발달 과정에 있는 유아 청소년들은 성장 과정에서 거기 영향을 받을 수밖에 없을 겁니다. 그러면 이제 사회가 전통적인 방식의 어떤 규범이나 도덕, 가치관을 심어줄 수 없고요. 간단히 얘기해서, 전두엽이 약화되고 변연계만 계속 자극을 받게 된다고 하면 결과적으로 과거에 듀이 같은 철학자가 이야기한 인텔리전스inteligence의 약화가 예상됩니다. 단순히 IQ, 지능의 문제가 아니라 지력, 지성에 해당하는 겁니다. 다른 사람들과 협력하여 문제를 해결하고 사회성을 개발하고 감정을 컨트롤해 나가는, 어떻게 보면 민주주의나 정치의 기반이라고 할 수 있는 성품이 약화된다는 것이죠.

박재혁 선생님이 말씀하신 것처럼 지금 우리는 이 AI라고 하는 불을 어떻게 컨트롤하느냐 하는 문제에 직면해 있습니다. 잘 쓰게 되면 좋겠지만 잘못 쓰거나 컨트롤할 수 없게 되면 모두가 타 죽고 마는 그런 불이지요. 여기에서 이를 어떻게 컨트롤할지는 당연히 정치가 중요한 역할을 해야 하겠습니다만, 우리가 원하는 성숙한 민주주의를 과연 우리가 실현할 수 있을까요? 사회적 인텔리전스가 약화된 상태에서 그것이 힘들어지지 않을까 하는 비관적인 전망을 하고 있습니다.

장덕진

아주 거시적인 사회 변화와 인간의 뇌라고 하는 아주 구체적이고 미시적인 단계의 변화 연결해서 말씀해 주셨는데, 흥미로우면서도 가슴이 답답해지네요.

손윤규

지금 이야기 중인 인공지능 혁명은, 과거 산업혁명에서 기계가 육체노동을 대체했던 것처럼 인간 정신노동의 대체재가 등장한 사건으로 볼 수 있습니다.

그런데 이번 변화는 단순히 노동을 대체하는 차원을 넘어서 인간 지성과 문명 자체에 더 근본적인 영향을 미친다는 점에서 이전과 다릅니다. 거칠게 정리해 보자면, 핵심 쟁점은 두 가지입니다. 하나는 박재혁 교수님께서 말씀하신 정책 결정이나 사회 운영의 에이전시 문제, 다른 하나는 인식 정당성 문제입니다.

앞으로 많은 정책 결정과 사회 운영 과정이 인간 전문가와 관료 시스템 중심이 아니라, 아주 높은 확률로 인공지능의 예측 수치에 기반한 결정으로 바뀔 것 같습니다. 박재혁 교수님께서 나무위키의 예를 들어 말씀하신 걸 생각해 보면, 나무위키가 그렇게까지 권위나 신뢰를 얻을 수 있었던 건 결국 나무위키라는 사이트의 운영 방식에서 나오는 일종의 유용성에서 비롯된 거라고 생각합니다. 나무위키가 위키피디아나 언론보다 세밀한 정보를 제공해 지지를 얻었던 것처럼, AI 또한 예측 효율성과 실질적인 성과를 입증하면서 정책 결정의 중심에서 이용될 것입니다. 이 점만 놓고 보면, AI 활용의 확대는 기존에 조사 및 통계 방법론과 사회과학 지식이 정책 과정에서 맡아온 역할의 연장선상에 있다고 볼 수 있습니다. 즉, 인간 전문성의 고도화를 넘어, 인간 전문성을 대체하는 존재가 등장하는 단계가 온 것이지요.

그런데 그보다 훨씬 더 근본적일 수 있는 건 인식 정당성의 차원인데, 그러니까 우리는 그동안 인간의 의미론을 통해서만 인식의 정당성을 평가해왔는데, 인간의 인지 틀에서 작동한 의미론적, 기호적 사고 방식이 인공지능의 성능 앞에서 무력해지기 시작했다는 점입니다.

최근 제프리 힌튼 교수도 한 강연에서 비슷한 이야기를 했는데, 연결주의자들이 제안한 인공신경망이 드러낸 사실은, 우리가 오랫동안 추구해 온 심볼릭 AI, 즉 인간이 이해할 수 있는 기호 논리적 정보 처리 방식이 얼마나 열등하고 인간 지성에 특화된 제한된 방식인지를 보여준다는 점입니다. 인간의 지성을 압도하는 결과들이 우리가 쓰던 인식 체계와는 달리, 그냥 매우 큰 행렬의 가중치를 산술적으로 조절해서 나온 결과라는 것이에요. 우리는 오랫동안 수학과 같은 산술 체계가 자연을 기술하는 데 유용하다고 생각했지만, 사실 인간 지성의 언어 체계나 정보를 조직화하는 데마저도 훨씬 더 유용하다는 걸 깨닫게 된 거죠. 그게 어떻게 보면 인간 지성에 대해 우리가 오랫동안 갖고 있던 자신감을 무너뜨리는 역할을 하게 되는 게 아닌가 싶고, 거기서 오는 좌절감이 있을 수 있을 것 같아요.

근데 또 긍정적인 측면을 생각해 보면, 예전에 자동차가 인간의 이동권을 혁명적으로 확장해 줬던 것처럼, 인공지능이 결과적으로 지성 영역에서 핵심이 되는 고급 인지능력을 과거에 그걸 향유하기 어려웠던 사람들에게도 보급하고 민주화하는 효과가 있지 않을까 하는 생각도 듭니다. 즉, 전문가들의 독점적 능력으로 여겨졌던 지적 활동이 확장되고 배포된다는 점에서 이번 변화는 단순한 대체가 아니라 지성의 구조적 재편과 확장으로도 볼 수 있습니다.

김태균

지금 저희가 인공지능이 사회에 어떤 영향을 미칠지에 대한 논의를 하고 있는데, 거기서 정치적인 부분에 대해 제가 첨언을 드리자면, 신은경 교수님께서도 말씀하신 부분이랑 좀 연결이 되는 것 같습니다. 가짜 뉴스도 그렇고, 부정적인 콘텐츠도 그렇고, 감정적이거나 도덕주의적인, 좀 부정적으로 여겨지는 콘텐츠들이 흔히 말하는 필터링 알고리즘이나 추천 알고리즘에 의해 특히 소셜미디어 공간에서 사람들에게 정보를 큐레이션하고, 그런 것들이 필터 버블이나 에코 챔버를 만들며 극단화와 양극화를 일으킨다는 것이지요. 저는 사실 이것이 인터넷이 대중적으로 보급된 이후부터 지금까지 20년 넘게 계속 제기되는 가장 큰 주장이라고 이해하고 있습니다. 그런데 이런 굉장히 크고 매력적이며 도발적인 주장들이, 실제로 개별 연구들을 실증적으로 살펴보면 그렇게 논리적으로 뒷받침되지 않은 경우들이 있습니다. 그래서 저는 생성형 인공지능 이전에도 이런 머신러닝 기반 알고리즘을 무조건 인간 사회에 부정적인 것으로 악마화하는 건 조금 경계할 필요가 있다는 생각이 듭니다.

그리고 생성형 AI를 정치 영역에서 생각해 봤을 때, 그런 위험들이 분명히 있는 것 같아요. 예를 들어 신뢰 문제의 차원에서 보면, 정치인들이 이런 콘텐츠를 활용해 정치 캠페인을 하거나 여론을 조작한다면, 사람들이 그것을 어떻게 받아들일 것인지, 민주주의의 신뢰 문제와도 연관될 수 있죠. 더 나아가 인공지능을 대놓고 활용하면 굉장히 다양하게 확장 가능하다는 점이 기존 기술들과의 차이점이기도 합니다. 예를 들어 마이크로 타기팅을 통해 다른 나라 선거에 개입하거나 특정 집단의 여론을 형성하기 위해 민주적 정당성이 없는 주체들이 인공지능을 악용할 수도 있죠. 그런 문제들이 있다는 건 주지의 사실입니다. 하지만 동시에 최근 많은 시도를 보면, 생성형 인공지능이 민주주의적 의사소통을 어떻게 더 촉진할 수 있을지에 대한 논의도 있어요. 예를 들어 소셜미디어에서 AI가 대화 흐름의 중간에 개입해 인간 사용자들 사이의 대화를 중재한다든지, 최근 《사이언스》 같은 학술지에 게재된 논문에 나오는 개념처럼 '하버마스 머신'이라고 해서, 좀 나이브하게 느껴질 수도 있지만, 여러 사람들이 논쟁적인 이슈에 대해 논의할 때 찬반의 유용한 관점을 잘 요약해 주고 대안을 제시하면, 사람들이 상대 진영에 대해 반감을 덜 느끼고 이해할 수 있게 되지 않을까요.

이런 기술적 잠재력에 대해 저희가 조금 주목하고, 그런 기술을 장려해야 한다는 생각을 저는 하고 있습니다.

장덕진

농담입니다만, 말씀 듣다 보니까 중국이 딥시크를 활용해서 우리 선거에 개입하는 게 현실이 될 수도 있다. 이런 생각이 얼핏 드네요.

이병규

사실 생성형 인공지능 또는 다른 종류의 인공지능의 성능, 그러니까 뭔가 '잘한다'거나 '인간 지능을 넘어섰는가'를 이야기할 때, 특정한 작업이나 과제를 설정하고 그걸 사람보다 잘하느냐 못하느냐로 따지는 경우가 많습니다. 그런데 요즘에는 그런 벤치마크가 점점 더 무의미해진다는 얘기도 많아지고 있죠. 아마도 조만간 인공지능이 웬만한 벤치마크를 다 능가하는 시대가 오지 않을까 하는 생각도 듭니다.

제 생각에 벤치마크를 넘었는지 여부들보다 더 중요한 건, 인공지능이 100% 정확한 경우는 없을 거라는 지점입니다. 예를 들어 최근에 많은 공학적 접근은 LLM에서의 할루시네이션을 버그로 인지하고 이를 어떻게 없앨 것인가에 대해서 초점을 맞추고 있습니다. 그런데 저는 이게 가능할 거라고 생각하지도 않고, 매번 어떻게 이것을 고칠 것인지에 대한 고민보다 더 중요한 고민들이 있다고 생각합니다. 이때, 더 중요한 건 인공지능이든 생성형 AI든 결국에는 어떤 에러를 만들어 내고, 할루시네이션을 일으키고, 실수를 할 것이라는 사실 자체인 거지요. 따라서 이 점을 항상 우리가 염두에 둬야 하고, 그래서 생성형 인공지능을 사용하는 데 있어서 항상 경계해야 합니다.

이러한 인식이 사회 규범이 되는 과정이 필요할 것으로 보입니다. 그런 교육의 하나로 최근에 나온 논문 중 하나가 '릴라이언스 드릴reliance drill'이라는 접근을 소개하고 있습니다. 요즘 의사들이 점점 더 챗봇을 많이 활용하는데, 예를 들어, 환자의 질병을 진단시킬 때에도 챗GPT를 쉽게 쓰는 경우가 있다고 합니다. 이러한 경우를 예방하기 위해서, 일부러 챗봇이 내리는 진단에 할루시네이션을 발생시키거나 약간의 거짓 정보를 추가한다는 겁니다. 그러고 나서 학생들한테 챗봇의 진단이 맞는 것 같냐고 물어보고 나서, 나중에 여기에 사실은 할루시네이션이 있고 에러가 있다는 걸, 계속 일러주는 거죠. 그러니까 결국 인공지능이 실수를 할 수 있으며 이에 대해서 의존을 하면 안 된다는, 일종의 훈련을 하는 겁니다. 저는 이 논문이 재밌었던 게, 결국 사회적인 차원에서 점점 우리가 활용하는 챗봇이나 인공지능이 결국 실수를 할 수 있고 항상 더 잘하는 건 아니라는 걸 각인시키는 제도적이고 교육적인 노력들이 더 중요해지지 않을까 하는 점을 잘 보여줬다고 생각합니다.

김란우

방금 이병규 교수님 말씀하신 내용과 관련해서, 할루시네이션 같은 현상이 나타났을 때 비판적으로 사고할 수 있는 능력 또는 AI를 통해 더 좋은 질문을 할 수 있는 능력, 이런 게 점점 더 중요해질 거잖아요? 그런데 아까 임동균 교수님이 말씀하셨던 것을 생각해 보면, 대부분 사람들의 전두엽은 퇴화해 가는 과정에서 누가 그런 능력을 가지게 될까요? 아마 기술의 홍수 속에서 그 기술의 영향을 최대한 덜 받는, 반대로 가는 교육을 받은 사람들이지 싶습니다. 그런 사람들이 그런 비판적인 사고를 할 수 있는 능력을 갖추고 있을 것 같아요. 지금 나오는 연구들을 살펴봐도 점점 더 노동 시장에서 인간이 대체되고, 아직 인간이 필요한 영역은 인지적으로 좀 더 복잡하거나 아니면 아직 LLM이 배울 수 있는, 학습할 수 있도록 데이터화되지 않은 어떤 지식을 가진 사람들의 영역입니다.

그렇게 생각해 보면 결국 굉장히 특정한 방식의 평범하지 않은 그리고 흔하지 않은, 어떤 트레이닝을 받은 사람들이 남아 있어서 그 사람들이 결국은 시장에서 필요로 하는 소수의 사람들이 될 거고요. 결국은 점점 더 불평등이 심화될 것으로 보입니다. 세대 간 불평등의 고착이 과거에는 부의 상속이라는 형태로 나타났다면 앞으로는 사고력의 세습이라는 형태로 나타나 계급 이동을 저해하게 되지 않을까요.

조원광

AI가 만들어 내는 사회 변화가 광범위하다 보니 이야기가 여러 방향으로 확장되는 듯합니다. 조금 늦었지만, 저는 AI가 일자리를 사라지게 만들 것이냐 하는 이슈에 대해 생각을 공유해 보고 싶습니다. 이야기를 들으면서 생각해 봤는데, AI가 전체적으로 일자리 숫자를 큰 폭으로 사라지게 하려면 몇 가지 조건이 필요할 것 같습니다. 우선 현재 일자리들이 하는 여러 업무를 AI가 대체할 수 있어야 합니다. 그런 기술적 가능성이 있다는 건 맞는 것 같습니다. 하지만 박재혁 교수님이나 여러 교수님께서 지적해 주신 것처럼, 그런 기술적 가능성만으로 항상 실제 대체가 일어나는 건 아닌 듯합니다.

일단 비용 문제가 있겠지요. 대체하는 데 드는 비용이 비싸면 대체를 안 할 테니까요. 권력이나 기존 제도의 저항도 있습니다. 예를 들어 AI로 교수를 대체할 수 있다고 하면, 이미 교수인 저로서는 어쨌든 최대한 저항하려고 하지 않을까 싶고, 다른 많은 업종에서도 그런 저항이 발생할 수 있다고 봅니다. 또 수용자 상태, 그러니까 이병규 교수님 말씀처럼 이걸 신뢰할 수 있냐와 관련된 믿음 상태도 변수가 될 것 같아서, 그냥 기술적 가능성이 있다고 해서 쉽게 대체되는 건 아닐 거라는 생각이 듭니다.

나아가 실제로 여러 장벽을 뚫고 AI가 특정 업무를 대체하면 일자리가 사라지기만 하냐고 하면, 또 그리 간단한 일은 아니겠다 싶습니다. 왜냐하면 가장 먼저 그 기술을 실현하고 장비를 만드는 분야의 일자리가 생길 테니까요. 그러니까 원래 없었던 직종이나 직군이 만들어질 수 있죠. 지금은 GPU를 둘러싼 사업이 확장되고 있는데, 원래부터 그랬던 것 같지는 않거든요. 딥러닝이 만들어 낸 새로운 풍경인 것 같습니다.

즉, 어떤 기술이 어떤 업무를 실제로 대체하더라도, 그 대체를 실현하기 위해 장비를 마련하는 등의 새로운 분야가 생길 수도 있고, 좀 더 근본적으로는 새로운 기술이나 변화가 생길 때 그게 새로운 욕망을 자극하고 만드는 면이 있다고도 생각합니다. 그러면 거기에 부응하려는 일자리나 업무가 당연히 새로 생길 수 있지 않을까, 이런 생각이 들거든요.

여러 선생님들께서 동영상이니 추천 알고리즘 때문에 우리의 인지적 능력이 위협받는 것 같다고 하신 말씀이 흥미로웠습니다. 그러면 그것으로부터 우리를 지켜주는 서비스가 새로 생길 가능성이 있을 듯합니다. 혹은 AI가 만들어 내는 여러 결과의 진실성을 보장하는, 예를 들어 "이건 인간이 만든 것 같아요"라고 확인해 주는 새로운 서비스가 생길지도 모르죠. 잠깐 생각해 본 단순한 예시이지만, 어쨌든 새로운 기술과 변화가 만들어 낸 새로운 욕망은 또 새로운 일자리를 만들지 않을까 싶은 생각이 듭니다. 그런 의미에서 AI가 앞으로 일자리를 없앨 것이라는 전망은 매우 많은 가정을 필요로 하는 것 같습니다. 기술적 대체 가능성이 있으면 바로 대체가 일어나고, 우리의 욕망과 필요는 지금과 동일해야 하는 식의 가정들이죠. 그래서 개인적으로는 큰 설득력을 느끼기 힘든 주장입니다.

오히려 중요한 문제는 AI로 인해 변화한 사회의 일자리들, 즉 새로운 욕망과 필요에 대응하는 일자리가 전보다 좋은 일자리일지 그렇지 않을지의 문제가 아닌가 싶습니다. 안정성이나 임금 그리고 스트레스 같은 면에서 말이죠. 언제나 그랬듯이 일자리가 있냐 없냐만큼 중요한 문제가, 좋은 일자리냐 그렇지 않은 일자리냐 하는 문제니까요.

장덕진

지금까지 여러 영역에 걸쳐 인공지능이 만들어 내는 사회변화에 대해 이야기를 나눠봤습니다. 매우 다양한 이야기가 나왔는데, 인공지능의 영향력이 광범위한만큼 자연스러운 듯합니다. 이를 지금 당장 정리하고 결론 내리기보다 여러 아이디어를 공유하고 논의해 가는 과정이 필요할 듯합니다. 그런 면에서 재미있는 토론이었습니다. 이제 시간이 많이 남지 않았습니다만, 마지막 카테고리에 대한 이야기도 마저 나눠보도록 하시죠.

인공지능과 사회과학의 미래

장덕진

선생님들이 이야기하신 것처럼 지금 AI가 세상을 바꾸고, 일자리를 바꾸고 있지 않습니까? 그러면 사회과학은 안 바뀌어도 될까요? 세상이 이렇게 달라지는데, 우리가 기존에 하던 사회학, 기존에 하던 정치학, 기존에 하던 경제학을 계속해도 될까요? 혹은 이런 AI가 가져오고 있는 변화가 우리가 기존에 배웠고 트레이닝받은 사회과학 이론과 어떤 관계에 있을까요? 이런 생각을 몇 년 전부터 해왔습니다. 그런데 언젠가 수업에 들어갔는데, 학부생이 제가 전혀 그런 얘기를 한 적이 없는 데도 불구하고 이와 비슷한 질문을 하더라고요. 깜짝 놀랐습니다.

질문은 뭐였냐면, 요새 경제적인 양극화도 심해진다고 하고, 정치적으로도 목숨 걸고 싸우고, 어쨌든 정치적으로든 경제적으로든 양쪽 극단으로 갈라지는 세상이 되는 것 같다고 하더라고요. 그런데 자기가 생각하기에 우리가 배우는 사회과학 이론의 상당 부분이 암묵적으로라도 일종의 정규 분포 같은 걸 전제하고 있는 것 같더랍니다. 예를 들어서 중산층이 중요하고, 우리가 양극화를 걱정하고, 이런 건 중산층이 많이 있는 게 좋다, 혹은 실제로 그렇게 많이 있다는 걸 암묵적인 전제로 하고 있지 않느냐는 거예요. 근데 지금 양상을 보면 쌍봉분포bimodal distribution[5]가 되든, 멱함수 분포power law distribution[6]가 되든, 그런 식의 세상이 되는 것 같다는 겁니다. 그럼 우리는 세상을 어떻게 살아야 하느냐, 그리고 학교에서 배우고 있는 이런 사회학, 정치학, 경제학 이론은 그냥 가만히 있어도 되는 거냐, 이론 자체가 바뀌어야 하는 거 아니냐, 이런 질문을 하더라고요. 어떻게 생각하십니까?

---

5 통계학에서 서로 다른 두 개의 최빈값을 갖는 연속확률분포로, 두 개의 극댓값이 있는 확률분포함수 그래프의 형태로 나타난다.

6 극소수의 요소가 전체의 대부분을 차지하고 나머지 다수가 적은 비율을 차지하는 분포로, 그래프상에서 보통 한쪽으로 치우치고 꼬리가 긴 단일 분포의 형태로 나타난다.

김란우

제가 먼저 간단하게 말씀드리면, 아까 맨 처음에 말씀하셨던 "사회화 이론이 바뀌어야 하는 거 아니냐"라는 말에 진짜 너무 공감합니다. 특히 학부생을 가르치거나 얘기를 하다 보면 사람들이 정말 사회화하는 방식이 많이 달라졌다는 것을 느껴요. 이건 꼭 LLM에 대한 얘기는 아니었지만, 제가 사회학 개론 수업에서 어빙 고프먼Erving Goffman의 청중 분리audience segregation[7] 개념을 설명하잖아요? 그러고 나서 "여기에 대해 어떻게 생각하냐"라고 물어보면 제가 생각하는 청중 분리에 대해서는 아무 얘기도 나오지 않아요. "인스타그램 계정을 만드는데 어떤 건 제일 친한 친구들한테만 열고, 어떤 건 퍼블릭으로 열고, 이렇게 해서 이 계정은 누구한테만 주고, 이 계정은 누구한테 주고, 이런 식으로 분리한다"라는 얘기를 듣고 정말 충격받았습니다.

또 사적 공간Private Space과 공공 공간Public Space 얘기를 할 때도 그래요. 제가 물리적 공간을 기준으로 "집에서 거실은 공공 공간이고, 방에 누우면 사적 공간이다" 하고 얘기했더니, 학생들은 그걸 "소셜 미디어 상에서 사적 공간이 어디고, 공공 공간이 어디다" 하는 식으로 설명하더라고요. 이런 온라인 사회화 과정에 대한 이론이 새로 생겨야 하지 않을까 싶어요. 그리고 말씀하셨다시피, 어린아이들도 이제 많은 부분

---

7 개인이 서로 다른 사회적 맥락이나 청중 앞에서 자신을 다르게 표현하기 위해 역할을 분리하고 관리한다는 이론.

을 AI로 학습하며 성장할 텐데, (기존의 사회학이나 교육학에서는) 이런 것에 대한 준비가 전혀 되어 있지 않다고 생각해요. 사회학을 하는 사람의 일원으로서 무척 시급한 문제라고 생각은 하지만, 아직 명확하게 내놓을 수 있는 답은 없습니다.

장덕진

저희 한국사회학회에서 2024년에 심포지엄을 열고, 그다음에 정기 사회학회의 주제를 '새로운 사회학의 시작' 이렇게 잡았습니다. 그 이유가 바로 지금 김란우 선생님이 얘기한 이런 새로운 사회학 이론 때문이에요. 왜냐하면 아까 우리가 한참 얘기했었던 산업혁명이라고 하는 변화는 고전 사회학이라는 학문의 태동을 동반했잖아요. 그러면 지금 일어나고 있는 기술의 변화도 달라진 세상을 설명하는 새로운 학문의 태동을 동반해야 하는 거 아니냐 하는 것이지요.

이병규

제가 이와 관련해서 생각했던 것은, 첫 번째로 사회학 내에서, 또는 사회과학 전반에 걸쳐 볼 때 인공지능과 인간이 어떻게 상호작용하는지가 그동안 중요한 연구 과제가 아니었던 것 같습니다. 요즘에 들어서, 인공지능이 사회에 미치는 영향이라는 게 사회과학에서 굉장히 중요한 연구 주제로 등장하고 있다는 면에서, 점점 더 많은 사회과학 학자들이 이 현상 자체를 연구하도록 하는 게 중요한 과제가 아닌가 싶어요. 미국 사회학계만 봐도, 이쪽을 연구하는 사회학자들이 거의 없거든요. 한 학교에 한 명 있을까 말까 하는 정도라, 연구를 해도 그 논문을 리뷰해 줄 사람도 없습니다. 그렇다 보니까 탑 저널에도 실리지 못하고, 인센티브가 없어지니까 더더욱 연구할 이유가 없어지는 거예요. 지금 이런 상황을 바꾸기 위해서는 인공지능과 인간이 어떻게 사회와 상호작용하는지에 대한 연구를 장려할 수 있도록 하는 것이 사회학이나 사회과학이 앞으로 해야 할 일이라고 생각합니다.

다음으로, 기존의 사회학에는 불평등이나 집단의 정체성 문제, 가족 또는 사회화 문제 등, 굵직한 이론적 틀이 있었고, 이러한 사회 이론의 발전은 이를 실증적인 자료를 모아서 검증하는 작업을 통해서 이루어져 왔다고 볼 수 있습니다. 그런데 사실 이렇게 연구하는 프로세스 자체가 갑자기 바뀔 수는 없을 거라고 생각합니다. 결국 인공지능에 대한 연구를 더욱 많이 시도할 수 있게 하려면, 이는 결국 실증적인 연구의 대상이 되어야 하고, 이러한 실증 연구들을 통해 "그동안 우리가 활용했던 이론적 틀이 적용될 수 없을 수 있겠다"라는 걸 인식하는 과정들이 필요한 것 같고, 이러한 과정들을 통해서 조금씩 바뀌어 나가야 한다고 생각합니다.

그 과정에서, 생성형 AI, 예를 들어 챗GPT와 사람들이 어떻게 상호작용하는지를 관찰하고, 그걸 바탕으로 기존에 우리가 갖고 있던 사회에 대한 이론, 인간 행위나 결정 행동에 대한 이론 같은 것들을 조금씩 바꿀 수 있지 않을까 싶어요. 만약 바뀐다면, 아마 실증 연구를 통해 바꿀 수 있을 거고, 그러려면 더 많은 사람들, 더 많은 학자들, 더 많은 학생들이 이 AI가 어떻게 작동하는지 연구해야 되지 않을까 생각합니다. 그동안에는 이러한 문제를 인간-컴퓨터 상호작용human–computer interaction, HCI이라고 하는 컴퓨터 과학의 한 분과에서 거의 전담하다시피 하였지만, 이제는 그 안에서만 할 연구가 아니라, 이게 사회에 어떻게 영향을 미치는지에 대해서 사회과학에서 점점 더 적극적으로 연구해 나가야 한다고 봅니다.

장덕진

말하자면 사회화의 과정을 포함해서 인간이 해오던 상호작용에 인간이 아닌 다른 행위자가 행위자로서 참여하기 시작했다는 말씀이시지요?

이병규

그렇죠. 그런데 그에 관해서 거시적인macro– 차원의 이론은 있어도 중간meso– 수준에서 기존 이론을 변형해 나가는 이론은 아직 많이 없는 것 같거든요. 말씀하신 것처럼 전적으로 다른 행위자가 등장한 것이니까요. 상호작용에 있어서의 이 새로운 노드를 행위자로 인정하고 그걸 바탕으로 이론을 개발해 나가야 한다는 생각입니다.

임동균

제 생각에 앞으로 인공지능을 활용한 방법론이 발전하면서 기존에 통계나 양적 방법을 활용하던 연구들은 많이 바뀌게 될 것 같아요. 이걸 사회과학이라고 부를 수 있을지 모르겠는데, 적어도 사회학 내에서는 크게 보면 두 가지, 어떻게 보면 패러다임 혹은 연구 대상이 있었다고 봐요. 하나는 양적 접근을 통한 실증주의적 방식을 통해 세상에 대한 관찰, 측정, 분석이 이루어지는 영역이 있는 것 같고, 다른 한쪽에는 현상학적인 연구 영역이 있었죠.

그러니까 인간의 주관적인 경험, 의식 속에서 느끼는 감각적 체험 같은 것들에 대한 연구를 그동안 주로 질적 연구자들이 많이 했고, 이건 인문학이나 인류학과도 연결되는 영역이었어요. 이건 인간의 감각적이고 신체적인 경험이나 체험에 대한 기술, 서술, 질적 탐색을 기초로 하기 때문에 근본적으로 계량화하기 상당히 어려운 측면이 있었죠. 그런데 대학원생들 같은 경우에는 특히 그런 주제에 관심을 가지고, 그런 주제에 꽂혀서 대학원에 오고, "이게 사회학을 하는 거다"라고 생각하면서 공부를 하는 경우도 많거든요. 이런 연구 대상은 실증주의적인 방법론을 통해 연구가 되지는 않았고, 앞으로도 어느 정도는 구분돼서 존재할 것 같아요.

그런데 인공지능이 발전하게 되면, 인간이 내적인 감각적 체험으로서 이 세계와 상호작용하면서 경험하는 사회적 삶의 양식이나 체험의 모듈들을 인공지능으로 어떻게든 측정하고 포착해서 분석 대상으로 끌어올리는, 창의적인 작업이 나올 것도 같다는 생각은 듭니다. 하지만 아직은 이 영역이 인공지능의 파도로부터 약간 떨어져 있지 않나, 그런 생각이 드네요.

전준

임동균 교수님께서 말씀하신 대로 질적 연구자들이 앞으로 중대한 도전을 마주하게 될 것이라고 생각합니다. 가장 기초적인 수준에서는 질적 연구자들이 데이터를 다루어 온 방식에 변화가 일어날 것이라고 생각합니다. 가령 지금은 100명의 인터뷰를 수행해서 질적 연구를 한다고 할 때, 그 100명의 인터뷰이들이 얼마나 일관적으로 특정한 증언을 해왔는지의 여부를 엄밀하게 따지는 것이 훌륭한 질적 연구의 필요조건은 아니었다고 보아야 합니다. 즉, 질적 연구의 목표 자체가 모집단의 특정 성질을 대표성을 확보하는 방식으로 '측정'하는 것이 아니기 때문에, 엄밀성의 과학이라기보다는 추측적이고 사변적인 방식의 전개가 용인되어 왔었다고 봅니다. 물론, 그러한 과감함이 질적 연구의 대체 불가능한 역할이었던 점도 부정할 수 없습니다. 하지만 인공지능의 발달로 인해 숫자가 아닌 언어도 계산사회과학적 분석의 대상이 되었고, 자료의 성질이 텍스트라는 이유만으로 엄밀성의 과학에서 예외적인 자리를 차지하는 것은 불가능한 상황이 되었습니다. 두 번째 변화는 이와 관련된 것인데, 질적 연구자들이 의존하는 데이터의 범위를 어디까지 확장할 수 있는가에 대한 도전이 남아 있습니다. 말씀드렸다시피 인터뷰를 위시한 직설적인 언어 데이터들이 질적 연구의 일차적인 근거자료가 되고 있는 것은 사실이지만, 질적 연구자들은 언제나 언어화된 발언의 범위 안에서 맴도는 분석을 할 것이 아니라, 언어와 언어 바깥의 맥락을 연결하는 분석을 해야 한다고 훈련을 받고 있거든요. 따라서 발화되지 않는 사회적 자료들, 가령 움직임, 감정, 긴장, 역사, 기대 등의 실존하는 사회적 요소들을 어떻게 인공지능을 활용한 분석의 범위에 편입시킬 수 있을것인가에 대한 고민이 뒤따르게 될 것으로 봅니다. 현재 질적 연구에 인공지능을 적용하고자 하는 연구자들도 거의 절대적으로 텍스트 자료를 계량화하고 시각화하는 수준을 벗어나진 못하고 있거든요. 인공지능을 활용한 질적 연구의 새로운 지평이 열리게 될지, 아니면 과거의 방법으로 인간과 인간 사회를 연구하는 독특한 니치 마켓으로 질적 연구가 남아 있게 될지 저도 궁금합니다.

박재혁

우리가 사회과학이라고 얘기할 때, 사회학도 있지만 정치학이나 경제학 같은 다른 분야에서도 있지요. 이런 다른 분야에서도 전방위적으로 변화를 겪고 있어요. 예를 들면 경제학만 해도, AI 모델을 하나의 행위주체Agent로 받아들였을 때, AI들끼리 혹은 인간과 AI가 같이 (어떤 행위를) 했을 때 어떤 특징들이 나오느냐를 연구하는 것들이 조금씩 나오고 있습니다. 사회학은 사회학의 관점에서, 정치학은 정치학의 관점에서 보는 것처럼 경제학에서는 둘이 가격 경쟁을 했을 때 담합이 나오냐,

협상은 어떻게 하냐, 게임 이론에서 애네들이 어떤 전략을 쓰느냐, 이런 얘기들이 나오고 있거든요. 이런 흐름을 볼 때 우리가 임동균 교수님께서 말씀하시는 그런 방향으로 아예 안 가고 있는 것은 아니고, 천천히 가고 있다고 생각합니다.

아직은 굉장히 소수이기는 하지만, 신기하게도 사회과학의 서로 다른 분과들이 비슷한 시점에 이걸 시작한다는 느낌이 요즘 좀 듭니다. AI의 대두가 그만큼 충격적이었던 것 같고, 그래서 그 방향으로 계속 가게 된다면, 사회학과 경제학, 사회적인 경제인, 이런 다양한 관점의 학제 간 연구가 이루어질 수 있지 않을까 생각해 봅니다.

신은경

장덕진 교수님께서 처음에 제시하신, 사회의 분포가 급격히 달라지고 있기 때문에 새로운 사회 이론이 필요하다는 문제 의식에 깊이 공감합니다. 사회의 지형이 매우 빠른 속도로 바뀌고 있기 때문이죠. 특히 실제로 기업들에서 AI 행위주체를 상용화시킨 플랫폼들이 쏟아지고 있는 상황이죠. 더 이상 행위주체가 인간으로 한정될 수 없는 사회를 어떻게 설명할 것인가에 많은 사회과학자들의 연구 관심이 모아지고 있는 것 같습니다. 실제로 AI 행위주체들이 등장하면, 인터넷 시장, 금융 시장의 규제도 다른 방식으로 작동하게 될 것이고, 디지털 공간도 커다란 변화를 피할 수 없기 때문에 사회, 정치, 경제, 문화의 다학제적인 연구가 필수불가결한 시대를 맞이했다고 생각합니다.

장덕진

예, 고맙습니다. 아쉽지만 오늘은 시간상 이 정도로 종료해야 할 듯합
니다. 오늘 다양한 주제에 대해 이야기를 나눴습니다. 먼저 현재 사회
과학과 인공지능의 융합 가능성을 짚어보았습니다. 여러 선생님들께
서 개인적 경험도 말씀해 주시면서 융합을 위한 실질적 노하우를 많이
공유해 주셨습니다. 두 번째로 인공지능이 우리 사회에 가져올 변화에
대해 폭넓게 살펴봤습니다. 일자리와 교육 현장뿐만 아니라 향후에 중
요하게 될 인간 능력과 사회 문제 등 다양한 영역에 걸친 논의가 있었
습니다. 불확실한 미래인 만큼 다방면의 논의를 심화하는 작업이 필요
할 듯합니다. 세 번째로 인공지능의 시대에 현재의 사회과학을 변화시
켜야 할 필요와 변화 방향에 대해 이야기를 나눴습니다. 이를 위해 현
재 사회과학의 암묵적 가정과 새로운 분석 필요 영역 그리고 성과의
생산 방식 등에 대해 토론했습니다. 오늘 대담이 보여줬듯이, 앞으로
도 사회과학자의 입장에서 응답할 AI 시대의 문제가 매우 많을 듯합니
다. 이 과정에 여러 선생님들, 그리고 이 책을 보시는 독자들의 활발한
활동을 응원합니다. 감사합니다.

참고문헌

I. 인공지능은 사회조사를 대체할 수 있을까
  : 거대언어모델을 활용한 설문조사의 현재와 한계 / 김란우

에밀 뒤르켐. 민혜숙 옮김. 『사회학적 방법의 규칙들』. 2021.

이경택, 이화정, 현경보. 2012. 「조사동향: 유, 무선전화 병행조사에 대한 연구; 2011 년 서울시장 보궐선거 여론조사 사례」. 『조사연구』 13(1), 135-158.

Aher, Gati V., Rosa I. Arriaga, and Adam Tauman Kalai. 2023. "Using large language models to simulate multiple humans and replicate human subject studies." pp. 337-371 In *International Conference on Machine Learning*, PMLR.

Horton, John J. 2023. *Large language models as simulated economic agents: What can we learn from homo silicus?*. No. w31122. National Bureau of Economic Research.

MacKenzie, Donald. 2008. *An engine, not a camera: How financial models shape markets*. MIT Press.

Santurkar, Shibani, Esin Durmus, Faisal Ladhak, Cinoo Lee, Percy Liang, and Tatsunori Hashimoto. 2023. "Whose opinions do language models reflect?." pp. 29971-30004 In International Conference on Machine Learning, PMLR.

Anthropic. 2024. "Scaling monosemanticity: extracting interpretable features from Claude 3 Sonnet." Web access: https://transformer-circuits.pub/2024/scaling-monosemanticity/index.html [Accessed May 24, 2024].

Argyle, Lisa P., Ethan C. Busby, Nancy Fulda, Joshua R. Gubler, Christopher

Rytting, and David Wingate. 2023. "Out of one, many: Using language models to simulate human samples." *Political Analysis* 31(3), 337-351.(사회 과학분야에 거대언어모델을 활용한 합성데이터를 본격적으로 적용한 대표 논문으로, 일독을 권한다.)

Bai, Xuechunzi, Angelina Wang, Ilia Sucholutsky, and Thomas L. Griffiths. 2024. "Measuring Implicit Bias in Explicitly Unbiased Large Language Models." *arXiv preprint arXiv:2402.04105.*(거대언어모델 등장 이후 바귀어 나가고 있는 사회과학 방법론의 지형을 정리한 논문이다.)

Bail, Christopher A. 2024. "Can generative AI improve social science?." *Proceedings of the National Academy of Sciences* 121(21), e2314021121.

Bisbee, James, Joshua D. Clinton, Cassy Dorff, Brenton Kenkel, and Jennifer M. Larson. 2024. "Synthetic replacements for human survey data? the perils of large language models." *Political Analysis*, 1-16.(아길 등의 논문에 대해 심도 있는 비판을 제기한 논문이다.)

Dong, Xiangjue, Yibo Wang, Philip S. Yu, and James Caverlee. 20124. "Disclosure and Mitigation of Gender Bias in LLMs." *arXiv preprint arXiv:2402.11190.*

Ganguli, Deep, Liane Lovitt, Jackson Kernion, Amanda Askell, Yuntao Bai, Saurav Kadavath, Ben Mann et al. 2022. "Red teaming language models to reduce harms: Methods, scaling behaviors, and lessons learned." *arXiv preprint arXiv:2209.07858* .

Grossmann, Igor, Matthew Feinberg, Dawn C. Parker, Nicholas A. Christakis, Philip E. Tetlock, and William A. Cunningham. 2023. "AI and the transformation of social science research." *Science* 380(6650), 1108-1109.

Hilbert, Martin, and Priscila López. 2011. "The world's technological capacity to store, communicate, and compute information." *Science* 332(6025), 60-65.

Jakesch, Maurice, Jeffrey T. Hancock, and Mor Naaman. 2023. "Human heuristics for AI-generated language are flawed." *Proceedings of the National Academy of Sciences* 120(11), e2208839120.

Jungherr, Andreas, Pascal Jürgens, and Harald Schoen. 2012. "Why the pirate party won the german election of 2009 or the trouble with predictions: A response to tumasjan, a., sprenger, to, sander, pg, & welpe, im "predicting elections with twitter: What 140 characters reveal about political sentiment"." *Social science computer review* 30(2), 229-234.

Kim, Junsol, and Byungkyu Lee. 2023. "AI-Augmented Surveys: Leveraging Large Language Models and Surveys for Opinion Prediction." *arXiv preprint arXiv:2305.09620.*

Lazer, David, Alex Pentland, Lada Adamic, Sinan Aral, Albert-László Barabási, Devon Brewer, Nicholas Christakis et al. 2009. "Computational social science." *Science* 323(5915), 721-723.

Lazer, David MJ, Alex Pentland, Duncan J. Watts, Sinan Aral, Susan Athey, Noshir Contractor, Deen Freelon et al. 2020. "Computational social science: Obstacles and opportunities." *Science* 369(6507), 1060-1062.

Murthy, Dhiraj. 2024. "Sociology of Twitter/X: Trends, Challenges, and Future Research Directions." *Annual Review of Sociology* 50.

Park, Peter S., Simon Goldstein, Aidan O'Gara, Michael Chen, and Dan Hendrycks. 2024. "AI deception: A survey of examples, risks, and potential solutions." *Patterns* 5(5).

Pellert, Max, Clemens M. Lechner, Claudia Wagner, Beatrice Rammstedt, and Markus Strohmaier. 2023. "AI Psychometrics: Assessing the psychological profiles of large language models through psychometric inventories." *Perspectives on Psychological Science*, 17456916231214460.

Perez, Ethan, Saffron Huang, Francis Song, Trevor Cai, Roman Ring, John Aslanides, Amelia Glaese, Nat McAleese, and Geoffrey Irving. 2022. "Red teaming language models with language models." *arXiv preprint arXiv:2202.03286.*

Rane, Halim, and Sumra Salem. 2012. "Social media, social movements and the diffusion of ideas in the Arab uprisings." *Journal of international communication* 18(1), 97-111.

Samvelyan, Mikayel, Sharath Chandra Raparthy, Andrei Lupu, Eric Hambro, Aram H. Markosyan, Manish Bhatt, Yuning Mao et al. 2024. "Rainbow Teaming:

Open-Ended Generation of Diverse Adversarial Prompts." *arXiv preprint arXiv:2402.16822*.

Sarstedt, M., Adler, S. J., Rau, L., & Schmitt, B. 2024. Using large language models to generate silicon samples in consumer and marketing research: Challenges, opportunities, and guidelines. *Psychology & Marketing*.

Shafayat, Sheikh, Eunsu Kim, Juhyun Oh, and Alice Oh. 2024. "Multi-FAct: Assessing Multilingual LLMs` Multi-Regional Knowledge using FActScore." *arXiv preprint arXiv:2402.18045*.

Statham, Simon, and Helen Ringrow. 2022. "'Wrap our arms around them here in Ireland': Social media campaigns in the Irish abortion referendum." *Discourse & Society* 33(4), 539-557.

Sun, Seungjong, Eungu Lee, Dongyan Nan, Xiangying Zhao, Wonbyung Lee, Bernard J. Jansen, and Jang Hyun Kim. 2024. "Random Silicon Sampling: Simulating Human Sub-Population Opinion Using a Large Language Model Based on Group-Level Demographic Information." *arXiv preprint arXiv:2402.18144*.

Tumasjan, Andranik, Timm Sprenger, Philipp Sandner, and Isabell Welpe. 2010. "Predicting elections with twitter: What 140 characters reveal about political sentiment." In *Proceedings of the international AAAI conference on web and social media* 4(1), 178-185.

Yoo, Kang Min, Jaegeun Han, Sookyo In, Heewon Jeon, Jisu Jeong, Jaewook Kang, Hyunwook Kim et al. 2024. "HyperCLOVA X Technical Report." *arXiv preprint arXiv:2404.01954*.

Westwood, Sean J., Justin Grimmer, and Andrew B. Hall. 2025. "Measuring Perceived Slant in Large Language Models Through User Evaluations."

Wihbey, John. 2024. "AI and Epistemic Risk for Democracy: A Coming Crisis of Public Knowledge?." *Available at SSRN*.

Zhou, D., Zhang, Y. 2024. Political biases and inconsistencies in bilingual GPT models-the cases of the U.S. and China. *Scientific Reports* 14, 25048.

Christian, Brian. 2020. *The Alignment Problem: Machine Learning and Human Values*. W. W. Norton & Company.(국내에는 『인간적 AI를 위하여』라는 제목으로 번역 출간되었다.)

Park, Joon Sung, Joseph O'Brien, Carrie Jun Cai, Meredith Ringel Morris, Percy Liang, and Michael S. Bernstein. 2023. "Generative Agents: Interactive Simulacra of Human Behavior." pp. 1-22 in *Proceedings of the 36th Annual ACM Symposium on User Interface Software and Technology, UIST '23*. Association for Computing Machinery.

Qiu, Lin, and Riyang Phang. 2020. "Agent-Based Modeling in Political Decision Making." in *Oxford Research Encyclopedia of Politics*.

Reynolds, Craig W. 1987. "Flocks, Herds and Schools: A Distributed Behavioral Model." Pp. 25-34 in *Proceedings of the 14th annual conference on Computer graphics and interactive techniques, SIGGRAPH '87*. Association for Computing Machinery.

Argyle, Lisa P., Ethan C. Busby, Nancy Fulda, Joshua R. Gubler, Christopher Rytting, and David Wingate. 2023. "Out of One, Many: Using Language Models to Simulate Human Samples." *Political Analysis* 1-15. doi:10.1017/pan.2023.2.

Axelrod, Robert. 1997. "The Dissemination of Culture A Model with Local Convergence and Global Polarization." *Journal of Conflict Resolution* 41(2), 203-26. doi:10.1177/0022002797041002001.

Bail, Christopher A. 2024. "Can Generative AI Improve Social Science?" *Proceedings of the National Academy of Sciences* 121(21), e2314021121. doi:10.1073/pnas.2314021121.

Bankes, Steven C. 2002. "Agent-Based Modeling: A Revolution?" *Proceedings of the National Academy of Sciences* 99(suppl_3), 7199-7200. doi:10.1073/pnas.072081299.

Benard, Stephen, and Robb Willer. 2007. "A Wealth and Status-Based Model of Residential Segregation." *The Journal of Mathematical Sociology* 31(2), 149-74. doi:10.1080/00222500601188486.

Bianchi, Federico, and Flaminio Squazzoni. 2015. "Agent-Based Models in Sociology." *Wiley Interdisciplinary Reviews: Computational Statistics* 7(4), 284-306. doi:10.1002/wics.1356.

Binz, Marcel, Elif Akata, Matthias Bethge, Franziska Brändle, Fred Callaway, Julian Coda-Forno, Peter Dayan, Can Demircan, Maria K. Eckstein, Noémi Éltető, Thomas L. Griffiths, Susanne Haridi, Akshay K. Jagadish, Li Ji-An, Alexander Kipnis, Sreejan Kumar, Tobias Ludwig, Marvin Mathony, Marcelo Mattar, Alireza Modirshanechi, Surabhi S. Nath, Joshua C. Peterson, Milena Rmus, Evan M. Russek, Tankred Saanum, Johannes A. Schubert, Luca M. Schulze Buschoff, Nishad Singhi, Xin Sui, Mirko Thalmann, Fabian J. Theis, Vuong Truong, Vishaal Udandarao, Konstantinos Voudouris, Robert Wilson, Kristin Witte, Shuchen Wu, Dirk U. Wulff, Huadong Xiong, and Eric Schulz. 2025. "A Foundation Model to Predict and Capture Human Cognition." *Nature* 1-8. doi:10.1038/s41586-025-09215-4.

Bruch, Elizabeth E. 2014. "How Population Structure Shapes Neighborhood Segregation." *American Journal of Sociology* 119(5), 1221-78. doi:10.1086/675411.

Bruch, Elizabeth E., and Robert D. Mare. 2012. "Methodological Issues in the Analysis of Residential Preferences, Residential Mobility, and Neighborhood Change." *Sociological Methodology* 42(1), 103-54. doi:10.1177/0081175012444105.

Castro, Juana, Stefan Drews, Filippos Exadaktylos, Joël Foramitti, Franziska Klein, Théo Konc, Ivan Savin, and Jeroen van den Bergh. 2020. "A Review of Agent-Based Modeling of Climate-Energy Policy." *WIREs Climate Change* 11(4), e647. doi:10.1002/wcc.647.

Coleman, James S. 1986. "Social Theory, Social Research, and a Theory of Action." *American Journal of Sociology* 91(6), 1309-35.

Dillion, Danica, Niket Tandon, Yuling Gu, and Kurt Gray. 2023. "Can AI

Language Models Replace Human Participants?" *Trends in Cognitive Sciences* 27(7), 597-600. doi:10.1016/j.tics.2023.04.008.

Dominguez-Olmedo, Ricardo, Moritz Hardt, and Celestine Mendler-Dünner. 2023. "Questioning the Survey Responses of Large Language Models." https://arxiv.org/abs/2306.07951v3.

Epstein, Joshua M. 1999. "Agent-Based Computational Models and Generative Social Science." *Complexity* 4(5), 41-60. doi:10.1002/(SICI)1099-0526(199905/06)4:5%3C41::AID-CPLX9%3E3.0.CO;2-F.

Giddens, Anthony. 1976. "Classical Social Theory and the Origins of Modern Sociology." *American Journal of Sociology* 81(4), 703-29.

Goldberg, Amir, and Sarah K. Stein. 2018. "Beyond Social Contagion: Associative Diffusion and the Emergence of Cultural Variation." *American Sociological Review* 83(5), 897-932. doi:10.1177/0003122418797576.

Gordon, Mitchell L., Michelle S. Lam, Joon Sung Park, Kayur Patel, Jeffrey T. Hancock, Tatsunori Hashimoto, and Michael S. Bernstein. 2022. "Jury Learning: Integrating Dissenting Voices into Machine Learning Models." doi:10.1145/3491102.3502004.

Granovetter, Mark. 1978. "Threshold Models of Collective Behavior." *American Journal of Sociology* 83(6), 1420-43. doi:10.2307/2778111.

Horton, John J. 2023. "Large Language Models as Simulated Economic Agents: What Can We Learn from Homo Silicus?"

Janssen, Marco A., and Elinor Ostrom. 2006. "Empirically Based, Agent-Based Models." *Ecology and Society* 11(2). https://www.jstor.org/stable/26265994.

Kim, Junsol, and Byungkyu Lee. 2023. "AI-Augmented Surveys: Leveraging Large Language Models for Opinion Prediction in Nationally Representative Surveys."

Kirk, Hannah Rose, Bertie Vidgen, Paul Röttger, and Scott A. Hale. 2023. "Personalisation within Bounds: A Risk Taxonomy and Policy Framework for the Alignment of Large Language Models with Personalised Feedback."

Kozlowski, Austin, and James Evans. 2024. "Simulating Subjects: The Promise and Peril of AI Stand-Ins for Social Agents and Interactions."

Li, Qingquan, Shaoyu Dou, Kailai Shao, Chao Chen, and Haixiang Hu. 2025. "Evaluating Scoring Bias in LLM-as-a-Judge."

Lindsey, Jack, Wes Gurnee, Emmanuel Ameisen, Brian Chen, Adam Pearce, Nicholas L. Turner, Craig Citro, David Abrahams, Shan Carter, Basil Hosmer, Jonathan Marcus, Michael Sklar, Adly Templeton, Trenton Bricken, Callum McDougall, Hoagy Cunningham, Thomas Henighan, Adam Jermyn, Andy Jones, Andrew Persic, Zhenyi Qi, T. Ben Thompson, Sam Zimmerman, Kelley Rivoire, Thomas Conerly, Chris Olah, and Joshua Batson. 2025. "On the Biology of a Large Language Model." *Transformer Circuits Thread*. https://transformer-circuits.pub/2025/attribution-graphs/biology.html.

Macy, Michael W., and Robert Willer. 2002. "FROM FACTORS TO ACTORS: Computational Sociology and Agent-Based Modeling." *Annual Review of Sociology 28(1)*, 143–66. doi:10.1146/annurev.soc.28.110601.141117.

Mei, Qiaozhu, Yutong Xie, Walter Yuan, and Matthew O. Jackson. 2024. "A Turing Test of Whether AI Chatbots Are Behaviorally Similar to Humans." *Proceedings of the National Academy of Sciences 121(9)*, e2313925121. doi:10.1073/pnas.2313925121.

Mialon, Grégoire, Roberto Dessì, Maria Lomeli, Christoforos Nalmpantis, Ram Pasunuru, Roberta Raileanu, Baptiste Rozière, Timo Schick, Jane Dwivedi-Yu, Asli Celikyilmaz, Edouard Grave, Yann LeCun, and Thomas Scialom. 2023. "Augmented Language Models: A Survey."

Morris, Meredith Ringel, Jascha Sohl-dickstein, Noah Fiedel, Tris Warkentin, Allan Dafoe, Aleksandra Faust, Clement Farabet, and Shane Legg. 2023. "Levels of AGI: Operationalizing Progress on the Path to AGI."

Ouyang, Long, Jeff Wu, Xu Jiang, Diogo Almeida, Carroll L. Wainwright, Pamela Mishkin, Chong Zhang, Sandhini Agarwal, Katarina Slama, Alex Ray, John Schulman, Jacob Hilton, Fraser Kelton, Luke Miller, Maddie Simens, Amanda Askell, Peter Welinder, Paul Christiano, Jan Leike, and Ryan Lowe. 2022. "Training Language Models to Follow Instructions with Human Feedback."

Park, Joon Sung, Carolyn Q. Zou, Aaron Shaw, Benjamin Mako Hill, Carrie Cai, Meredith Ringel Morris, Robb Willer, Percy Liang, and Michael S. Bernstein. 2024. "Generative Agent Simulations of 1,000 People."

Santurkar, Shibani, Esin Durmus, Faisal Ladhak, Cinoo Lee, Percy Liang, and Tatsunori Hashimoto. 2023. "Whose Opinions Do Language Models Reflect?" Pp. 29971–4 in *Proceedings of the 40th International Conference on Machine Learning*. Vol. 202, ICML'23. JMLR.org.

Schelling, Thomas C. 1971. "Dynamic Models of Segregation†." *The Journal of Mathematical Sociology* 1(2), 143–86. doi:10.1080/0022250X.1971.9989794.

Simmons, Gabriel, and Vladislav Savinov. 2024. "Assessing Generalization for Subpopulation Representative Modeling via In-Context Learning." https://arxiv.org/abs/2402.07368v1.

Tesfatsion, Leigh. 2002. "Agent-Based Computational Economics: Growing Economies From the Bottom Up." *Artificial Life* 8(1), 55–82. doi:10.1162/106454602753694765.

Turner, Jonathan H., and Peter R. Turner. 1998. *The Structure of Sociological Theory*. Wadsworth Publishing Company.

Vaswani, Ashish, Noam Shazeer, Niki Parmar, Jakob Uszkoreit, Llion Jones, Aidan N. Gomez, Lukasz Kaiser, and Illia Polosukhin. 2017. "Attention Is All You Need." *arXiv:1706.03762* [Cs]. http://arxiv.org/abs/1706.03762.

Wallace, Eric, Jens Tuyls, Junlin Wang, Sanjay Subramanian, Matt Gardner, and Sameer Singh. 2019. "AllenNLP Interpret: A Framework for Explaining Predictions of NLP Models."

Watts, Duncan J. 2014. "Common Sense and Sociological Explanations." *American Journal of Sociology* 120(2), 313–51. doi:10.1086/678271.

Wei, Jason, Yi Tay, Rishi Bommasani, Colin Raffel, Barret Zoph, Sebastian Borgeaud, Dani Yogatama, Maarten Bosma, Denny Zhou, Donald Metzler, Ed H. Chi, Tatsunori Hashimoto, Oriol Vinyals, Percy Liang, Jeff Dean, and William Fedus. 2022. "Emergent Abilities of Large Language Models."

Ziems, Caleb, William Held, Omar Shaikh, Zhehao Zhang, Diyi Yang, and Jiaao

Chen. 2023. "Can Large Language Models Transform Computational Social Science? (Https://Calebziems.Com/Assets/Pdf/Preprints/Css_chatgpt. Pdf)."

III. 거대언어모델을 활용한 사회과학 텍스트 측정 / 김태균

Grimmer, Justin, Margaret E. Roberts, and Brandon M. Stewart. 2022. *Text as Data: A New Framework for Machine Learning and the Social Sciences.* Princeton University Press.

Bail, Christopher A., Taylor W. Brown, and Marcus Mann. 2017. "Channeling Hearts and Minds: Advocacy Organizations, Cognitive-Emotional Currents, and Public Conversation." *American Sociological Review* 82(6), 1188-1213.

Barrie, Christopher, Adam Palmer, and Arthur Spirling. 2024. "Replication for Language Models: Problems, Principles, and Best Practice for Political Science." https://arthurspirling.org/documents/BarriePalmerSpirling_TrustMeBro.pdf [Accessed April 30, 2025].

Bonikowski, Bart, and Noam Gidron. 2016. "The Populist Style in American Politics: Presidential Campaign Discourse, 1952-1996." *Social Forces* 94(4), 1593-1621.

Brown, Tom B., Benjamin Mann, Nick Ryder, Melanie Subbiah, Jared Kaplan, Prafulla Dhariwal, Arvind Neelakantan, Pranav Shyam, Girish Sastry, Amanda Askell, Sandhini Agarwal, Ariel Herbert-Voss, Gretchen Krueger, Tom Henighan, Rewon Child, Aditya Ramesh, Daniel M. Ziegler, Jeffrey Wu, Clemens Winter, Christopher Hesse, Mark Chen, Eric Sigler, Mateusz Litwin, Scott Gray, Benjamin Chess, Jack Clark, Christopher Berner, Sam McCandlish, Alec Radford, Ilya Sutskever, and Dario Amodei. 2020. "Language Models are Few-Shot Learners." *Proceedings of the 34th International Conference on Neural Information Processing Systems* 33, 1877-1901.

Chae, Youngjin, and Thomas Davidson. 2023. "Large Language Models for Text

Classification: From Zero-Shot Learning to Fine-Tuning." https://doi.org/10.31235/osf.io/sthwk.

De Choudhury, Munmun, Michael Gamon, Scott Counts, and Eric Horvitz. 2013. "Predicting Depression via Social Media." *Proceedings of the International AAAI Conference on Web and Social Media* 7(1), 128-137.

Devlin, Jacob, Ming-Wei Chang, Kenton Lee, and Kristina Toutanova. 2018. "BERT: Pre-Training of Deep Bidirectional Transformers for Language Understanding." https://arxiv.org/abs/1810.04805v1.

Gilardi, Fabrizio, Meysam Alizadeh, and Maël Kubli. 2023. "ChatGPT Outperforms Crowd Workers for Text-Annotation Tasks." *Proceedings of the National Academy of Sciences* 120(30), e2305016120.

Heseltine, Michael, and Bernhard Clemm von Hohenberg. 2024. "Large Language Models as a Substitute for Human Experts in Annotating Political Text." *Research & Politics* 11(1).

Jurafsky, Dan, and James H. Martin. 2024. "Speech and Language Processing." https://web.stanford.edu/~jurafsky/slp3/.

Kramer, Adam DI, Jamie E. Guillory, and Jeffrey T. Hancock. 2014. "Experimental evidence of massive-scale emotional contagion through social networks." *Proceedings of the National Academy of Sciences* 111(24), 8788-8790.

Mikolov, Tomas, Ilya Sutskever, Kai Chen, Greg Corrado, and Jeffrey Dean. 2013. "Distributed Representations of Words and Phrases and Their Compositionality." *Proceedings of the 26th International Conference on Neural Information Processing Systems* 26: 3111-3119.

Mikolov, Tomas, Kai Chen, Greg Corrado, and Jeffrey Dean. 2013. "Efficient Estimation of Word Representations in Vector Space." https://doi.org/10.48550/arXiv.1301.3781.

Ornstein, Joseph T., Elise N. Blasingame, and Jake S. Truscott. 2022. "How to Train Your Stochastic Parrot: Large Language Models for Political Texts." https://jaketruscott.github.io/publication/Stochastic-Parrot.

Rathje, Steve, Dan-Mircea Mirea, Ilia Sucholutsky, Raja Marjieh, Claire E.

Robertson, and Jay J. Van Bavel. 2024. "GPT is an Effective Tool or Multilingual Psychological Text Analysis." *Proceedings of the National Academy of Sciences* 121(34), e2308950121.

Rogers, Anna, Olga Kovaleva, and Anna Rumshisky. 2020. "A Primer in BERTology: What We Know about How BERT Works." *Transactions of the Association for Computational Linguistics* 8: 842-866.

Rona-Tas, Akos, Antoine Cornuéjols, Sandrine Blanchemanche, Antonin Duroy, and Christine Martin. 2019. "Enlisting Supervised Machine Learning in Mapping Scientific Uncertainty Expressed in Food Risk Analysis." *Sociological Methods & Research* 48(3), 608-641.

Rytting, Christopher M., Taylor Sorensen, Lisa Argyle, Ethan Busby, Nancy Fulda, Josh Gubler, and David Wingate. 2023. "Towards Coding Social Science Datasets with Language Models." https://doi.org/10.48550/arXiv.2306.02177.

Shu, Bangzhao, Lechen Zhang, Minje Choi, Lavinia Dunagan, Dallas Card, and David Jurgens. 2023. "You Don't Need a Personality Test to Know These Models Are Unreliable: Assessing the Reliability of Large Language Models on Psychometric Instruments." https://arxiv.org/abs/2311.09718v1.

Törnberg, Petter. 2023. "ChatGPT-4 Outperforms Experts and Crowd Workers in Annotating Political Twitter Messages with Zero-Shot Learning." https://doi.org/10.48550/arXiv.2304.06588.

Törnberg, Petter. 2024. "Best Practices for Text Annotation with Large Language Models." arXiv preprint arXiv:2402.05129.

Tumasjan, Andranik, Timm O. Sprenger, Philipp G. Sandner, and Isabell M. Welpe. 2010. "Predicting Elections with Twitter: What 140 Characters Reveal about Political Sentiment." *Proceedings of the International AAAI Conference on Web and Social Media* 4(1), 178-185.

Vaswani, Ashish, Noam Shazeer, Niki Parmar, Jakob Uszkoreit, Llion Jones, Aidan N. Gomez, Łukasz Kaiser, and Illia Polosukhin. 2017. "Attention is All You Need." *Proceedings of the 31st International Conference on Neural Information Processing Systems* 30, 6000-6010.

Wei, Jason, Xuezhi Wang, Dale Schuurmans, Maarten Bosma, Brian Ichter, Fei Xia, Ed H. Chi, Quoc V. Le, and Denny Zhou. 2022. "Chain-of-Thought Prompting Elicits Reasoning in Large Language Models." *Proceedings of the 36th International Conference on Neural Information Processing Systems* 35: 24824-24837.

Yang, Kai-Cheng, and Filippo Menczer. 2023. "Large language models can rate news outlet credibility." arXiv preprint arXiv:2304.00228.

Ziems, Caleb, William Held, Omar Shaikh, Jiaao Chen, Zhehao Zhang, and Diyi Yang. 2024. "Can large language models transform computational social science?." *Computational Linguistics* 50(1), 237-291.

Ⅳ. 임베딩 벡터를 통해 '인공지능 모델이 이해한' 우리 사회의 거시적 구조를 이해하기 / 박재혁

An, Jisun, Haewoon Kwak, and Yong-Yeol Ahn. 2018. "SemAxis: A Lightweight Framework to Characterize Domain-Specific Word Semantics Beyond Sentiment." pp. 2450–61 in *Proceedings of the 56th Annual Meeting of the Association for Computational Linguistics (Volume 1: Long Papers)*. Association for Computational Linguistics.

Arseniev-Koehler, Alina. 2022. "Theoretical Foundations and Limits of Word Embeddings: What Types of Meaning Can They Capture?" *Sociological Methods & Research* 004912412211401. doi: 10.1177/00491241221140142.

Bolukbasi, Tolga, Kai-Wei Chang, James Y. Zou, Venkatesh Saligrama, and Adam T. Kalai. 2016. "Man Is to Computer Programmer as Woman Is to Homemaker? Debiasing Word Embeddings." P. 9 in *Advances in Neural Information Processing Systems (NIPS)*.

Brown, Tom B., Benjamin Mann, Nick Ryder, Melanie Subbiah, Jared Kaplan, Prafulla Dhariwal, Arvind Neelakantan, Pranav Shyam, Girish Sastry, Amanda Askell, Sandhini Agarwal, Ariel Herbert-Voss, Gretchen Krueger, and Tom Henighan. 2020. "Language Models Are Few-Shot Learners." in *NeurIPS Proceedings*. Vol. 33.

Charlesworth, Tessa E. S., Aylin Caliskan, and Mahzarin R. Banaji. 2022. "Historical Representations of Social Groups across 200 Years of Word Embeddings from Google Books." *Proceedings of the National Academy of Sciences* 119(28), e2121798119. doi: 10.1073/pnas.2121798119.

Devlin, Jacob, Ming-Wei Chang, Kenton Lee, and Kristina Toutanova. 2019. "BERT: Pre-Training of Deep Bidirectional Transformers for Language Understanding."

Fei, Nanyi, Zhiwu Lu, Yizhao Gao, Guoxing Yang, Yuqi Huo, Jingyuan Wen, Haoyu Lu, Ruihua Song, Xin Gao, Tao Xiang, Hao Sun, and Ji-Rong Wen. 2022. "Towards Artificial General Intelligence via a Multimodal Foundation Model." *Nature Communications* 13(1),3094. doi: 10.1038/s41467-022-30761-2.

Grover, Aditya, and Jure Leskovec. 2016. "Node2vec: Scalable Feature Learning for Networks." pp. 855-64 in *Proceedings of the 22nd ACM SIGKDD International Conference on Knowledge Discovery and Data Mining*. San Francisco California USA: ACM.

Hamilton, William L., Jure Leskovec, and Dan Jurafsky. 2016. "Diachronic Word Embeddings Reveal Statistical Laws of Semantic Change." *Acl 2016*, 1489-1501.

Kim, Seongwoon, Yong-Yeol Ahn, and Jaehyuk Park. 2024. "Labor Space: A Unifying Representation of the Labor Market via Large Language Models." pp. 2441-51 in *Proceedings of the ACM on Web Conference 2024*. Singapore Singapore: ACM.

Kozlowski, Austin C., Matt Taddy, and James A. Evans. 2019. "The Geometry of Culture: Analyzing the Meanings of Class through Word Embeddings." *American Sociological Review* 84(5),905-49. doi: 10.1177/0003122419877135.

Le, Quoc V., and Tomas Mikolov. 2014. "Distributed Representations of Sentences and Documents." in *Proceedings of Machine Learning Research*.

Mikolov, Tomas, Kai Chen, Greg Corrado, and Jeffrey Dean. 2013. "Efficient Estimation of Word Representations in Vector Space."

Mikolov, Tomas, Ilya Sutskever, Kai Chen, Greg S. Corrado, and Jeff Dean. 2013. "Distributed Representations of Words and Phrases and Their Compositionality." in *NeurIPS Proceedings*. Vol. 26.

Murray, Dakota, Jisung Yoon, Sadamori Kojaku, Rodrigo Costas, Woo-Sung Jung, Staša Milojević, and Yong-Yeol Ahn. 2023. "Unsupervised Embedding of Trajectories Captures the Latent Structure of Scientific Migration." *Proceedings of the National Academy of Sciences* 120(52), e2305414120. doi: 10.1073/pnas.2305414120.

Park, Minsu, Jaehyuk Park, Fabio Rojas, and Yong-Yeol Ahn. 2026. "Rap as a social reflection: a quantitative analysis of social conditions and lyrical expressions." *EPJ Data Science*.

Peng, Hao, Qing Ke, Ceren Budak, Daniel M. Romero, and Yong-Yeol Ahn. 2021. "Neural Embeddings of Scholarly Periodicals Reveal Complex Disciplinary Organizations." *Science Advances* 7(17),eabb9004. doi: 10.1126/sciadv.abb9004.

Perozzi, Bryan, Rami Al-Rfou, and Steven Skiena. 2014. "DeepWalk: Online Learning of Social Representations." pp. 701-10 in *Proceedings of the 20th ACM SIGKDD international conference on Knowledge discovery and data mining*. ACM.

Savcisens, Germans, Tina Eliassi-Rad, Lars Kai Hansen, Laust Hvas Mortensen, Lau Lilleholt, Anna Rogers, Ingo Zettler, and Sune Lehmann. 2023. "Using Sequences of Life-Events to Predict Human Lives." *Nature Computational Science* 4(1), 43-56. doi: 10.1038/s43588-023-00573-5.

Sutskever, Ilya, Oriol Vinyals, and Quoc V. Le. 2014. "Sequence to Sequence Learning with Neural Networks." in *NeurIPS Proceedings* (27).

Vaswani, Ashish, Noam Shazeer, Niki Parmar, Jakob Uszkoreit, Llion Jones, Aidan N. Gomez, Łukasz Kaiser, and Illia Polosukhin. 2017. "Attention Is All You Need." in *NeurIPS Proceedings*. Vol. 30.

Zhu, Hongyuan, Ye Niu, Di Fu, and Hao Wang. 2021. "MusicBERT: A Self-Supervised Learning of Music Representation." pp. 3955-63 in *Proceedings of the 29th ACM International Conference on Multimedia*. ACM.

리사 펠드먼 배럿. 최호영 옮김. 『감정은 어떻게 만들어지는가?』. 생각연구소. 2017.

사이토 고키. 개앞맵시 옮김. 『밑바닥부터 시작하는 딥러닝 2』. 한빛미디어. 2019.

수다르산 라비찬디란. 전희원, 정승환, 김형준 옮김. 『구글 BERT의 정석』. 한빛미디어. 2021.

이진경. 『철학의 외부』. 그린비. 2006.

Liu, B. 2015. *Sentiment analysis: Mining opinions, sentiments, and emotions.* Cambridge University Press.

Argyle, L. P., Busby, E. C., Fulda, N., Gubler, J. R., Rytting, C., & Wingate, D. 2023. "Out of one, many: Using language models to simulate human samples." *Political Analysis* 31(3), 337-351.

Blei, D. M. 2012. "Probabilistic topic models." *Communications of the ACM* 55(4), 77-84.

Brown, T., Mann, B., Ryder, N., Subbiah, M., Kaplan, J. D., Dhariwal, P., Neelakantan, A., Shyam, P., Sastry, G., & Askell, A. 2020. "Language models are few-shot learners." *Advances in neural information processing systems 33*, 1877-1901.

Ekman, P. 1992. "Are there basic emotions?" *Psychological review* 99(3), 550-553.

Elman, J. L. 1990. "Finding structure in time." *Cognitive science* 14(2), 179-211.

Gonçalves, P., Araújo, M., Benevenuto, F., & Cha, M. 2013. "Comparing and combining sentiment analysis methods." *Proceedings of the first ACM conference on Online social networks.*

Hochreiter, S., & Schmidhuber, J. 1997. "Long short-term memory." *Neural computation* 9(8), 1735-1780.

Kahneman, D., Krueger, A. B., Schkade, D. A., Schwarz, N., & Stone, A. A. 2004. "A survey method for characterizing daily life experience: The day reconstruction method." *Science* 306(5702), 1776-1780.

Kozlowski, A. C., Taddy, M., & Evans, J. A. 2019. "The Geometry of Culture: Analyzing the Meanings of Class through Word Embeddings." *American Sociological Review* 84(5), 905-949. https://doi.org/10.1177/0003122419877135

Radford, A., Narasimhan, K., Salimans, T., & Sutskever, I. 2018. "Improving language understanding by generative pre-training."

Robinson, M. D., & Clore, G. L. 2002. "Belief and feeling: Evidence for an accessibility model of emotional self-report." *Psychological bulletin* 128(6), 934-960. https://doi.org/10.1037//0033-2909.128.6.934

Rule, A., Cointet, J. P., & Bearman, P. S. 2015. "Lexical shifts, substantive changes, and continuity in State of the Union discourse, 1790-2014." *Proc Natl Acad Sci USA* 112(35), 10837-10844. https://doi.org/10.1073/pnas.1512221112

Taboada, M., Brooke, J., Tofiloski, M., Voll, K., & Stede, M. 2011. "Lexicon-based methods for sentiment analysis." *Computational linguistics* 37(2), 267-307.

Vaswani, A., Shazeer, N., Parmar, N., Uszkoreit, J., Jones, L., Gomez, A. N., Kaiser, Ł., & Polosukhin, I. 2017. "Attention is all you need." *Advances in neural information processing systems*, 30.

VI. 질적 연구는 인공지능으로 인해 진보할 것인가
: 계산사회과학과 질적 연구의 관계에 대한 소고 / 전준

김란우. 2024. 「거대언어모델을 활용한 설문조사의 현재와 한계」. 「한국사회학」 58(3), 221-239.

김태균. 2024. 「대형언어모델의 사회과학적 활용: 텍스트 측정을 위한 가능성과 보완점」. 「한국사회학」 58(3), 267-286

박재혁. 2024. 「임베딩 벡터를 통해 우리 사회의 구조를 분석하기」. 「한국사회학」 58(3), 241-266.

손윤규. 2024. 「알고리즘 공정성의 실제와 사회과학의 역할」. 「한국사회학」
58(3), 287-314.

조원광. 2024. 「셀프-어텐션(Self-Attention)을 활용한 집단 감정 서사 연구의
가능성」. 「한국사회학」 58(3), 315-350.

Becker, Howard S. 2008. *Tricks of the trade: How to think about your research while
you're doing it.* University of Chicago press.(국내에는 『학계의 술책』이라는
제목으로 번역 출간되었다.)

Bourdieu, Pierre. 1988. *Homo academicus.* translated by Peter Collier. Polity.(국내
에는 『호모 아카데미쿠스』라는 제목으로 번역 출간되었다.)

Bourdieu, Pierre. 2005. *The social structures of the economy.* translated by Chris
Turner. Polity.

Bourdieu, Pierre, and Loïc Wacquant. 1992. *An invitation to reflexive sociology.*
Polity.(국내에는 『성찰적 사회학으로의 초대』라는 제목으로 번역 출간되
었다.)

Desmond, Matthew. 2016. *Evicted: Poverty and Profit in the American City.* Crown
Publishing Group.(국내에는 『쫓겨난 사람들』이라는 제목으로 번역 출간
되었다.)

Glaser, Barney G., and Anselm L. Strauss. 1967. *The discovery of grounded theory:
strategies for qualitative research.* Aldine Transaction.(국내에는 『근거 이론의
발견』이라는 제목으로 번역 출간되었다.)

Grimmer, Justin, Margaret E. Roberts, and Brandon M. Stewart. 2022. *Text as
data: A new framework for machine learning and the social sciences.* Princeton
University Press.

Kuhn, Thomas S. 1962. *The structure of scientific revolutions.* University of Chicago
Press.(국내에는 『과학혁명의 구조』라는 제목으로 번역 출간되었다.)

Orne, Jason, and Michael Bell. 2015. *An invitation to qualitative fieldwork: a
multilogical approach.* Routledge.

Small, Mario Luis, and Jessica McCrory Calarco. 2022. *Qualitative literacy: A guide to evaluating ethnographic and interview research*. University of California Press. (국내에는 『더 단단한 질적 연구를 위한 안내서』라는 제목으로 번역 출간되었다.)

Snow, Charles Percy. 2013. *The Two Cultures*. Cambridge University Press. (국내에는 『두 문화』라는 제목으로 번역 출간되었다.)

Wang, Dashun, and Albert-László Barabási. 2021. *The science of science*. Cambridge University Press.

Abramson, C. M., Li, Z., Prendergast, T., & Sánchez-Jankowski, M. (2024). Inequality in the origins and experiences of pain: What "big (qualitative) data" reveal about social suffering in the United States. *The Russell Sage Foundation Journal of the Social Sciences: RSF* 10(5), 34-65.

Abramson, Corey M., Jacqueline Joslyn, Katharine A. Rendle, Sarah B. Garrett, and Daniel Dohan. 2018. "The promises of computational ethnography: Improving transparency, replicability, and validity for realist approaches to ethnographic analysis." *Ethnography* 19(2), 254-284.

Accominotti, Fabien, Shamus R. Khan, and Adam Storer. 2018. "How cultural capital emerged in gilded age America: Musical purification and cross-class inclusion at the New York philharmonic." *American Journal of Sociology* 123(6), 1743-1783.

Bail, Chris. 2023. "Can generative AI improve social science research?" osf.io. https://osf.io/rwtzs/download.

Bourdieu, Pierre, Jean-Claude Chamboredon, and Jean Claude Passeron. 1991. The craft of sociology: Epistemological preliminaries. Berlin: Walter de Gruyter.

Burawoy, Michael. 1998. "The extended case method." *ociological Theory* 16(1), 4-33.

Burawoy, Michael. 2005. "For Public Sociology." *American Sociological Review 70(1)*, 4-28.

Burawoy, Michael. 2017. "On Desmond: The limits of spontaneous sociology." *Theory and Society 46*, 261-284.

Campagnolo, Gian Marco. 2022. "Participative epistemology in social data science: Combining ethnography with computational and statistical approaches." *International Journal of Social Research Methodology* 25(3), 391-403.

Davidson, Thomas. 2024. "Start generating: Harnessing generative artificial intelligence for sociological research." *Socius* 10.

Desmond, Matthew. 2006. "Becoming a firefighter." *Ethnography*, 7(4), 387-421.

Desmond, Matthew. 2011. "Making firefighters deployable." *Qualitative Sociology* 34, 59-77.

Desmond, Matthew. 2014. "Relational ethnography." *Theory and society* 43, 547-579.

Edelmann, Achim, Tom Wolff, Danielle Montagne, and Christopher A. Bail. 2020. "Computational Social Science and Sociology." *Annual Review of Sociology* 46(1), 61-81.

Fortunato, Santo, Carl T. Bergstrom, Katy Börner, James A. Evans, Dirk Helbing, Staša Milojevi录, Alexander M. Petersen, Filippo Radicchi, Roberta Sinatra, Brian Uzzi, Alessandro Vespignani, Ludo Waltman, Dashun Wang, and Albert-László Barabási. 2018. "Science of science." *Science*: 359(6379).

Grigoropoulou, Nikolitsa, and Mario L. Small. 2022. "The data revolution in social science needs qualitative research." *Nature Human Behaviour* 6(7), 904-906.

Joyce, Kelly, and Taylor M. Cruz. 2024. "A sociology of artificial intelligence: Inequalities, power, and data justice." *Socius* 10.

Joyce, Kelly, Laurel Smith-Doerr, Sharla Alegria, Susan Bell, Taylor Cruz, Steve G. Hoffman, Safiya Umoja Noble, and Benjamin Shestakofsky. 2021. "Toward a Sociology of Artificial Intelligence: A Call for Research on Inequalities and Structural Change." *Socius* 7.

Kang, Donghyun, and James Evans. (2020). "Against method: Exploding the boundary between qualitative and quantitative studies of science." *Quantitative*

Science Studies 1(3), 930-944.

Kim, Lanu, Smith, Daniel Scott Smith, Bas Hofstra, and Daniel A. McFarland. 2022. "Gendered knowledge in fields and academic careers." *Research Policy* 51(1), 104411.

Law, Tina, and Leslie McCall. 2024. "Artificial intelligence policymaking: An agenda for sociological research". *Socius* 10.

Timmermans, Stefan, and Iddo Tavory. 2012. Theory construction in qualitative research: From grounded theory to abductive analysis. *Sociological theory* 30(3), 167-186.

Vaughan, Diane. 2004. "Theorizing disaster: Analogy, historical ethnography, and the Challenger accident." *Ethnography* 5(3), 315-347.

Ⅶ. 알고리즘의 해부학으로 사회학 하기 / 김해솔, 신은경

얼 바비. 고성호·김광기·김상욱·문용갑·민수홍·유홍준·이성용·이정환·장준오·정기선·정태인 옮김. 『사회조사방법론』. 센게이지러닝코리아. 2013.

김란우. 2024. 「거대언어모델을 활용한 설문조사의 현재와 한계」, 『한국사회학』 58(3), 221-239.

김태균. 2024. 「대형언어모델의 사회과학적 활용: 텍스트 측정을 위한 가능성과 보완점」, 『한국사회학』 58(3), 267-286.

박재혁. 2024. 「임베딩 벡터를 통해 우리 사회의 구조를 분석하기」, 『한국사회학』 58(3), 241-266.

손윤규. 2024. 「알고리즘 공정성의 실제와 사회과학의 역할」, 『한국사회학』 58(3), 287-314.

조원광. 2024. 「셀프-어텐션(Self-Attention)을 활용한 집단 감정 서사 연구의 가능성」, 『한국사회학』 58(3), 315-350.

Borch, Christian, and Juan Pablo Pardo-Guerra (eds.). 2023. *The Oxford Handbook of the Sociology of Machine Learning*. Oxford University Press.

Box, George EP. 1979. "Robustness in the Strategy of Scientific Model Building." pp.201-236 in *Robustness in Statistics*, edited by Robert L. Launer and Graham N. Wilkinson. Academic Press.

Durkheim, Emile. 2023. "The Rules of Sociological Method." pp.9-14 in *Social Theory Re-wired*. Routledge.

Shin, Eun Kyong. 2023. "Fitting Paradox: Machine Learning Algorithms Versus Statistical Modeling." in *The Oxford Handbook of the Sociology of Machine Learning*, edited by Christian Borch and Juan Pablo Pardo-Guerra. Oxford University Press.

Weber, Max. 2011. *The Methodology of the Social Sciences*. New York: Routledge.

Aspers, Patrik, and Ugo Corte. 2019. "What Is Qualitative in Qualitative Research." Qualitative Sociology 42(2), 139-160.

Azodi, Christina B., Jiliang Tang, and Shin-Han Shiu. 2020. "Opening the Black Box: Interpretable Machine Learning for Geneticists." *Trends in Genetics* 36(6), 442-455.

Bainbridge, William Sims, Edward E. Brent, Kathleen M. Carley, David R. Heise, Michael W. Macy, Barry Markovsky, and John Skvoretz. 1994. "Artificial Social Intelligence." *Annual Review of Sociology* 20(1), 407-436.

Blumer, Herbert. 1956. "Sociological Analysis and the "Variable"." *American Sociological Review* 21(6), 683-690.

Brand, Jennie E., Jiahui Xu, Bernard Koch, and Pablo Geraldo. 2021. "Uncovering Sociological Effect Heterogeneity Using Tree-Based Machine Learning." *Sociological Methodology* 51(2), 189-223.

Brent, Edward. 1988. "Is There a Role for Artificial Intelligence in Sociological Theorizing?" *The American Sociologist* 19(2), 158-166.

Buolamwini, Joy, and Timnit Gebru. 2018. "Gender Shades: Intersectional

Accuracy Disparities in Commercial Gender Classification." *Proceedings of the 1st Conference on Fairness, Accountability and Transparency, Proceedings of Machine Learning Research* 81, 77-91.

Burawoy, Michael. 1998. "The Extended Case Method." *Sociological Theory* 16(1), 4-33.

Carley, Kathleen M. 1996. "Artificial Intelligence within Sociology." *Sociological Methods & Research* 25(1), 3-30.

Chernozhukov, Victor, Denis Chetverikov, Mert Demirer, Esther Duflo, Christian Hansen, Whitney Newey, and James Robins. 2018. "Double/debiased Machine Learning for Treatment and Structural Parameters." The Econometrics Journal 21(1), C1-C68.

Chouldechova, Alexandra. 2017. "Fair Prediction with Disparate Impact: A Study of Bias in Recidivism Prediction Instruments." *Big Data* 5(2), 153-163.

Cook, R. Dennis, and Sanford Weisberg. 1982. "Criticism and Influence Analysis in Regression." *Sociological Methodology* 13, 313-361.

Donoho, David, and Jiashun Jin. 2008. "Higher Criticism Thresholding: Optimal Feature Selection when Useful Features are Rare and Weak." *Proceedings of the National Academy of Sciences* 105(39), 14790-14795.

Drouhot, Lucas G. 2021. "Cracks in the Melting Pot? Religiosity and Assimilation among the Diverse Muslim Population in France." *American Journal of Sociology* 126(4), 795-851.

Hand, David J. 2006. "Classifier Technology and the Illusion of Progress." *Statistical Science* 21(1), 1-14.

Hofman, Jake M, Amit Sharma, and Duncan J. Watts. 2017. "Prediction and Explanation in Social Systems." *Science* 355(6324), 486-488.

Kang, Eunsong, Byungyeon Yun, Jiook Cha, Heung-Il Suk, and Eun Kyong Shin. 2024. "Neurodevelopmental Imprints of Sociomarkers in Adolescent Brain Connectomes." *Scientific Reports* 14(1).

Kleinberg, Jon, Jens Ludwig, Sendhil Mullainathan, and Ziad Obermeyer. 2015.

"Prediction Policy Problems." *American Economic Review* 105(5), 491-495.

LaPiere, Richard T. 1934. "Attitudes vs. Actions." *Social Forces* 13(2), 230-237.

Lazarsfeld, Paul F. 1944. "The Controversy over Detailed Interviews—an Offer for Negotiation." *Public Opinion Quarterly* 8(1), 38-60.

Lundberg, Ian, Rachel Brown-Weinstock, Susan Clampet-Lundquist, Sarah Pachman, Timothy J Nelson, Vicki Yang, Kathryn Edin, and Matthew J. Salganik. 2024. "The Origins of Unpredictability in Life Outcome Prediction Tasks." *Proceedings of the National Academy of Sciences* 121(24).

Lundberg, Ian, Rebecca Johnson, and Brandon M. Stewart. 2021. "What is your Estimand? Defining the Target Quantity Connects Statistical Evidence to Theory." *American Sociological Review* 86(3), 532-565.

Lundberg, Scott M., and Su-In Lee. 2017. "A Unified Approach to Interpreting Model Predictions." *Advances in Neural Information Processing Systems* *2017-December*, 4766-4775.

McCarthy, John, Marvin L. Minsky, Nathaniel Rochester, and Claude E. Shannon. 2006. "A Proposal for the Dartmouth Summer Research Project on Artificial Intelligence, August 31, 1955." *AI Magazine* 27(4), 12-12.

McFarland, Daniel A., Kevin Lewis, and Amir Goldberg. 2016. "Sociology in the Era of Big Data: The Ascent of Forensic Social Science." *The American Sociologist* 47, 12-35.

Mitchell, Margaret, Simone Wu, Andrew Zaldivar, Parker Barnes, Lucy Vasserman, Ben Hutchinson, Elena Spitzer, Inioluwa Deborah Raji, and Timnit Gebru. 2019. "Model Cards for Model Reporting." *Proceedings of the Conference on Fairness, Accountability, and Transparency*, 220-229.

Mittleman, Joel. 2022. "Intersecting the Academic Gender Gap: The Education of Lesbian, Gay, and Bisexual America." *American Sociological Review* 87(2), 303-335.

Molina, Mario, and Filiz Garip. 2019. "Machine Learning for Sociology." *Annual Review of Sociology* 45(1), 27-45.

Mützel, Sophie. 2015. "Facing Big Data: Making Sociology Relevant." *Big Data & Society* 2(2).

Salganik, Matthew J., Ian Lundberg, Alexander T. Kindel, Caitlin E. Ahearn, Khaled Al-Ghoneim, Abdullah Almaatouq, Drew M. Altschul, Jennie E. Brand, Nicole Bohme Carnegie, Ryan James Compton, Debanjan Datta, Thomas Davidson, Anna Filippova, Connor Gilroy, Brian J. Goode, Eaman Jahani, Ridhi Kashyap, Antje Kirchner, Stephen McKay, Allison C. Morgan, Alex Pentland, Kivan Polimis, Louis Raes, Daniel E. Rigobon, Claudia V. Roberts, Diana M. Stanescu, Yoshihiko Suhara, Adaner Usmani, Erik H. Wang, Muna Adem, Abdulla Alhajri, Bedoor AlShebli, Redwane Amin, Ryan B. Amos, Lisa P. Argyle, Livia Baer-Bositis, Moritz Büchi, Bo-Ryehn Chung, William Eggert, Gregory Faletto, Zhilin Fan, Jeremy Freese, Tejomay Gadgil, Josh Gagné, Yue Gao, Andrew Halpern-Manners, Sonia P.Hashim, Sonia Hausen, Guanhua He, Kimberly Higuera, Bernie Hogan, Ilana M. Horwitz, Lisa M. Hummel, Naman Jain, Kun Jin, David Jurgens, Patrick Kaminski, Areg Karapetyan, E. H. Kim, Ben Leizman, Naijia Liu, Malte Möser, Andrew E. Mack, Mayank Mahajan, NoahMandell, Helge Marahrens, Diana Mercado-Garcia, Viola Mocz, Katariina Mueller-Gastell, Ahmed Musse, Qiankun Niu, William Nowak, Hamidreza Omidvar, Andrew Or, Karen Ouyang, Katy M. Pinto, Ethan Porter, Kristin E. Porter, Crystal Qian, Tamkinat Rauf, Anahit Sargsyan, Thomas Schaffner, Landon Schnabel, Bryan Schonfeld, Ben Sender, Jonathan D. Tang, Emma Tsurkov, Austin van Loon, Onur Varol, Xiafei Wang, Zhi Wang, Julia Wang, Flora Wang, Samantha Weissman, Kirstie Whitaker, Maria K. Wolters, Wei Lee Woon, James Wu, Catherine Wu, Kengran Yang, Jingwen Yin, Bingyu Zhao, Chenyun Zhu, Jeanne Brooks-Gunn, Barbara E. Engelhardt, Moritz Hardt, Dean Knox, Karen Levy, Arvind Narayanan, Brandon M. Stewart, Duncan J. Watts, and Sara McLanahan. 2020. "Measuring the Predictability of Life Outcomes with a Scientific Mass Collaboration." *Proceedings of the National Academy of Sciences* 117(15), 8398-8403.

Salih, Ahmed M, Zahra Raisi-Estabragh, Ilaria Boscolo Galazzo, Petia Radeva, Steffen E Petersen, Karim Lekadir, and Gloria Menegaz. 2024. "A Perspective on Explainable Artificial Intelligence Methods: Shap and Lime." *Advanced*

Intelligent Systems 2400304.

Schwartz, Ronald David. 1989. "Artificial Intelligence as a Sociological Phenomenon." *Canadian Journal of Sociology/Cahiers Canadiens de Sociologie* 14(2), 179-202.

Swedberg, Richard. 2019. "How Do you Make Sociology out of Data? Robert K. Merton's Course in Theorizing (Soc 213 – 214)." *The American Sociologist* 50, 85-120.

Turing, Alan Mathison. 1950. "Mind." *Mind* 59(236), 433-460.

Verhagen, Mark D. 2024. "Incorporating Machine Learning into Sociological Model-Building." *Sociological Methodology* 54(2), 217-268.

Woolgar, Steve. 1985. "Why Not a Sociology of Machines? The Case of Sociology and Artificial Intelligence." *Sociology* 19(4), 557-572.

Zhao, Sihai Dave, Giovanni Parmigiani, Curtis Huttenhower, and Levi Waldron. 2014. "Más-o-Menos: a Simple Sign Averaging Method for Discrimination in Genomic Data Analysis." *Bioinformatics* 30(21), 3062-3069.

Zhou, Lina, Shimei Pan, Jianwu Wang, and Athanasios V. Vasilakos. 2017. "Machine Learning on Big Data: Opportunities and Challenges." *Neurocomputing* 237, 350-361.

Zhou, Xiang, and Guanghui Pan. 2023. "Higher Education and the Black-White Earnings Gap." *American Sociological Review* 88(1), 154-188.

Ⅷ. 알고리즘 공정성과 사회과학의 과제 / 손윤규

Barocas, S., Hardt, M., and A. Narayanan. 2023. *Fairness and Machine Learning: Limitations and Opportunities*. MIT Press.

Dwork, Cynthia, et al. 2012. "Fairness Through Awareness." In *Proceedings of the 3rd Innovations in Theoretical Computer Science Conference*.

Kleinberg, J., Mullainathan, S., and M. Raghavan. 2017. "Inherent Trade-Offs in the Fair Determination of Risk Scores." In *Proceedings of the 8th Innovations in

Theoretical Computer Science Conference (ITCS 2017).

Rawls, John. 1971. *A Theory of Justice*. Harvard University Press.(국내에는 『정의론』이라는 제목으로 번역 출간되었다.)

Stanford University. 2025. *The AI Index 2025 Annual Report*. Stanford Institute for Human-Centered Artificial Intelligence. https://aiindex.stanford.edu/wp-content/uploads/2024/05/HAI_AI-Index-Report-2024.pdf [Accessed May 30, 2024].

Caton, Simon, and Christian Haas. 2004. "Fairness in Machine Learning: A Survey." *ACM Computing Surveys* 56(7), 1-38.

Chohlas-Wood, A., Coots, M., Goel, S., and J. Nyarko. 2023. "Designing Equitable Algorithms." *Nature Computational Science* 3(7), 601-610.

Council of the European Union. 2024. *Council Regulation (EU) 2024/5662 of 13 March 2024*. https://data.consilium.europa.eu/doc/document/ST-5662-2024-INIT/en/pdf [Accessed May 30, 2024].

Das, Sanjiv, Stanton, Richard, and Nancy Wallace. 2023. "Algorithmic Fairness." *Annual Review of Financial Economics* 15, 565-593.

Dressel, Julia, and Hany Farid. 2018. "The Accuracy, Fairness, and Limits of Predicting Recidivism." *Science Advances* 4(1), eaao5580.

Hurley, M., and J. Adebayo. 2016. "Credit Scoring in the Era of Big Data." *Yale Journal of Law & Technology* 18, 148-193.

Imai, K., and Z. Jiang. 2023. "Principal Fairness for Human and Algorithmic Decision-Making." *Statistical Science* 38(2), 317-328.

Jobin, A., Ienca, M., and E. Vayena. 2019. "The Global Landscape of AI Ethics Guidelines." *Nature Machine Intelligence* 1(9), 389-399.

Keskinturk, Tolga. 2020. "Understanding Inequality Through Decomposition Methods." *Inequality, Research, Causal Inference Blog*. https://tkeskinturk.github.io/blog/inequality/ [Accessed May 30, 2024].

Kleinberg, J., Ludwig, J., Mullainathan, S., and Z. Obermeyer. 2015. "Prediction

Policy Problems." *AEA Papers and Proceedings* 105(5), 491-495.

Kleinberg, J., Ludwig, J., Mullainathan, S., and A. Rambachan. 2018. "Algorithmic Fairness." *AEA Papers and Proceedings* 108, 22-27.

Larrazabal, Agostina J., et al. 2020. "Gender Imbalance in Medical Imaging Datasets Produces Biased Classifiers for Computer-Aided Diagnosis." *Proceedings of the National Academy of Sciences* 117(23), 12592-12594.

Li, Bo, et al. 2023. "Trustworthy AI: From Principles to Practices." *ACM Computing Surveys* 55(9), 1-46.

Liao, S. H. 2005. "Expert System Methodologies and Applications-A Decade Review From 1995 to 2004." *Expert Systems with Applications* 28(1), 93-103.

Lundberg, I. 2024. "The Gap-Closing Estimand: A Causal Approach to Study Interventions That Close Disparities Across Social Categories." *Sociological Methods & Research* 53(2), 507-570.

Mullainathan, Sendhil. 2019. "Biased Algorithms Are Easier to Fix Than Biased People." *The New York Times*.

Obermeyer, Ziad, et al. 2019. "Dissecting Racial Bias in an Algorithm Used to Manage the Health of Populations." *Science* 366(6464), 447-453.

Rambachan, A., Kleinberg, J., Ludwig, J., and S. Mullainathan. 2020. "An Economic Perspective on Algorithmic Fairness." *AEA Papers and Proceedings* 110: 91-95.

IX. 인공지능의 발전과 국가, 시장, 시민사회 / 임동균

앤드류 헤이우드. 조현수 옮김. 『정치학: 현대정치의 이론과 실천』. 성균관대학교 출판부. 2014.

김동노. 2014. 「개인주의, 공동체주의, 그리고 한국사회의 공공성」, 『사회이론』 45, 77-110.

이성호. 2003. 「존 듀이(John Dewey)의 사회 철학: 민주주의, 학교, 그리고 자본주의」, 『아시아교육연구』 4(2), 215-236.

Beer, D. 2019. "The social power of algorithms." pp. 1-13 In *The Social Power of Algorithms*. Routledge.

Bellah, R. N., & Joas, H. (Eds.). 2012. *The axial age and its consequences*. Harvard University Press.

Bucher, T. 2018. *If... then: Algorithmic power and politics*. Oxford University Press.

Cazzaniga, M., Jaumotte, M.F., Li, L., Melina, M.G., Panton, A.J., Pizzinelli, C., Rockall, E.J. and Tavares, M.M.M., 2024. *Gen-AI: Artificial intelligence and the future of work*. International Monetary Fund.

Dewey, J. 1916. *Democracy and education: An introduction to the philosophy of education*. Macmillan.(국내에는 『다시 읽는 민주주의와 교육』이라는 제목으로 번역 출간되었다.)

Dewey, J. 1938. *Logic: The Theory of Inquiry*. Henry Holt and Company.

Haidt, J. 2012. *The righteous mind: Why good people are divided by politics and religion*. Vintage.(국내에는 『바른 마음』이라는 제목으로 번역 출간되었다.)

Marx, K. 1992. *Capital: volume III (Vol. 3)*. Penguin UK.(국내에는 『자본론 3』이라는 제목으로 번역 출간되었다.)

Mann, M. 1986. *The sources of social power: volume 1, a history of power from the beginning to AD 1760 (Vol. 1)*. Cambridge University Press.

Mann, M. 1993. *The sources of social power: volume 2, the rise of classes and nation-states, 1760-1914 (Vol. 2)*. Cambridge University Press.

Mann, M. 2012. *The sources of social power: Volume 3, global empires and revolution, 1890-1945 (Vol. 3)*. Cambridge University Press.

Mann, M. 2013. *The sources of social power: Volume 4, globalizations, 1945-2011 (Vol. 4)*. Cambridge University Press.

Pasquale, F. 2015. *The black box society: The secret algorithms that control money and information*. Harvard University Press.(국내에는 『블랙박스 사회』라는 제목으로 번역 출간되었다.)

Torcianti, A., & Matzka, S. 2021, September. "Explainable artificial intelligence for predictive maintenance applications using a local surrogate model." pp. 86-88 In *2021 4th international conference on artificial intelligence for industries(ai4i)*. IEEE.

Thaler, R. H., & Sunstein, C. R. 2008. *Nudge: Improving decisions about health, wealth, and happiness*. Yale University Press.(국내에는 『넛지』라는 제목으로 번역 출간되었다.)

Weber, M. 1946. "Politics as a vocation." pp. 77-128 In H. H. Gerth & C. W. Mills (Eds. & Trans.), From *Max Weber: Essays in Sociology*. Oxford University Press.(국내에는 『직업으로서의 정치』라는 제목으로 번역 출간되었다.)

Alkhalifah, J. M., Bedaiwi, A. M., Shaikh, N., Seddiq, W., & Meo, S. A. 2024. "Existential anxiety about artificial intelligence (AI)-is it the end of humanity era or a new chapter in the human revolution: questionnaire-based observational study." *Frontiers in Psychiatry* 15, 1368122.

Amigud, A. 2024. "The Age of the Intelligent Machine: Singularity, Efficiency, and Existential Peril." *Philosophy & Technology* 37(2), 49.

Ashrafian, H. 2023. "Engineering a social contract: Rawlsian distributive justice through algorithmic game theory and artificial intelligence." *AI and Ethics* 3(4), 1447-1454.

Burrell, J., & Fourcade, M. 2021. The society of algorithms. *Annual Review of Sociology* 47, 213-237.

Cools, H., Van Gorp, B., & Opgenhaffen, M. 2024. "Where exactly between utopia and dystopia? A framing analysis of AI and automation in US newspapers." *Journalism* 25(1), 3-21.

Eikenberry, A. M., & Kluver, J. D. 2004. "The marketization of the nonprofit sector: Civil society at risk?." *Public Administration Review* 64(2), 132-140.

Foley, M. W., & Edwards, B. 1996. "The paradox of civil society." *Journal of Democracy* 7(3), 38-52.

Gutiérrez, J. L. M. 2023. "On actor-network theory and algorithms: ChatGPT and the new power relationships in the age of AI." *AI and Ethics*, 1-14.

Henman, P. 2020. "Governing by algorithms and algorithmic governmentality: Towards machinic judgement." pp. 19-34 In *The Algorithmic Society*. Routledge.

Hwang, S., Nam, T., & Ha, H. 2021. "From evidence-based policy making to data-driven administration: proposing the data vs. value framework." *International Review of Public Administration* 26(3), 291-307.

Law, T., & McCall, L. 2024. "Artificial Intelligence Policymaking: An Agenda for Sociological Research." *Socius* 10, 23780231241261596.

Joyce, K., & Cruz, T. M. 2024. "A Sociology of Artificial Intelligence: Inequalities, Power, and Data Justice." *Socius* 10, 23780231241275393.

Mills, S., & Sætra, H. S. 2024. "The autonomous choice architect." *AI & Society* *39(2)*, 583-595.

Reich, T., Kaju, A., & Maglio, S. J. 2023. "How to overcome algorithm aversion: Learning from mistakes." *Journal of Consumer Psychology* 33(2), 285-302.

Rouvroy, A., & Stiegler, B. 2016. "The digital regime of truth: From the algorithmic governmentality to a new rule of law." *La Deleuziana* (3), 6-29.

Salamon, L. M. 2010. "Putting the civil society sector on the economic map of the world." *Annals of Public and Cooperative Economics* 81(2), 167-210.

Sánchez, J. M., Rodríguez, J. P., & Espitia, H. E. 2020. "Review of artificial intelligence applied in decision-making processes in agricultural public policy." *Processes* 8(11), 1374.

Tessler, M.H., Bakker, M.A., Jarrett, D., Sheahan, H., Chadwick, M.J., Koster, R., Evans, G., Campbell-Gillingham, L., Collins, T., Parkes, D.C. and Botvinick, M., 2024. "AI can help humans find common ground in democratic deliberation." *Science* 386(6719), p.eadq2852.

Tsvetkova, M., Yasseri, T., Pescetelli, N., & Werner, T. 2024. "A new sociology of humans and machines." *Nature Human Behaviour* 8(10), 1864-1876.

van Ooijen, C., B. Ubaldi and B. Welby. 2019. "A data-driven public sector: Enabling the strategic use of data for productive, inclusive and trustworthy governance." *OECD Working Papers on Public Governance* 33, OECD Publishing.

Vicsek, L. 2021. "Artificial intelligence and the future of work–lessons from the sociology of expectations." *International Journal of Sociology and Social Policy* 41(7/8), 842-861.

Virgilio, G. P. M., Saavedra Hoyos, F., & Bao Ratzemberg, C. B. 2024. "The impact of artificial intelligence on unemployment: a review." *International Journal of Social Economics* 51(12), 1680-1695.

Zajko, M. 2022. "Artificial intelligence, algorithms, and social inequality: Sociological contributions to contemporary debates." *Sociology Compass* 16(3), e12962.

Zajko, M. 2021. "Conservative AI and social inequality: conceptualizing alternatives to bias through social theory." *AI & Society* 36(3), 1047-1056.

Zarifhonarvar, A. 2024. "Economics of chatgpt: A labor market view on the occupational impact of artificial intelligence." *Journal of Electronic Business & Digital Economics* 3(2), 100-116.

Suleyman, M. 2024. *What is an AI anyway?* [Video]. TED. Retrieved from https://www.ted.com/talks/mustafa_suleyman_what_is_an_ai_anyway

인공지능 시대의 사회과학

ⓒ한국사회학회, 2026. Printed in Seoul, Korea

초판 1쇄 찍은날 2026년 4월 15일
초판 1쇄 펴낸날 2026년 4월 22일

기획   한국사회학회
지은이   김란우·김태균·김해솔·박재혁·손윤규·신은경·이병규·임동균·전준·조원광
펴낸이   한성봉
편집   최창문·이종석·오시경
콘텐츠제작   안상준
디자인   최세정
마케팅   오주형·박민지·이예지·정효인
경영지원   국지연·송인경
펴낸곳   도서출판 동아시아
등록   1998년 3월 5일 제1998-000243호
주소   서울시 중구 필동로8길 73 [예장동 1-42] 동아시아빌딩
페이스북   www.facebook.com/dongasiabooks
전자우편   dongasiabook@naver.com
블로그   blog.naver.com/dongasiabook
인스타그램   www.instagram.com/dongasiabook
전화   02) 757-9724, 5
팩스   02) 757-9726

ISBN   978-89-6262-706-0 93300

※ 잘못된 책은 구입하신 서점에서 바꿔드립니다

만든 사람들

편집   최창문
표지디자인   STUDIO 보글
본문디자인   김경주
크로스교열   안상준